Geschichtszeichen der Freiheit

Geschichtszeichen der Freiheit

Deutungen der Friedlichen Revolution in der Gegenwart

Herausgegeben von
Constantin Plaul und Karl Tetzlaff

Mohr Siebeck

Constantin Plaul, geboren 1981; 2002–09 Studium der Ev. Theologie und Philosophie in Göttingen, Kyoto (Japan), Halle/Saale; 2017 Promotion; 2018 zweites theologisches Examen; 2023 Habilitation; Wissenschaftlicher Mitarbeiter am Lehrstuhl für Systematische Theologie/Ethik der Theol. Fakultät der Martin-Luther-Universität Halle-Wittenberg; Professor für Systematische Theologie und theologische Gegenwartsfragen an der Universität Regensburg.

Karl Tetzlaff, geboren 1987; 2008–16 Studium der Ev. Theologie in Berlin, Prag und Halle; 2022 Promotion; 2021–23 wissenschaftlicher Mitarbeiter, Martin-Luther-Universität Halle-Wittenberg; Geschäftsführer der Stiftung LEUCOREA in Lutherstadt Wittenberg.

ISBN 978-3-16-163773-5 / eISBN 978-3-16-163774-2
DOI 10.1628/978-3-16-163774-2

Die Deutsche Nationalbibliothek verzeichnet diese Publikation in der Deutschen Nationalbibliographie; detaillierte bibliographische Daten sind über *https://dnb.dnb.de* abrufbar.

Publiziert von Mohr Siebeck Tübingen 2025.

© Constantin Plaul, Karl Tetzlaff (Hg.); Beiträge: jeweiliger Autor/jeweilige Autorin.

Dieses Werk ist lizenziert unter der Lizenz „Creative Commons Namensnennung – Nicht-kommerziell – Keine Bearbeitung 4.0 International" (CC BY-NC-ND 4.0). Eine vollständige Version des Lizenztextes findet sich unter: https://creativecommons.org/licenses/by-nc-nd/4.0/.

Jede Verwendung, die nicht von der oben genannten Lizenz umfasst ist, ist ohne Zustimmung der jeweiligen Urheber unzulässig und strafbar. Das Recht einer Nutzung der Inhalte dieses Werkes zum Zwecke des Text- und Data-Mining im Sinne von § 44b UrhG bleibt ausdrücklich vorbehalten.

Gedruckt auf alterungsbeständiges Papier.
Satz: Laupp und Göbel, Gomaringen.

Mohr Siebeck GmbH & Co. KG, Wilhelmstraße 18, 72074 Tübingen, Deutschland
www.mohrsiebeck.com, info@mohrsiebeck.com

Inhaltsverzeichnis

Constantin Plaul / Karl Tetzlaff
Vorwort   IX

Joachim Gauck
1989/90: Freiheit erringen, Freiheit gestalten   1

Teil 1:
Allgemeine Grundlagen

Jan Kostka
Das Geschichtszeichen als Gegenstand
der Forschung – eine Übersicht   15

Birgit Recki
Die Französische Revolution als „Geschichtszeichen"?
Über den Wert einer häufig übersehenen
Kantischen Pointe   81

Jörg Dierken
Geschichtszeichen: Eine religiöse Deutungsfigur? . .   101

Friedhelm Hartenstein
Exodus – Ereignis, Erinnerung, Erwartung.
Zur symbolischen Prägnanz der biblischen
Befreiungserzählung   137

Teil 2:
Die Anwendung auf 1989

Martin Sabrow
„Revolution" oder „Wende"? Zur Semantik des
Umbruchs 1989/90 171

Ruth Conrad
„Die biblischen Texte waren für uns ganz aktuell".
Homiletische Hermeneutik im Deutungsstreit der
Narrative um 1989 187

Anna Lux
„Irgendwann werden wir uns alles erzählen".
Umbruchserzählungen von 1989/90 in der
Literatur und ihre Bedeutung für Geschichte und
Erinnerung 225

Clemens Meyer
„Als wir träumten". Erinnerungen an das große
Verschwinden 265

Rainer Eckert
Die Friedliche Revolution gegen die SED-Diktatur
im Kontext der deutschen Freiheits- und Demokratie-
geschichte 275

Constantin Plaul, Karl Tetzlaff
Geschichtszeichen der Freiheit.
1989 als exemplarischer Bezugspunkt für eine
bürgerliche Befreiungstheologie 299

Teil 3:
Ausblicke

Stephan Wackwitz
Die ‚kleine Arbeit' der Freiheit.
Philosophische, urbanistische, innenarchitektonische
und psychologische Erfahrungen aus zwei Jahrzehnten in Osteuropa   327

Marina Weisband
Die Revolution der Würde.
Der Maidan und seine Folgen   351

Autorinnen und Autoren   361

Vorwort

Constantin Plaul / Karl Tetzlaff

Ist die Friedliche Revolution eigentlich historisch bedeutend? Und wenn sie bedeutend ist: Hat die Friedliche Revolution etwas Gutes gebracht? Ist das Leben *vor* der Friedlichen Revolution nicht vielleicht besser gewesen als das Leben danach? Oder steht die Revolution sogar noch aus und wir leben eigentlich immer noch unter totalitären Bedingungen?

Fragen wie diese werden seit dem Sturz der Berliner Mauer immer wieder aufgeworfen und debattiert – in Politik, Gesellschaft, Wissenschaft und Kirchen. Die normative Bezugnahme auf 1989 scheint mitunter nicht nur vielstimmig, sondern geradezu von Orientierungslosigkeit geprägt zu sein. Aber so sehr sich die Historiker und Sozialwissenschaftlerinnen daran abmühen mögen: War es überhaupt wichtig, was da vor 35 Jahren passiert ist? Und selbst wenn es irgendwie wichtig war: War es gut oder schlecht?

Nun ist es mit normativen Bezugnahmen auf Geschichte so eine Sache. Hier sind immer unterschiedliche, ja, widersprüchliche Einschätzungen möglich und jede Behauptung von Werturteilen ist immer dem Verdacht der Ideologie ausgesetzt. Angesichts vieler Beispiele triumphalistischer Historie muss man sagen: durchaus zurecht. Zu einem großen Teil dürfte es damit zu tun haben, dass die Friedliche Revolution bis heute so umstritten ist.

So wichtig die Anerkennung dieser Schwierigkeiten ist. Sie schließt nicht aus, nach Gesichtspunkten für eine normative Einschätzung, die mehr ist als bloße Behauptung, überhaupt einmal zu fragen. Nach einem kritisch begründeten Urteil, freilich niemals nach einem objektiven – aber vielleicht doch nach einem Urteil, das sich allgemein plausibilisieren lässt.

In der Ringvorlesung, die im Sommersemester 2024 an Martin-Luther-Universität Halle-Wittenberg stattgefunden hat und deren Beiträge dieser Band dokumentiert, wurde genau dies versucht: die kritische Erprobung eines normativen Deutungsangebots in Bezug auf 1989 – und zwar eines Deutungsangebots in grundsätzlich affirmativer Perspektive.[1] Das ‚grundsätzlich' ist dabei ernst zu nehmen: Es geht um eine Bejahung im Grundsatz. Problematische Aspekte und Entwicklungen sollen also mitnichten ignoriert oder weggewischt werden. Im Gegenteil: Sie müssen diskutiert und kritisch bearbeitet werden. Aber noch die kritischste Diskussion der Friedlichen Revolution und ihren Folgen lebt von der damals errungenen Freiheit. Denn unter illiberalen, totalitären Bedingungen kann man nicht kritisch diskutieren. Das war der Dreh- und Angelpunkt unserer Vorlesungsreihe. Und vielleicht kann auch unsere Gegenwart, die gerade in gesellschaftlicher und politischer Hinsicht vielerorts durch Resignation und Hoffnungslosigkeit geprägt ist, in der Erinnerung an den Freiheitsgewinn vor 35 Jahren, die auch die folgenden Beiträge durchzieht, berechtigte Stärkung finden.

---

[1] Die einzelnen Beiträge der Ringvorlesung inklusive der Publikumsdiskussionen können im Audio-Video-Format über den YouTube-Kanal der Martin-Luther-Universität Halle-Wittenberg abgerufen werden.

So jedenfalls lautet unsere Hoffnung, mit der wir die Vorlesungsreihe organisiert haben und nun diesen Band herausgeben. Es war für uns als Organisatoren äußerst spannend zu sehen, mit welchen Fragen, Thesen und kritischen Überlegungen die Referentinnen und Referenten uns im Laufe des Semesters konfrontiert haben. Dabei verschränkten sich philosophische, ethische, theologische, historische, sozialwissenschaftliche, literaturwissenschaftliche, literarische und politische Perspektiven.

Die Rede von einer *Ring*vorlesung kann die Erwartung wecken, dass sich im Laufe der Vorträge ein Kreis schließt. Genau so ist die in diesem Band beibehaltene Textfolge auch angelegt. Am Anfang steht Joachim Gaucks Deutung der revolutionären Ereignisse von 1989, am Ende kommen Marina Weisbands Erinnerungen an die Kiewer Maidan-Revolution von 2013/14 zur Sprache.

Zwischen beiden Daten lässt sich zwar kein unmittelbarer Kausalzusammenhang herstellen, was sie gleichwohl verbindet, ist der in ihnen laut gewordene Wunsch nach freiheitlichen Verhältnissen, nach dem Ende eines autoritären Staatsgebildes, das Gedanken, Mobilität und Lebenswege willkürlich einzuschränken versuchte. Immanuel Kant hat für solche auf die Realisierung von Freiheit ausgerichteten Ereignisse einst den Ausdruck „Geschichtszeichen" erfunden. „Denn ein solches Phänomen in der Menschengeschichte *vergisst sich nicht mehr*", schrieb Kant mit Bezug auf die Französische Revolution von 1789. Ihr Freiheitsgehalt, heißt es, könne „den Völkern" immer wieder „in Erinnerung gebracht und zu Wiederholung neuer Versuche dieser Art erweckt werden".[2]

---

[2] KANT, IMMANUEL, Der Streit der Fakultäten, in: Ders., Kants

Der mit Kants Idee des „Geschichtszeichens" verbundenen Geschichtssicht widmen sich die Beiträge des ersten Teils. Es geht um die philosophischen und theologischen Dimensionen dieser Idee, aber auch um die spezifische Freiheitserfahrung von Revolutionen, was schließlich zur biblischen Befreiungserzählung vom Auszug des Volkes Israels aus der ägyptischen Knechtschaft ins Verhältnis gesetzt wird.

Dass die Bedeutung historischer Ereignisse stark davon abhängt, wie und warum diese erzählerisch vergegenwärtigt werden, wird im zweiten Teil der Ringvorlesung anhand des Jahres 1989 unterstrichen. Zunächst kommen unterschiedliche politische, theologische und literarische Narrative zusammen. Es folgen weitere literarische, historiografische und theologische Deutungen des Ereigniskomplexes 1989, die dessen umstrittenen Freiheitsgehalt im Blick auf unsere Gegenwart zu bestimmen versuchen.

Zwei Ausblicke in Richtung Osten runden den Band ab. Die beiden abschließenden Beiträge führen uns zunächst nach Tschechien, Polen, Belarus und Georgien, wo die „kleine Arbeit der Freiheit", die einst im Fall des Eisernen Vorhangs kulminierte, bis heute beobachtet werden kann. Am Ende gelangen wir nach Kiew und es schließt sich der Kreis. Wer den russischen Angriffskrieg auf die Ukraine verfolgt, kann schnell von Resignation und Hoffnungslosigkeit im Blick auf die Zukunft der liberalen Moderne befallen werden. Dieser Band, das sei nochmals unterstrichen, ist auch von der Frage danach bestimmt, ob nicht in

---

Werke, Akademie Textausgabe, Bd. VII. Der Streit der Fakultäten, Anthropologie in pragmatischer Hinsicht, Berlin/New York 1968 [1907/17], 1–116, hier 88.

der Erinnerung an den Freiheitsgewinn vor 35 Jahren eine Quelle der Zuversicht in hoffnungslosen Zeiten zu finden ist.

An einer Stelle ist es gegenüber dem ursprünglichen Programm der Ringvorlesung zu einer bereichernden Abweichung gekommen. Jan Kostka, Wissenschaftlicher Mitarbeiter der Stiftung LEUCOREA, wo die Frage der Ringvorlesung in Gestalt eines Forschungsprojekts eine Fortsetzung findet, eröffnet nun den ersten Buchteil mit einem begriffsgeschichtlichen Beitrag zum Terminus Geschichtszeichen.

Dass es uns überhaupt möglich war, die diesem Band zugrundeliegende Vortragsreihe zu veranstalten und deren Ergebnisse schließlich in Druck zu geben, verdanken wir vor allem der großzügigen finanziellen Förderung durch die beratungsraum Kommunal- und Unternehmensberatung GmbH und die Rechtsanwaltskanzlei PETERSEN HARDRAHT PRUGGMAYER (Leipzig). Wir danken stellvertretend für beide Unternehmen Michael Kubach, Dr. Iris Henkel und Dr. Markus Bach. Zudem danken wir Dr. Katharina Gutekunst für die Bereitschaft, unser Buch in das Verlagsprogramm von Mohr Siebeck aufzunehmen. Schließlich sei Dank an die Adresse von Dr. Jan Kostka und stud. theol. Constanze Kothmann für die gründliche und gewissenhafte Mithilfe bei der Erstellung des Manuskripts gerichtet.

Regensburg/Wittenberg, im 35. Jahr des Mauerfalls
　　　　　　　　　　　Constantin Plaul/Karl Tetzlaff

1989/90:
Freiheit erringen, Freiheit gestalten

Joachim Gauck

Als ich die Einladung zu Ihrer Vortragsreihe *Geschichtszeichen der Freiheit* erhielt und mir deren ambitionierte Zielvorstellung verdeutlichte, habe ich mich gefreut, weil ich dem Thema existentiell verbunden bin – praktisch ‚von Kindesbeinen an', sodann als Pastor und Oppositioneller, als Mitstreiter in der Demokratiebewegung, als Abgeordneter in der ersten freien Volkskammer in der DDR und zuletzt als Bundespräsident. So begrüße ich Sie also mit Lebenserfahrungen, jedenfalls solchen, die mit Freiheit und Unfreiheit verbunden sind. Beginnen wir mit dem Letztgenannten.

Wer im Kriegsjahr 1940 geboren ist und in Deutschland östlich der Elbe lebte, für den sollte politische Unfreiheit seinen Lebensraum prägen. Von der Geburt an erlebt meine Alterskohorte quasi eine doppelte Normalität. Der alltägliche Lebensablauf vermittelt den Menschen: Es ist, wie es ist, Du hast so zu leben, wie die Macht, der Du unterstehst, es wünscht. Mit Gehorsam und Anpassungsbereitschaft kannst Du persönliche Sicherheit und Aufstieg erlangen.

Wo ein solches Dasein ‚normal' ist, existiert aber in aller Regel jene andere Normalität, die in den Psychen der Menschen beheimatet ist, die in Unfreiheit leben müssen: der Wunsch, ja die Sehnsucht danach, ungebunden, selbstbestimmt und ohne Angst leben zu können. Je ernster Menschen diesen Wunsch nehmen, desto bestimmender wird diese psychische Gestimmtheit mit der erstgenannten ‚Normalität' in Konflikt geraten. Und wenn nicht nur einzelne Individuen, sondern Gruppen und schließlich Massen ihre innere Sehnsucht zur äußeren Aktivität werden lassen, werden Bewegungen und Kämpfe in der Gesellschaft in Gang gesetzt, wie wir sie im Lauf der DDR-Geschichte gesehen haben.

Die historische Rückschau erkennt mit Blick auf 1989 eine glückhafte Entwicklung von der Sehnsucht nach Freiheit zur Erringung von Freiheit. Glückhaft deshalb, weil günstige politische Bedingungen dem Freiheitsbegehren der Menschen Möglichkeiten des Gewinnens bescherten. Dies ist ja keineswegs immer gegeben. Wer heute z.B. nach Belarus oder in Richtung Iran schaut, der sieht, wie die staatlichen Unterdrücker alles bekämpfen, was Freiheit oder auch nur bestimmte Freiheiten fordert. Frustration und Ohnmacht der Unterdrückten prägen dann lange die Gesellschaften der depotenzierten Staatsbewohner.

So hat meine Generation auch unseren Lebensraum erlebt.

Dabei habe ich früh einen Hoffnungsschub erlebt. 1953 sah es so aus, als ob die Freiheitssehnsucht der Mehrheitsbevölkerung im Osten durch einen Aufstand gegen die Unterdrücker Freiheit, Demokratie und Einheit erreichen könnte. Aber die hegemoniale Macht mobilisierte Soldaten und Panzer. Die Niederlage der Freiheitsliebenden prägte sich tief im kollektiven Gedächtnis der Teilnation ein: „Es hat keinen Zweck, aufzubegehren."

So organisierten die einen ihre Fluchten, während die verbleibende Mehrheit auf je eigene Weise ihr Leben in politischer Ohnmacht organisierte (in Varianten von Systemtreue bis zum Widerstand).

Dass selbst in Gesellschaften mit perpetuierter politischer Ohnmacht und ohne jede Lebenserfahrung mit Freiheit die Freiheitssehnsucht nicht erstirbt, verweist darauf, dass das Bedürfnis frei zu sein zum Kernbestand des menschlichen Selbst gehört.

Wie der heranwachsende Mensch Schritt für Schritt erkennt, dass er ein wertvolles, schützenswertes und autonomes Wesen ist, so erkennt der erwachsene Bürger Schritt für Schritt, dass er nicht ewig dazu verurteilt ist, willenlos einem Schicksal zu gehorchen. Er entdeckt eigenständig oder angeregt durch andere seine Zuständigkeit für das eigene Leben und für die Gesellschaft. Er erkennt seine Wünsche und Interessen als etwas Gültiges, ihm Zustehendes an. Dieses innere Wachsen des *homo politicus*, das immer sicherer werdende Wissen um die eigene Fähigkeit verantwortlich handeln zu können, führt dann zum Bedürfnis, aus dem Wünschen ins Handeln zu gelangen.

Wenn wir die Ereignisse des Jahres 1989 betrachten, erkennen wir die zunächst ängstliche und zögerliche Bewusstwerdung der eigenen Potentiale durch eine Vielzahl von Menschen, die in den Jahren des Zwangs das Wissen um die eigene Kraft weitgehend verloren hatten.

In der Diktatur werden zwar Fähigkeiten entwickelt, die für die Lebensabläufe in der Gesellschaft erforderlich sind; die berufliche, auch akademische Ausbildung sind garantiert, aber es existiert immer ein strukturelles Defizit bei der Herausbildung von Eigenständigkeit und Eigenverantwortlichkeit.

Wer in der Schule keine Klassensprecher, sondern FDJ-Sekretäre erlebt, im Betrieb keine echte Gewerkschaft, sondern eine Gewerkschaft als Agentur der Staatsmacht, wer als Betriebsleiter abhängig ist von seinem Parteisekretär, wer bei seinem beruflichen Aufstieg Führungspositionen nur erlangt, wenn er in die Partei eintritt, der lernt nachhaltig, dass nicht Eigensinn, sondern Unterwerfung das eigene Fortkommen sichert. Und wer sich als Bürger dem Feld des Politischen, der Partizipation widmen möchte, erlebt eine Gesellschaft ohne Debatten um die wesentlichen Inhalte des Politischen, Meinungsbildung ohne Meinungsvielfalt, erlebt als Autor oder Journalistin Zensur, als Wahlbürger Wahlen ohne jede Bedeutung. Zudem steht das Recht auf Seiten der Macht und fördert so das Ohnmachtsgefühl der Landesbewohner. Nicht erwähnt habe ich, dass diese zwangsbeheimatet waren durch eine undurchlässige Grenze. Nicht erwähnt auch die permanente Einschüchterung und Bedrohung der Bevölkerung durch eine überdimensionierte Geheimpolizei. Nicht geredet auch über eine Wirtschaftsform, die das eigenständige Unternehmertum abschaffte – und damit ein Lernfeld für Eigeninitiative und Eigenverantwortung. Mitteldeutschland ohne DDR-Vergangenheit stünde heute ökonomisch auf Augenhöhe mit Baden-Württemberg und dem Rhein-Main-Gebiet!

Ich habe hier bewusst an wichtige Elemente einer langjährigen Konditionierung der Staatsbewohner erinnert, auch weil jüngere Menschen die *ratio*, die Normalität von Anpassung an das System, nur schwer verstehen.

Und noch etwas will ich in Erinnerung rufen: Die Macht der Ängste, die erst einmal relativiert und dann überwunden werden mussten, bevor die lange Angepassten ihrer eigenen – verborgenen – Freiheitssehnsucht Raum gaben.

Aber plötzlich war dann der Bann gebrochen und das flächendeckende Angst-Anpassungssyndrom erschien

1989/90: Freiheit erringen, Freiheit gestalten

plötzlich als heilbar – überwindbar. Stürmisch und mitreißend veränderte sich das Land, weil es nicht nur die Einzelnen verändert, wenn Menschen die in ihnen ruhenden Potentiale leben können, sondern die ganze Gesellschaft, das ganze Land veränderte sich. Freudvolle Tage, Wochen, Monate waren das, als die Freiheit im Werden, als sie jung war und einen weiten Himmel über uns eröffnete.

Wenn die Freiheit geboren wird, heißt sie Befreiung. Sie schenkt das Glück, dass die Unterdrückung vorüber und die Unterdrücker machtlos geworden sind.

Aber – nicht lange nach den glücklichen Tagen der Befreiung und des Falls der Mauern, wird dann das Leben in der Freiheit zur Gestaltungsaufgabe für die Befreiten. Und bald wird es zu Differenzierungen und Trennungen kommen zwischen denen, die eben noch *eins* waren im Kampf für Freiheit und Demokratie. Wir merken dann: Freiheit von Zwang, das wollen *alle*; aber die errungene Freiheit, das Leben im neuen Sinn zu führen, das überfordere dann viele. Es ist jene Freiheit, die von Philosophen als positive beschrieben wird, die Lebensform, die uns erlaubt *für* etwas da zu sein, die uns ja sagen lässt, zu einem Lebensgefühl der Zuständigkeit für mich und die Menschen und Aufgaben, die nun einmal alltäglich da sind.

All die neuen Aufgaben und Verpflichtungen und gar die komplette Umgestaltung einer Diktatur in eine Demokratie fiel nun denen in die Hände, die man vom Mitbestimmen Jahrzehnte lang ferngehalten hatte. Und dann? Große Freude bei denen, die Ideen hatten, die die Kraft und den Willen hatten, eine echte Demokratie zu errichten. Wie viele waren es damals wohl genau? Und gleichzeitig eine große Sorge, bei manchen eine alt-neue Ängstlichkeit: Wie sollen wir das schaffen? Das haben wir nicht gelernt, da kann ich keine Verantwortung übernehmen. Und nicht wenige, die eben noch als Sieger der Geschichte ihre Freude gezeigt hatten, waren blockiert, ihre eigenen Kräfte zu erkennen. Von Kindesbeinen an hatte man ihnen verwehrt, die eigene Verantwortung zu trainieren, sich als autonom und als Zentrum des Gemeinwesens zu verstehen, nun waren zwar viele am Werk, die im Kampf für die Freiheit Selbstermächtigung erlebt hatten.

Sie wollten und mochten gestalten und erlebten sogar so etwas wie das zweite Glück – das, was jene erleben, die sich einbringen und Verantwortung wagen. Aber weite Teile der Bevölkerung vermochten dieses Glück nicht zu leben. Viele verloren mit ihren Arbeitsplätzen auch ein Lebensgefühl der Sicherheit. Waren sie vorher weitgehend kritisch gegenüber dem sozialistischen System, so gab es doch weithin eine alltägliche Rollensicherheit, auch eine Gewöhnung an Strukturen, man hatte sich eben irgendwie eingerichtet. Ich rede gar nicht über all die Systemträger, die sich wohl und wohler fühlten, wo andere einfach nur irgendwie durchkommen wollten.

Die Besichtigung jener Jahre, als die Freiheit ‚normal' wurde, ist bei mir mit erheblicher Ernüchterung verbunden. Ich selbst war seit März 1990 Abgeordneter der Volkskammer, war verbunden mit den Aktiven von 1989, die als Abgeordnete, als Bürgermeister oder Ratsmitglieder in den Kommunen die Demokratie aufbauten. Ich war damals häufig wütend auf die Inaktiven, die sich aufregten über die Mängel, statt sich selbst zu beteiligen. Ich dachte an den Satz von Jean-Jacques Rousseau: „Der Mensch ist frei geboren und überall liegt er in Ketten".[1] Ich konnte

---

[1] ROUSSEAU, JEAN-JAQUES, Der Gesellschaftsvertrag, Leipzig 1978, 39.

nicht verstehen, dass die Menschen, ohne die Fesseln der Unterdrücker, nicht umgehend Freiheit leben konnten – jedenfalls jene Freiheit nicht, die als Verantwortung gelebt wird. Ich meinte damals, es sei ganz natürlich, vom Glück der Befreiung in das mühsame zweite Glück der Verantwortung überzugehen.

Erst Jahre später wurde mir die Last jener Ketten bewusst, die den Menschen nicht von außen umschließen, ihn jedoch innerlich binden und konditionieren. Mochte im Zuge der Befreiung auch vieles an alter ideologischer Bindung und Fesselung zerstört und abgetan worden sein, so blieb manche Haltung, die einst erlernt worden war, erhalten. Die Haltung der Macht gegenüber etwa, der man übergroße Bedeutung zumisst oder aber grundsätzliche Ablehnung zeigt. Mangelndes Selbstvertrauen, weil die Lebensform des autonomen ICH, als Citoyen nicht eingeübt werden konnte, Fremdheit gegenüber Vielfalt ... und die ewig wiederkehrende Erfahrung der eigenen Ohnmacht (‚man kann ja doch nichts machen'), die zu einer Distanz gegenüber den gesellschaftlich Aktiven führt.

Als ich mir diese Dinge vor Augen führte, war ich zwar nicht vom Zorn über rote und braune Reaktionäre befreit, wohl aber von jenem, der den Unzufriedenen und Abständigen galt. Außerdem gab es eine geistige Begegnung mit einem Werk von Erich Fromm. Dieser hatte in der Emigration in den USA seine Arbeit *Escape from Freedom* herausgebracht, die wir auf Deutsch unter dem Titel *Die Furcht vor der Freiheit* kennen. Das Werk entstand in der Zeit, als Faschismus und Nationalsozialismus noch als Verführungsmacht und lebensbedrohende Gewalt die freie Welt vor existentielle Herausforderungen stellte. Fromm fragte sich etwa, wieso so viele Menschen augenscheinlich der Freiheit nicht trauen und sich in unterschiedliche Fluchtbewegungen begeben. Besonders ausführlich analysiert er die „Flucht ins Autoritäre".[2]

Ich las das Werk, als mich die Frage beunruhigte, warum ein Teil meiner freiheitsliebenden Landsleute sich vor der positiven Freiheit eher fürchtete als sie zu wagen, sich zum Teil sogar zurückorientierte in die Zeit der roten Irrtürmer oder gar des völkischen Wahns. Fromm blickt in dem genannten Buch auf den Beginn des Menschseins, als dies besondere Lebewesen aus der Eingebundenheit in die Natur und einer instinktbestimmten Lebensform heraustrat, ein Bewusstsein seiner selbst entwickelte, ein Wesen *sui generis*, herausgetreten aus dem Determiniertsein der übrigen Natur. Er ist frei *von* etwas, aber wie gelangt er zu jener anderen Freiheit, der *zu* etwas?

Ich empfand es als ehemaliger Pfarrer anregend und erhellend, wie Fromm als progressiver Spezialist für die menschliche Psyche, die Paradiesgeschichte der Genesis thematisiert. Das, was als ‚Sündenfall' die Strafe Gottes nach sich ziehen wird, erscheint dem heutigen Betrachter als „erste Tat der Freiheit": „der Akt des Ungehorsams als ein Akt der Freiheit".[3] Nun zerbricht „die ursprüngliche Harmonie zwischen Mensch und Natur" und „der Mythos betont, daß diese Tat Leiden zur Folge hat".[4] Von nun an wird der Mensch außerhalb des Paradieses frei sein. Aber gleichzeitig gepeinigt von Sorge und Angst. „Die neugewonnene Freiheit erscheint ihm als Fluch. Er ist frei *von* der süßen Knechtschaft des Paradieses, aber er besitzt noch nicht die Freiheit *zur* Selbstbestimmung, seine Indi-

---

[2] FROMM, ERICH, Die Furcht vor der Freiheit, München ⁹2001, 107.
[3] A.a.O., 31.
[4] Ebd.

vidualität zu realisieren".⁵ Immer wieder in der Entwicklung des Menschen, der seine ursprünglichen Bindungen verloren hat, gebe es dann „machtvolle Tendenzen, vor dieser Art von Freiheit in die Unterwerfung oder in irgendeine Beziehung zu anderen Menschen und der Welt zu fliehen, die eine Milderung der Unsicherheit verspricht, selbst wenn sie den Menschen seiner Freiheit beraubt".⁶

Nach solcher Lektüre ist der Leser zwar klüger aber seinerseits verunsichert. Zwar kann er die Unwilligkeit jener, die die Freiheit *zu* etwas als Überforderung verstehen, nun nachvollziehen, kann nämlich eine anthropologische Konstante wahrnehmen, wo er zuvor Ignoranz, Desinteresse oder gar Bosheit vermutet hatte. Aber die Tatsache, dass ein Teil der Bevölkerung immer Fluchttendenzen entwickeln würde, wenn Freiheit in der Form von Verantwortung gelebt werden könne, war weder dem engagierten Bürger Gauck noch dem späteren Bundespräsidenten geheuer.

Geprägt durch Lebenserfahrungen wie 1989 und durch das Vergehen höchst machtvoller antifreiheitlicher Systeme, ist mein Blick auf die gegenwärtige Ära immer noch positiv. Zwar weniger als 1990, ich spreche jetzt häufig über „Erschütterungen",⁷ die unserer liberalen Welt der politischen Freiheit zusetzen, aber selbst, wenn ich unsere Demokratie als System ungesicherter Gewissheiten beschreibe, erscheint sie mir immer noch als Raum neuer Möglichkeiten. Ich übersehe die zahlreichen Mängel in Staat und Gesellschaft nicht, aber anders als in Zeiten der Diktatur lebe ich in einem lernfähigen System. Es lebt

---
⁵ Ebd.
⁶ A.a.O., 33.
⁷ Vgl. GAUCK, JOACHIM/HELGA HIRSCH, Erschütterungen. Was unsere Demokratie von außen und innen bedroht, München 2023.

vom Engagement derer, die ihre Freiheit als verantwortliche Wahrer und Gestalter des demokratischen Gemeinwesens leben. Es ermöglicht im Übrigen eine Lebensform, in der uns Glück nicht als flüchtig erscheint, sondern als nachhaltig.

Als Erich Fromm sich vor acht Jahrzehnten fragte, wie der Mensch angesichts seiner Furcht vor der Freiheit, wie das verunsicherte Wesen zu einer neuen Form der positiven Verbindung zu der Welt gelangen könnte, wies er auf Haltungen hin, die offenkundig menschenmöglich sind: Wir sind imstande, in freier Selbstbestimmung „aktive Solidarität mit allen Mitmenschen" zu leben, „Liebe und Arbeit" würden „ihn wieder mit der Welt einen".[8] Da spricht einer vom Gelingen in einer Zeit, die von Untergang und Fluchten aus der Verantwortung geprägt war.

Er hat mich daran erinnert, dass ich mit vielen derer, die Unfreiheit über so viele Jahre erleben mussten, in den dunklen Zeiten seelische Überlebensrationen empfangen habe. Vor der Freiheit auf unseren Straßen, existierte in vielen Köpfen eine Freiheit des Geistes, die Wahrheit hochhielt, als die Lüge Konjunktur hatte, die Empathie und Solidarität wagte, wo andere Anpassung kultivierten und die aus Glaubenden solche Hoffenden machte, die irrational lange darauf setzten, dass aus Hoffnung Taten werden würden.

Die klein gewordene Gemeinde Gottes war 1989 an unzähligen Orten Keimzelle und aktives Zentrum derer, die Freiheit als Lebensmöglichkeit auch hier und aus unserer Kraft heraus für möglich hielten. Dem einen war ein Evangelienwort, das lange nur als Traditionsgut vernommen wurde, ein Weckruf, einst religiöser Zuspruch und

---

[8] FROMM, Freiheit, 32.

jetzt zugleich ein Appell, neues Denken zu wagen: „Ihr werdet die Wahrheit erkennen, und die Wahrheit wird euch frei machen" (Joh 8, 32). Den anderen wurde aus einem noch älteren Text bewusst, dass unser Gott eine Kraft ist, die die Aufbrechenden segnet und neue Ziele erreichen lässt. So wie es im Exodusgeschehen, in der uralten Zeit berichtet wird: den Aufbruch wagen. Heraus aus Ägypten 40 Jahre wandern bis zum verheißenen Land, sich nicht zurücklocken lassen in die vermeintliche Sicherheit der Sklaven. So alt die Texte – so wirksam und mobilisierend die Botschaften!

Was mich betrifft, eines Tages würde ich sagen: mein Glaube erlaubte mir, verwegener zu hoffen.

Meine sehr geehrten Damen und Herren, mein Auftrag war es, in dieser Auftaktveranstaltung über die Erfahrungen von 1989 zu sprechen. Ich nehme zum Abschluss die Erinnerung an die Kräfte, die aus Hoffnungen wuchsen, noch einmal auf. Ich spreche in einem Teil Deutschlands, in dem die nächsten Wahlen für viele von uns mit einem unangenehmen Ergebnis enden werden.

In Landesparlamenten kann es unübersichtlich werden und womöglich werden Koalitionen gebildet, die bislang als unmöglich galten. Wenn nun gerade bei uns im Osten viele Wähler Gegnern der liberalen, offenen Gesellschaft ihre Stimme geben oder Anhängern des Kriegsbrandstifters Putin, dann gilt es, die Ordnung der Freiheit neu zu verteidigen. Dabei ist es politisch falsch und intellektuell fahrlässig, die Wählerschaft, die sich für rechtsaußen entscheidet, pauschal als Nazis zu beschreiben und zu bekämpfen. Dass es diese gibt, und dass sie entschlossen bekämpft und sanktioniert werden müssen, steht außer Frage. Aber es gibt andere Ursachen als die Naziideologie für das Wählen rechtsaußen.

Viele Menschen in ganz Europa (nicht nur bei uns im Osten) fremdeln mit einer Moderne, die sie als Zumutung empfinden. Wenn sich zu viel in zu kurzer Zeit wandelt, wird in jeder Gesellschaft etwa ein Drittel der Wählerschaft so verunsichert, dass die traditionellen Parteien der Mitte diese Menschen nicht mehr binden können – denn so groß ist etwa die Gruppe in der Gesellschaft, für die Sicherheit wichtiger ist als Freiheit. Sehr viel Veränderung, etwa durch massive Zuwanderung, sorgt dann sehr oft für die im Vortrag erwähnte Flucht ins Autoritäre. Übersehen wird dabei, dass die Politikangebote der Autoritären zwar die Vergangenheit hochschätzen, tragfähige Zukunftsangebote aber vermissen lassen.

Landauf, landab wird nun über zu erwartende Wahlerfolge geredet. Und bei manchen sehe ich sogar eine Furcht davor, dass der rechte Rand das Land regieren könnte. Das aber wird sicher nicht passieren, in diesem Land gibt es, anders als in der Weimarer Republik, genug Demokraten, die das verhindern werden.

Deshalb sollten wir nationalpopulistischen Verführern nicht unsere Angst schenken, sondern mit unseren guten Argumenten und mit unserer Liebe zur Freiheit das verteidigen, was wir 1989 errungen und seitdem bewahrt und verbessert haben:

Unsere offene, liberale Demokratie!

Teil 1:

Allgemeine Grundlagen

Das Geschichtszeichen als Gegenstand der Forschung – eine Übersicht

Jan Kostka

Seit der Veröffentlichung von Immanuel Kants Schrift *Der Streit der Fakultäten* 1798 in Königsberg lässt sich der Begriff Geschichtszeichen mit den unterschiedlichsten Bedeutungen in diversen Kontexten nachweisen. Das Geschichtszeichen ist „berühmt geworden",[1] mit ihm können positive oder negative Umbrüche markiert werden, es macht historische Entwicklungen erkennbar, verkörpert philosophische Ideen oder prognostiziert zukünftiges Geschehen. Es wird mit Emotionen begründet, die vom Enthusiasmus bis zum Entsetzen reichen, und zuweilen ist es auch materieller Natur: „Geschichtszeichen, das sind ca. 120 cm hohe Landmarken, die auf zwei Ebenen über die, meist verborgene oder erst auf den zweiten Blick wahrnehmbare, Geschichte der jeweiligen Orte informieren."[2]

---

[1] Freyberg, Sascha/Omodeo, Pietro Daniel, Die Copernicanische Revolution als Geschichtszeichen. Zur Entstehung der Transformationskosmologie, in: Peter König/Oliver Schlaudt (Hg.), Kosmos. Vom Umgang mit der Welt zwischen Ausdruck und Ordnung, Heidelberg 2023, 143–196, hier 173.

[2] Das Zitat stammt aus einem Konzept zur Geschichtsvermittlung im unterfränkischen Landkreis Kitzingen. https://www.ngz-bayern.de/geschichtszeichen1 (28.8.2024).

Zunächst sei festgehalten, dass es keine Forschung zur Alltagsdimension des Begriffs Geschichtszeichen (z. B. in Tageszeitungen, Blogbeiträgen) gibt und auch dieser Artikel das Desiderat nur ansatzweise streifen kann – die Stichwortsuche zu „Geschichtszeichen" in der digitalen Bibliothek *Internet Archive* bietet allein Verweise auf 260 Zeitschriften- und Buchpublikationen.[3] In diesem Aufsatz stellen essayistische und wissenschaftliche Beiträge sowohl aus dem Bereich der Kant-Forschung als auch der Geschichtsphilosophie und Kulturwissenschaft die Materialbasis zur Rezeption und Verwendungsweise des Begriffs dar, die Forschung wird also selbst zum Untersuchungsobjekt. Dabei soll keine Lesart privilegiert oder mein eigenes Verständnis des Grundlagentextes von Immanuel Kant zur Norm erhoben werden. Ziel ist es einen thematisch und chronologisch strukturierten Überblick anzubieten.

Im ersten Abschnitt dieses Artikels gehe ich der Entwicklung des Begriffs Geschichtszeichen bei Kant nach. Wie *Der Streit der Fakultäten* und insbesondere dessen zweites Hauptstück, in dem Kant die zentralen Überlegungen zum Geschichtszeichen formuliert, von der zeitgenössischen Kritik wahrgenommen wurden, rekonstruiert der Abschnitt 2. Anschließend zeige ich an exemplarischen Texten, welche inhaltliche Bandbreite der Begriff im 19. Jahrhundert entwickelte. Besonders seit der zweiten Hälfte des 20. Jahrhunderts beschäftigen sich Forschungsarbeiten unter verschiedenen Fragestellungen mit dem Konzept des Geschichtszeichens. Diese werden hier in die drei Bereiche Kant-Forschung, Geschichtsphiloso-

---

[3] https://archive.org/search?query=geschichtszeichen&sin=TXT (30.8.2024).

phie und Applikation unterteilt. Im Resümee formuliere ich auf der Basis der ausgewerteten Forschungsarbeiten eine These und gebe einen Ausblick auf das Erkenntnispotential, das eine methodische Arbeit mit dem Geschichtszeichen eröffnen kann.

1. *Der Streit der Fakultäten* als Rezeptionsvorlage

Immanuel Kants Schrift *Der Streit der Fakultäten* besteht aus drei Hauptstücken, die auf separat verfasste Aufsätze zurückgehen und jeweils einen eigenständigen Charakter haben. Während das erste Hauptstück sich dem Verhältnis der oberen, also der theologischen, juristischen und medizinischen Fakultäten zur kritischen Instanz der unteren, philosophischen Fakultät sowie in einem Anhang dem Streit der zwischen der theologischen und der philosophischen Fakultät zuwendet, wird das zentrale Thema des zweiten Hauptstücks, der Streit mit der juristischen Fakultät, über die vorangestellte „Erneuerte Frage: Ob das menschliche Geschlecht im beständigen Fortschreiten zum Besseren sei" eingeführt.[4] Der dritte Teil trägt die Überschrift „Von der Macht des Gemüths durch den bloßen Vorsatz seiner krankhaften Gefühle Meister zu sein"[5] und beschreibt unterschiedliche Gefährdungen der Gesundheit und deren Abhilfe durch Selbstbeherrschung als „Streit der philosophischen Facultät mit der medicini-

---

[4] KANT, IMMANUEL, Der Streit der Fakultäten, in: Ders., Kants Werke, Akademie Textausgabe, Bd. VII. Der Streit der Fakultäten, Anthropologie in pragmatischer Hinsicht (AA VII), Berlin/New York 1968 [1907/17], 1–116, hier 79.
[5] A.a.O., 97.

schen"⁶ in der Form eines Briefes an den Mediziner Christoph Wilhelm Hufeland (1762–1836).

Den Begriff des Geschichtszeichens verwendet Kant im zweiten Hauptstück der Abhandlung. Dieses ist in zehn mit Überschriften versehene Abschnitte unterteilt. Sie legen eine Beweisführung nahe, diese reicht von der Fragestellung („1. Was will man hier wissen?") und Methodik („2. Wie *kann* man es wissen?") über gedankliche Voraussetzungen („4. Durch Erfahrung unmittelbar ist die Aufgabe des Fortschreitens nicht aufzulösen") zu zentralen Erkenntnissen („6. Von einer Begebenheit unserer Zeit, welche diese moralische Tendenz des Menschengeschlechts beweiset") und Einschränkungen hinsichtlich der zeitgenössischen Wirklichkeit („8. Von der Schwierigkeit der auf das Fortschreiten zum Weltbesten angelegten Maximen in Ansehung ihrer Publicität") bis hin zur Adaption („10. In welcher Ordnung allein kann der Fortschritt zum Besseren erwartet werden?") und einem angehängten „Beschluß".⁷ In den zentralen Abschnitten fünf bis sieben legt Kant dar, wie aus einer „Erfahrung im Menschengeschlechte" ein Hinweis darauf gewonnen werden kann, dass die Menschheit das Vermögen zu einem Fortschritt zum Besseren besitzt, also „*Ursache* von dem Fortrücken desselben zum Besseren und (da dieses die

---

⁶ A.a.O., 95.
⁷ Einen Überblick über den Aufbau des zweiten Hauptabschnitts in *Der Streit der Fakultäten* geben BURG, PETER, Kants Deutung der Französischen Revolution im „Streit der Fakultäten", in: Gerhard Funke (Hg.), Akten des 4. Internationalen Kant-Kongresses Mainz, 6.–10. April 1974. Teil II.2: Sektionen, Berlin/New York 1974, 656–667, hier 657–661; GIORDANETTI, PIERO, Einleitung, in: Immanuel Kant, Der Streit der Fakultäten, hg. v. Horst D. Brandt und Piero Giordanetti, Hamburg 2005, VII–XLV, hier XXXIII–XL.

That eines mit Freiheit begabten Wesens sein soll) *Urheber* desselben zu sein".[8] Eines solchen Vermögens gewiss, sei die Prognose möglich, dass die Menschheit es in Abhängigkeit von den Umständen auch wirksam werden lasse, jedoch ohne vorhersagen zu können, wann dies eintreten werde. Der Satz, in dem Kant das Geschichtszeichen erklärt, wird hier vollständig zitiert:

Also muß eine Begebenheit nachgesucht werden, welche auf das Dasein einer solchen Ursache und auch auf den Act ihrer Causalität im Menschengeschlechte unbestimmt in Ansehung der Zeit hinweise, und die auf das Fortschreiten zum Besseren als unausbleibliche Folge schließen ließe, welcher Schluß dann auch auf die Geschichte der vergangenen Zeit (daß es immer im Fortschritt gewesen sei) ausgedehnt werden könnte, doch so, daß jene Begebenheit nicht selbst als Ursache des letzteren, sondern nur als hindeutend, als *Geschichtszeichen* (signum rememorativum, demonstrativum, prognostikon), angesehen werden müsse und so die *Tendenz* des menschlichen Geschlechts im *Ganzen*, d.i. nicht nach den Individuen betrachtet (denn das würde eine nicht zu beendigende Aufzählung und Berechnung abgeben), sondern wie es in Völkerschaften und Staaten getheilt auf Erden angetroffen wird, beweisen könnte.[9]

Welche Begebenheit Kant hierbei gemeint hat – ob die revolutionären Ereignisse in Frankreich von 1789, die Herrschaft des Directoriums oder die Begeisterung, mit der die Revolution in Preußen begrüßt wurde –, ist in der Forschung bereits umstritten. Nicht anders sieht es mit der Beurteilung aus, wie Kants Argument vom Geschichtszeichen im Kontext der zeitgenössischen Debatten zu bewerten ist. Klaus Reich und Günther Bien verstehen es als Replik auf Friedrich Schlegels Kritik an Kants *Zum ewi-*

---

[8] KANT, AA VII, 84.
[9] Ebd.

gen Frieden (1795),[10] Andreas Arndt und Reinhard Brandt sehen eine solche Bezugnahme hingegen kritisch.[11] Doch soll zunächst festgehalten werden, dass den zeitgenössischen Lesern die Beschreibung des Geschichtszeichens als „signum rememorativum, demonstrativum, prognostikon" vertraut gewesen sein kann. Auch das Verständnis von körperlichen oder seelischen Bewegungen als Zeichen – bei Kant „eine *Theilnehmung* dem Wunsche nach, die nahe an Enthusiasm grenzt"[12] – war bereits eingeführt. Piero Giordanetti führt Kants Begriff Geschichtszeichen auf Alexander Gottlieb Baumgartens *Metaphysica* (1739) zurück.[13] In seiner deutschen Übertragung dieses Werkes erläutert Georg Friedrich Meier (²1783), dass das durch

---

[10] REICH, KLAUS, Einleitung des Herausgebers, in: Immanuel Kant, Der Streit der Fakultäten, Hamburg 1959, IX–XXVI; BIEN, GÜNTHER, Art. Geschichtszeichen, in: Joachim Ritter (Hg.), Historisches Wörterbuch der Philosophie, Bd. 3: G–H, Basel/Stuttgart 1974, Sp. 441–443.

[11] ARNDT, ANDREAS, „Geschichtszeichen". Perspektiven einer Kontroverse zwischen Kant und Friedrich Schlegel, in: Hegel-Jahrbuch 1995 (1996), 152–159. BRANDT, REINHARD, Universität zwischen Selbst- und Fremdbestimmung. Kants „Streit der Fakultäten", mit einem Anhang zu Heideggers ‚Rektoratsrede', Berlin 2003, 137–140.

[12] KANT, AA VII, 85.

[13] GIORDANETTI, PIERO, Anmerkungen des Herausgebers, in: Immanuel Kant, Der Streit der Fakultäten, hg. v. Horst D. Brandt und Piero Giordanetti, Hamburg 2005, 133–175, hier 163. Vgl. BAUMGARTEN, ALEXANDER GOTTLIEB, Metaphysika/Metaphysik, historisch-kritische Ausgabe, übersetzt, eingeleitet und herausgegeben von Günter Gawlick und Lothar Kreimendahl, Stuttgart/Bad Cannstatt 2011, 192–195. Kittsteiner hingegen bezieht Kants Geschichtszeichen auf *Großes Vollständiges Universal-Lexicon Aller Wissenschaften und Künste*, Bd. 61 (1749) von Johan Heinrich Zedler, in dem sich ebenfalls die drei Zeitdimensionen des Zeichens finden, vgl. KITTSTEINER, HEINZ DIETER, Kants Theorie des Ge-

Zeichen Bezeichnete wirklich sei, „also entweder was gegenwärtiges oder vergangenes oder zukünftiges. [...] Das Zeichen des ersten ist ein Anzeichnungszeichen [oder Anzeigungszeichen; J.K.] (signum demonstrativuum), des zweyten ein Erinnerungszeichen (signum mnemonicum, rememoratorium), und des dritten ein vorbedeutendes Zeichen (signum prognosticon)."[14] In Meiers eigener *Metaphysik* (1755) nennt er als ein Beispiel für ein „vorbedeutendes Zeichen, oder ein wahrsagendes Zeichen" den menschlichen „Pulsschlag",[15] der eine „Sache" bezeichne, „die nicht bloß in einer Vorstellung" bestehe.[16]

Kant selbst verwendete in den Vorarbeiten zum zweiten Hauptstück der Abhandlung nicht den Begriff Geschichtszeichen, sondern nutzte Varianten. Im zwischen Herbst 1795 und Herbst 1797 entstandenen Fragment *Loses Blatt Reicke V* spricht er vom „Vorzeichen" für die Verbannung des Krieges und des Fortschritts zum Besseren. Ein solches Vorzeichen sei der Umstand, dass die französische Nation „auf dem Wege ist, diejenige constitution zu gründen, in der alle Nachbarn Friede [...] von ihr zu erwarten haben und diesen Zustand [...] als den einzig rechtlichen über alles hochschätzen".[17] Hinreichende „Zeichen [...], daß gantze Völker innerlich zur Gründung

---

schichtszeichens. Vorläufer und Nachfahren, in: Ders. (Hg.), Geschichtszeichen, Köln/Weimar/Wien 1999, 81–115.

[14] BAUMGARTEN, ALEXANDER GOTTLIEB, Metaphysik. Ins Deutsche übersetzt von Georg Friedrich Meier. Nach dem Text der zweiten, von Joh. Aug. Eberhard besorgten Ausgabe 1783, Jena 2004, 71.

[15] MEIER, GEORG FRIEDRICH, Metaphysik Erster Theil, Halle 1755, 443.

[16] A.a.O., 446.

[17] KANT, IMMANUEL, Kants gesammelte Schriften, Bd. XIX. Moralphilosophie, Rechtsphilosophie und Religionsphilosophie, Berlin/New York 1971 [1934], 609.

einer Verfassung streben, dadurch endlich der Krieg [...] aufhört",[18] betrachtet Kant im selben Fragment jedoch nur als ein Element der Voraussetzungen dafür, dass die „Tendenz zum continuirenden Fortschritt des Menschengeschlechts zum Besseren [...] als Wirklich eingetreten angenommen werden" kann.[19] Hinzu komme, „dass das Streben zu diesem Zweck nicht etwa bloße Wirkung der Naturanlage, [...] sondern Entwicklung der moralischen Anlage im menschlichen Geschlechte sey" sowie, drittens, „der Einflus dieser Idee [einer republikanischen Verfassung; J.K.] aufs Gemüth aller Menschen", welcher eine allgemeine „Theilnehmung an jenem höchsten Weltbürgerlichen Gut bewirke, dass sie wenigstens dem Wunsche nach der mächtigsten moralischen Triebfeder gleichkommt: als ein *Factum*, über dessen Wirklichkeit man alle Menschen zu Zeugen rufen kann".[20] Verweist nun in *Der Streit der Fakultäten* das Geschichtszeichen anhand einer Begebenheit auf „zentrale Antriebskräfte"[21] als Ursache für den Fortschritt der Menschheit sowie auf deren umfassende Wirksamkeit in der zeitgenössischen Gegenwart und im Geschichtsverlauf zugleich, so kann angenommen werden, dass Kant die in *Loses Blatt Reicke V* aufgeführten Aspekte nun in einem Begriff zusammengefasst hat. Als weitere Vorarbeit gilt das 13. Konvolut des *Opus postumum*, dessen Entstehung ebenfalls auf zwischen Herbst 1795 und Herbst 1797 datiert wird. Hier verwendet Kant den Begriff „Zeichen dieser Zeit". Diese „ent-

---

[18] A.a.O., 612.
[19] A.a.O., 611.
[20] A.a.O., 612.
[21] PAUEN, MICHAEL, Art. Geschichtszeichen, in: Marcus Willaschek u. a. (Hg.), Kant-Lexikon, Bd. 1, a priori /a posteriori – Gymnastik, Berlin/Boston 2015, 781 f., hier 782.

deckten öffentlich [...] eine moralische sonst niemals in gleichem Grade wahrgenommenen Anlage einer uneigennützigen Neigung sich zu dem Zwecke zu verbünden [...] um sich [...] als Völker in solche gesetzliche Verfassung zu setzen welche mit dem Offensiv//Kriege unvertragsam ist".[22] Die Bezüge zum Geschichtszeichen in *Der Streit der Fakultäten* liegen in der dort betonten Öffentlichkeit, Uneigennützigkeit und im moralischen Charakter einer erwünschten Teilnehmung an der „Revolution eines geistreichen Volks".[23] Mit dem Blick in die Vorarbeiten lässt sich feststellen, dass der Begriff Geschichtszeichen mehrere bereits angelegte Bedeutungsebenen für „Vorzeichen" bzw. „Zeichen der Zeit" vereinigt und so durchaus einen distinkten Inhalt hat.

Der Streit der Fakultäten erschien 1798 bei Friedrich Nicolovius (1768–1836) in Königsberg. Im *Allgemeinen Litterarischen Anzeiger* wurde die Publikation am 11. Dezember 1798 angekündigt. 1799 wurde die Abhandlung in Band 3 der bei Johann Heinrich Tieftrunk (1760–1837) in Halle erschienenen *Immanuel Kants vermischte Schriften* aufgenommen.[24] Separate Veröffentlichungen des Abschnitts *Erneuerte Frage: Ob das menschliche Geschlecht im beständigen Fortschreiten zum Besseren sei?* folgten 1805 im von Carl Wilhelm Friedrich Breyer (1771–1818) in Jena herausgegebenen *Historischen Magazin* (Band 1) un-

---

[22] KANT, IMMANUEL, Kants gesammelte Schriften, Bd. XXII. Opus postumum, Hälfte 2. (Convolut VII bis XIII), Berlin/New York 1971 [1938], 622 f.

[23] KANT, AA VII, 85.

[24] Vgl. zu den Auseinandersetzungen um die autorisierte Erstveröffentlichung: DIETZSCH, STEFFEN, Die republikanische Vernunft. Nachwort, in: Immanuel Kant, Der Streit der Fakultäten, Leipzig 1984, 125–148, hier 133.

ter der Rubrik „Philosophische Ansichten der Geschichte" und in *Immanuel Kant's vorzügliche kleine Schriften und Aufsätze* (1833), herausgegeben in Leipzig von Fr. Ch. Starke. Dieser erklärt in einer Fußnote den von Kant thematisierten Fortschritt zum Besseren bereits verbürgt „durch die Erfindung und Ausbreitung der Buchdruckerkunst, durch die Preßfreyheit und durch die Einführung weise eingerichteter Staatsverfassungen und die Theilung der Gewalten".[25] Ferner fand *Der Streit der Fakultäten* neben weiteren Einzelveröffentlichungen Aufnahme in den relevanten Werkausgaben, so dass die von Piero Giordanetti erstellte (unvollständige) Bibliographie der Ausgaben und Übersetzungen 32 Teil- und Komplettveröffentlichungen der Schrift zwischen 1798 und 2003 aufführen kann.[26] Nachdem die von Kant ursprünglich geplante separate Publikation der ersten beiden Hauptabschnitte von *Der Streit der Fakultäten* keine Imprimatur erhielt,[27] wurde 1798 mit der Herausgabe aller drei Abschnitte unter einem gemeinsamen Thema die Voraussetzung für eine breite Rezeption der Schrift und damit des Begriffs Geschichtszeichen geschaffen.

---

[25] KANT, IMMANUEL, Immanuel Kant's vorzügliche kleine Schriften und Aufsätze. Mit Anmerkungen herausgegeben von Fr. Ch. Starke, Bd. 2, Leipzig 1833, 179.
[26] GIORDANETTI, PIERO, Bibliographie, in: Immanuel Kant, Der Streit der Fakultäten, hg. v. Horst D. Brandt und Piero Giordanetti, Hamburg 2005, 181–195, hier 181–183.
[27] Zur Entstehungsgeschichte siehe: GIORDANETTI, Einleitung, VII–XX.

2. Die zeitgenössische Rezeption von *Der Streit der Fakultäten*

Die Schrift *Der Streit der Fakultäten* habe in der Rezeption, so Reinhard Brandt, jedoch „wenig Beachtung" gefunden, da es im beginnenden 19. Jahrhundert an Bereitschaft mangelte, sich mit den Ideen und der Denkweise der Aufklärung zu befassen.[28] Brandt führt elf anonyme Rezensionen aus Journalen, Zeitungen und Anzeigenblättern aus den Jahren 1799 und 1801 sowie neun kritische Auseinandersetzungen mit Kants Schrift in Form philosophischer und theologischer Aufsätze aus den Jahren 1799 bis 1814 auf und fasst ihren Inhalt knapp zusammen.[29] Demnach verweisen die Rezensionen anhand von Kants Schrift auf die positive Rückwirkung einer allgemeinen Verbreitung des philosophischen Geistes auf die Regierungen und deren Gesetze (*Göttingische Anzeigen von gelehrten Sachen*)[30] bzw. auf die Aufgabe des Staates, die Einhaltung der Gesetze mit dem Ziel der Verbesserung der bestehenden Verfassung einzufordern (*Neue Würzburger gelehrte Anzeigen*).[31] Ungereimtheiten kritisierten die *Tübingischen Gelehrten Anzeigen*, weil der In-

---

[28] BRANDT, REINHARD, Zum „Streit der Fakultäten", in: Reinhard Brandt/Werner Stark (Hg.), Neue Autographen und Dokumente zu Kants Leben, Schriften und Vorlesungen (Kant-Forschungen Bd. 1), Hamburg 1987, 31–78, hier 38. Vgl. auch Horst Dreiers Bemerkungen zur Rezeption von Kants Rechtslehre: DREIER, HORST, Kants Republik, in: Volker Gerhardt (Hg.), Kant im Streit der Fakultäten, Berlin/New York 2005, 134–170, hier 134–138.
[29] BRANDT, Streit, 66–71. Vgl. GIORDANETTI, Bibliographie, 184–186.
[30] Vgl. BRANDT, Streit, 68.
[31] Vgl. A.a.O., 67.

halt der Schrift nicht den Erwartungen entspreche, die der Titel geweckt habe.³² sowie die *Neue Allgemeine Deutsche Bibliothek*, die sprachliche Klarheit und eine konkrete Aussage der Schrift vermisste. „Er [Kant] redet immer von Dingen, die da sind; aber wenn man sich umsieht, findet man sie nirgends, und muß daher glauben, er habe bloß von Dingen sprechen wollen, die da seyn sollten."³³ Der Rezensent bespricht ebenfalls den zweiten Abschnitt von *Der Streit der Fakultäten*. Ohne den Begriff Geschichtszeichen zu erwähnen, geht er doch auf den Sachverhalt ein, für den dieses stehen soll. Die Erfahrung, an welche eine wahrsagende Geschichte geknüpft werden müsse, sei „daß allgemein man an der Französischen Revolution einen uninteressierten Antheil genommen hat",³⁴ doch dieses Argument, mit dem Kant „ein Bestreben nach dem Besseren" beweisen wolle, hält der Rezensent nicht für schlüssiger, „als das mehr bekannte, in welchem aus dem bisherigen geschichtsmäßigen Fortschritte, auf die Zukunft geschlossen wird". Die Geschichte erhelle aber nicht, dass „das ganze Geschlecht in allen seinen Individuen weiter kommt", sondern nur, „daß unter einzelnen Nationen ein beständiger Fortschritt vorhanden ist".³⁵

Auf der Ebene der zeitgenössischen Auseinandersetzung unter Philosophen (Johann Gottfried Herder, Friedrich Schelling, Christoph Friedrich Nicolai) mit *Der Streit der Fakultäten* traf die Kritik besonders Kants Universitätskonzeption, die Aufwertung der philosophischen

---

³² Vgl. A.a.O., 68.
³³ Br. [Dietrich Tiedemann]: Der Streit der Fakultäten, in drey Abschnitten, von Immanuel Kant, in: Neue Allgemeine Deutsche Bibliothek (1801) 62/6, 380–385, hier 380.
³⁴ A.a.O., 384.
³⁵ A.a.O., 385.

Fakultät sowie Kants religionsphilosophische Positionen.[36] Friedrich Nicolai (1733–1811) ging in *Über meine gelehrte Bildung, über meine Kenntniß der kritischen Philosophie und meine Schriften dieselbe betreffend* (1799) zudem auf Kants Überlegungen zur Vorhersagbarkeit eines Fortschrittes ein, wiederum ohne dem Begriff Geschichtszeichen Beachtung zu schenken. Besonderen Widerspruch meldet Nicolai dort an, wo Kant von der Französischen Revolution eine allgemeine Teilnehmung und Begeisterung für die republikanische Verfassung abgeleitet habe, die sich auf den Verzicht eines Angriffskrieges gründen soll. „Wenn man die Begebenheiten der französischen Republik vom Anfange an, und ihre beständigen Angriffskriege betrachtet, und mit diesen wetterwendischen Kantschen Vorstellungen und Hoffnungen vergleicht, so muß man sich wundern, wie Hr. Kant sich so weit vergessen konnte, die Meinungen vernünftiger Leute über diese Republik auf die Hoffnung zur Erfüllung seiner Hypothese zu ziehen."[37] Kant begründe seine Vorhersage über den Fortschritt zum Besseren nur aus seinen eigenen Grundannahmen, selbst wenn dies den Erfahrungen und der Menschenkenntnis widerspreche.

Der Philosoph Johann Christoph Schwab (1743–1821) widmete dem zweiten Abschnitt von *Der Streit der Fakultäten* gar große Teile seiner bei Friedrich Nicolai erschienenen Streitschrift *Acht Briefe über einige Widersprüche*

---

[36] Vgl. BRANDT, Streit, 69–71. BUCHER, EVA, Der institutionalisierte Dauerstreit. Theologie und Dissens in Kants Der Streit der Fakultäten. Baden-Baden 2017, 116–131.

[37] NICOLAI, FRIEDRICH, Über meine gelehrte Bildung, über meine Kenntniß der kritischen Philosophie und meine Schriften dieselbe betreffend, und über die Herren Kant, I.B. Erhard, und Fichte, Berlin und Stettin 1799, 100.

und Inconsequenzen in Herrn Professor Kants neuesten Schriften (1799). Schwab registriert, dass Kant mit der „lebhafte[n], enthusiastische[n], uneigennützige[n] Teilnahme aller Zuschauer" an der Französischen Revolution das „Fortschreiten zum Besseren" begründet,[38] verneint aber, dass die Teilnahme eine moralische Ursache habe. Vielmehr sei sie darin begründet, dass die Französische Revolution „eine sehr nahe und bleibende Beziehung auf unser Wohl und Wehe haben" werde. Je nach ihrer gesellschaftlichen Stellung und materiellen Lage reagierten die Menschen mit der Furcht um ihre Privilegien oder der Hoffnung auf eine Verbesserung ihrer Lage. „Man ist kein uneigennütziger Zuschauer von einer Begebenheit, wenn man dabey zu gewinnen, und Vortheile zu erhalten hofft; und das hofften die meisten Menschen, die sich für die französische Revolution interessierten."[39] Besonders aber sei unbestimmt, ob Kant mit einer „Begebenheit", die den Völkern „zu Wiederholung neuer Versuche dieser Art" in Erinnerung gebracht werden sollte,[40] die Französische Revolution selbst oder die „Idee [...] die Staatsverfassungen zu verbessern" meine. „Besonders aber wenn von Staats-Reformen die Rede ist, so sollte man von der französischen Revolution entweder ganz schweigen, oder sie nur anführen, um zu zeigen, wie man es nicht machen soll."[41] Schließlich weist Schwab auf den Widerspruch hin zwischen der Orientierung an einer Revolution und der

---

[38] SCHWAB, JOHANN CHRISTOPH, Acht Briefe über einige Widersprüche und Inconsequenzen in Herrn Professor Kants neuesten Schriften, Berlin und Stettin 1799, 7.
[39] A.a.O., 53.
[40] KANT, AA VII, 88.
[41] SCHWAB, Briefe, 18 f.

„Weisheit von oben herab" bzw. „Vorsehung"⁴² als positiver Bedingung, mit der Kant die Frage nach der Ordnung beantwortet, in welcher der Fortschritt zum Besseren erwartet werden könne. Die Absicht zu beweisen, „daß das menschliche Geschlecht unaufhörlich zum Besseren fortschreitet" führe zu „einer Art vom frommen Wunsche, daß die Vorsehung hierbey das Beste thun möchte".⁴³

Die Kritik an der von den Rezensenten ausgemachten Verklärung der Französischen Revolution entsprach durchaus einer Zeitstimmung unter den deutschen Intellektuellen, in der die anfängliche Begeisterung, so Erich Pelzer, „nach dem Beginn der ‚Pöbelherrschaft' der Jakobiner spürbar" abnahm und „alsbald einem tiefen Abscheu vor den ‚Greueln' im Nachbarland" wich.⁴⁴ Fortan habe das Gefühl, „durch das Entgleiten der Revolution um die Ideale der Aufklärung betrogen" worden zu sein,⁴⁵ ihr Urteil bestimmt. Kritikpunkte, wie die mangelnde begriffliche Klarheit und die inkonsequente, widersprüchliche Argumentation sowie die Uninformiertheit und Weltfremdheit der Kantschen Überlegungen, finden sich auch in der gegenwärtigen Auseinandersetzung mit *Der Streit der Fakultäten*.⁴⁶ Aber so sehr Schwab auch die Sachverhalte zerpflückte, die Kant mit dem Begriff Geschichtszeichen darlegte – er erwähnt diesen nicht ein einziges

---

⁴² Kant, AA VII, 93.

⁴³ SCHWAB, Briefe, 29.

⁴⁴ PELZER, ERICH, Deutscher Michel mit Kokarde. 1789 und das Echo in der deutschen Öffentlichkeit, in: Freibeuter. Vierteljahreszeitschrift für Kultur und Politik, Nr. 39 (1988), 78–85, hier 80. Siehe auch: WINKLER, HEINRICH AUGUST, Die Deutschen und die Revolution. Eine Geschichte von 1848 bis 1989, München 2023, 10f.

⁴⁵ PELZER, Michel, 85.

⁴⁶ Vgl. KLEINGELD, PAULINE, Fortschritt und Vernunft. Die Geschichtsphilosophie Kants, Würzburg 1995, 67–86.

Mal. Das sechsbändige *Enzyklopädische Wörterbuch der kritischen Philosophie* (1797–1803) von George Samuel Albert Mellin enthält kein Lemma „Geschichtszeichen", auch in den Ausführungen zu den semantisch verwandten Begriffen „Begebenheit", „Enthusiasmus", „Revolution" oder „Zeichen" findet der Terminus keine Erwähnung. Dennoch war der Begriff im 19. Jahrhundert nicht ungebräuchlich oder spezifisch für die Philosophie. Er ist vielmehr auf dem Gebiet der Didaktik, der Museologie, der Germanistik wie der Predigttexte und religiösen Essayistik zu finden, das Feuilleton nicht zu vergessen, wie anhand der folgenden Beispiele aus dem Bestand des Münchner Digitalisierungszentrums nachweisbar ist.[47]

3. Verwendungsweisen des Begriffs Geschichtszeichen im 19. Jahrhundert

Der im Umfeld Pestalozzis agierende Mathematikdidaktiker Joseph Schmid (1785–1851) unterschied in seinen *Gedanken über Mathematik* (1812) die unendliche Menge möglicher Zeichen, er nennt sie „Urzeichen", von den „Geschichtszeichen". Diese seien beispielsweise Buchstaben und Zahlen, die „aus dieser unendlichen Menge von Formen herausgenommenen" und „von dem Charakter der Geschichte so oder anderst abhängig sind".[48] Aus dem „übenden Behandeln" dieser Geschichtszeichen gingen

---

[47] https://www.digitale-sammlungen.de/de/search?query=geschichtszeichen&sortField=date&sortOrder=asc (30.8.2024).

[48] SCHMID, JOSEPH, Gedanken über Mathematik und über Anwendung der mathematischen Erkenntnisse auf den bürgerlichen Erwerb, besonders zur Verminderung der armen Kinder, Bregenz und Heidelberg 1812, 13.

die „Geschichtsfertigkeiten" hervor, also Schreiben, Lesen und Rechen. Mit ihnen würde „zur Ermahnung und Beschützung künftiger besserer Kinder [...] die Geschichte des Tages" aufgezeichnet.[49] Schmids Berufung auf das „naturgemäße System der allgemeinen Form und Größe", das den Schülern als Grundlage vermittelt werden sollte, lässt sich – wie Kants Zeichenbegriff – als Weiterdenken von Georg Friedrich Meiers *Metaphysik* interpretieren, besonders da auch Meier zwischen „natürlichen" und „willkürlichen" bzw. „künstlichen" Zeichen, zu denen er die Wörter zählt, unterscheidet.[50] Dabei stimmt Schmid mit Kant überein, dass er die Bedeutung von Geschichtszeichen nicht nur aus der historischen Perspektive betont, sondern vielmehr in der produktiven Wirkung sieht, die sie für die Gestaltung der Zukunft entfalten sollen.

Auf eine Förderung und Anerkennung der Sammlungen rheinisch-westfälischer Altertümer in den Museen zu Bonn und Münster zielte die Wertung von archäologischen Bodenfunden als „Monumente und Geschichtszeichen" ab.[51] So forderte der Diplomat und Museumsgründer Wilhelm Dorow (1790–1845), die „Hochschätzung dessen, was unsere Voreltern geschaffen", solle die nationalen Sammlungen als Frage der „Selbstehre" im „wirklichen Leben" verankern.[52] Ebenfalls auf dem Gebiet der nationalen Historiographie – und weit von Kants Blick auf das „menschliche Geschlecht (im Großen)" ent-

---

[49] Ebd.
[50] MEIER, Metaphysik, 442 f.
[51] DOROW, WILHELM, Die Denkmale germanischer und römischer Zeit in den Rheinisch-Westfälischen Provinzen, Band 1, Stuttgart/Tübingen 1823, 94.
[52] Ebd.

fernt[53] – bewegte sich der Literaturwissenschaftler Rudolf Haym (1821–1901) in *Die romantische Schule. Ein Beitrag zur Geschichte des deutschen Geistes* (1870), wenn er im Rahmen seiner Ausführungen über Friedrich Schlegel die „Goethe'sche Poesie" als das „große Geschichtszeichen" bezeichnete, das in der Literaturgeschichte die Aussicht auf „eine ästhetische Revolution" eröffnet habe, nämlich auf jenen „Punkt", „wo das Übergewicht der Freiheit über die Natur definitiv entschieden ist".[54]

Kants Verständnis des Geschichtszeichens spiegelt sich bei Haym im Verweis auf eine Revolution und ebenfalls in der Perspektive auf ein in der Zukunft zu erreichendes Ziel wider, ohne dass der Königsberger Philosoph in diesem Zusammenhang genannt wird. Einen solchen nur impliziten Kant-Bezug zeigt auch ein anonymes Feuilleton in der *Augsburger Flora* vom 7. Juni 1857, in dem das Motiv der Französischen Revolution noch durch das des Zuschauers und beobachtenden Zeugen ergänzt wird. Das „Geschichtszeichen der Weltstadt" im Sinne einer „Denksäule der Geschichte" bzw. eines „Augenzeugen" ist hier aber ein im Hof des Pariser Palais Royal stehender Lindenbaum. Dieser stelle den Glauben „an den unerschütterlichen Bestand der Dinge, wie sie sind", durch ein „ernstes memento" infrage. So seien die Blätter des Lindenbaums im Juli 1789 als Kokarde im bewaffneten Aufstand verwendet worden. Anschließend habe der Baum miterlebt, wie „die Lindenblätter an den Hüten jener ersten Freiheitskämpfer" „bald welk zu Boden" gefallen und „in Kampf und Streit zertreten" worden seien, bis er

---

[53] KANT, AA VII, 79.
[54] HAYM, RUDOLF, Die romantische Schule. Ein Beitrag zur Geschichte des deutschen Geistes, Berlin 1870, 189.

schließlich selbst als „untauglich gewordener Invalide der Revolution" gefällt worden sei.[55] Das Schicksal des Baumes versinnbildlicht eine Perspektive „von unten", die nicht in der Revolutionsgeschichtsschreibung vorkommt – er erfährt den Bruch zwischen revolutionärem Enthusiasmus und Desillusionierung am eigenen Leibe.
Geradezu eine antirevolutionäre Umdeutung des Geschichtszeichens nahm der anonyme Autor der *Allgemeinen Zeitung* aus Augsburg 1870 in einer „Neujahrsbetrachtung" zum Thema *Der sittliche Fortschritt der Menschheit* vor. Kant habe lediglich den „äußerlichen Fortschritt"[56] zur „allmählichen Verbesserung der politischen und sociale Zustände" nachweisen können.[57] Mit Blick auf den sittlichen Fortschritt hätten die „Aufklärung", die „Revolutionen von oben" wie auch die „Revolutionsbestrebungen von unten" „eher zum moralischen Rückschritt als Fortschritt disponiert".[58] Die „Geschichtszeichen" für den sittlichen Fortschritt bis zur „Wiederherstellung des göttlichen Ebenbildes in der Menschheit" seien vielmehr „in der Kirchengeschichte" zu finden, „wo sie, als Lichtblicke des religiösen Lebens hindurchbrechend […] ihre höhere Dignität offenbaren".[59] Ebenfalls

---

[55] Eine Linde, in: Augsburger Flora. Ein Blatt für Unterhaltung und Belehrung, Nr. 45, 7.6.1857, 179–180, hier 180.
[56] Der sittliche Fortschritt der Menschheit. Eine Neujahrsbetrachtung (Schluß), in: Beilage zur Allgemeinen Zeitung (Augsburg), Nr. 2, 2.1.1870.
[57] Der sittliche Fortschritt der Menschheit. Eine Neujahrsbetrachtung, in: Beilage zur Allgemeinen Zeitung (Augsburg), Nr. 1, 1.1.1870.
[58] Der sittliche Fortschritt der Menschheit. Eine Neujahrsbetrachtung (Schluß), in: Beilage zur Allgemeinen Zeitung (Augsburg), Nr. 2, 2.1.1870.
[59] Ebd.

lässt sich die Verwendung des Begriffs Geschichtszeichen in den Predigttexten von Gerhard von Zezschwitz (1825–1886) an der Erlanger Universität nachweisen. Zezschwitz verkündet mit dem „Geschichtszeichen des Neugeborenen" die Heilsbotschaft des Weihnachtsfestes[60] und deutet den Einzug Jesu in Jerusalem „als das Geschichtszeichen, daß die Weissagung erfüllt ist".[61]

In der zeitgenössischen Rezeption von *Der Streit der Fakultäten* spielte der Begriff des Geschichtszeichens, wenn überhaupt, nur eine untergeordnete Rolle, da der Charakter und die Wirkung der Französischen Revolution selbst im Zentrum kontroverser Debatten standen. Der Terminus war jedoch im 19. Jahrhundert durchaus Teil des öffentlichen Sprachgebrauchs und konnte ebenso für an Kant anschließende philosophische Fragestellungen verwendet werden, wie auch in Zusammenhängen, die nur in einer indirekten oder in gar keiner inhaltlichen Beziehung zu Kants Schrift standen. Auffällig ist die sich in den unterschiedlichsten Gegenständen zeigende Variabilität des Geschichtszeichens: Der Begriff konnte Elemente der Heilsgeschichte (*Allgemeine Zeitung*, von Zezschwitz), poetologische Konzepte (Haym), Artefakte (Dorow), einen Baum (*Augsburger Flora*) oder eine Gruppe von arbiträren Zeichen (Schmid) meinen. Übereinstimmend gilt jedoch, dass der Begriff Geschichtszeichen nicht neutral ist, sondern seine Referenten hinsichtlich eines in der Zukunft erwarteten positiven Effekts deutet. Mittels des Geschichtszeichens werden die in Gegenständen oder Er-

---

[60] ZEZSCHWITZ, GERHARD VON, Der Hirt und seine Herde. Predigten gehalten in der Universitätskirche zu Erlangen, Erlangen 1891, 40.

[61] ZEZSCHWITZ, GERHARD VON, Unser Gottesdienst nach seinem Wesen und inneren Gang, Erlangen 1878, 17.

eignissen der Vergangenheit wirksamen Kräfte oder Potentiale hervorgehoben, um aus diesen Erwartungen abzuleiten, welche die jeweilige Gegenwart mit der Zukunft verknüpfen. Es hat also prinzipiell eine Tendenz, die überwiegend in Richtung einer mit Begriffen des Besseren, der Sittlichkeit, Freiheit und Nation positiv verbundenen Entwicklung zielt, wobei es mit dem gefällten Lindenbaum im Hof des Pariser Palais Royal durchaus auch ein negatives Geschichtszeichen gibt. Dessen „memento" begründet der Autor der *Augsburger Flora* mit einer aus seiner Sicht fatalen historischen Entwicklung, der der Baum zum Opfer gefallen sei: „Hatte doch der Sturmwind, der den Thron Capet's umweht, zuerst mit einem solchen Blatt gespielt."[62]

4. Forschung zum Geschichtszeichen im 20. und 21. Jahrhundert

Nachdem das Panorama der Verwendungsweisen des von Kant in *Der Streit der Fakultäten* geprägten Begriffes in der publizistischen Öffentlichkeit der 19. Jahrhunderts umrissen worden ist, soll im Folgenden ein Überblick über die Forschungszugänge zum Geschichtszeichen und deren Ergebnisse gegeben werden. Diese werden untergliedert in Arbeiten, die der Kant-Forschung zuzurechnen sind (4.1); in Arbeiten, die sich mit dem Geschichtszeichen als Element der Geschichtsphilosophie beschäftigen (bzw. sich auf einer historiografischen Metaebene bewegen) (4.2) und jenen, die eine Bewertung einzelner historischer Ereignisse als Geschichtszeichen dis-

---

[62] Augsburger Flora, 180.

kutieren (die also eine Anwendung versuchen) (4.3). Für die Darstellung dieses dritten Aspekts wird der Fokus auf die Wissenschaft um journalistische Texte und öffentliche Reden erweitert.

4.1 Kant-Forschung

In der Kant-Forschung setzen sich Arbeiten, die schwerpunktmäßig Kants Fortschrittsbegriff, seine Rechts- und Geschichtsphilosophie sowie sein Verhältnis zur Französischen Revolution zum Thema haben, in unterschiedlicher Intensität mit dem Begriff des Geschichtszeichens auseinander. Nachdem Moses Weissfeld bereits 1907 im Rahmen seiner an der Universität Bern angenommenen Dissertationsschrift *Kants Gesellschaftslehre* Überlegungen zum Geschichtszeichen als „Zeichen dafür, dass es einen Faktor des Fortschritts gibt" angestellt hat,[63] begann eine intensivere Beschäftigung erst in den 1970er Jahren im Kontext von Untersuchungen zum Verhältnis Kants zur Französischen Revolution. Der Begriff des Geschichtszeichens ist zur Klärung dieses Verhältnisses insofern relevant, als er Kants Vorstellungen über Richtung und Art gesellschaftlicher Veränderungen transparent werden lässt.

Laut *Kant und die Französische Revolution* (1974) von Peter Burg bildete die Revolution in Frankreich für Kant kein Objekt des geschichtsphilosophischen Urteils, „sondern ein Element der Geschichtsphilosophie selbst": „Sie dient dazu, ein zentrales Theorem der Geschichtsphilosophie, die These vom Fortschritt der Moralität, zu begrün-

---

[63] WEISSFELD, MOSES, Kants Gesellschaftslehre, Bern 1907, 124.

den."⁶⁴ Die Geschichte werde von Kant als Heilsgeschehen verstanden, in dem die Französische Revolution „eine epochale Station auf dem Weg zum Ziel der Geschichte" darstelle.⁶⁵ Das Geschichtszeichen der Französischen Revolution fungiere in einem „dem christlichen Schema" entsprechenden „Schema eines Geschichtsprozesses von der Bestimmung durch Natur zur Bestimmung durch Freiheit" in „Analogie zur Stellung der christlichen Erlösungstat": „Die Revolution ist wie sie ein Geschichtszeichen, das über die Entwicklung zur Vollkommenheit bzw. die Erlösung Gewissheit verschafft."⁶⁶

In einer rechtsphilosophischen Betrachtung weist Dieter Scheffel 1981 zur Beantwortung seiner „Frage, ob, und wenn ja, wie sich Kants *Lehre* von der rein moralischen Begeisterung des äußeren zuschauenden Publikums im Falle der Französischen Revolution […] mit seiner theoretischen Verwerfung eines Revolutionsrechts verträgt" darauf hin,⁶⁷ dass Kant mit dem Geschichtszeichen eben jene Begeisterung nicht als Phänomen einer Revolution sondern als eines „der Evolution einer *naturrechtlichen* Verfassung" bezeichnete.⁶⁸ Die Begeisterung des „zuschauen-

---

⁶⁴ BURG, PETER, Kant und die Französische Revolution, Berlin 1974, 72. Vgl. auch BURG, PETER, Immanuel Kant, loyaler preußischer Staatsbürger und Anhänger der französischen Revolution – ein Widerspruch?, in: Manfred Buhr u.a. (Hg.), Republik der Menschheit. Französische Revolution und deutsche Philosophie, Köln 1989, 9–23.
⁶⁵ BURG, Kant, 98.
⁶⁶ A.a.O., 99.
⁶⁷ SCHEFFEL, DIETER, Kants kritische Verwerfung des Revolutionsrechts, in: Reinhard Brandt (Hg.), Rechtsphilosophie der Aufklärung. Symposium Wolfenbüttel 1981, Berlin/New York 1982, 178–217, hier 178.
⁶⁸ A.a.O., 179.

den Publikums [stellte] selbst schon einen Fortschritt in der Aufklärung der öffentlichen Meinung im Sinne des Rechtsbegriffes" dar.[69] In seinem Beitrag zum Bicentenaire bestätigte Ralph Rainer Wuthenow diese Erkenntnis: „Im Prinzip hat Kant wohl jede Revolution verworfen, er hat aber andererseits die Gültigkeit der durch sie entstandenen Ordnung [...] und damit ihre Verbindlichkeit für die Staatsbürger aber auch völkerrechtlich [...] anerkannt."[70] Das Geschichtszeichen habe Kant „nicht so sehr in der pragmatischen Geschichte als vielmehr in der moralischen Steigerung, die sich im Zusammenhang mit bestimmten Ereignissen aufzeigen läßt" gefunden, also in der veränderten „Denkungsart der Zeugen" der Revolution. Deren Anteilnahme und Begeisterung für ein Volk, das sich nach eigenen Vorstellungen eine bürgerliche Verfassung gibt, sei für Kant „das Hoffnungszeichen" gewesen, von dem aus sich weitere Prognosen wagen ließen.[71]

Der Annahme, dass Kant den sittlichen Fortschritt lediglich aus der Reaktion der Zuschauer der Revolution abgeleitet habe, hatte Reinhard Brandt bereits 1987 widersprochen, indem er auf die Akteure als „Garanten des für Rechtsideen empfänglichen Charakters der Menschheit und damit des Fortschritts zum Besseren" wies. Die „Taten selbst in Frankreich" seien „die Prolegomena einer jeden künftigen Republik" und würden „einen Fortschritt indizieren".[72] Das Ereignis der Französischen Revolution und der Wunsch der Zuschauer nach Teilnehmung aus

---

[69] A.a.O., 210.
[70] WUTHENOW, RALPH RAINER, Geschichtszeichen. Immanuel Kant und die Französische Revolution, in: Freibeuter 39 (1988), 53–63, hier 59f.
[71] WUTHENOW, Geschichtszeichen, 62.
[72] BRANDT, Streit, 49.

einer moralischen Anlage heraus bildeten vielmehr einen Zusammenhang, der das Eintreten weiterer Versuche zur Schaffung republikanischer Verhältnisse vorhersagen lasse. Referenz seien für Kant aber nicht die Ereignisse von 1789 gewesen, sondern der „Revolutionsprozeß, die ‚Evolution' der neunziger Jahre". 1789 zeuge lediglich von der Gelegenheit, bei welcher der „Prozeß der republikanischen Selbstfindung eines Volkes in Gang" gesetzt worden sei. Eine solche Gelegenheit müsse keine Revolution, sondern könne auch eine anderes „Herrschaftsvakuum, in dem das Volk seine Verfassung gemäß den Prinzipien des Rechts gestalten kann" sein.[73] Kants Interesse habe also nicht so sehr der gewaltsamen Veränderung gegolten, sondern der „Metamorphose der Geschichte aus der Zeit des blinden Herumtappens und der Gewalt in die der Rechtlichkeit und Stabilität".[74]

Über den Enthusiasmus bei Kant schrieb Jean-François Lyotard *L'enthousiasme. La critique kantienne de l'histoire* (1986) – eine Studie, die Ryan Scheerlinck wegen des ambivalenten Verhältnisses ihres Autors zu Kant als „Vorbereitung auf das Aufbrechen des Widerstreits" interpretierte.[75] Lyotard erkennt das Geschichtszeichen vor allem im Affekt des Enthusiasmus als „extremer Modus des Erhabenen"[76] und dessen gemeinschaftsbildender Funktion durch die öffentliche Mitteilung im Zuschauerraum der

---

[73] A.a.O., 50.
[74] A.a.O., 51.
[75] SCHEERLINCK, RYAN, Enthusiasmus und Ekel. Ein posthumer Dialog zwischen Kant und Lyotard, in: Kant-Studien 108 (2017) 3, 427–453, hier 451.
[76] LYOTARD, JEAN-FRANÇOIS, Der Enthusiasmus. Kants Kritik der Geschichte, Wien 1988, 60.

Geschichte. Der Zeichencharakter resultiere aus einem „gefühlsmäßigen Paradox": „Allein das Erhabene konstituiert [...] dort eine ‚Als-ob'-Darstellung der Idee der bürgerlichen, ja sogar weltbürgerlichen Gesellschaft, also der Moralität, wo sie dennoch nicht dargestellt werden kann: in der Erfahrung. In dieser Hinsicht ist das Erhabene ein Zeichen."[77] Angesichts eines unbestimmten und ungeordneten Ereignisses (der Revolution, einer Umwälzung) verspüre die zuschauende Menschheit eine „extreme Anspannung" zu den „Ideen der Vernunft".[78] Im Subjekt trete an die Stelle der Ohnmacht vor dem Formlosen und Ungestalteten ein „Gefühl für ‚die Idee der Menschheit in unserem Subjekte'".[79] Der Enthusiasmus verlange nach einem Gemeinsinn, er „appelliert an einen ‚Konsens', der nicht mehr ist als [...] eine unmittelbare und singuläre Antizipation der Republik".[80] Eine planmäßige, empirisch nachvollziehbare Umsetzung der Ideen einer bürgerlichen Republik durch Reformen dürfte nach Lyotard keinen Enthusiasmus und somit kein Geschichtszeichen hervorbringen. Dieses setze die Erfahrung voraus, dass die „Idee der Freiheit [...] aufgrund der Absurdität der Welt nicht an diese anknüpfen kann"[81] und „nach der analogischen, freien Darstellung" verlange.[82] 2003 legte Reinhard Brandt mit *Universität zwischen Selbst- und Fremdbestimmung* eine Monografie zu *Der Streit der Fakultäten* vor, in der er ebenfalls die Bedeutung des Enthusiasmus als „*Geistes*gefühl" und Affekt zum zentralen

---

[77] A.a.O., 74f.
[78] A.a.O., 65.
[79] A.a.O., 58.
[80] A.a.O., 67f.
[81] A.a.O., 51.
[82] A.a.O., 52.

Element des Geschichtszeichens erhebt, jedoch unabhängig von Lyotards Überlegungen argumentiert. Der Enthusiasmus sei deutlich mehr als eine „öffentliche Meinung": „In ihm entdeckt sich eine reale ideelle Schubkraft der Geschichte, die ihren Fortschritt garantiert." Voraussetzung des Enthusiasmus für eine Rechtsidee seien für Kant „eine gewisse Geisteskultur und die mit ihr mögliche Distanz und moralische Bildung" gewesen.[83]

In einer Arbeit aus dem Jahr 2023 kommt Christian Rusch zu dem Ergebnis, dass der Enthusiasmus, als das „eigentliche Geschichtszeichen",[84] „an den rechtsphilosophischen Theorierahmen gebunden ist" und kein „kollektives Gefühl" bezeichnet oder gar einen „sozialpsychologischen Anspruch" erhebt.[85] Das Geschichtszeichen sei als Hinweis auf die Anlage und das Potenzial des moralischen Charakters der Menschheit zu verstehen, nicht auf die faktischen politischen Konsequenzen eines historischen Ereignisses. Dieser Hinweis sollte es vernünftigen Wesen erleichtern, pflichtgemäße Handlungen zu tun, wenn die soziokulturellen Rahmenbedingungen eine Gelegenheit dazu bieten: „‚Sollen' impliziert immer ‚können'."[86] Selbst wenn die begeisterten Zeitungsleser in Berlin und anderswo „auch von nicht moralischen Motiven wie Schadenfreude oder Profitsucht geleitet" gewesen sein

---

[83] BRANDT, REINHARD, Universität zwischen Selbst- und Fremdbestimmung. Kants „Streit der Fakultäten", mit einem Anhang zu Heideggers „Rektoratsrede", Berlin 2003, 129.

[84] RUSCH, CHRISTIAN, Geschichte: Wissen – Sollen – Hoffen. Untersuchung zu Kants Geschichtsphilosophie (Kantstudien-Ergänzungshefte Bd. 221), Berlin/Boston 2023, 143.

[85] A.a.O., 147f.

[86] A.a.O., 174.

mögen,[87] so sei es doch der Geschichtsphilosoph, der das Geschichtszeichen diagnostiziere und aus seiner Perspektive zur Erkenntnis komme, „dass der Wandel zu einem Verfassungssystem einen Schritt hin zu einer vernunftbegründeten Form des Zusammenlebens bedeutet und die Französische Revolution eine Etappe auf diesem Weg darstellt".[88] Entsprechend sei *Der Streit der Fakultäten* „als eine Reflexion über die geschichtsphilosophische Interpretationsleistung hinter der Fortschrittshypothese" zu lesen.[89]

Ein weiterer Schwerpunkt der Kant-Forschung widmet sich dem Fortschritts-Begriff bzw. der Fortschritts-Behauptung bei Kant. Dieter-Jürgen Löwisch beschreibt 1975 Geschichtszeichen als „Zeichen des Grades öffentlichen Gebrauchs der Freiheit im Denken, der Duldung, gar der Förderung [...] durchs Volk und Obere. Geschichtszeichen erweisen sich auch darin, sich dem bürgerlichen Zwang, dem Gewissenszwang, der Heteronomie zu widersetzen".[90] Den Zusammenhang mit dem Fortschritt zum Besseren, dessen Endzweck Kant im „Zustand einer vollkommen gerechten bürgerlichen Verfassung" sowie „einer vollkommenen bürgerlichen Vereinigung in der Menschengattung" gesehen habe, stellt Löwisch über die sich im Geschichtszeichen manifestierende „fortschrittliche Denkungsart" her,[91] die als „utopisches

---

[87] A.a.O., 145.
[88] A.a.O., 146.
[89] A.a.O., 145.
[90] LÖWISCH, DIETER-JÜRGEN: Über den „Fortschritt zum Besseren". In: Vierteljahrsschrift für wissenschaftliche Pädagogik, 51 (1975) 1, 19–36, hier 26.
[91] Ebd.

Denken" „prinzipiell Mögliches antizipiert und fürs Handeln verbindlich zu machen sucht".[92]

Mit dem Verhältnis von Fortschritt und Moral beschäftigen sich Hartmut Zinser (1989) und Bernhard Weyergraf (1999). Zinser betont, dass Kant nicht die „materiellen oder gesellschaftlich-organisatorischen Entwicklungen" bzw. die „Entwicklungen des technischen Vermögens", die „eine damals kaum geahnte Zerstörungsmacht" hervorgebracht hätten, als „Geschichtszeichen des Fortschritts" angesehen hätte.[93] „Der wahre Fortschritt […] besteht nach Kant in einem Fortschritt des moralischen Gesetzes und dessen Entfaltung in uns."[94] Auch für Weyergraf habe Kant mit dem Geschichtszeichen auf ein Gesetz für das moralische Handeln verwiesen, das einen Gebrauch naturwissenschaftlich-technischer Vorteile zur Errichtung einer Fortschrittsdiktatur verhindere. „Das Geschichtszeichen wird zum Indikator einer Problemstellung, wie sich eine Geschichte, die sonst immer Naturgeschichte bliebe, mit dem Postulat der menschlichen Freiheit vereinbaren lasse."[95] Geschichtszeichen konstituierten sich „in der Selbstbeobachtung des Zuschauers hinsichtlich seiner zustimmenden Anteilnahme zur Französischen Revolution […] sowie der öffentlich allgemeinen Bestätigung dieser Beobachtung".[96] In der Selbstbeobach-

---

[92] A.a.O., 24.
[93] ZINSER, HARTMUT, „Geschichtszeichen". Kants Utopie, in: Werner Süß (Hg.), Übergänge. Zeitgeschichte zwischen Utopie und Machbarkeit. Beiträge zu Philosophie, Gesellschaft und Politik, Hellmuth G. Bütow zum 65. Geburtstag, Berlin 1989, 35–39, hier 37.
[94] A.a.O., 36.
[95] WEYERGRAF, BERNHARD, „Eine sehr dunkle und zweideutige Aussicht?", in: Heinz Dieter Kittsteiner (Hg.), Geschichtszeichen, Köln u. a. 1999, 117–135, hier 125.
[96] A.a.O., 122.

tung und ihrer Mitteilung werde der moralische Charakter der Menschheit erkennbar. Dies lasse Geschichtszeichen als eine „Ermutigung" verstehen; sie „erschließen die Geschichte nicht",[97] mit ihnen könne die Geschichte aber „nach dem Prinzip beurteilt werden, das jeweils die Unterstellung der pragmatischen Handlungen unter das [moralische, nicht zweckbestimmte; J.K.] ‚Gesetz' zur Richtschnur des Fortschritts erhebt."[98]

Pauline Kleingeld zeigt in ihrer kritischen Lektüre des zweiten Abschnitts von *Der Streit der Fakultäten* dagegen „erhebliche Inkonsistenzen und [argumentative] Schwierigkeiten" auf,[99] die sich nur teilweise unter Rückgriff auf andere Arbeiten Kants klären ließen. So bleibe unklar, wie man sich die Verweisungsstruktur des Geschichtszeichens vorstellen, wie eine Begebenheit in der Erfahrung ein Zeichen für etwas Intelligibles sein könne und weshalb Kant die Fortschrittsannahme auch auf die Vergangenheit ausdehne, ohne sich auf diese empirisch zu beziehen. Hinsichtlich der Fortschrittsbehauptung fehle eine Begründung dafür, „daß der moralische Charakter der Menschheit *stärker* als ihr Hang zum Bösen sei und einmal über letzteren überwiegen werde". Dies lasse sich nicht schon aus dem Geschichtszeichen ableiten. Für den Sieg des Guten „wäre eine Zusatzannahme, entweder als Regulativ oder in der Form praktisch begründeten Glaubens, notwendig".[100] Die Behauptung, der entsprechende Fortschritt trete ein, „wenn die Umstände dazu günstig seien", „faßt die Möglichkeit, daß die dazu erforderlichen

---

[97] A.a.O., 126.
[98] A.a.O., 135.
[99] KLEINGELD, PAULINE, Fortschritt und Vernunft. Die Geschichtsphilosophie Kants, Würzburg 1995, 80.
[100] A.a.O., 78.

Umstände *nie* eintreten werden, nicht ins Auge."[101] Ein weiteres Problem stelle der „schon aus empirischen Gründen" anfechtbare „universelle Anspruch" von Kants Schlussfolgerung dar, mit der er den moralischen Charakter von den „Zuschauern" der Französischen Revolution „auf die ganze Menschheit" ausdehne[102] – besonders da es keinen empirischen Beleg für die von Kant behauptete Allgemeinheit der Teilnehmung „aller Zuschauer" gebe.[103]

Inwieweit dem Geschichtszeichen als Zusatzannahme, die auch die universelle Ausweitung auf die ganze Menschheit begründet, eine Konzeption von göttlicher Vorsehung zugrunde liegt, untersucht Ulrich L. Lehner, wobei er auf Pauline Kleingeld reagiert: „Die Möglichkeit, dass die den Menschen auf den Weg zur Vollkommenheit führenden Umstände nie eintreten, scheint für Kant nicht zu existieren, was darauf schließen lässt, dass er ein *notwendiges* Eingreifen der Vorsehung zur Besserung des Menschengeschlechts annimmt."[104] Geschichtszeichen, die den Vorsehungsbegriff „auf den vernunftmäßigen und rechtsstaatlichen Fortschritt" einschränken,[105] bieten „ein *tragfähiges, apriorisches Kriterium* zur Feststellung des Providenzwirkens",[106] wobei die Vorsehung „durch eine Revolution der Denkungsart" eingreife, „die sich auf eine Ausrichtung des menschlichen Geistes auf die bürgerliche

---

[101] A.a.O., 76.
[102] A.a.O., 77.
[103] KANT, AA VII, 85.
[104] LEHNER, ULRICH L., Kants Vorhersehungskonzept auf dem Hintergrund der deutschen Schulphilosophie und -theologie (Brill's Studies in Intellectual History, Bd. 149), Leiden/Boston 2007, 459.
[105] A.a.O., 461.
[106] A.a.O., 460.

Gesellschaft beschränkt".[107] Die plötzliche „Umkehr der Denkungsart", die wie „durch eine innere Revolution" geschehe, setzte die räumliche Distanz zwischen „Zuschauer und Akteur" voraus, denn diese ermögliche es dem Zuschauer „den Enthusiasmus für die Idee der Revolution" zu entwickeln und dabei „*keine* moralische Schuld" auf sich zu laden.[108]

Birgit Recki beschreibt, wie Kant einen Fortschritt in der Geschichte, der in seiner Totalität die Erkenntnisfähigkeit übersteigen würde, als „Leitgedanke der Orientierung" und Postulat in seine Geschichtsteleologie einbrachte.[109] Das Geschichtszeichen sei ein „semiempirischer Beweis" für die Durchsetzung der Vernunft in der Geschichte. „Das Geschichtszeichen ist *nicht* die Französische Revolution, sondern allein die Reaktion eines anteilnehmenden Publikums auf sie",[110] womit sie die Einbeziehung der Akteure der Revolution in das Geschichtszeichen bei Reinhard Brandt ausdrücklich als „eigene Ergänzung zum Kantischen Text" zurückweist.[111] Das Geschichtszeichen sei „nicht eine objektive Konstellation [...], sondern die subjektive Anteilnahme, die auch emotionale Bewegung des Zuschauers ist".[112] Das Erreichen einer republikanischen Verfassung mit der Grün-

---

[107] A.a.O., 459.
[108] A.a.O., 461.
[109] RECKI, BIRGIT, Fortschritt als Postulat und die Lehre von Geschichtszeichen, in: Volker Gerhardt (Hg.), Kant im Streit der Fakultäten, Berlin 2005, 229–247, hier 236. Siehe auch den Beitrag der Autorin „Die Französische Revolution als ‚Geschichtszeichen'? Über den Wert einer häufig übersehenen Kantischen Pointe" in diesem Band.
[110] A.a.O., 240.
[111] A.a.O., 241.
[112] A.a.O., 242.

dung moderner Verfassungsstaaten bestätige die Idee des Fortschreitens der Geschichte praktisch. Doch da das Erreichte wieder infrage gestellt werden könne, wäre ein Ende der Geschichte damit nicht in Sicht. Auch in liberalen Verfassungsstaaten sei der Bedarf nach Fortschritt – und damit die Ansprechbarkeit für Geschichtszeichen – nicht gestillt. Die Aufmerksamkeit für mögliche Geschichtszeichen als „Modell der Interpretation auch zeithistorischer Verhältnisse" wäre „methodisch zu verfeinern", etwa mit Blick auf die Zivilcourage als „zeitgenössisches Analogon des von Kant betonten uneigennützigen und riskanten Enthusiasmus".[113] Zudem kenne die Kantische Theorie *„zwei Arten von Geschichtszeichen"*: das positive (der Enthusiasmus des teilnehmenden Publikums) und ein negatives (die Auswirkungen des Krieges). Selbst in schrecklichen Zuständen läge „ein Zeichen für den zu erwartenden Fortschritt" und zwar „für den, der die Erwartung hat, daß die Menschen fähig sind, aus ihren Erfahrungen zu lernen".[114] Auch Hartmut Zinser teilt die Überlegung, dass der Krieg ein Geschichtszeichen sein könnte, doch urteilt er weit zurückhaltender, indem er nicht vom Lerneffekt ausgeht, sondern allein im schlechten Gewissen als Grund für die Übereinkunft zwischen Herrschenden und Beherrschten, die eigenen Verbrechen zu vertuschen und zu verdrängen, einen Hinweis auf die moralischen Anlagen im Menschen findet: „genau darin, in der Geheimhaltung und der Verleugnung, dem Nicht-Wissen-Wollen, könnte sich ein Zeichen dessen finden,

---

[113] A,a,O., 245.
[114] A.a.O., 246.

wonach Kant gesucht hat und worauf er seine Hoffnung gründet".[115]

Dass „Geschichtszeichen" Medien und Kommunikationstechniken, mithin die Verfügbarkeit von Öffentlichkeit voraussetzen, legt Miriam Wildenauer dar. Kant habe seine Behauptung einer allgemeinen Zustimmung der Beobachter der Französischen Revolution mit einem „wohlkalkulierten Schuss Übermut" getroffen,[116] aus dem sich zugleich folgern lässt, „dass für Kant die Etablierung einer Weltöffentlichkeit [...] zur politischen Aufgabe von Menschen, privatrechtlichen Organisationen, Staaten und Föderationen von Staaten auf dem langen Weg der Friedensstiftung durch Recht und Politik" gehöre.[117] Die weltweite Zugänglichkeit von Veröffentlichungsplattformen biete die inklusive Teilhabe an Republikanisierungsprozessen, z. B. auf dem Tahrir-Platz in Kairo 2011, mit der Perspektive, „dass der heute technisch möglich gewordene direkte Kontakt von Menschen untereinander weltweit zu zahlreichen Geschichtszeichen für einen weiteren, vielleicht sogar epochemachenden Fortschritt der Menschheit führen könnte".[118] Zudem werde durch die neuen Kommunikationstechnologien staatliches Handeln, wo es auf eine gewaltsame Unterdrückung des Rechts auf freie Meinungsäußerung zielt, dokumentiert und weltweit zugänglich gemacht, was Republikanisierungsprozesse schützen könne. Wildenauer wendet hierbei, gestützt auf Kants Schrift *Zum ewigen Frieden* und ähnlich wie auch Recki,

---

[115] ZINSER, Geschichtszeichen, 39.
[116] WILDENAUER, MIRIAM, Wie neue Kommunikationstechnologien zur Verwirklichung von Kants Idee öffentlichen Rechts beitragen können, in: Kant-Studien, 106 (2015) 3, 461–486, hier 479.
[117] A.a.O., 480.
[118] A.a.O., 482.

den Begriff Geschichtszeichen sowohl auf Ereignisse, die auf der allgemeinen Zustimmung zum „Vollzug eines Schritts vorwärts in der Moralität" beruhen,[119] wie auch auf ein sich „weltweit verbreitendes Gefühl der Zusammengehörigkeit" bei Rechtsverletzungen an.[120]

In ihrer 2017 veröffentlichten religionsphilosophischen Dissertation *Der institutionalisierte Dauerstreit*, die den *Streit der Fakultäten* zum zentralen Gegenstand hat, verfolgt Eva Bucher „die formierende Dimension der Institutionen und der Historizität von Diskursen" als „Ermöglichungsbedingung und Ausdruck von Hegemonialität, die jeder Ordnung als Ordnung innewohnt".[121] In ihrer Analyse betont sie, dass Kant den „gesellschaftlichen Fortschritt unter der Perspektive einer geschichtlichen und politischen Institutionalisierung" thematisiert.[122] Fortschritt bedeute daher eine reformierende „Verbesserung der Rechtszustände" als „ermöglichende Bedingung für Moralität und Freiheit", jedoch ohne direkte Einflussnahme durch den Staat auf Gesinnung und Moral der Bürger. Kant habe die „Theorie des Geschichtszeichens" entwickelt, um durch die Interpretation von „kulturellen Reaktionen auf politische Ereignisse" einen Fortschritt in der Geschichte denkbar werden zu lassen.[123]

Anhand der Untersuchungen zum Geschichtszeichen bzw. zu *Der Streit der Fakultäten* im Rahmen der Kant-Forschung lassen sich unterschiedliche Positionen und Diskussionsanlässe feststellen. Das Geschichtszeichen fungiert je nach Fragestellung als Element der

---

[119] A.a.O., 479.
[120] A.a.O., 480.
[121] BUCHER, Dauerstreit, 16.
[122] A.a.O., 61.
[123] A.a.O., 58.

Rechts- wie auch der Geschichtsphilosophie. Grundsätzlich berührt es das Verhältnis von Naturbestimmtheit und Freiheit, von Selbstbezogenheit und Moral. Rechtsphilosophisch wird gefragt, welche Implikationen *Der Streit der Fakultäten* hinsichtlich eines Revolutionsrechts, der öffentlichen Einforderung von Legalität und der Etablierung einer rechtsstaatlichen Verfassung auf dem Wege staatlicher Reformen enthält. Die These eines zielgerichteten Fortschritts zum Besseren in Gestalt einer gerechten bürgerlichen Verfassung ruft geschichtsphilosophische und theologische Modelle auf, etwa der Teleologie, des Heilsgeschehens und der Providenz.[124] Hier werden auch Fragen nach der Plausibilität oder Bedingtheit der Realisierung eines moralischen Vermögens als Handlung bzw. des tatsächlichen Eintreffens eines weiteren Fortschritts an die entsprechenden Kapitel in *Der Streit der Fakultäten* gestellt. Erkenntniskritisch wird die Möglichkeit eines Schlusses von zeitgeschichtlichen (empirischen) Begebenheiten auf (intelligible) moralische Anlagen begründet oder infrage gestellt. Kann eine Idee in der Geschichte erkannt werden oder ruft das Verhältnis von Vernunft und Geschichte Unwillen und „Ekel"[125] hervor? Strittig ist ebenfalls, ob die von Kant als Geschichtszeichen bewertete Begebenheit, die Französische Revolution selbst – und

---

[124] Wobei Harald Seubert Geschichtszeichen, die „auf das Handeln Gottes in der Welt" zielen, von einer „linearen Fortschrittsgeschichte" ausnimmt. SEUBERT, HARALD, Die „Furie des Verschwindens" und der Geist der Freiheit. Zur Phänomenologie von zweierlei Revolutionen, in: Ulrich Schacht/Thomas A. Seidel (Hg.), ... wenn Gott Geschichte macht! 1989 contra 1789, Leipzig 2015, 101–132, hier 123; 131. Die theologische Interpretation des Geschichtszeichens untersucht Jörg Dierken in seinem Aufsatz „Geschichtszeichen: Eine religiöse Deutungsfigur?" in diesem Band.

[125] SCHEERLINCK, Enthusiasmus, 430.

im positiven Falle: Welche Etappe der Revolution? – oder die an Enthusiasmus grenzende Zustimmung der Beobachter meine, wobei in den ausgewerteten Arbeiten die Beobachterreaktion präferiert wird. Den Zuschauern der Revolution als Subjekt des Fortschritts kommt ebenso die Rolle zu, mündig und unzensiert ihre Meinung öffentlich kundtun zu können, wie Kant die Selbstbeschränkung des Staates hinsichtlich der Vorgaben im Bereich der Moral und Gesinnung einzufordern scheint. Im Fokus der Forschung stehen auch die mit dem Geschichtszeichen verbundenen Vorgänge der intersubjektiven „Selbstbeobachtung"[126] bzw. der „republikanischen Selbstfindung",[127] wie auch der subjektiven Emotionen und Affekte, wie Enthusiasmus, „*Geistes*gefühl",[128] Begeisterung, Anteilnahme, Distanz und Schuld. Je nach Forschungsansatz wird das von Kant ausgemachte Geschichtszeichen (in einer [gesamt-]werkimmanenten Interpretation) als ein Element des Textes *Der Streit der Fakultäten*, etwa als Reflexion über die Interpretationsleistung des Geschichtsphilosophen,[129] oder als ein „Modell der Interpretation auch zeithistorischer Verhältnisse"[130] dargestellt. Kann es weitere Geschichtszeichen geben und, falls ja, müssen diese einen ohnehin nicht revidierbaren Fortschritt erneut belegen oder können auch Gewalttaten zu Geschichtszeichen werden?

---

[126] WEYERGRAF, Aussicht, 122.
[127] BRANDT, Streit, 50.
[128] BRANDT, Universität, 129.
[129] Vgl. RUSCH, Geschichte, 145.
[130] RECKI, Fortschritt, 245.

4.2 Das Geschichtszeichen als Element der Geschichtsphilosophie

Die in diesem Abschnitt beschriebenen Arbeiten vollziehen die Wirkungsgeschichte des Begriffs Geschichtszeichen in der Geschichtsphilosophie nach, sie problematisieren den Terminus oder entwickeln seinen Bedeutungsgehalt anhand historischer und aktueller Phänomene weiter. Heinz Dieter Kittsteiner initiierte 1996 und 1997 zwei Tagungen zum Geschichtszeichen, die sich dem „neuen Bedürfnis nach Orientierung", das als „kulturphilosophische Zeichendeuterei" in den Medien zum Ausdruck komme, stellten und aus diesem die Notwendigkeit eines „kritischen Umgangs mit ‚Geschichtszeichen'" ableiteten. „Wenn wir nicht anders können, als uns an solchen Zeichen zu orientieren [...], dann muß ihr Funktionieren aufgedeckt werden."[131] Kittsteiner interpretiert das Geschichtszeichen bei Kant als „ein Verhältnis zwischen einem aus räumlicher Distanz betrachteten Ereignis und einem von ihm ausgelösten Gefühl für die moralische Anlage der Menschheit. Zugrunde liegt das Problem, daß Geschichte als Ganzes jenseits der Verfügung menschlichen Handelns ist, nur darum entsteht überhaupt das Bedürfnis nach ‚Zeichen'."[132] Kittsteiners Kritik setzt dort an, wo Geschichtszeichen vom vorweggenommenen Ende her konzipiert werden, wodurch das einzelne Ereignis auf die „Inkorporation eines Lebens-

---

[131] KITTSTEINER, HEINZ DIETER, Einleitung, in: Ders. (Hg.), Geschichtszeichen, Köln u. a. 1999, 7–14, hier 9.
[132] KITTSTEINER, HEINZ DIETER, Kants Theorie des Geschichtszeichens. Vorläufer und Nachfahren, in: Ders. (Hg.), Geschichtszeichen, Köln u. a. 1999, 81–115, hier 97.

momentes der Idee" (Marx)[133] reduziert wird. Geschichtszeichen verschränkten Sein und Sollen, sie seien abhängig von einem teleologischen Deutungsrahmen als festes Koordinatensystem, dessen Plausibilität allgemein anerkannt sein müsse. Doch der teleologische Rahmen habe im Verlauf des 19. Jahrhunderts an Relevanz verloren, mit der Folge einer Entwertung von Geschichtszeichen. „Nichts aber ist veralteter als ruinierte Geschichtszeichen."[134] Eine Antwort auf die Frage, ob es überhaupt eine „nicht-teleologische Theorie von Geschichtszeichen geben kann",[135] findet Kittsteiner bei Ernst Cassirer und seinem Versuch, den historischen Horizont offenzuhalten, das gestaltende Grundprinzip kultureller Symbole zu verstehen und bewusst zu machen.[136] Zeichengebungen werden dabei als Entwürfe betrachtet, die sich auch wieder auflösen können. Schließlich sieht Kittsteiner bei Walter Benjamins Interesse für Mode und Warenästhetik „Anknüpfungspunkte, die das Problem des „Geschichtszeichens" von der Frage nach der Nicht-Machbarkeit der Geschichte her wieder aufnehmen, und die das Unbewußte am Zustandekommen der ‚symbolischen Formen' betonen". Hier gehe es nicht mehr um Teleologie oder eine in sich gerundete symbolische Form, vielmehr tauchten „innerhalb eines sinnlosen Ganzen [...] Konfigurationen auf, die als Ausdruck unbewußter Ängste oder Vorahnungen im Um-

---

[133] A.a.O., 99.
[134] Ebd.
[135] A.a.O., 100.
[136] Ausgehend von Kants Geschichtszeichen untersucht auch Daniel Müller-Nielaba eine nicht-teleologische Geschichtslektüre anhand von Georg Büchners Poetologie des Historischen: MÜLLER-NIELABA, DANIEL, Die Nerven lesen. Zur Leit-Funktion von Georg Büchners Schreiben, Würzburg 2001.

gang mit dem Nicht-Machbaren gelesen werden können".[137]

Deutlich wird, dass Kittsteiner aus einem philosophiegeschichtlichen Überblick, der von Giambattista Vico, Kant und Hegel ausgehend über Ernst Cassirer, Ernst H. Gombrich, Jacob Burckhardt zu Reinhart Koselleck und Paul Ricœur führt, den Terminus Geschichtszeichen, wie ihn Kant gebrauchte, überträgt auf Verfahren überhaupt, historischen Ereignissen oder Artefakten Sinn, Bedeutung und einen auf die Zukunft orientierenden Charakter zu verleihen. Dabei setzt er „Geschichtszeichen" mit Begriffen wie Allegorie, „symbolische Form"[138], „Zeichen der Zeit"[139] oder „,Bild' der Zeit" synonym.[140] Harald Seubert verfährt ähnlich, wenn er von Kants Geschichtszeichen als „Auslegungsschlüssel für das faktisch Geschehene, der im Sinn einer aufgegebenen, niemals faktisch ablesbaren Progression anzusetzen ist", spricht,[141] um in seiner Erörterung des „Problems von System und Historie"[142] über Herder, Hegel, Burckhardt, Nietzsche, Dilthey zu Cassirer, Ricœur und Wittgenstein zu gelangen. Postuliert Kittsteiner eine Beschäftigung der verschiedenen Philosophen mit derselben, wenn auch transformierten Problemstellung („auch Benjamin will Geschichtszeichen deuten"),[143] so begründet Seubert sein

---

[137] KITTSTEINER, Kants Theorie, 113.
[138] A.a.O., 107.
[139] A.a.O., 100.
[140] A.a.O., 104.
[141] SEUBERT, HARALD, Geschichtszeichen zwischen den Zeiten. Studien zur Epochengeschichte von 1770 bis 2000, Hamburg 2005, 15.
[142] A.a.O., 14.
[143] KITTSTEINER, Kants Theorie, 112.

Vorgehen damit, dass es „reizvoll" sei, „von solchen Anfängen auf einen späten Punkt in der Reflexion geschichtlicher Verlaufsformen zu blicken".[144]

Thomas Seibert eröffnet vom Geschichtszeichen ausgehend Bezüge zu Gilles Deleuze, Felix Guattari und Michel Foucault sowie zu Toni Negri, Michael Hardt, Alain Badiou und Slavoj Žižek, indem er „der Radikalisierung dieses Begriffs durch Heidegger" als „Ereignis" folgend,[145] das Geschichtszeichen von den Zuschauern auf die Akteure ausweitet – so verweist er etwa auf den Arabischen Frühling (2010–2012) als Geschichtszeichen, „das wir dem Tahrirplatz *und* dem weltweit bezeugten Enthusiasmus verdanken".[146] Mit dem Begriff des Ereignisses diskutiert Seibert die von den genannten Theoretikern des Poststrukturalismus und Postmarxismus vertretenen Positionen zur „Problematik der Existenz eines ‚mit Freiheit begabten Wesens' in der Geschichte".[147] Anhand der Frage nach dem zum „Wahrheitsvollzug befähigten Subjekt"[148] kann Seibert klären, was ein Ereignis aus einer „Vielzahl beliebiger ‚Begebenheiten'" der „Verdichtung verschiedener Werdensprozesse des Lebens, Arbeitens und Sprechens in historisch außerordentlichen Intensitäten" in den Rang eines Geschichtszeichens erhebt. Nach Alain Badiou verweisen „die drei konstitutiven Kräfte eines jeden Prozesses" Ereignis, Wahrheit und Subjekt – zirkular auf-

---

[144] SEUBERT, Geschichtszeichen, 21.
[145] SEIBERT, THOMAS, Humanismus nach dem Tod des Menschen. Flucht und Rückkehr des subjektiven Faktors der Geschichte, in: Prokla 167, Zeitschrift für kritische Sozialwissenschaft, 42 (2012) 2, 305–325, hier 318.
[146] A.a.O., 324.
[147] A.a.O., 306.
[148] A.a.O., 318.

einander". Die Wahrheit der Politik (Gleichheit und Gerechtigkeit) spreche ihrem Subjekt ereignishaft zu, „während umgekehrt das Ereignis und seine Wahrheit nur im Zeugnis ihres Subjekts zur Sprache kommen".[149] Der „Vorgang, in dem ein beliebiges menschliches Lebewesen überhaupt erst zum Subjekt wird",[150] hänge nach Seibert von der Aktivierung durch den Einbruch des Ereignisses ab, müsse aber auch „aus dem Bezug zu einem Subjekt gedacht werden, das seiner [des Ereignisses; J.K.] Ankunft und damit seiner Wahrheit *vorab schon* offenstand". „Das im Lebewesen immer schon anwesende Subjekt wäre dann ein seinen spezifischen historischen Subjektivierungen *vorgängiges* Subjekt, kantisch gesprochen: die Bedingung ihrer Möglichkeit."[151] Das Geschichtszeichen wird demnach in der Aktivierung der Subjekte auf ein „*kommendes Ereignis*" hin wirksam,[152] und zwar in der „politischen Militanz" als „Potentialität des Lebens".[153]

Wolfert von Rahden, der im Anschluss an Kittsteiner dessen historiographische Semiotik rekonstruieren und weiterdenken möchte, erklärt, dass Geschichtszeichen der „Interpretation historischer Diskontinuitäten" dienen.[154] Die Historiographen hätten die Deutung der geschichtli-

---

[149] A.a.O., 320.
[150] Ebd.
[151] A.a.O., 322.
[152] Ebd.
[153] A.a.O., 324.
[154] VON RAHDEN, WOLFERT, Von den Zeichen des Bösen zum Geschichtszeichen. Historisch-semiotische Überlegungen im Anschluss an Kittsteiners Signaturen einer Historiographie der Moderne, in: Reinhard Blänkner/Falko Schmieder u.a. (Hg.), Geschichtsphilosophie nach der Geschichtsphilosophie? Perspektiven der Geschichtsphilosophie im Ausgang von Heinz Dieter Kittsteiner, Bielefeld 2021, 227–261, hier 233.

chen Zeichen (die aus „struktureller Ohnmacht vor historischen Prozessverläufen" gesetzt würden) zur Aufgabe,[155] da es „keinen epistemisch privilegierten Zugang zu einer geschichtlichen Wahrheit" gebe.[156] „Nach welchen Kriterien bestimme ich eine historische Epoche, eine Periode, ein Zeitalter und wie grenze ich sie mit triftigen Gründen voneinander ab?"[157] Ähnlich führt auch Bernhard Jussen aus, dass „Geschichtszeichen" durch „die ordnende Hand der Geschichtswissenschaft" entstehen.[158] Sie seien „herausragende Phänomene für die im Beobachten erzeugte historische Ordnung"[159] und stehen für „längerfristige Stabilisierungs- und Veränderungsprozesse".[160] Aber auch Geschichtszeichen würden sich verändern, sie „treten hervor, und sie verschwinden wieder in der Wissensgeschichte". Diese Veränderungen kennzeichneten Umbrüche in der Historiografie – „wenn die ‚Denkungsart' von Geschichte grundsätzlich in Frage gestellt und verändert wird, dann trifft es die Geschichtszeichen".[161] Jussens *Geschichte des nachrömischen Europa 526–1535* (2023) untersucht Formen gesellschaftlicher Organisation und Transformation anhand von ästhetischen Artefakten, die er als Geschichtszeichen hervorhebt.

Das Feld visueller Geschichtszeichen hat von Rahden zuvor für das 20. Jahrhundert beschrieben, beispielsweise anhand des Fotos, das den „Kniefall von Warschau"

---

[155] A.a.O., 242.
[156] A.a.O., 245.
[157] A.a.O., 233.
[158] JUSSEN, BERNHARD, Das Geschenk des Orest. Eine Geschichte des nachrömischen Europa 526–1535, München 2023, 18.
[159] A.a.O., 21.
[160] A.a.O., 19.
[161] A.a.O., 22.

zeigt – eine Geste, mit der der damalige Bundeskanzler Willy Brandt (1913–1992) im Dezember 1970 in Polen vor dem Denkmal für die Helden des Warschauer Ghettoaufstands stellvertretend um Verzeihung für den Terror des deutschen Besatzungsregimes im Zweiten Weltkrieg bat. „Geschichtszeichen können sich ikonisch in einem Bilde verfestigen und sich zum Symbol verdichten. Bilder […] bestimmen in wachsendem Ausmaße die öffentliche Meinung und damit auch die politische Entscheidungsebene und können dann zu einem Geschichtszeichen werden", insbesondere „wenn sie einen Bruch markieren, der einen Einschnitt denotiert nicht nur im öffentlichen Bewusstsein, sondern auch im politischen Handeln, in welche Richtung auch immer".[162] Analog zur Bedeutungskonstitution von Fotografien leitet von Rahden ab, dass Geschichtszeichen „in ein Narrativ eingebunden werden",[163] mehrdeutig sind, je nach Interessenlage anders interpretiert werden und letztendlich abhängig von der Bewertung durch die jeweilige Sprachgemeinschaft seien. Auch Helmut Lethen untersucht anhand von Robert Capas *Landing of the American troops on Omaha Beach* (1944) das Phänomen, dass nicht die Ereignisse selbst zu Geschichtszeichen würden, sondern deren fotografische Abbildung. Im Gegensatz zu von Rahdens Feststellung der Mehrdeutigkeit visueller Geschichtszeichen, beschreibt Lethen aber, wie in dem Maße, in dem ein Foto zum Geschichtszeichen wird, die „verschiedenen Rahmen der Wahrnehmung", also die Interpretationsmöglichkeiten, vergessen werden.[164] Sind Fotografien Geschichtszeichen

---

[162] VON RAHDEN, Zeichen des Bösen, 244 f.

[163] A.a.O., 245.

[164] LETHEN, HELMUT, Der Schatten des Fotografen. Bilder und ihre Wirklichkeit, Berlin 2014, 126.

geworden, übernähmen sie eine gedächtnispolitische Funktion und würden Teil des Geschichtsbewusstseins.

Einen zweiten Schwerpunkt legt von Rahden auf katastrophische oder apokalyptische Geschichtszeichen. Diese seien semantisch nicht offen, sondern von vornherein negativ besetzt und verwiesen in der Logik einer eschatologischen Geschichtsauffassung auf das Ende der Geschichte, „etwa wenn periodisch wiederkehrend bibeltreue christliche Sekten den nahenden Weltuntergang prophezeien […], weil sich die ‚Endzeichen' unübersehbar mehren würden".[165] Eschatologische Geschichtsauffassungen seien aber auch in der Politik zu finden, etwa im Aufruf zum Kampf gegen die „Achse des Bösen" (29.1.2002) durch George W. Bush jun. (*1946), der damit auf das „heilsgeschichtliche Motiv der endzeitlichen Entscheidungsschlacht" referierte.[166] Nur implizit legt von Rahden nahe, dass bei diesem Beispiel die Terroranschläge am 11. September 2001 in New York und Washington als negatives Geschichtszeichen fungieren würden.

Dass zur Analyse, mit welchen Implikationen Geschichtszeichen entstehen, auch die Diskussion um deren epistemologische Konsequenzen gehört, nehmen Sascha Freyberg und Pietro Daniel Omodeo (2023) in den Blick, wenn sie mithilfe des Terminus die Bedeutung der Kopernikanischen Wende für den „wissenschaftlichen Weltzugang" seit der Renaissance[167] und letztendlich für das Verständnis der Diskussionen um das Anthropozän zu erfassen suchen. Kant habe mit dem Begriff des Geschichtszeichens eine zukünftige Entwicklung „an den zu

---

[165] VON RAHDEN, Zeichen des Bösen, 256.
[166] A.a.O., 257.
[167] FREYBERG/OMODEO, Copernicanische Revolution, 147.

erwartenden konkreten Entscheidungen und den sie leitenden Überzeugungen und Idealen" festgemacht. Mit diesem Kriterium habe er „den Hinweis auf die Wechselseitigkeit von Erkenntnis und Orientierung und die performativ selbstverstärkenden Aspekte historischer Entwicklungen [ge]liefert".[168] Übertragen auf die Kopernikanische Revolution wird diese „als Geschichtszeichen für die allmähliche Entstehung eines umfassenden Verständnisses von Transformation" angesehen.[169] Die transformationstheoretische Perspektive fokussiert die „‚Selbstveränderung des Menschen' durch Rückwirkung seiner eigenen Tätigkeit und Erkenntnis auf menschliche Lebensbedingungen"[170] und bestimmt das Grundverständnis der Wissenschaft zur Selbstreflexion „als Fähigkeit, die Transformation der eigenen Prämissen in ihre Entwicklung zu integrieren".[171] Dies gilt insbesondere für die Schemata ihrer eigenen Orientierungsfunktion. „Epistemologische Konsequenzen des copernicanischen Geschichtszeichens sind die Einführung von Unanschaulichkeit und Unsicherheit, die dazu veranlassen, Gewissheiten zu hinterfragen."[172]

Die im Resümee des letzten Abschnitts aufgeworfene Frage, ob es neben der Französischen Revolution (bzw. der Zuschauerreaktion auf selbige) weitere Geschichtszeichen geben kann, wird in den hier gesichteten Forschungsarbeiten aus den Jahren 1999 bis 2023 auf einer Metaebene beantwortet. Beim Geschichtszeichen handelt es sich demnach um ein epistemologisches oder historiografi-

---

[168] A.a.O., 174.
[169] A.a.O., 148.
[170] A.a.O., 188.
[171] A.a.O., 151.
[172] A.a.O., 186.

sches Phänomen, das auch mit anderen Begriffen beschrieben wird, etwa als Epochenzäsur oder Zeichen der Zeit. Kants Überlegungen sind dabei nur ein Ausgangspunkt (oder Interpretationszugang) für die Identifizierung oder Transformierung des Phänomens Geschichtszeichen und seiner Äquivalente in einer umfassenden (geschichts-)philosophischen Überlieferung. Markant ist bei den ausgewerteten Arbeiten ein durchaus kritisches Verhältnis zum Geschichtszeichen, das als Element einer Geschichtsteleologie angesichts totalitärer Instrumentalisierungen von Geschichte bzw. der historischen Verwerfungen des 20. Jahrhunderts als problembehaftet verstanden wird.

Ohne auf die jeweilige Interpretation der philosophischen Grundlagentexte durch die einzelnen Autoren einzugehen, lassen sich Aussagen über die Eigenart und Funktion von Geschichtszeichen treffen. Demnach strukturieren Geschichtszeichen Geschichte und erfüllen ein Bedürfnis nach Ordnung und Orientierung. Sie markieren „historische Diskontinuitäten",[173] die zugleich intensive, zeitlich verdichtete Prozesse des Werdens sind. Sie haben eine gedächtniskulturelle Funktion bzw. sind Teil des Geschichtsbewusstseins. Da die Geschichtsschreibung Herausforderungen ihrer jeweiligen Gegenwart folgt und somit selbst Umbrüchen unterliegt, können Geschichtszeichen ihre Plausibilität und Relevanz verlieren und in Vergessenheit geraten. Eine weitere Schwachstelle wäre die Vieldeutigkeit historischer Ereignisse. Diese wird im Prozess der Kanonisierung von Deutungen, der wiederum verschiedenen Einflussfaktoren unterliegt, eingeschränkt, verliert ihr Potential für eine Umwertung

---

[173] VON RAHDEN, Zeichen des Bösen, 233.

aber nie gänzlich. Helmut Lethen erhebt im Gegenzug den Anspruch an Geschichtszeichen, sie sollten „schon so konstruiert sein, daß sie Systemwechsel überstehen".[174]

Dabei bleibt das analysierte historiografische Verfahren selbst ein theoretisches Konstrukt. Demnach entsteht ein Geschichtszeichen, wenn der Historiker angesichts unverfügbarer historischer Prozessverläufe der menschlichen Ohnmacht einen zeichenhaften Ausdruck verschafft und diesen zugleich einer erwünschten oder gefürchteten (aber nicht er- oder bekämpften) Zukunft entsprechend deutet. Die Anerkennung als Zeichen bzw. seine Wirksamkeit würde wiederum vom Willen der politischen Machtinstanzen abhängen; Geschichtszeichen wären also heteronom.[175] Der philosophischen Reflexion käme nun die Aufgabe zu, solche Verfahren zu kritisieren oder durch ein Gegenmodell zu unterlaufen. Die Vorschläge, die in diese Richtung gehen, sind vielgestaltig. Hierzu gehören die Suche nach einer „nicht-teleologischen Theorie von Geschichtszeichen" bei Kittsteiner,[176] in der diese etwa als Konfigurationen „unbewußter Ängste oder Vorahnungen im Umgang mit dem Nicht-Machbaren gelesen werden können",[177] oder das aus dem Geschichtszeichen hervorgegangene Modell einer Wissenschaft, die ihre eigenen Prämissen immer wieder hinterfragt und deren Transformation integriert bei Freyberg/Omodeo. Seibert sieht zumindest die Möglichkeit von Teleologie im Sinne einer

---

[174] LETHEN, HELMUT, „So sang- und klanglos trat dies Reptil ‚Geschichte' nicht ab". Stalingrad als Geschichtszeichen, in: Heinz Dieter Kittsteiner (Hg.), Geschichtszeichen, Köln u.a. 1999, 153–180, hier 158.
[175] Im Widerspruch zu: LÖWISCH, Fortschritt, 26.
[176] KITTSTEINER, Kants Theorie, 100.
[177] A.a.O., 113.

„fortschreitend zu realisierenden Wahrheit",[178] da er das Geschichtszeichen in Abhängigkeit von der Freiheit und dem Gestaltungspotential der Menschen versteht, die in Korrespondenz mit dem Ereignis, das sich außerhalb ihrer wie auch in ihnen selbst zuträgt, zu Subjekten der Geschichte werden.

4.3 Applikation

Konkrete Beispiele für die Identifizierung historischer Ereignisse als Geschichtszeichen in wissenschaftlichen und feuilletonistischen Artikeln sowie öffentlichen Reden sind in einer epochenübergreifenden Bandbreite recherchierbar, jedoch liegt der Schwerpunkt auf dem 20. und 21. Jahrhundert. Ihrer moralischen und rechtlichen Anlage oder ihren historischen Konsequenzen nach handelt es sich dabei um durchaus heterogene Ereignisse. Als Geschichtszeichen gelten u. a. der organisierte Massenmord im KZ Auschwitz (1940–1945)[179] bzw. der Holocaust,[180] der Umsturzversuch vom 20. Juli 1944,[181] der nach der Studentenbewegung von 1968 vollzogene kulturelle Wandel,[182] die Niederschlagung des Prager Frühlings im Au-

---

[178] SEIBERT, Humanismus, 306.
[179] LIEBER, HANS-JOACHIM, Rede zur Eröffnung einer Auschwitz-Ausstellung, in: Das Argument 9 (1967) 42, 21–25, hier 24.
[180] ASSMANN, ALEIDA, Die Wiedererfindung der Nation. Warum wir sie fürchten und warum wir sie brauchen, München 2020, 170–173.
[181] RAULFF, ULRICH, Geschichte und Erziehung des Gefühls, in: Ulrich Borsdorf/Heinrich Theodor Grütter/Jörn Rüsen (Hg.), Die Aneignung der Vergangenheit. Musealisierung und Geschichte, Bielefeld 2004, 105–123, hier 122.
[182] ROSENBERG, RAINER/MÜNZ-KOENEN, INGE/BODEN, PETRA

gust 1968[183] und der Studentenproteste auf dem Tian'anmen-Platz im Juni 1989,[184] die Friedliche bzw. Samtene Revolution in Mittel- und Osteuropa von 1989,[185] die 1989 beschlossene UN-Kinderrechtskonvention und die Einrichtung des Internationalen Strafgerichtshofs 2002 in Den Haag,[186] die Veröffentlichung des Songs *Smells Like Teen Spirit* der US-Band Nirvana (1991),[187] der Brand in der Herzogin Anna Amalia Bibliothek in Weimar am 2. September 2004[188] und die Weltfinanzkrise 2007/2008.[189] Im Folgenden wird auf Forschungsartikel näher einge-

---

(Hg.): Der Geist der Unruhe. 1968 im Vergleich, Wissenschaft – Literatur – Medien, Berlin 2000, 91, 251 und X.

[183] WALTHER, RUDOLF, Niederschlagung des Prager Frühlings: „Das Fortschreiten zum Besseren", in: taz, 21.8.2020.

[184] RIEMENSCHNEIDER, ANDREA, Karneval der Götter. Mythologie, Moderne und Nation in Chinas 20. Jahrhundert, Bern u. a. 2011, 288.

[185] PLAUL, CONSTANTIN/TETZLAFF, KARL, Freiheit ist Mühsal und Hoffnung. Was die Erinnerung an die Friedliche Revolution von 1989 gegen die gegenwärtige resignative Stimmung ausrichten kann, in: F.A.Z., 2.10.2023. Siehe auch den Beitrag beider Autoren „Geschichtszeichen der Freiheit. 1989 als exemplarischer Bezugspunkt für eine bürgerliche Befreiungstheologie" in diesem Band.

[186] HONNETH, AXEL, Hoffnung in hoffnungslosen Zeiten, in: Ders., Die Idee des Sozialismus. Versuch einer Aktualisierung, Berlin 2017, 181–196.

[187] KLEINER, MARCUS S., Widerstandsrhetorik. Zum Subversionsmodell im Pop-Diskurs, in: Karl-Siegbert Rehberg (Hg.): Soziale Ungleichheit, kulturelle Unterschiede. Verhandlungen des 32. Kongresses der Deutschen Gesellschaft für Soziologie in München, Teilbd. 1 und 2, Frankfurt a. M. 2006, 4272–4282, hier 4275.

[188] LAUBE, REINHARD, Der Bibliotheksbrand als Geschichtszeichen, https://blog.klassik-stiftung.de/der-bibliotheksbrand-als-geschichtszeichen/ (28.8.2024).

[189] HEISTERHAGEN, NILS, Existentieller Republikanismus. Ein Plädoyer für Freiheit, Bielefeld 2017, 115.

gangen, die ihre konzeptionellen Überlegungen zum Geschichtszeichen an konkreten Beispielen diskutieren.

Helmut Lethen geht von einer Spannung zwischen der Konstruktion und der weiteren Entwicklung von Geschichtszeichen aus, denen er eine relative Selbständigkeit zuschreibt. In „Ereignissen eines Wendepunktes" treten „Elemente möglicher Zukunftsbewältigung zu Tage", die das Geschichtszeichen ausmachten.[190] Voraussetzung sei eine räumliche Distanz zwischen dem Ort des Ereignisses und seinen Auswirkungen. „Geschichtszeichen werden immer in einer Mischung aus Angst und Rettungsbegehren wahrgenommen. In ihnen muß sich eine Fülle von individuellen Ängsten, Sehnsüchten, Loyalitäten und Erwartungen verdichten und diese so sinnfällig ordnen können, daß ihnen Orientierungswert zukommt."[191] Das nähre in Diktaturen die Versuchung, historische Ereignisse als Geschichtszeichen zu instrumentalisieren, was aber durch das „Eigenleben der Zeichen"[192] zum Scheitern verurteilt sei – eine Verlebendigung, die Lethen durch personifizierende Adjektive wie „erschöpfte"[193] oder „umherirrende"[194] Geschichtszeichen unterstreicht. Das Scheitern eines Geschichtszeichens führt Lethen am Beispiel der Schlacht von Stalingrad (Winter 1942/1943) aus. Über deren symbolische Aufladung als „Heiliges Fanal" im Nationalsozialismus und dem anschließenden Ver-

---

[190] LETHEN, HELMUT, Die Seeschlacht bei Lepanto als umherirrendes Geschichtszeichen, in: Christoph Classen/Armin Saupe u. a. (Hg.), Echt inszeniert. Historische Authentizität in Medien in der Moderne, Potsdam 2021, 299–317, 313.
[191] LETHEN, Stalingrad, 156.
[192] A.a.O., 158.
[193] A.a.O., 153.
[194] LETHEN, Seeschlacht, 299.

schweigen der Niederlage bis zu dem Punkt, an dem „Stalingrad" in der Nachkriegszeit „gerade noch zur Illustration des Angstzustandes des verstellten Fluchtwegs taugt", werden chronologisch verschiedene Instrumentalisierungen und Erinnerungsarten rekonstruiert.[195] Dabei zeige sich, dass „in *Stalingrad* das Nicht-Intendierte" kulminiere, wodurch die Koordinate der Zukunftsbewältigung wegfallen und das Geschichtszeichen „zerbröseln" würde.[196] Im Vergleich zur Schlacht von Stalingrad erscheine der „Versuch, die Schlacht von Lepanto [1571] als Geschichtszeichen wiederzubeleben eher als gespenstisch", wie Lethen anlässlich der Neuherausgabe von Felix Hartlaubs Dissertation *Don Juan d'Austria und die Schlacht bei Lepanto* ([1940] 2017) bemerkt. „Ich kann in diesem Ereignis kein Element einer möglichen Zukunftsbewältigung entdecken – oder doch nur das des Schreckens."[197]

In einem kritischen Kommentar zu Lethens Beitrag über Stalingrad konkretisiert Sabine Behrenbeck Eigenschaften des Geschichtszeichens und überprüft diese am von Lethen gewählten Beispiel. Sie beschreibt, wie die nachfolgenden, unterschiedlichen Bedeutungen von der ursprünglichen Intention, mit der das Geschichtszeichen „absichtsvoll gesetzt" wurde,[198] abweichen und sich sogar konträr zu ihr positionieren konnten. Eine vergleichbare Feststellung trafen auch die Herausgeber eines Bandes

---

[195] LETHEN, Stalingrad, 155.
[196] A.a.O., 158.
[197] LETHEN, Seeschlacht, 313.
[198] BEHRENBECK, SABINE, Über die Lesarten eines Menetekels. Kommentar zum Beitrag von Helmut Lethen über das Geschichtszeichen „Stalingrad", in: Heinz Dieter Kittsteiner (Hg.): Geschichtszeichen, Köln u. a. 1999, 181–198, hier 181.

über die kulturellen und geisteswissenschaftlichen Umbrüche des Jahres 1968, wenn sie registrierten, „daß ‚1968' längst zum Geschichtszeichen mutiert" sei und als solches „weit mehr Bedeutungen zu fassen hatte als die Ereigniskette eines Jahres".[199] Nach Behrenbeck habe das Geschichtszeichen Stalingrad nach seiner Konstruktion durch die NS-Propaganda „eine geradezu atemberaubende Dehnbarkeit entfaltet".[200] Diese reichte in der Folge der Kriegsereignisse vom „Auftakt zum Endsieg" über das „Sinnbild für den Ernst und die Schwere des Krieges"[201] und den „Wendepunkt" für den „totalen Krieg"[202] bis zur Umdeutung durch die Zivilbevölkerung als „Wendepunkt" für „den Anfang vom Ende" und zum „Zeichen für einen Bruch"[203] bzw. für die „Loslösung vom Nationalsozialismus".[204] Im Widerspruch zu Lethen betont Behrenbeck, dass die Schlacht von Stalingrad in der Nachkriegszeit keineswegs an Bedeutung eingebüßt habe und vielmehr „den Beginn einer fünfjährigen Wendezeit" zur bundesdeutschen Demokratie markiere.[205] Eigenschaften des Geschichtszeichens seien die europäische Dimension (für die Alliierten war Stalingrad das „Menetekel, dass die Wehrmacht besiegbar sei"),[206] die Freisetzung „kollektiver Energien und Emotionen" sowie die „Vorstellung einer rasenden bzw. gedehnten Zeit" – eine „intensive Zeitwahrnehmung sorgt dafür, dass die Bedeutsamkeit

---

[199] ROSENBERG, Unruhe, X.
[200] BEHRENBECK, Lesarten, 182.
[201] A.a.O., 184.
[202] A.a.O., 186.
[203] A.a.O., 196.
[204] A.a.O., 189.
[205] A.a.O., 196.
[206] A.a.O., 185.

des Ereignisses allgemein wahrgenommen wird".[207] Ebenso erkennt Behrenbeck Bewegungssuggestionen auf der Deutungsebene (etwa als Aufwärtsbewegung oder Kehrtwende) und eine Sinngebung historischer Ereignisse, die auf das gesellschaftliche „Wertgefüge" verweist.[208] Ähnlich wie Lethen betont sie als antitotalitäre Implikation der Geschichtszeichen „ein kritisches Potential, das sich der völligen Vereinnahmung entzieht" und Ausdruck im „Eigenleben" der Zeichen erhält.[209] Dieses dauere an, bis das Potential seiner Deutungen ausgeschöpft sei.

Patrick Bahners beschreibt Geschichtszeichen als Figur, die im Rahmen einer historiografischen Epocheneinteilung als Ausgangspunkt von bestimmten Entwicklungen dazu dient, den Inhalt der Epoche zu kennzeichnen – sein Ansatz ähnelt dem von Bernhard Jussen und Wolfert von Rahden. Diese Funktion wird am konkreten Beispiel der Einordnung der Terroranschläge vom 11. September 2001 in New York und Washington in dem von Akira Iriye herausgegebenen fünften Band der *Geschichte der Welt* (2013) und in verschiedenen Reden der Politikerin Angela Merkel (*1954) untersucht. Die Wertung des 11. September als Geschichtszeichen begründet Bahners durch eine Parallelziehung von Enthusiasmus und Entsetzen, die er dadurch plausibilisiert, dass im Zuge der Medienentwicklung weltweit Menschen zu Zuschauern des „in endloser Schleife wiederholten" „Schauspiels" (hier spielt er auf Kant an)[210] wurden und als Zeugen Trau-

---

[207] A.a.O., 183.
[208] A.a.O., 187.
[209] A.a.O., 188.
[210] Kant siedelt die Begebenheit, die mit dem Geschichtszeichen bezeichnet wird, im „Spiele großer Umwandlungen" an. KANT, AA VII, 85.

matisierungen erlitten haben.[211] Eine „Weltgemeinschaft des solidarischen Angedenkens" sei auf diese Weise entstanden.[212] „Das Entsetzen als das eigentlich Neue, das man als neu erkennt, wodurch gleichzeitig auch die plötzlich alt aussehende Welt in einem neuen Licht dasteht, weil ein ihr innewohnendes, bisher übersehenes Potential des moralischen Empfindens an den Tag getreten ist: Das ist eine geschichtspolitische Figur, das Gegenstück von Kants Deutung der Französischen Revolution als ‚Geschichtszeichen'."[213] Die „aus dem Schock geborene Zäsurbehauptung" zielte auf ein Ende des als trügerisch erkannten „geradezu eschatologischen Optimismus" der Jahre nach 1989[214] und auf einen „Wiedereintritt der Welt in eine von den leitenden Ideen großer Mächte und dem von diesen Ideen hervorgerufenen Ressentiment bestimmte Zeit".[215] Die Pointe, die Bahners starkmacht, ist jedoch die Abhängigkeit der geschichtlichen Periodisierung vom weiteren Lauf der Geschichte selbst, mit der Wirkung, „dass die einschneidende Bedeutung des 11. September 2001 unter dem unmittelbaren Eindruck der Ereignisse zunächst überschätzt worden sei".[216] Die als traumatisch erlebten Erfahrungen seien von der „Normalisierung als Strategie der Bewältigung" aufgefangen worden[217] und die Finanzkrise von 2008 gelte inzwischen

---

[211] BAHNERS, PATRICK, Auch ein solches Phänomen erinnert sich nicht von selbst: Der 11. September 2001 als Geschichtszeichen in Historiographie und Politik, in: ASIA, Asiatische Studien 76 (2022) 2, 189–211, hier 198.
[212] A.a.O., 197.
[213] A.a.O., 199.
[214] A.a.O., 203.
[215] A.a.O., 202.
[216] A.a.O., 194.
[217] A.a.O., 209.

als der markantere weltgeschichtliche Einschnitt am Beginn des 21. Jahrhunderts.

Die kritische Auseinandersetzung mit der Schlacht von Stalingrad, der Schlacht bei Lepanto und dem 11. September 2001 demonstriert, dass die Interpretation von historischen Vorgängen als Geschichtszeichen umso fragwürdiger wird, je genauer man hinschaut. „So eindeutig aussagekräftig wie die Reaktion auf die Französische Revolution, die Kant – aus Königsberger Distanz wohlgemerkt – vor Augen hatte, ist der Enthusiasmus schon lange nicht mehr", befindet beispielsweise Burkhard Liebsch und verweist auf den „Enthusiasmus jener Sympathisanten der Terroristen, die in den Ereignissen vom 11. September 2001 den Triumph ihres Lebens sahen".[218] Aber auch die von Kant ausgemachte „allgemeine und doch uneigennützige Theilnehmung"[219] der Zuschauer der Französischen Revolution wurde von Zeitgenossen Kants, wie Friedrich Nicolai und Johann Christoph Schwab, angezweifelt. Dennoch lassen die eher anwendungsorientierten Ansätze Voraussetzungen und Schwierigkeiten in der Beschäftigung mit Geschichtszeichen erkennen, die bisher noch nicht herausgestellt werden konnten.

Die konkrete Identifizierung von Geschichtszeichen setzt voraus, dass es in der Geschichte weitere Zeichen dieser Art gibt, so dass Vergleiche möglich werden. Der „plötzliche Einbruch des Einzigartigen und Neuen in die Zeitkette", verlangt, so François Furet, die „klassische Konzeption der geschichtlichen Zeit als eine Reihe von

---

[218] LIEBSCH, BURKHARD, Kritische Kulturphilosophie als restaurierte Geschichtsphilosophie? Anmerkungen zur aktuellen kultur- und geschichtsphilosophischen Diskussion mit Blick auf Kant und Derrida, in: Kant-Studien, 98 (2007), 183–217, hier 208.

[219] Kant, AA VII, 85.

Diskontinuitäten, die auf kontinuierliche Art beschrieben wird".[220] Oft geschieht dies durch eine Analogie der behandelten Begebenheit mit dem Geschichtszeichen der Französischen Revolution bzw. anderer bedeutender Umbruchsereignisse oder über den Narrativ vom „Wandel des Geschichtszeichens".[221] Hans-Joachim Lieber bezog den Schrecken, der vom Massenmord im KZ Auschwitz ausgeht, auf die grundlegende Verunsicherung nach dem Erdbeben von Lissabon (1755): „Wurde hier ein katastrophales Naturereignis, als Geschichtszeichen genommen, zur Grundlage einer Veränderung des Verhältnisses des Menschen zur Natur, zur Geschichte, zu sich selbst, um wie vieles mehr sind wir gehalten, Auschwitz als ein das Bewußtsein von uns selbst veränderndes Geschichtszeichen zu nehmen."[222]

Eine weitere Voraussetzung ist die Anwendung der bei Birgit Recki angedachten und bei Wolfert von Rahden theoretisch reflektierten Möglichkeit negativer Geschichtszeichen durch die Einbeziehung gegensätzlicher Handlungen, Geschichtsverläufe und Emotionen. Fortschritt und Zerstörung, Moral und Verbrechen, Enthusiasmus und Entsetzen repräsentieren dann, so Aleida Assmann, „das Doppelgesicht der europäischen Moderne – als Gründungsgewalt und als traumatische Zerstörung".[223] Schließlich scheinen Geschichtszeichen nicht ohne ein Denken in Epochen und historischen Perioden zu funkti-

---

[220] FURET, FRANÇOIS, Die quantitative Geschichte und die Konstruktion der geschichtlichen Tatsache, in: Hans Michael Baumgartner/Jörn Rüsen (Hg.), Seminar: Geschichte und Theorie. Umrisse einer Historik, Frankfurt a. M. 1976, 97–117, hier 108 f.
[221] ASSMANN, Wiedererfindung, 170.
[222] LIEBER, Rede, 24.
[223] ASSMANN, Wiedererfindung, 172.

onieren. Erst im Rahmen eines Epochenbewusstseins können sie ihre Orientierungsfunktion erfüllen, „dem Kontingenten im historischen Prozeß Sinn zu verleihen".[224]

Die hier aufgeführten Voraussetzungen – der historische Vergleich, die Gegensätzlichkeit und das Epochenbewusstsein – lassen sich konzentriert bei Wolfgang Fritz Haug wiederfinden: „Immanuel Kant hat die Französische Revolution als ‚Geschichtszeichen' begriffen. Auschwitz ist das negative Geschichtszeichen *dieser* Epoche."[225] (Hervorhebung durch Vf.) Nun erfordert, so Jürgen Osterhammel, „eine ordentliche Periodisierung immer die Abgrenzung einer bestimmten Einheit auf dem Zeitstrahl nach beiden Seiten".[226] Wo dies nicht gegeben ist, weil das Geschichtszeichen eine Epoche erst eingeleitet haben soll, besteht die Möglichkeit von Relativierungen, wie sie Helmut Lethen und Patrick Bahners in ihren Beiträgen beschreiben.

Das Erfordernis einer räumlichen Distanz bei Kant, die Reinhard Brandt als intellektuelle Distanz interpretiert, wird zur historischen Distanz, um ein Ereignis als Geschichtszeichen identifizieren zu können. Da zudem ein Geschichtszeichen „sich nicht mehr" „vergißt",[227] also der „Verweis auf die eigene Unvergessbarkeit" zu seinen

---

[224] BEHRENBECK, Lesarten, 181.
[225] HAUG, WOLFGANG FRITZ, Vergangenheit, die Zukunft werden soll. Über den Historiker-Streit, in: Das Argument. Zeitschrift für Philosophie und Sozialwissenschaften, (1987) 161, 9–23, hier 20.
[226] OSTERHAMMEL, JÜRGEN, Über die Periodisierung der neueren Geschichte, in: Berlin-Brandenburgische Akademie der Wissenschaften (Hg.), Berichte und Abhandlungen Band 10, Berlin 2006, 45–64, hier 52.
[227] KANT, AA VII, 88.

Funktionen gehört,[228] kann es auch als Erinnerungsort verstanden werden,[229] gelegentlich verwendet man beide Begriffe auch synonym.[230] So sind einige der oben genannten Geschichtszeichen auch Gegenstand der von Etienne François und Hagen Schulze herausgegebenen dreibändigen Publikation *Deutsche Erinnerungsorte* (2009) (hier: *Auschwitz, Kniefall, 20. Juli, „Wir sind das Volk", Achtundsechzig, Stalingrad*). Die wechselnden Sinngebungen der Schlacht von Stalingrad und die Ereignisse des Jahres 1989 mit Friedlicher Revolution und Mauerfall wurden aber auch unter dem Begriff des „Mythos" beschrieben.[231] Ein systematischer Vergleich dieser Konzepte bleibt ein Desiderat. Geklärt werden müsste, welcher Erkenntnisgewinn über die Wahrnehmung eines Ereignisses generiert werden kann, wenn es als Erinnerungsort

---

[228] MÜLLER-NIELABA, Nerven, 100.
[229] Zum Erinnerungs- bzw. Gedächtnisort allgemein: PETHES, NICOLAS, Kulturwissenschaftliche Gedächtnistheorien zur Einführung, Hamburg 2008, 83–93.
[230] Beispielsweise: FRANÇOIS, ETIENNE, Ist eine gesamteuropäische Erinnerungskultur vorstellbar? Eine Einleitung, in: Bernd Hennigsen/Hendriette Kliemann-Geisinger/Stefan Troebst (Hg.), Transnationale Erinnerungsorte. Nord- und südeuropäische Perspektiven, Berlin 2009, 13–30, hier 18.
[231] Vgl. zu „Stalingrad": KUMPFMÜLLER, MICHAEL, Die Schlacht von Stalingrad. Metamorphosen eines deutschen Mythos, München 1995; SABROW, MARTIN, Heroismus und Viktimismus. Überlegungen zum deutschen Opferdiskurs in historischer Perspektive, in: Potsdamer Bulletin für Zeithistorische Studien, (2008) 43/44, 7–20. Zu „1989": BRIESE, OLAF: Art. Mauerfall/Wende, in: Metzler Lexikon moderner Mythen. Figuren, Konzepte, Ereignisse, hg. v. Stephanie Wodianka und Juliane Ebert, Stuttgart 2014, 251–253; SABROW, MARTIN, Mythos „1989", in: Martin Sabrow/Tilmann Siebeneichner/Peter Ulrich Weiß (Hg.), 1989 – Eine Epochenzäsur?, Göttingen 2021, 9–32.

oder als Geschichtszeichen beschrieben wird. Vermutlich würde sich die Perspektive vom nationalen Rahmen, in dem der Erinnerungsort zumeist angesiedelt ist, auf die transnationale oder europäische Ebene, die dem Begriff des Geschichtszeichens inhärent ist, ausweiten.

Neben Überschneidungen mit dem Erinnerungsort weist die Frage, wer eigentlich das Subjekt in der Rede über das Geschichtszeichen ist, auf ein zweites Problem hin, das bei der Applikation augenfällig wird. Werden Geschichtszeichen auf Grund bestimmter Kriterien und mit einer transparenten geschichtsphilosophischen Perspektive identifiziert oder werden sie als gegeben vorausgesetzt? In diesem Fall bleibt oft verborgen, wer ein Ereignis „als Geschichtszeichen genommen" hat.[232] Die Urheberschaft (und damit auch die Hinterfragbarkeit der Zuordnung) wird vielmehr mit passiven Satzkonstruktionen oder der Behauptung eines „Eigenlebens der Zeichen"[233] kaschiert, Dingen überantwortet („von der NS-Propaganda zum Geschichtszeichen konstruiert")[234] oder einem anderen Autor untergeschoben. So begründet Lethen seine Erwiderung damit, dass der Mitherausgeber Wolfgang Schwiedrzik „Hartlaubs ‚Seeschlacht bei Lepanto' als" alarmierendes Geschichtszeichen, in dem Gefahren und Zukunft der Gegenwart wahrgenommen werden können" gelesen habe,[235] wofür es jedoch keinen Textbeleg gibt, denn Schwiedrzik verwendet den Begriff Geschichtszeichen überhaupt nicht. Leitet Hans-Joachim Lieber aus dem Geschichtszeichen des Erdbebens von Lissabon ab, dass Auschwitz noch viel mehr als ein solches zu gelten habe,

---

[232] LIEBER, Rede, 24.
[233] LETHEN, Stalingrad, 158.
[234] BEHRENBECK, Lesarten, 182.
[235] LETHEN, Seeschlacht, 305.

so bleibt ungeklärt, wer behauptet habe, dass das Erdbeben von Lissabon ein Geschichtszeichen sei. Griff tatsächlich die „NS-Propaganda" bzw. das „Regime"[236] auf Kant zurück und schuf das Geschichtszeichen Stalingrad oder waren das Helmut Lethen und Sabine Behrenbeck, indem sie die Wahrnehmung und Nachwirkung von Stalingrad nicht als Mythos oder Erinnerungsort sondern als Geschichtszeichen beschrieben?

5. Resümee

Die in den einzelnen Abschnitten zur Begriffsverwendung und zum Forschungsstand beschriebenen Ergebnisse erlauben die These, dass der Begriff Geschichtszeichen als Spannungsverhältnis von Teilhabe und Konstruiertheit, von Selbstermächtigung und Heteronomie beschrieben werden kann. Die Seite der Teilhabe und Selbstermächtigung denkt mit Seibert „aus dem Bezug zu einem Subjekt" heraus,[237] das überindividuell verstanden werden kann, und interpretiert dessen kulturelle Reaktionen auf bestimmte Geschehnisse und Prozesse. Sie umfasst jene Beiträge aus Wissenschaft und Publizistik, die sich dem Verhältnis Kants zur Französischen Revolution, dem Fortschrittsbegriff und Enthusiasmus sowie Phänomenen des bürgerrechtlichen, demokratischen Engagements zuwenden. Erkenntnisleitend sind hierbei Fragen nach den Wegen zur Etablierung von Rechtsstaatlichkeit, der Beschaffenheit des Fortschritts und der Bedeutung einer demokratischen Öffentlichkeit. Eine besondere Rolle neh-

---
[236] LETHEN, Stalingrad, 158.
[237] SEIBERT, Humanismus, 322.

men Prozesse der bürgerlichen Selbstverständigung und das verbindende Potential von Emotionen ein, die ereignisbezogen wahrnehmungsgeschichtliche Perspektiven eröffnen. Auf der anderen Seite stehen kulturwissenschaftliche und geschichtsphilosophische Untersuchungen, deren Gegenstand die Konstruiertheit und damit die Heteronomie von Ereignissen und Geschichtszeichen ist. Das Geschichtszeichen wird hier nicht als „Modell der Interpretation auch zeithistorischer Verhältnisse",[238] also als Zugang zu einem Geschehen in der Realität, verstanden, sondern als tragendes Element von Narrativen, die interessengeleitet Geschichte strukturieren. Der Bereich der untersuchten Phänomene erweitert sich und reicht von der Rezeption von Fotografien und Musikaufnahmen bis zu den Auswirkungen terroristischer Angriffe und ökonomischer Einbrüche. Die Untersuchungen zielen auf Aussagen über die Periodisierung von Geschichte, das Modell eines kulturellen Gedächtnisses bzw. über das Geschichtsbewusstsein, wobei die Etablierung und Tradierung von Geschichtszeichen besonders hinsichtlich ihrer Abhängigkeit von außerwissenschaftlichen Einflüssen kritisch hinterfragt wird.

Gilt ein Geschichtszeichen als Element geschichtsphilosophischer Ideen bzw. geschichtspolitischer Leitlinien, so kann ein breites Spektrum von Ereignissen als Geschichtszeichen herausgehoben und auf diese Weise die Kontingenz im historischen Prozess eingedämmt werden. Gleichzeitig wird die Gefährdung eines solchen Konstruktes durch gesellschaftliche Umbrüche und den aus diesen resultierenden veränderten Vorstellungen von Geschichte ins Bewusstsein gerufen. Begeben wir uns da-

---

[238] RECKI, Fortschritt, 245.

gegen auf die Ebene der zeithistorischen Akteure und gehen von der Teilnehmung am Geschehen, den verbindenden Emotionen und deren Mitteilbarkeit aus, so erhält der Fortschrittsbegriff konkrete Kriterien, die von Freiheit, Recht, Moral und demokratischer Öffentlichkeit bestimmt sind. Ein Geschichtszeichen müsste sich dann nicht zur Epochengliederung eignen, sondern würde vielmehr ein Potential aufzeigen, dessen Realisierung aber wiederum kontingent bleibt, wie es auch „selbst als solches gar nicht wahrgenommen werden" kann.[239] Zusammenfassend lässt sich die Formel vorschlagen, dass die Verwendung des Begriffs Geschichtszeichen auf dem aktuellen Forschungsstand Interpretationen historischer und zeitgenössischer Ereignisse hinsichtlich eines von ihnen ausgehenden fortschrittlichen Effekts erlaubt und zugleich mit Blick auf deren Vorläufigkeit und Instrumentalisierbarkeit Anlass zur Hinterfragung dieser Deutungen als Konstruktionen gibt, die eben jenes Ziel herbeiführen sollen.

Der hier unternommene Versuch, die unterschiedlichen Forschungsansätze zusammenzudenken, scheint in der Forschungspraxis selbst nur eine untergeordnete Rolle zu spielen. Durchsucht man die Fußnoten- und Anmerkungsapparate der hier berücksichtigten Texte, so fällt auf, dass es kaum einen Transfer zwischen den gewonnenen Erkenntnissen der Kantforschung und der Kulturwissenschaft bzw. Geschichtsphilosophie gibt. Die im *Kant-Lexikon* (2015) von Michael Pauen zum Lemma „Geschichtszeichen" aufgeführten Arbeiten von Reinhard Brandt (1987), Pauline Kleingeld (2001) und Birgit Recki (2005) werden wiederum von Birgit Recki, Ulrich

---

[239] SCHEERLINCK, Enthusiasmus, 452.

L. Lehner (2007), Ryan Scheerlinck (2017), Eva Bucher (2017), Christian Rusch (2023) und Sascha Freyberg/Pietro Daniel Omodeo (2023) wahrgenommen, wobei allein Freyberg/Omodeo nicht der Kant-Forschung zuzurechnen sind. Umgekehrt wird, um einen prominenten Beitrag anzuführen, der philosophiegeschichtlich angelegte Artikel des Historikers Heinz Dieter Kittsteiner *Kants Theorie des Geschichtszeichens. Vorläufer und Nachfahren* (1999) von Ulrich L. Lehner (2007), Burkhard Liebsch (2007), Wolfert von Rahden (2021), Patrick Bahners (2022), Christian Rusch und Freyberg/Omodeo (2023) rezipiert. Hier nehmen Christian Rusch, Ulrich L. Lehner und Burkhard Liebsch einen Transfer in die Kant-Forschung vor. Dieser Forschungsüberblick mag dazu anregen, die fachspezifischen Ergebnisse zueinander in Beziehung zu bringen und so Spannungsverhältnisse zu eröffnen, die wiederum für eine modellhafte Weiterentwicklung des Konzepts Geschichtszeichen produktiv werden könnten. Von einzelnen Autoren wurden bereits Wechselseitigkeiten ins Spiel gebracht, etwa jene von „Zuschauer und Akteur",[240] „Ereignis und Gefühl"[241] oder „Erkenntnis und Orientierung"[242] – die Rede vom Geschichtszeichen könnte auch auf „Erfahrung und Erwartung" (Reinhart Koselleck) appliziert werden.[243] Verbindet man das öffentliche Eintreten für Rechtlichkeit, Moral

---

[240] LEHNER, Vorsehungskonzept, 461.
[241] KITTSTEINER, Kants Theorie, 97.
[242] FREYBERG/OMODEO, Copernicanische Revolution, 174.
[243] KOSELLECK, REINHART, ‚Erfahrungsraum' und ‚Erwartungshorizont' – zwei historische Kategorien, in: Ders., Vergangene Zukunft. Zur Semantik geschichtlicher Zeichen, Frankfurt a.M. 1989, 349–375, hier 353, vgl. auch KITTSTEINER, Kants Theorie, 107–111.

und Freiheit mit dem „Strukturmerkmal der Geschichte", dass sich in ihr „immer mehr oder weniger [ereignet], als in den Vorgegebenheiten enthalten ist",[244] so zeigt sich eine historische Dynamik, in der die Reflexion über die Erkennbarkeit und Wirksamkeit der moralischen Anlagen Geschichtszeichen nicht „zerbröseln"[245] oder „veralten"[246] lässt. Das „Fortschreiten zum Besseren"[247] findet sich dann vielmehr im Gedächtnis vergangener Zukunftsentwürfe, das durchaus nicht-affirmative oder irritierende Momente bergen kann. Es sind Zeugnisse vom Gewesen-Sein der Subjekte, wie sie sein könnten, die in der Geschichte weltweiter emanzipativer und ökologischer Bewegungen zu entdecken sind, selbst wenn diese keinen Einfluss auf staatliches Handeln gewannen. Mit Blick auf das Geschichtszeichen Friedliche Revolution kann an das vom Fluchtpunkt Mauerfall und Wiedervereinigung abweichende utopische Element der Souveränität erinnert werden, das die Schriftstellerin Christa Wolf in ihrem Essay *Wo ist euer Lächeln geblieben?* (1991) als das „ungläubige, ungeübte Siegeslächeln" im Demonstrationszug auf dem Alexanderplatz in Berlin am 4. November 1989 beschreibt.[248] Wolf verweist auf die Selbstermächtigung der „Blumenfrau in der Ossietzkystraße, die so redete wie der Namenspatron ihrer Straße" und der „Verkäuferinnen von der Spätverkaufsstelle an der Ecke, die sich benahmen, als seien sie eben aus Brechts Stück von der Pariser Kommune gestiegen", aus einer Gegenwart heraus, in der

---

[244] KOSELLECK, ‚Erfahrungsraum', 358.
[245] LETHEN, Stalingrad, 158.
[246] KITTSTEINER, Kants Theorie, 99.
[247] KANT, AA VII, 84.
[248] WOLF, CHRISTA, Auf dem Weg nach Tabou. Texte 1990–1994, Köln 1994, 44.

„die Blumenfrau längst verstummt" und die Verkäuferinnen entlassen worden sind – doch „einige Wochen waren sie wirklich die, die sie sein könnten".[249]

---

[249] A.a.O., 45.

Die Französische Revolution als „Geschichtszeichen"?

Über den Wert einer häufig übersehenen Kantischen Pointe

Birgit Recki

Am 22. April 2024 jährte sich der Geburtstag Immanuel Kants zum 300. Male – eine besonders schöne Zeit für den Refrain, den ich allerdings auch ohne den Anlass eines großen Jubiläums jederzeit gerne anstimme: Man kann gar nicht oft genug an Kants Einsichten erinnern! Dabei muss man allerdings seine Texte genauer lesen, als dies häufig geschieht. Wir blicken in den Neuerscheinungen zum Jubiläumsjahr 2024 schon auf das eine und andere Beispiel von Interpretationsthesen, bei denen man sich nur fragen kann, welchen Autor deren Verfasser wohl gelesen haben mag. Sehen wir uns also vor, wenn es um den Topos geht, der im Zentrum unseres Interesses am *Fortschritt im Bewusstsein der Freiheit* steht, und wir damit auf die Schrift verweisen sind, in der sich Kant ausdrücklich zu dieser Frage äußert.

Die politische Rhetorik des „historischen Ereignisses" ist inflationär geworden. Es vergeht kein Monat, ohne dass unsere Politiker weltweit nach irgendwelchen Treffen mit ihren Kollegen auf die *historische Bedeutung* der Ereignisse und ihrer Erträge insistierten. Dies oder jenes war ein *historisches Treffen*. Diese Entscheidung *ist histo-*

risch, heißt es dann neuerdings in seltsamer Abbreviatur. *Alles ist historisch*, denkt man dann irritiert und wendet sich gelangweilt ab. Gemeint war aber: *es war von historischer Bedeutung, es war ein historischer Durchbruch – also: epochal* im Sinne einer längst fälligen Errungenschaft, die in der Geschichte etwas ganz Neues bringt – etwas Neues von mutmaßlich bleibender Dauer.

Kant hatte mit seiner Rede vom Geschichtszeichen, wie wir sie in der Schrift zum *Streit der Fakultäten* 1798 finden, spezifischeres im Sinn. Erstens meint er nicht ein Zeichen *für* Geschichte, *für* geschichtliches Schwergewicht, *für* die historische Bedeutung von etwas; der Sinn seiner terminologischen Prägung ergibt sich vielmehr, wenn man davon ausgeht, dass man in der Geschichte ein bemerkenswertes Phänomen findet, und dann nachfragt, wofür es ein Zeichen ist, ob es womöglich ein Zeichen für die historische Entwicklung zum Guten, zum Besseren ist. In diesem Sinne spricht Kant vom Geschichtszeichen. Kants Lehre vom Geschichtszeichen ist in der Sache eine der Antworten auf die dritte seiner drei Fragen, in denen es in letzter Instanz um die Bestimmung des Menschen geht: *„1) Was kann ich wissen? 2) Was soll ich tun? 3) Was darf ich hoffen?"*[1] Von den verschiedenen Antworten, die Kant auf die dritte dieser drei Fragen gibt – in der Religionsphilosophie, zu der wir die Lehre vom höchsten Gut und die mit ihr verbundene Postulatenlehre der *Kritik der*

---

[1] Und Kant fährt fort: „4) Was ist der Mensch? Die erste Frage beantwortet die Metaphysik, die zweite die Moral, die dritte die Religion, und die vierte die Anthropologie. Im Grunde könnte man aber alles dieses zur Anthropologie rechnen, weil sich die drei ersten Fragen auf die letzte beziehen." KANT, IMMANUEL, Logik, in: Ders., Kants Werke, Bd. IX. Logik, Physische Geographie, Pädagogik (AA IX), Berlin/New York 1968 [1923], 1–150, hier 25.

praktischen Vernunft (1788) zu zählen haben; in der Ästhetik („Die Schöne Dinge zeigen an, daß der Mensch in der Welt passe")[2] und in der Naturteleologie seiner *dritten Kritik*[3] – gibt die Lehre vom Geschichtszeichen eine Antwort, die sich auf den historisch erreichten moralischen Zustand der Menschheit, somit in ungewohnter Direktheit auf die Frage *Was ist der Mensch?* bezieht. Das Geschichtszeichen ist ein Hoffnungszeichen dafür, dass es *Fortschritt in der Geschichte* gebe.

Über den *Fortschritt in der Geschichte* denkt Kant im Anschluss an sein Unternehmen der Vernunftkritik nach, das von vornherein eine viel stärkere praktische Appetenz hat als es die *Kritik der reinen Vernunft* auf den ersten Blick erkennen lässt. Kant hatte dieses Werk bekanntlich als „Tractat von der Methode",[4] und zwar in erkenntnistheoretischer Hinsicht, bezeichnet. Nein, es geht in der Vernunftkritik nicht allein darum, die *Metaphysik auf den sicheren Gang einer Wissenschaft zu bringen*; es geht nur initial und basal um die Sicherung der ersten Prinzipien der Erkenntnis. Nach der Beantwortung der Frage *Was kann ich wissen?* kommt Kant schon sehr bald auf die Fragen *Was soll ich tun?* und *Was darf ich hoffen?* Wenn ich die Gewissheit der empirischen Erkenntnis, wenn ich den Unterschied zwischen Erkennen und Denken, wenn ich den Unterschied zwischen Wissen und Glauben gesichert habe, wenn ich weiß, was eine Vernunftidee ist und wieso es für mich als endliches Vernunftwesen ebenso wichtig

---

[2] KANT, IMMANUEL, Kants gesammelte Schriften, Bd. XVI. Handschriftlicher Nachlass, Logik (AA XVI), Berlin/New York 1969 [1923], 127.
[3] Kritik der Urteilskraft (1790).
[4] KANT, IMMANUEL, Kritik der reinen Vernunft, 2. Aufl. 1787. Kants Werke, Bd. III (AA III), Berlin/New York 1968 [1902], 15.

ist, solche Ideen zu haben wie empirische Erkenntnisse – dann hat das immer auch Bedeutung für meine *Orientierung* in der Welt, und diese Orientierung steht im Zeichen der *Praxis* – der *Lebensführung*.

Was Kant dann 1798 im *Streit der Fakultäten* zum Fortschritt in der Geschichte schreibt, ist eine denkwürdige Ergänzung und Korrektur der tragenden Einsichten zur Politik, die er 1795 in der Schrift *Zum ewigen Frieden* dargelegt hatte. Wenn er 1798 die Rangordnung der Wissenschaften in der Universität seiner Zeit zum Thema macht und dabei die mangelnde Wertschätzung für die Leistungen der Philosophie kritisiert, geht es in allem um die freie Betätigung der Vernunft in ihren öffentlichen Formen, dabei zunächst als wissenschaftlich organisierte Erkenntnis: in der universitären Forschung und Lehre. Die Achtung der Freiheit der Wissenschaft, bei zugestandenem Interesse des Staates an dem, was hier bei der Ausbildung künftiger Staatsdiener gelehrt wird, ist Kants durchgängiges und über lange Strecken oberstes Anliegen. Doch bietet die Erörterung der universitären Verhältnisse – des Konkurrenzkampfes um Anerkennung und Vorrang der Theologischen, der Juristischen und der Medizinischen mit der Philosophischen Fakultät – auch den Anlass zur Problematisierung von *politischer Freiheit* und die Gelegenheit zur Artikulation eines neuen Vorschlags zur methodischen Vergewisserung über den allemal problematischen Fortschritt in der Geschichte. Die Auseinandersetzung in dieser Streitschrift bietet so auch eine überraschende Fortführung der Reflexion über Zweck und Methode der Aufklärung.

Kant macht deutlich, dass die Ordnung der Wissenschaften, die er in der Gliederung der deutschen *Universität* in die oberen Fakultäten (Theologie, Jurisprudenz und

Medizin) und eine untere (Philosophie) vorfindet, zu den Paradoxien im Verhältnis von Vernunft und Wirklichkeit gehören. Berühmt geworden ist das Bild, mit dem er in freier Variation, genauer: in ironischer Anspielung auf das Petrus Damiani zugeschriebene Diktum von der *philosophia ancilla theologiae* das Verhältnis zwischen Theologie und Philosophie gemäß dem Selbstbewusstsein des Aufklärers zurechtrückt:

Auch kann man allenfalls der theologischen Facultät den stolzen Anspruch, daß die philosophische ihre Magd sei, einräumen (wobei doch noch immer die Frage bleibt: ob diese ihrer gnädigen Frau *die Fackel vorträgt* oder *die Schleppe nachträgt*), wenn man sie nur nicht verjagt, oder ihr den Mund zubindet [...].[5]

Die Fackel voranzutragen – in diesem Dienst der Philosophie an jedem Menschen, der im Dunkeln tappt, wird die Unterordnung des Dienenden unter die Bedürfnisse des Bedienten *per se* gegenstandslos – durch das überlegene Problembewusstsein des ersteren in Fragen der Ortskenntnis im Dunkeln und Handhabung der Lichtverhältnisse, wie sie für einen solchen Service nun einmal vorausgesetzt sind. Mindestens ebenso bemerkenswert ist die *Erklärung*, die Kant für die Geringschätzung der Philosophie findet: Die untere Fakultät ist die Philosophie nämlich *in den Augen der Herrschenden*, und dies nur deshalb, weil sie den Vernunftanspruch auf Freiheit des Urteils, zu dem das Studium der Philosophie qualifiziert, nicht zu schätzen wissen.

---

[5] KANT, IMMANUEL, Der Streit der Facultäten, in: Ders., Kants Werke, Akademie Textausgabe, Bd. VII. Der Streit der Facultäten, Anthropologie in pragmatischer Hinsicht (AA VII), Berlin/New York 1968 [1907/17], 1–116, hier 28.

Daß aber eine solche Facultät unerachtet dieses großen Vorzugs (der Freiheit) dennoch die untere genannt wird, davon ist die Ursache in der Natur des Menschen anzutreffen: daß nämlich der, welcher befehlen kann, ob er gleich ein demüthiger Diener eines andern ist, sich doch vornehmer dünkt als ein anderer, der zwar frei ist, aber niemanden zu befehlen hat.[6]

Es ist nicht überraschend, dass Kant an diesem Befund vor allem der Beratungsbedarf der Herrschenden auffällt, und er sich daraufhin auch einmal *Träumen eines Aufklärers* hingibt:

Auf diese Weise könnte es wohl dereinst dahin kommen, daß die Letzten die Ersten (die untere Facultät die obere) würden, zwar nicht in der Machthabung, aber doch in Berathung des Machthabenden (der Regierung), als welche in der Freiheit der philosophischen Facultät und der ihr daraus erwachsenden Einsicht besser als in ihrer eigenen absoluten Autorität Mittel zu Erreichung ihrer Zwecke antreffen würde.[7]

Man sieht hier, Kant verfällt auch dort, wo er sich mit dem Ärgernis der mangelnden Anerkennung seines eigenen Faches in der Organisation der Wissenschaften auseinandersetzen muss, nicht der Versuchung auftrumpfender Vergeltungsphantasien. Er bleibt bei der maßvollen Einsicht, die er drei Jahre zuvor in seinem Entwurf zu einer Theorie der Politik mit distanziertem Blick auf Platons Ideal der Philosophenherrschaft formuliert hatte: „Daß Könige philosophieren, oder Philosophen Könige würden, ist nicht zu erwarten, aber auch nicht zu wünschen: weil der Besitz der Gewalt unvermeidlich das freie Urtheil der Vernunft verdirbt."[8] Hatte Kant sich hier noch darauf beschränkt, mit dem Appell an die philosophische Selbstdis-

---

[6] A.a.O., 20.
[7] A.a.O., 35.
[8] KANT, IMMANUEL, Zum ewigen Frieden, in: Ders., Kants Wer-

ziplin die Forderung auf das Recht der Philosophen zur öffentlichen Rede zu verbinden, so geht er im *Streit der Fakultäten* indessen einen Schritt weiter und empfiehlt den Machthabenden ausdrücklich die *Beratung* durch die Philosophie.

Soviel zur Rahmenhandlung. Von vordringlicher Relevanz ist – bei allem Scharfsinn, den Kant bereits im Ersten Abschnitt, im Streit zwischen der Theologischen und der Philosophischen Fakultät, entfaltet – der Zweite Abschnitt der Schrift, der dem Streit der Juristischen mit der Philosophischen Fakultät gewidmet ist. Denn hier setzt er unter der Kapitel-Überschrift „Erneuerte Frage: Ob das menschliche Geschlecht im beständigen Fortschreiten zum Besseren sei"[9] seine Auseinandersetzung mit dem Problem des Fortschritts in der Geschichte fort und berührt damit einen weiterreichenden Aspekt der Freiheit, die in allen Stadien und Elementen seiner Vernunftkritik sein vordringliches Thema ist.[10] Wieso kann Kant diese Frage so umstandslos als Fall eines potentiellen Zuständigkeitsstreites zwischen Jurisprudenz und Philosophie behandeln? Weil sie in der Sache zuletzt auf die *Rechtsverfassung* von Staaten und ihren Verhältnissen untereinander zielt. In „Idee zu einer allgemeinen Geschichte" (1784) hatte Kant die *„Errichtung einer vollkommnen bürgerlichen Verfassung"* gefordert,[11] in „Muthmaßlicher Anfang der Menschengeschichte" (1786) hatte er diese als „das äu-

---

ke, Akademie Textausgabe, Bd. VIII. Abhandlungen nach 1781 (AA VIII), Berlin/New York 1968 [1912/23], 341–386, hier 369.
[9] KANT, AA VII, 79.
[10] Siehe RECKI, BIRGIT: Kants Kritik der Vernunft als Theorie der Freiheit. Ein Parcours, Baden-Baden 2024.
[11] KANT, IMMANUEL, Idee zu einer allgemeinen Geschichte in weltbürgerlicher Absicht, in: Ders., Kants Werke, Akademie Text-

ßerste Ziel der Cultur" bestimmt.¹² In der Frage nach dem Fortschritt der Menschheit zum Besseren geht es demnach um die Chance, dass mehr und mehr Staaten sich im Inneren eine *republikanische Verfassung* – und dass sie sich zudem, so macht es Kant in der Schrift *Zum ewigen Frieden* explizit, auf dieser Grundlage untereinander die Rechtsverfassung eines Völkerbundes geben. Für Kant besteht der Fortschritt im Interesse an der gleichen Freiheit aller Menschen in der umfassenden *Verrechtlichung* der gesellschaftlichen Verhältnisse. Und das Recht ebenso wie jene Rechtslehre, als deren *Ausübung* er drei Jahre vor dem *Streit der Fakultäten* in der Friedenschrift die Politik definiert hatte, ist die Domäne der Juristen.¹³

Zum Anlass für den Streit zwischen den ursprünglich für die Rechtsbegriffe auch der Politik zuständigen Juristen und den Philosophen kann die Frage aber deshalb werden, weil die *Aufklärung*, hier konkret verstanden als „die öffentliche Belehrung des Volks von seinen Pflichten und Rechten in Ansehung des Staats, dem es angehört",¹⁴ zu den genuinen Aufgaben der Philosophie zu zählen ist. Denn nur sie verfügt über die Begriffe und die methodische Reflexionsdistanz, die Rechte und Pflichten des

---

ausgabe, Bd. VIII. Abhandlungen nach 1781 (AA VIII), Berlin/New York 1968 [1912/23], 15–32, hier 24.

¹² KANT, IMMANUEL, Muthmaßlicher Anfang der Menschengeschichte, in: Ders., Kants Werke, Akademie Textausgabe, Bd. VIII. Abhandlungen nach 1781 (AA VIII), Berlin/New York 1968 [1912/23], 107–124, hier 117.

¹³ So stellt er auch in methodischer Differenzierung als den Ertrag des Fortschritts zunächst „[n]icht ein immer wachsendes Quantum der *Moralität* in der Gesinnung, sondern Vermehrung der Producte ihrer *Legalität* in pflichtmäßigen Handlungen" in Aussicht. KANT, AA VII, 91.

¹⁴ A.a.O., 89.

Staatsbürgers nicht allein zu lehren und auszulegen, sondern deren Rationalität auch kritisch zu beurteilen.

Gibt es einen Fortschritt in der Geschichte? Kant ist der Frage in seinen kleinen Schriften der 1780er Jahre nachgegangen, und er hat seine Antwort in der Schrift bestätigt, die der Entfaltung seiner Theorie des Politischen gewidmet ist: *Zum Ewigen Frieden* (1795). Im Interesse an der Verwirklichung unserer Handlungsziele, nach Maßgabe an deren moralische Dignität, also an unseren guten Willen zur Verbesserung unserer Situation, muss uns diese Frage nach der aufs Ganze gehenden Wirkung unserer Handlungserfolge beschäftigen. Sie betrifft direkt das praktische Selbstverständnis, die Ernsthaftigkeit wie die Zuversicht menschlichen Handelns. Denn wenn wir davon ausgehen müssten, dass es keinen Fortschritt gäbe, brauchten wir uns mit dem Handeln in der Welt nicht mehr die Mühe zu geben, von der die moralische Problematisierung unseres Handelns ebenso zeugt wie die politische Praxis.

Fortschritt in der Geschichte: Dass er nicht beweisbar ist und dass er von keiner institutionellen Autorität garantiert werden kann, ist Kant bewusst. Im *Streit der Fakultäten* stellt er die Zweifelsgründe mit Blick auf jede Sicherheit in dieser Frage unter den ironischen Titel einer „wahrsagende[n] Geschichtserzählung des Bevorstehenden in der künftigen Zeit".[15] Den Fortschritt affirmativ anzunehmen stellt vielmehr einen jener Leitgedanken der *Orientierung* dar, für die Kant den Ausdruck „Idee" reserviert und damit ein heuristisches Prinzip, eine vernünftige Arbeitshypothese. Wir denken unser eigenes Handeln in der Geschichte so, *als ob* es in ihr einen Fort-

---

[15] A.a.O., 84.

schrittsplan gäbe. Diese Idee des Fortschritts ist es schließlich, die uns an unseren Plänen und Bemühungen festhalten lässt, die uns mit Blick auf die vielfältig als Rückschläge und Rückschritte erlebten Misserfolge mit anhaltender Zuversicht versieht.

Der Einwand, dass die Idee des Fortschritts in der Geschichte obsolet wäre wegen der vielen Rückschritte, die unsere Phantasie und unseren guten Willen zu überwältigen drohen, dürfte dabei wohl kaum im Ernst vorgetragen werden – wo doch das Denken in Kategorien von *Rück*schlägen, *Rück*fällen, *Rück*schritten bereits in der Idee des Fortschritts seine Grundlage hat.

Gleichwohl bleibt es eine triftige Befürchtung, dass solche Ideen ein Wunschdenken darstellen. Allein – was wäre die Vernunft ohne das Wünschen? Kant, der nicht nur das „Bedürfniß" der Vernunft kennt,[16] sondern ausdrücklich auch den „Wunsch der Vernunft",[17] hat das Wünschen in der Frage „Was darf ich hoffen?" als integrales Element des vernünftigen Selbstverständnisses gewürdigt. Die geschichtsphilosophische Konstruktion des Fortschritts gehört zur Beantwortung dieser Frage *ebenso* wie die ausdrücklich in der Postulatenlehre behandelten Glaubensartikel:[18] Freiheit, Gott und unsterbliche Seele, *und* die ästhetische Spekulation, die schönen Dinge zeig-

---

[16] KANT, IMMANUEL, Kritik der Urteilskraft, in: Ders., Kants Werke, Akademie Textausgabe, Bd. V. Kritik der praktischen Vernunft, Kritik der Urteilskraft (AA V), Berlin/New York 1968 [1908/13], 165–485, hier 446.

[17] A.a.O., 479.

[18] Dass auch der Begriff des Fortschritts nach seiner ideell-epistemischen Verfassung ein *Postulat* genannt zu werden verdient, habe ich vertreten in: RECKI, BIGIT, Fortschritt als Postulat und die Lehre von Geschichtszeichen, in: Volker Gerhardt (Hg.), Kant im Streit der Fakultäten, Berlin 2005, 229–247.

ten an, dass der Mensch in die Welt passe.[19] Bei alledem darf der praktische Zirkel der *selffulfilling prophecy* nicht unterschätzt werden.[20] Ob wir in Zeiten leben, in denen das Wünschen noch hilft, dürfte sich auch daran entscheiden, wie stark wir uns vom Gehalt unserer Wünsche disziplinieren lassen.

Ist es nach den genannten kleinen Schriften zu Geschichte und Kultur die unerwartete und irritierende Klärung, die Kant in der Schrift *Zum ewigen Frieden* in der Causa „republikanische Verfassung" erzielt hat, die ihn dann umtreibt und die Frage nach dem Fortschritt in der Geschichte *noch einmal* mit erneuerter Insistenz aufwerfen lässt? *Selbst ein Volk von Teufeln* (wenn sie nur Verstand haben, sagt Kant) wäre imstande, den Vorteil des bürgerlichen Rechtsstaates als die angemessene Lösung zur Befriedung einer Gesellschaft zu erkennen.[21] Es ist wohl diese ernüchternde Einsicht (mit der das zunächst genannte Kriterium des Fortschritts: die zunehmende Zahl der Staaten, die sich für eine republikanische Verfassung entscheiden jedenfalls nicht mehr als Indiz für den *moralischen* Fortschritt reklamiert werden darf), die Kant im *Streit der Fakultäten*, im Abschnitt über das Verhältnis zwischen Jurisprudenz und Philosophie, dazu veranlasst, erneut das Problem des Fortschritts in der Geschichte

---

[19] Siehe eingehend RECKI, BIGIT, Ästhetik der Sitten. Die Affinität von ästhetischem Gefühl und praktischer Vernunft bei Kant. Frankfurt a. M. 2001.

[20] Kant behandelt ihn in seiner Exposition des Problems indessen nur im Modus satirischer Kritik. „Wie ist eine Geschichte a priori möglich? – Antwort: wenn der Wahrsager die Begebenheiten selber macht und veranstaltet, die er zum Voraus verkündet." KANT, AA VII, 80.

[21] KANT, AA VIII, 366.

aufzuwerfen, das ihn in den geschichtsphilosophischen und kulturphilosophischen kleinen Schriften der 1780er Jahre beschäftigt und das er mit der Einsicht beschieden hatte: das Ziel der Geschichte sei die Errichtung des vollkommenen bürgerlichen Staates, der republikanischen Verfassung. Es kann nur einleuchten, dass in dem Augenblick, da die desillusionierende Erkenntnis gewonnen ist, *selbst ein Volk von Teufeln* wäre imstande, den Vorteil der republikanischen Verfassung einzusehen, die jahrelang vertretene Lösung dieses Problems in den Augen des Vernunftaufklärers wieder zur Disposition steht.

Kant sucht daraufhin nach einem Ereignis, das als historische Bestätigung des Fortschritts, „als *Geschichtszeichen* [...] angesehen werden müsse und so die *Tendenz* des menschlichen Geschlechts im *Ganzen* [...] beweisen könnte."[22]

Es muß irgend eine Erfahrung im Menschengeschlechte vorkommen, die als Begebenheit auf eine Beschaffenheit und ein Vermögen desselben hinweiset, *Ursache* von dem Fortrücken desselben zum Besseren und (da dieses die That eines mit Freiheit begabten Wesens sein soll) *Urheber* desselben zu sein [...].[23]

Das „Geschichtszeichen" für den Fortschritt, präziser: das Geschichtszeichen für den Fortschritt der nicht bloß auf Verstand, sondern auf Vernunft gegründeten Freiheit findet Kant hier in etwas, das in der Tat kein Volk von Teufeln jemals aufbrächte: in der Artikulation der emotionalen Anteilnahme an einem historischen Ereignis vonseiten eines Publikums, das von jenem Ereignis keinen Vorteil hat, sondern sich – im Gegenteil – durch deren öffentliche Kundgabe in Gefahr begibt.

---

[22] Kant, AA VII, 84.
[23] Ebd.

Es ist die Französische Revolution, deren Erfahrung Kant hier *zum Thema macht(!)* – aber es ist ein Missverständnis, wenn man wie etwa Hannah Arendt im Verfahren der *Grosso-modo-Lektüre* im Zitat des Kantischen Textes die Identifikation vornimmt: „Diese Begebenheit [die Revolution] […]".[24] Denn Kant meint genauer die *intersubjektive Reaktion des anteilnehmenden Publikums* jenseits der Grenze auf die Ereignisse in Frankreich. Gegenüber einer häufigen Unaufmerksamkeit der Verwechslung, die aber mit der Pointe der Kantischen Position auch deren Konsequenz gänzlich verspielt, ist zu betonen: Kant versteht ausdrücklich *nicht* die Französische Revolution als das fragliche Geschichtszeichen, sondern allein die Reaktion eines uneigennützig anteilnehmenden Publikums auf sie. Was er hier im Blick hat, ist eine Art von uninteressiertem Wohlgefallen, das er in die Nähe des *Enthusiasmus* rückt – und er bewertet es als aussagekräftiges Indiz für den Fortschritt nicht nur im *Bewusstsein* der Freiheit. Die „Begebenheit", deren Zeichencharakter Kant hier herausstellt, „besteht nicht etwa in wichtigen, von Menschen verrichteten Thaten oder Unthaten", sondern in der

Denkungsart der Zuschauer, welche sich bei diesem Spiele großer Umwandlungen öffentlich verräth und eine so allgemeine und doch uneigennützige Theilnehmung der Spielenden auf einer Seite gegen die auf der andern, selbst mit Gefahr, diese Parteilichkeit könne ihnen sehr nachtheilig werden, dennoch laut werden läßt, so aber (der Allgemeinheit wegen) einen Charakter des Menschengeschlechts im Ganzen und zugleich (der Unci

---

[24] ARENDT, HANNAH, Das Urteilen. Texte zu Kants politischer Philosophie, München 1985, 63. – Ähnlich auch BRANDT, REINHARD, Universität zwischen Selbst- und Fremdbestimmung. Kants „Streit der Fakultäten", mit einem Anhang zu Heideggers ‚Rektoratsrede', Berlin 2003, 129; vgl. auch 123.

gennützigkeit wegen) *einen moralischen Charakter* desselben wenigstens in der Anlage beweiset, der das Fortschreiten zum Besseren nicht allein *hoffen* läßt, sondern selbst schon ein solches ist [...].²⁵

Da haben wir sie: Die Hoffnung, um die es in alledem immer auch geht. Auffällig ist an diesen Formulierungen, dass Kant in der Rede vom *moralischen Charakter des Publikums*, der für das *Fortscheiten zum Besseren hoffen* lasse, auch hier in der Frage nach dem Fortschritt an seinem jahrzehntelang praktizierten methodischen Paradigmenwechsel festhält. Was er beim Einstieg in sein Unternehmen einer Kritik der Vernunft mit Berufung auf Kopernikus geltend gemacht hatte: die methodische Zuwendung zu den (allgemeinen und notwendigen) Bedingungen der Möglichkeit von – *Wirklichem*, die in den Subjekten des Erlebens und des Erkennens vorausgesetzt werden müssen, wird im Lehrstück vom Geschichtszeichen auch für einen so komplexen Gegenstand der Erkenntnis in Geltung gesetzt, wie es die Geschichte ist, – in der verblüffenden theoretischen Entscheidung, dass es nicht das objektive (gegenständlich gewordene) Ereignis der Revolution als solches sei, an dem der Theoretiker das Indiz für die berechtigte Hoffnung auf historischen Fortschritt habe, sondern die nicht auf den eigenen Vorteil bezogene, sondern im Gegenteil mit dem Risiko eines empfindlichen Nachteils verbundene Zustimmung der enthusiasmierten zeitgenössischen Öffentlichkeit. Also: nicht die objektive Konstellation am Himmel der Geschichte, sondern die intersubjektive Anteilnahme, in diesem Fall die auf ideeller Haltung basierende emotionale Bewegtheit der Zuschau-

---

²⁵ KANT, AA VII, 85 (Hervorhebung durch Vf.).

er, ist das Zeichen, mit dem der Geschichtsteleologe argumentieren will.

Die Kopernikanische Wende, soviel sehen wir an dieser gewissermaßen *rezeptionsästhetischen* Auswertung der Französischen Revolution, bleibt für Kant bis hoch in die 1790er Jahre das methodische Paradigma.[26] Und mehr noch – im Lehrstück vom Geschichtszeichen gibt Kant seiner Methodeneinsicht noch eine besondere Pointe: Die Einsicht in die Konstitution des Wirklichen durch die (transzendentalen) Leistungen des erkennenden Subjekts erfährt hier eine weitere in einer Folge von Transformationen – in der Frage nach der Stabilität (Verlässlichkeit) der Bedeutung historischer Erfolge führt der Primat der Vorgänge im Subjekt, der Primat des Geistigen vor dem Faktischen zum Kriterium der handlungsleitenden Bewertung. In systematischer Perspektive wird so der Gesichtspunkt einer Ontologie des Ereignisses begünstigt. Und sollte damit nicht zugleich ein Ansatz ebenso zu einer Apologie des politischen Demonstrierens wie zum Vertrauen in die Methode der *Oral history* verbunden sein?

Die Zumutung des methodenbewussten Gedankens, dass in einer so wichtigen Frage wie der nach den Indizien für den moralischen Fortschritt in der Geschichte an einer so wichtigen Sache wie der Französischen Revolution der Beifall des Publikums wichtiger sein sollte als die Taten der Revolutionäre, geht über den Impetus der Kopernika-

---

[26] Tatsächlich spielt Kant auch ausdrücklich, wenngleich in stark verklausuliertem Modus auf die „Kopernikanische[] Hypothese" an, wenn er zum Ausdruck bringen will, dass uns Menschen bei der Vorhersage der historischen Handlungen von Menschen als freien Akteuren der Standpunkt der Vorsehung nicht zu Gebote steht. Ebendeshalb sind wir angewiesen auf ein „Geschichtszeichen". KANT, AA VII, 83 f.; Zitat: 83.

nischen Wende hinaus. Aber auch darin trifft sie den Kant-Leser nicht ganz unvorbereitet. In der *Religionsschrift* von 1793, die auch als Fortsetzung seiner Individualethik/Moralphilosophie unter Berücksichtigung der institutionellen Dimension individuellen Handelns gelesen werden darf, hatte Kant zu bedenken gegeben, wie problematisch das Urteil über die Beweggründe des Handelns – selbst des eigenen – ist: Wir könnten genaugenommen niemals sicher sein in der Einschätzung der Maxime, nach der einer (ich selbst eingeschlossen) handelt; damit steht das Urteil über die Moralität des Handelns grundsätzlich auf unsicherem Grund. Es leuchtet ein, dass eine Frage von der Größenordnung, um die es beim Fortschritt der Freiheit geht, von dieser Einsicht unmittelbar angekränkelt werden könnte: Von welchen womöglich bloß am partikularen eigenen Nutzen und Vorteil orientierten Maximen die Revolutionäre beim Sturm auf die Bastille oder die Deputierten der Nationalversammlung wirklich bewegt wurden, wer will das mit Bestimmtheit sagen, wenn noch nicht einmal sie selbst sich ihres Urteils sicher sein dürfen? Beim nicht direkt beteiligten und betroffenen Publikum, das vor allem aber zugleich unter der Bedingung obrigkeitsstaatlicher Observanz und Zensur steht, haben wir jedoch, so Kants Argument, durch dieser Rahmenbedingung des Risikos bei der Äußerung von billigender Anteilnahme, Freude, Begeisterung einen guten Grund, egoistische Motive unter bloßer Vorgabe hoher und hehrer Menschheitsinteressen auszuschließen. Es ist entscheidend, dass Kant in der Schilderung des Geschichtszeichens von der „uneigennützigen Theilnehmung" des Publikums, jener „Theilnehmung dem Wunsche nach, die nahe an Enthusiasm grenzt", beidemale die möglichen Nachteile, ja die Gefahr betont, mit der die

Äußerung der politischen Gesinnung verbunden war. Dass die Zuschauer ihren Beifall *trotz* dieser Risiken und Gefahren öffentlich machen, ist konstitutiv für die Gewissheit, um die es Kant geht: dass wir „einen moralischen Charakter" des Menschengeschlechts „wenigstens in der Anlage" als positiv annehmen dürfen.[27]

Ich komme zum Schluss – mit der unweigerlichen Frage: Ist Kants Argumentation auch heute noch einsichtig? Kann es in demokratischen Verfassungsstaaten, in denen den Menschen bei freier Äußerung ihrer Gesinnung keine Sanktionen drohen, noch die Freiheitsbrachen geben, die als Platz für weitere Exemplare eines solchen Geschichtszeichens der Freiheit fungieren? Ist die einfallsreiche Kantische Erfindung nicht vielmehr im Gang der Geschichte dazu verurteilt, zur bloßen kostbaren Antiquität zu werden? Insbesondere die Rechtsverfassung der Bundesrepublik Deutschland darf als ein fast reiner Fall der von Kant vorgestellten republikanischen Verfassung bezeichnet werden.[28] Da mag manchen gerade angesichts des exemplarischen Status, den Kant seinem Indiz *in seinem Zeitalter* beimisst, die Antwort naheliegen, dass der historische Index der Geschichtszeichen sich erübrigt habe: Nach Kants Geschichtsteleologie ist der demokratische Verfassungsstaat das Ziel der Geschichte; ist dieses Ziel einmal erreicht, dann wäre *per se* auch kein weiteres Zeichen mehr für den Fortschritt in der Geschichte erforderlich.

Sie merken schon an der Brüchigkeit dieser Argumentation, es ist eine rhetorische Frage, die ich da aufgeworfen habe. Überzeugen kann diese Antwort nicht – weder für

---

[27] KANT, AA VII, 85.
[28] Siehe DREIER, HORST, Kants Republik, in: Volker Gerhardt (Hg.), Kant im Streit der Fakultäten, Berlin/New York 2005, 134–170.

die reine Theorie noch für die Praxis: Wir wissen schließlich, dass es auch innerhalb von liberalen Verfassungsstaaten weiterhin Fortschrittsbedarf und begründete Zweifel am Fortschritt gibt: Der erkennbar fragile *Status quo* der Demokratie bedarf der stets erneuten Verteidigung und Sicherung, der Einsatz dafür bedarf der fortgesetzten Ermutigung.[29] Um bei der Problemlage des Kantischen Beispiels zu bleiben: Unerachtet, inwiefern das Problem der mangelnden Zivilcourage *durchweg* auf das Schema von *Faulheit und Feigheit* zurückzuführen ist, das Kant in der kleinen Schrift von 1784 als das große Hindernis der Aufklärung erkannt hatte, müssen wir doch soviel zugeben: Auch wo es keine kirchliche oder staatliche Zensur der bürgerlichen Öffentlichkeit mehr gibt, herrschen in der Gesellschaft Abhängigkeitsverhältnisse, die es den Menschen opportun erscheinen lassen, auf die freimütige Äußerung ihrer Gesinnung Verzicht zu leisten.

Abgesehen davon aber dürfte es für die Bürger der modernen Demokratie außer Zweifel stehen, dass es auch nach dem Erreichen der grundsätzlichen Bedingung, die ein solcher Staat darstellt, allein deshalb noch erheblichen Bedarf an Fortschritt gibt, weil es im Weltmaßstab immer noch genügend autoritäre, totalitäre und kriegslüsterne Staaten gibt, um die Durchsetzung der Vernunft in der Politik – den Fortschritt zum Besseren – zu gefährden. Dem entspricht in Kants Texten die ausdrückliche Insistenz auf den „*allgemeine[n]* weltbürgerliche[n] Zustand"[30] als das ultimative Ziel der Geschichte. Gemeint ist der Zusammenschluss in einem Völkerbund, der in der Friedensschrift zum Thema wird.

---

[29] Siehe JAEGGI, RAHEL, Fortschritt und Regression, Berlin 2023.
[30] KANT, AA VIII, 28 (Hervorhebung durch Vf.).

Die Französische Revolution als „Geschichtszeichen"?

Wenn ein Mann, nicht ganz ohne Selbstbewusstsein und politisches Ingenium, der sich aber unter seiner Übernahme des Präsidentenamtes etwas anderes vorgestellt hatte, sich wiederfindet als Regierungsoberhaupt seines Landes, das von einer Großmacht unter zynischen Ankündigungen des unbedingten Eroberungswillens mit Krieg überzogen wird – wenn dieser Mann, mit dem Rücken an der Wand auf das Asylangebot eines befreundeten Nachbarstaates öffentlich antwortet, er brauche *keine Mitfahrgelegenheit, sondern militärische Unterstützung* – ist das aktuell nicht ein Geschichtszeichen? Und hat nicht in einer zeitgenössischen Diktatur die öffentliche Bekundung der Trauer und der Empörung Tausender von Menschen über den ungeklärten Tod eines unerschrockenen Regimegegners wenige Wochen vor der Präsidentenwahl eine ganz frappierende Ähnlichkeit mit dem Ereignis, das Kant vorschwebt, wenn er die „Denkungsart der Zuschauer" bei den revolutionären Taten betont,

welche sich bei diesem Spiele großer Umwandlungen *öffentlich* verräth und eine so allgemeine und doch uneigennützige Theilnehmung [...] selbst mit der Gefahr, diese Parteilichkeit könne ihnen sehr nachtheilig werden, dennoch laut werden läßt [?][31]

Auch auf die Trauerfeier in Moskau am 1. März 2024 passt Kants Hoffnungsformel des Geschichtszeichens: „[E]in solches Phänomen in der Menschengeschichte *vergißt sich nicht mehr*, weil es eine Anlage und ein Vermögen in der menschlichen Natur zum Besseren aufgedeckt hat".[32] Und schließlich bleibt nicht allein die Frage, *ob* man bekundet, was man denkt, sondern auch schon: *was* man denkt, und dabei allemal: was man *tut*, ein Gegenstand für die Frage

---

[31] Kant, AA VII, 85.
[32] A.a.O., 88.

nach Fortschritten und damit: nach dem Fortschritt. Entsprechend hätten wir gute Gründe, uns unsere Aufmerksamkeit auf mögliche Geschichtszeichen zu bewahren – und den Umgang mit ihnen methodisch zu verfeinern. Das Geschichtszeichen, das Kant im *Streit der Fakultäten* behandelt, kann als ein Modell der Interpretation auch zeitgenössischer Verhältnisse gelten. Von seiner Methodik können wir mit Blick auf die Fortschritte, die uns weiterhin interessieren, auch heute noch profitieren.[33]

---

[33] Es bleibt zu ergänzen, dass Kant die Geschichte keineswegs nur in der Perspektive des Fortschritts als unendliche Perfektibilität oder Perfektion bedenkt. Am Ende der Passage über das Geschichtszeichen der Freiheit nimmt er den schon früh in seinen kosmologischen Schriften gefassten Gedanken von einem möglichen Ende des Menschengeschlechts wieder auf, nunmehr in der Variante einer „Naturrevolution", durch welche andere „Geschöpfe" die Oberhand gewinnen.

Geschichtszeichen:
Eine religiöse Deutungsfigur?

Jörg Dierken

1. Erinnerung: Die Friedliche Revolution, enthusiasmierend und dennoch ambivalent

Wenn ein historisches Ereignis als Geschichtszeichen vergegenwärtigt wird, geht dies nicht ohne eigene Beteiligung. Ein solches Ereignis ist kein Datum oder Faktum, kein bloß Gegebenes oder Gemachtes, das es lediglich zu konstatieren gilt. Für eine bloße und desinteressierte Zuschauerperspektive gibt es kein Geschichtszeichen. Wie Kant, der Urheber der Metapher, am Beispiel der Französischen Revolution von 1789 in *Der Streit der Fakultäten* (1798) ausführt, provoziert es eine „Teilnehmung dem Wunsche nach, die nahe an Enthusiasm grenzt".[1] Auch in der Erinnerung an die Friedliche Revolution 1989/90 drängt sich ein zumindest inneres Beteiligtsein vor die neutral-distanzierte Feststellung dessen, was gewesen ist. Damit ist die subjektive Perspektive im Spiel. Und diese gibt es nur im Plural, je nach Standort oder mit Chladenius: Sehepunkt.[2]

---

[1] KANT, IMMANUEL, Der Streit der Fakultäten, in: Ders., Kants Werke, Akademie Textausgabe, Bd. VII, Der Streit der Fakultäten. Anthropologie in pragmatischer Hinsicht (AA VII), Berlin/New York 1968 [1907/17], 1–116, hier 85.

[2] Vgl. CHLADENIUS, JOHANN MARTIN, Allgemeine Geschichts-

Meiner lag damals im Westen, geographisch und gesellschaftlich. Und trotzdem war es für mich, wie auch für viele andere, klar, welcher Seite unsere Sympathien galten. Sie galten den Menschen bei den zunächst vielen kleineren Protestaktionen in der DDR, den Besetzern der Botschaftsanwesen in Prag und dann den stetig anwachsenden Menschenmengen der Montagsdemonstrationen in Leipzig und andernorts. Dass sie vielfach ihren Ausgang bei Friedensgebeten genommen hatten und Kirchen häufig Versammlungs- und Diskussionsorte waren, hat uns vor dem Hintergrund diverser Begegnungsreisen in kirchlichen Kontexten noch genauer hinschauen lassen. Die Partei- und Staatsführung der DDR – mit ihrer krakenartigen Stasi im Hintergrund – sowie die massiven Polizei- und Militärtruppen ließen die Furcht einer gewaltsamen Niederschlagung der Freiheitsbewegung mitlaufen. Dass dann plötzlich die Mauer offen war, erschien mir und uns als eine Art Wunder. Ich jedenfalls – und mit mir wohl fast alle meiner Generation – haben damals nicht wirklich damit gerechnet, den Fall der Mauer, das Ende der Ost-West-Konfrontation und die Einheit Deutschlands in einem neuen Europa zu erleben. Dass, nach den Worten von Willy Brandt, „zusammenwächst, was zusammengehört",[3] war lange für uns keine realpolitisch geerdete Erwartung. Umso stärker fühlte ich mich in den Bann der sich überschlagenden Ereignisse hineingezogen. Und das, obwohl ich diese nur sekundär im Fernsehen nacherlebt habe. Die Akteure waren im Osten, ich hingegen tief im Westen, in Heidelberg.

---

wissenschaft, Leipzig 1752, Fünftes Capitel: Vom Zuschauer und Sehepuncte.

[3] Vgl. BRANDT, WILLY, „… was zusammengehört". Reden zu Deutschland, Bonn 1990, 39.

Natürlich habe ich intensiv die Diskussionen wahrgenommen, wie es politisch weitergeht nach dem Mauerfall: ob es einen besseren Sozialismus geben solle, ob für die Wiedervereinigung eine neue Verfassung ausgearbeitet oder die Beitrittslösung gesucht wird. All das war auch Gegenstand ethisch-politischer Debatten in der Uni. Man nahm ebenso die unrealistischen Hoffnungen auf die Führung ins ‚Wirtschaftswunderland' an der Hand von Helmut Kohl wahr, zudem das zweifelhafte Glücksrittertum von vielen Westlern, die im ‚wilden Osten' die schnelle Mark machen wollten. Dass es einstmals zum guten Ton in der studentischen Linken gehörte, den Ost-Sozialismus durch eine rosa Brille zu sehen, wenn nicht gar zu glorifizieren, hatte manch peinliche Nachwirkung bei westlicher Vereinigungsskeptikern, bis hin zum sozialdemokratischen Kanzlerkandidaten Oskar Lafontaine. Doch das gab es auch bei Menschen aus dem Osten. Ich erinnere mich an einen Bekannten eines Bekannten, der kurz nach der neuen Reisefreiheit bei uns ein paar Tage unterkam und kaum die Fernsehbilder von jubelnden Menschen auf Westreisen ertragen konnte – das sei für ihn der Ausverkauf des Landes, in dessen Ordnung sein ganzes bisheriges Leben sich abgespielt hatte. Auch wenn in diesem Fall der Widerspruch im eigenen Verhalten offensichtlich war, konnte man etwas davon erahnen, was später vielfach als Debatte um die Anerkennung der Biographien von Menschen in der DDR aufbrechen sollte. Demgegenüber war die Überwältigung von Freunden aus der DDR für mich geradezu mitreißend, als wir mit ihnen einen Ausflug von Heidelberg ins nahe Frankreich machten und es keinerlei Kontrollen an der Grenze gab. Davor verblasste, dass sie für das Begrüßungsgeld neben nützlicher Kinderkleidung auch allerhand Nippes kauften und sich über die Warenfülle in den Kaufhäusern kaum beruhigen konnten, die bei uns eher konsum- und kapitalismuskritisch beäugt wurde.

Bei allen enthusiasmierenden Wirkungen der Friedlichen Revolution und ihren Folgen lassen sich Ambivalenzen nicht einfach verdrängen. Neben den vielen individuellen Faktoren, die neben Wendegewinnern auch Wendeverlierer hervorgebracht haben – etwa durch massive Brüche in Berufsbiographien im Kontrast zu Privilegien, die durch die Wende begünstigt wurden – lassen sich Schattenseiten der politischen, kulturellen und ökonomischen Transformation nicht übersehen. Die Massenarbeitslosigkeit sei exemplarisch genannt, ob die Glaubwürdigkeit der Kirchen gestiegen ist, mag auch gefragt werden. 1989 kann auch in einer anderen Hinsicht unterschiedlich beurteilt werden. Peter Frankopan weist darauf hin, dass im Zuge der nach dem Ende der Blockkonfrontation einsetzenden Globalisierungswelle eine klimapolitisch destruktive Party mit Vervierfachung des Verbrauchs fossiler Energie losgegangen ist.[4] Dazu hat auch der enorme Wohlstandsgewinn in China beigetragen, der etwa eine Milliarde Menschen aus bitterster Armut in ein Leben mit warmen Wohnungen, Reisen und Autoverkehr geführt hat. Das ist aus Klimaschutzgründen prekär, aber ethisch von uns nicht zu verurteilen, zumal auch wir vom Chinahandel und dem Einsatz russischer Energie profitiert haben.

Auch wenn manche Erwartung enttäuscht worden ist, werden die Allermeisten die Friedliche Revolution mit ih-

---

[4] FRANKOPAN, PETER: The Earth Transformed. An Untold History, London 2023, dt.: Zwischen Erde und Himmel. Klima: Eine Menschheitsgeschichte, Berlin 2023.

ren Folgen gutheißen. Es lassen sich objektive Kriterien im Blick auf Zuwächse an Wohlstand, Gesundheit, Lebenserwartung und sauberere Umwelt nennen, der Freiheitszuwachs ist schon im Blick auf die Reise- und Berufsfreiheit unbestreitbar. Die Rede von einem ‚Geschichtszeichen der Freiheit' meint freilich mehr. Sie verlangt einen gehaltvolleren Begriff von Freiheit. Er umfasst zwar die genannten Punkte, greift aber darüber hinaus. Bei einem Geschichtszeichen muss sich die privat-individuelle und subjektive Freiheit mit einem auch die Anderen betreffenden Freiheitsmoment verbinden. Anderenfalls ließe sich nicht von einem Zeichen der Geschichte sprechen, deren Dynamik immer etwas Gemeinschaftliches impliziert. Mit einem Zeichen, das etwas für jemanden fasslich und mit anderen kommunizierbar werden lässt, ist ein über die empirische Kontingenz des Geschichtlichen eingeführter Ausgriff auf etwas Allgemeines und Normatives verbunden. Es ist zwar auch empirisch gehaltvoll, lässt sich aber empirisch nicht dingfest machen. Dass es nicht um wolkige Gedanken geht, macht sich spätestens im Streit um unterschiedliche Freiheitsansprüche zwischen Volk und Herrschaftscliquen oder im Anrennen gegen Freiheitsbeschränkungen geltend. Wenn das Gemeinschaftliche von Geschichte streitbare Differenzen in Sachen Freiheit zeigt, weist deren Faktizität auf etwas Kontrafaktisches hin. Die Drift zum Normativen ist unverkennbar. Ein Geschichtszeichen der Freiheit ist ohne eine universalisierende, tendenziell alle im Ganzen einbeziehende Dimension nicht denkbar. Es geht um gleiche Freiheit oder die Freiheit von Gleichen. Oder anders: um Autonomie.

In der Formel vom Geschichtszeichen schwingt etwas Erhabenes mit. Es zieht in den Bann und lässt keine

Gleichgültigkeit zu. Es überwältigt vielleicht gar, zumindest fasziniert es und gebietet Respekt, eventuell auch Ehrfurcht. Darin gibt es manche Parallele zum Heiligen, allerdings mit dem ins Intersubjektive ziehenden Moment enthusiasmierender subjektiver Beteiligung. Das markiert eine formale Ähnlichkeit zum Religiösen. Das normative Element, die Freiheit, bedarf allerdings keiner religiösen Validierung. Autonomie ist tendenziell selbstevident, gleiche Freiheit erklärt sich selbst – auch ohne Gott. Die Figur des Geschichtszeichens hat einen vermittelnden Status zwischen Kontingenz und Universalität, perspektivischem Beteiligtsein und entgrenzender Allgemeinheit. So religionsähnlich die Figur in einer Hinsicht ist, so wenig gilt dies in einer anderen. Der vermittelnde Status und eine mehrfache Dialektik von Grenzen und Überschreitungen macht ihre Pointe aus, so meine These. Die Figur funktioniert im Blick auf die Freiheit – und damit auch im Blick auf deren Fehlen bei der Mobilisierung gegenläufiger, kontrafaktischer Kräfte der Befreiung aus Unterdrückung. Die Figur funktioniert aber nicht für alles, etwa Unfreiheit oder gar Tyrannei. Das gilt auch für Katastrophisches, mag es noch so unentrinnbar sein und überwältigen.

Diese These sei im Folgenden mit Blick auf Kant und Hegel als Klassiker eines sich mit dem Religiösen verbindenden Geschichtsdenkens erörtert, bevor Tillichs Figur des Kairos als Durchbruch von Autonomie und Theonomie mitsamt Hirschs Umdeutung auf die nationalsozialistische Machtergreifung zur Sprache kommen – gleichsam als Gegen- und Nagelprobe theologischer Geschichtsdeutung. Abschließend sei ein gegenwartsdiagnostischer Blick auf heutige geschichtspolitische Kämpfe im Zeichen der Friedlichen Revolution geworfen.

2. Kant und Hegel oder: Fortschritt im Zeichen der Freiheit

Kant wie sodann auch Hegel bilden Gipfelpunkte eines Denkens, das Geschichte im Zeichen des Fortschritts versteht. Er nimmt seinen Ausgang bei einem Zustand, der teils als naiv, einfältig und abergläubisch, teils als wild, herrisch und gewaltaffin beschrieben wird, und er führt zu einem Ziel, in dem die Individuen aus freier Selbstbestimmung ein moralisch imprägniertes Ganzes bilden, in dem sie sich in kommunikativen Wechselverhältnissen verbinden. Dieser Fortschritt umfasst technische Innovationen zur verbesserten Naturaneignung und Versorgung mit Lebensgütern, hinzu kommen zivilisierende Entwicklungen der Gesellschaftsordnung, die die Einzelnen in einen bürgerlich-rechtlichen Zusammenhang bringen und sie zur Ausübung von Freiheit in Sicherheit befähigen. Die dazu erforderlichen mentalen Voraussetzungen werden ebenso entwickelt wie die normativen Ideen einer solchen Form von Vergesellschaftung. Für diesen umfassenden Fortschritt, der gleichsam zu einem eigenständigen, Natur und Kultur, Individuen und Gesellschaft übergreifenden Akteur wird, wird vielfach auf religiöse oder religionsähnliche Vorstellungen von divinen Größen zurückgegriffen. Eine besonders prominente Rolle spielt dabei die Vorsehung.[5] Sie wird gewissermaßen aus dem Zusammenhang einer von Gott geleiteten, vielleicht auch bereits von ihm vorherbestimmten Heilsgeschichte herausgelöst und zu einer die verschiedenen Elemente im

---

[5] Vgl. SCHELIHA, ARNULF VON, Der Glaube an die göttliche Vorsehung. Eine religionssoziologische, geschichtsphilosophische und theologiegeschichtliche Untersuchung, Stuttgart 1999, 117 ff.

Spektrum von Technik, Gesellschaft, Bildung und Ideenkonzeption verbindenden Instanz mit Handlungsmacht stilisiert. Ihren Ort hat die Macht allerdings in dem performativen Vollzug des Zusammenspiels jener Elemente selbst, er liegt nicht oberhalb ihrer. Hinter dieser Figur von Vorsehung treten andere Motive heilsgeschichtlichen Denkens wie ein positiver Urstand vor dem Sündenfall, die Erlösung daraus und eine mit dem Gottesreich heraufgeführte Vollendung zurück. Ähnliches gilt für Vorstellungen eines ursprünglichen goldenen Zeitalters oder die Periodisierung von Reichen, etwa nach Maßgabe der trinitarischen Personen. Auch das aus der Prophetie stammende Motiv von göttlichen Strafen für begangenes Unrecht, die kontrafaktisch zu den historischen Negativerfahrungen eine monotheistisch in der erhabenen Einzigkeit Gottes verbürgte Einheit der geschichtlichen Wirklichkeit eröffnen, steht nicht im Vordergrund. Allenfalls lassen sich der Fokus auf das Kommende und das erzieherische Motiv der Läuterung zur Umkehr und Neuwerdung in einem Zusammenhang mit dem Prophetischen interpretieren. Droh- und Scheltworte sowie Verfalls- und Untergangsszenarien aufgrund religiöser Verfehlung liegen jedoch fern.

Kants Metapher von einem Geschichtszeichen stammt aus dem Zweiten Abschnitt der Schrift *Der Streit der Fakultäten*, in dem es um den Streit der – oberen – Juristischen mit der – unteren – Philosophischen Fakultät geht. Er wird um die Frage geführt, „ob das menschliche Geschlecht (im Großen) zum Besseren beständig fortschreite".[6] Diese aufs Ganze gehende Frage lässt sich nur dann bearbeiten, wenn der „Wahrsager" statt vermeintlicher

---

[6] Kant, AA VII, 79.

Überschau „die Begebenheiten selber macht".[7] Ohne ‚Selbermachen', ohne performative Teilhabe, also nur durch theoretische Kenntnis lässt sich die Frage nach dem Fortschritt nicht beantworten. Zudem bedarf es, wenn der Fortschritt vom Schlechteren zum Besseren führen soll, eines Kriteriums, das zwar mit der Kontingenz seines Vollzugs zusammenhängt, aber bloße Willkür überschreitet. Das ist die Freiheit. Sie ist einerseits selbsttätig und keiner fremden Kausalität unterworfen, andererseits ist sie Ausgangspunkt einer eigenen, neuen Kausalität, die letztlich mit Recht und Moral einhergeht. Ihr Merkmal ist bei Kant die Allgemeinheit des Vernünftigen, mithin ihre Universalisierungstendenz. Fortschritt und Freiheit gehören zusammen. Wenngleich die Freiheit selbstursächlich und in ihrer Vernünftigkeit auch selbsterklärend ist, lasse sich nur vom „Standpunkt der Vorsehung" aus vorhersehen, ob die „freien Handlungen" tatsächlich zunehmen und wie das „Maß" der „Mischung des Bösen […] mit dem Guten" am Ende aussieht.[8] Demgegenüber könnten aber „Geschichtszeichen" auf vom Menschengeschlecht verursachte Fortschritte und eine „Tendenz […] im Ganzen" „hindeuten".[9] Prototyp eines solchen Geschichtszeichens ist die „Revolution eines geistreichen Volks", die den Wunsch nach eigener Teilnahme evoziert und im ganzen Enthusiasmus auf eine „moralische Anlage im Menschengeschlecht" schließen lässt.[10] Die moralische Qualität der Revolution zeige sich an zwei Punkten, die im Vorhof und Umfeld der Moral liegen und allgemeine Zustimmung fänden: die Idee einer republikanischen Verfas-

---

[7] A.a.O., 80.
[8] A.a.O., 83 f.
[9] A.a.O., 84.
[10] A.a.O., 85.

sung mit entsprechender Rechtsordnung aus dem „Geist der Freiheitsgesetze" und die damit verbundene Beendigung von Angriffskriegen als „Quell aller Übel".[11] Insbesondere das mit dem „natürlichen Rechte des Menschen" zusammenstimmende Prinzip, dass die dem „Gesetz Gehorchenden" zugleich selbst „gesetzgebend" sind, lässt die Revolution eben auch als „Evolution einer naturrechtlichen Verfassung" verstehen und damit zu einem Phänomen in der Geschichte werden, das „sich nicht mehr [vergisst]".[12] Die Revolution sei durch Evolution der Staatsmacht im Fortschritt zum Besseren einzuholen, wofür es die entsprechende Erziehung zu kultivieren gelte. Sosehr dies für Kant ein menschliches Werk ist, so sehr ist die Bedingung der „Hoffnung ihres Fortschreitens" eine entsprechende Disposition durch eine „Weisheit von oben herab", welche „wenn sie uns unsichtbar ist, Vorsehung heiße".[13]

In Kants Metapher des Geschichtszeichens verbinden sich zwei gegenläufige begriffliche Figuren. Eine davon ist der allem geschichtlichen Wandel – und mithin auch Fortschritt – überhobene Begriff der Freiheit als Grundlage von Moral und deren Normativität. Für sie formuliert das Sittengesetz in Verbindung mit der hinter ihm stehenden Freiheits- und Vernunftkonzeption das geschichtlich unveränderliche Prinzip. Darum erweckt das Geschichtszeichen bei den Rezipienten den Wunsch nach eigener Teilnahme. Sie tragen selbst das Streben nach Freiheit in sich. Freiheit meint spontane, mithin von aller Naturkausalität unabhängige Selbstbestimmung, die zugleich mit Selbst-

---

[11] A.a.O., 91; 86.
[12] A.a.O., 87–91.
[13] A.a.O., 93.

bindung einhergeht. Maßgeblich ist hierfür der Abgleich von je eigenen und alle anderen betreffenden Handlungsmaximen, aus der die soziale Grundregel der Nicht-Instrumentalisierung Anderer mit Respekt für deren eigene Freiheit folgt. Von diesem den inneren guten Willen bestimmenden Prinzip der Moral lassen sich die Grundsätze des Rechts, das die Vereinigung des äußeren Freiheitsgebrauchs Verschiedener unter einem zwangsbewehrten Gesetz betrifft, erschließen,[14] hinzu kommen entsprechende Perspektiven auf Zivilisation, Kultur und Sitten im geselligen Verkehr.[15] Kant hat sie filigran ausdifferenziert.

Die andere Begriffsfigur hinter dem Geschichtszeichen ist eine spekulative Geschichtsphilosophie, die den Entdeckungs- und Realisierungszusammenhängen von freiheitlicher Moral nachgeht. Für die hiermit verbundenen Vermittlungen bemüht Kant eine Sequenz unterschiedlicher Termini mit einer Offenheit für immanente Transzendenzen. Hierzu gehören etwa die ‚Weisheit der Natur', die ‚Natur der Vernunft' und eben die ‚Vorsehung'.[16] Ihnen entsprechen Teleologien der Natur, der Geschichte, der Kunst und Kultur hin zur Moral. Hinzu kommt die Religion in ihrer Dialektik von Geschichts-

---

[14] Vgl. KANT, IMMANUEL, Metaphysik der Sitten, Einleitung in die Rechtslehre § B, in: ders., Kants Werke, Akademie Textausgabe, Bd. VI, Die Religion innerhalb der Grenzen der bloßen Vernunft. Die Metaphysik der Sitten, Berlin/New York 1968 [1907/14], 229 f.
[15] Vgl. KANT, IMMANUEL, Idee zu einer allgemeinen Geschichte in weltbürgerlicher Absicht, in: Ders., Kants Werke, Akademie Textausgabe, Bd. VIII, Abhandlungen nach 1781 (AA VIII), Berlin/New York 1968 [1912/23], 15–32.
[16] Vgl. SCHELIHA, Glaube; DIERKEN, JÖRG, Fortschritte in der Geschichte der Religion? Aneignung einer Denkfigur der Aufklärung, Leipzig 2012, 63 ff.

und Religionsglauben, in der letzterer sich des ersteren bedient, um ersteren über sich hinaus zu letzterem zu führen. Systematischer Ort für die Teleologien ist die reflektierende Urteilskraft, in deren Fluchtlinie die Lehre von den Postulaten – also Gott, Freiheit und Unsterblichkeit der Seele – als Regulativ liegt. Gott symbolisiert den Inbegriff des Zusammenstimmens von Natur und Vernunft, die Unsterblichkeit der Seele ist der Inbegriff der Selbständigkeit personaler Subjektivität, und die Freiheit fungiert als systematischer Schlüssel der postulierten Ideen. Diese hoch dynamischen und sich verschränkenden Figuren haben ihre Pointe darin, der praktischen Vernunft der Freiheit in ihrem Vollzug eine Aufklärung über sie selbst zu ermöglichen. Die Freiheit in ihrem Vollzug ist auch der systematisch primäre Ort des Fortschritts, der am Schema subjektiver Bewegung, die sich stets auf ein Ziel richtet, orientiert ist.

Vor dem Hintergrund dieser beiden gegenläufigen Begriffsstrategien ist deren mehrfach gestufte Verschränkung von Geschichte und Freiheit in der Figur des Fortschritts zu beurteilen – mitsamt diversen Ambivalenzen. Drei seien exemplarisch genannt. Hierzu gehört, erstens, der Umstand, dass gerade ein „Antagonism" der Natur über Konkurrenz und Wetteifer bei der Selbsterhaltung zur Vergesellschaftung der Menschen führe.[17] Während der Mensch „Eintracht" wolle, „weiß [die Natur] besser, was für seine Gattung gut ist: sie will Zwietracht".[18] Die damit eröffnete Entwicklung der Naturanlagen unter Konkurrenzbedingungen kann auch als „Anordnung eines weisen Schöpfers" gegenüber der „Hand eines bös-

---

[17] KANT, AA VIII, 20.
[18] A.a.O., 21.

artigen Geistes" gedeutet werden.[19] Zweitens sei auf die Bedeutung des von Kant geächteten Krieges bei der Entwicklung der Idee eines Weltbürgerrechts verwiesen. Danach habe „die Natur […] den Krieg gewählt", um die „Menschengattung als einer Thierklasse" zu planetarischer Verbreitung zu führen, was an jeweilig begrenzten Orten mit der Staatsgründung im Interesse des Machterhalts im Außenverhältnis zu anderen Völkern einher gehe.[20] Über das damit erzwungene Binnenverhältnis werde auch in einem „Volk von Teufeln (wenn sie nur Verstand haben)", Interesse an einer Rechtsordnung geweckt.[21] Damit weist Kant das Argument ab, erst ein letztlich unrealistischer „Staat von Engeln" sei zur Introduktion des Rechts fähig.[22] Zugleich entwirft er Fluchtlinien zur republikanischen Verfassung und zum Völkerrecht. Drittens zeigt erst die dialektische Verschränkung von invariantem, reinem Religionsglauben und historisch gewordenem Geschichts- oder Kirchenglauben, dass der erstere dadurch eine religionskulturelle Bedeutung gewinnt, dass er den letzteren über sich hinausführt. Während der Religionsglaube, der im Begriff des höchsten Gutes selbst bereits Hemmnisse der Moral aufgrund empirischer Bedingungen und Konsequenzen bearbeitet, für sich selbst keine reale Größe werden kann, gewinnt er erst von dem durch diesen über seine statutarischen Grenzen sich aufklärenden Geschichtsglauben reale Wirksamkeit. Exem-

---

[19] A.a.O., 22.
[20] KANT, IMMANUEL, Zum ewigen Frieden. Ein philosophischer Entwurf, in: Ders., Kants Werke, Akademie Textausgabe, Bd. VIII, Abhandlungen nach 1781 (AA VIII), Berlin/New York 1968 [1912/23], 341–386, hier 364f.
[21] A.a.O., 366.
[22] Ebd.

plarisch mag dafür die Zuordnung der „Revolution" von Gesinnung und Denkungsart und „Reform" von Sinnesart und verkehrter, vom Hang zum Bösen bestimmter Denkungsart werden.[23] Während jene Revolution als einmaliger Akt des Übergangs von bösen zu guten Maximen, von altem zu neuem Menschen zugleich vor und für Gott die „Unendlichkeit des Fortschritts Einheit" werden lässt, ist diese Reform als „fortdauerndes Streben zum Bessern" ein „menschliches Werk", das „in der Zeit" planvoll geschieht.[24] Revolutionen, die den damit verbundenen allmähligen „Fortschritt abkürzen können", bleiben indes „der Vorsehung überlassen" und lassen sich „nicht planmäßig der Freiheit unbeschadet einleiten".[25] Damit wird nun die ‚Vorsehung', die sonst hinter der geschichtsträchtigen Dialektik von Natur und Freiheit mit geheimer Notwendigkeit waltet, selbst in Unplanbarkeit von Revolutionen empirisch kontingent. Wenn der Akt des Übergangs zum moralisch neuen Menschen, der vom Moralgesetz als Pflicht mit Notwendigkeit gefordert wird, selbst kontingent wird, ist auf dem Boden des Denkens Kants eine Grenze und deren Dialektik markiert.

Hegels Geschichtsdenken knüpft grundsätzlich an das von Kant an. Geschichte ist „Fortschritt im Bewusstsein der Freiheit", auch nach ihm walten hierin quasi divine Mächte – Vernunft, Vorsehung und Gott werden genannt, Fluchtlinien führen zu dem überragenden Begriff des

---

[23] A.a.O., 373.
[24] KANT, IMMANUEL, Die Religion innerhalb der Grenzen der bloßen Vernunft, in: Ders., Kants Werke, Akademie Textausgabe, Bd. VI, Die Religion innerhalb der Grenzen der bloßen Vernunft. Die Metaphysik der Sitten (AA VI), Berlin/New York 1968 [1907/14], 1–202, hier 48; 122.
[25] A.a.O., 122.

Geistes –, und auch für Hegel gilt, dass erst die Performanz des aktuellen Vollzugs von Geschichtsdeutung und Geschichtshandeln Aufschlüsse über deren Evolution gibt.[26] Ein solcher Vollzugssinn ist gemeint, wenn es heißt „wer die Welt vernünftig ansieht, den sieht sie auch vernünftig an, beides ist in Wechselbestimmung".[27] Dass die Vernunft zur Wirklichkeit kommt, lässt sich als Pointe von Hegels relationslogisch grundiertem Vernunftbegriff verstehen, die auch die Gehaltlichkeit der Symbole von Vorsehung und Gott als Prinzipien der Weltgeschichte leitet. Dass dies mit einer „List der Vernunft" einhergehen kann,[28] durch die die der geschichtliche Fortschritt sich auch hinter dem Rücken der Individuen organisiert, obwohl gerade die Erhebung des Individuums – und das heißt natürlich: aller Individuen – auf seiner Linie liegt, ist Hegels Zuspitzung von Kants ‚Antagonism'. Das geht allerdings mit einer Akzentuierung der damit verbundenen Düsternis einher. Die Geschichte produziert „Opfer", sie ist das „Gericht", sie ist „Schlachtbank" und „Theodizee" in einem.[29] Der Krieg wird in seiner Realität präzis als ein „Vorübergehensollendes" beschrieben.[30] Hegels Fokus liegt auf Spannungen und Widersprüchen. Dass die Verbindung von Vernunft und Wirklichkeit keine simple Verklärung bedeutet, kommt darin zum Ausdruck, dass ver-

---

[26] HEGEL, GEORG WILHELM FRIEDRICH, Vorlesungen über die Philosophie der Geschichte, in: Ders., Werke, hg. v. Eva Moldenhauer und Karl-Markus Michel, Frankfurt a. M. Werke in zwanzig Bänden 1969–71, Bd. 12, 32; vgl. 25, 26, 29 ff., 53 u. ö.
[27] A.a.O., 23.
[28] A.a.O., 49.
[29] A.a.O., 33, 35 ff., 540; Ders., Grundlinien der Philosophie des Rechts, hg. v. Johannes Hoffmeister, Hamburg ⁵1995, § 340 f.
[30] HEGEL, Grundlinien, § 338.

nunftlose Verhältnisse eine „faule Existenz" haben, die zu fallen bestimmt ist.[31]

Abgesehen von der Breite der historischen Materialien geht Hegels Geschichtsdenken an wenigstens zwei Punkten über Kants hinaus. Der erste betrifft das Verständnis von Freiheit. Die Anzahl von Freiheitsverhältnissen wird zum Beurteilungskriterium geschichtlicher Epochen: Einer, viele und, da nach Hegels Relationslogik Asymmetrien letztlich auf Umkehrung und Ausgleich drängen, am Ende alle würden zu freien Subjekten.[32] Dabei wird der auf die Einzelnen bezogene Freiheitsbegriff über Unabhängigkeit und Selbstbestimmung hinaus ebenso sozial gedacht.[33] Das Sozialverhältnis der Freiheit wird nicht primär limitationslogisch über die Grenze der Freiheit des einen an der des anderen und *vice versa* verstanden, Freiheit ist vielmehr ein Bei-sich-Sein im Anderen und ein Anderssein im Selbst. Für-sich-Sein ist mit Für-Anderes-Sein und umgekehrt verschränkt, und zwar in einer Fülle dynamischer Relationen. Deren Inbegriff ist wechselseitige Anerkennung.

Das führt zum anderen Punkt, an dem Hegel über Kant hinaus greift. Das Normative von Freiheit, und damit auch von Sittlichkeit, Recht, Kultur und Gesellschaft, unterliegt selbst geschichtlicher Evolution. Seine Entwicklung wird dynamisiert, und zwar nicht nur im Blick auf den Entdeckungszusammenhang. Dem entspricht, dass das Empirische der Geschichte selbst eine normative Anmutungsqualität gewinnen kann. Die Religionsgeschichte mag als Beispiel dienen. Denn in der Religion, so Hegel

---

[31] Hegel, Vorlesungen, 53.
[32] Vgl. a. a. O., 31 f.
[33] Vgl. a. a. O., 30 f.

mit soziologischer Drift, beschreibt ein Volk *sub specie Dei*, was es für das Wahre hält, und die politische Organisation korrespondiert dem im Negativen wie im Positiven, wenn auch durch massive Spannungen hindurch.[34] Exemplarisch lässt sich die Dynamisierung der Entwicklung von normativen Ideen an Hegels Diktum sehen, das „welthistorische Ereignis" der französischen Revolution sei mit dem Makel des „falsche[n] Prinzip[s]" behaftet, „daß eine Revolution ohne Reformation sein könne".[35] Hegel spielt insbesondere auf solche Folgen wie den Tugendterror unter Robespierre und die napoleonische Herrschaft an. Der Boden dafür sei auch dadurch bereitet worden, dass das Freiheitsbewusstsein in den katholisch geprägten Gemeinwesen durch die vorherrschende religiöse Autoritätskultur normativ unterentwickelt gewesen sei, weshalb es sich im Weltlichen auf chaotische, tendenziell ins Willkürliche umschlagende Weise geltend gemacht habe. Das Ideal sei demgegenüber der Gleichklang der Prinzipien der Freiheit im innerlich-religiösen – genauer: protestantischen – Gewissen und in der Gesinnung, die in Recht und Staat äußere Gestalt gewinnt. Für eine solche, *cum grano salis*: rechtshegelianische Deutung finden sich bei Hegel etliche Belege.[36] Ihren Gipfel zeigt sie in der These, dass im Preußen von Friedrich II. die Freiheit ihre unüberbietbare Wirklichkeit gewonnen habe.[37] Mit dieser These wird jedoch die Freiheit in einer ge-

---

[34] Vgl. a.a.O., 70.
[35] A.a.O., 535; vgl. zum Folgenden: DIERKEN, JÖRG, Revolution ohne Reformation. Zu einem Hegelschen Diktum im Jahre 2017, in: Ulrich Winkler (Hg.), Religion zwischen Mystik und Politik, Münster 2020, 213–223.
[36] Vgl. HEGEL, Vorlesungen, 69.
[37] Vgl. a.a.O., 519 u.ö.

radezu historisch-dinglichen Größe stillgestellt – und damit um ihre kritische Pointe gebracht. Eine andere, *cum grano salis*: linkshegelianische Deutung Hegels fokussiert im preußischen Monarchen die politisch-rechtlich unverzichtbare Funktion einer Letztentscheidungsinstanz, für das die konstitutionelle Rückbindung ein Hemmnis gegen Willkür ist.[38] Mit dieser Deutung korrespondiert eine Beschreibung jenes Diktums zum Verhältnis von Reformation und Revolution, deren Pointe Differenzierung lautet.[39] Danach ist der „wesentliche Inhalt der Reformation", die in der Subjektivität gegründete Freiheit, gerade kontrafaktisch zu den religiösen und politischen Realitäten über das Gottesverhältnis im Gewissen vergegenwärtigt worden.[40] Die Religionskonflikte mit Rom und der kaiserlichen Macht sowie die Erfordernisse weitreichender Bildung zum selbstbewussten Umgang mit der antithetisch-neuen Autorität der Bibel werden in diesem Muster interpretiert; hinzu kommen die Freisetzung des weltlichen Staates von den Institutionen der Religion durch deren politische Schwächung in den konfessionellen Konflikten sowie der Gewinn eines säkularen, eben nicht mehr religiös sanktionierten Verständnisses von Freiheit im Recht.[41] Mit diesen Pointen geht Hegels Sicht der reformatorischen Freiheit über ihre Erstgestalt in Luthers „ganz katholisch[er]", weil auf die „Äußerlichkeit" von Offenbarung fokussierter Lehre hinaus und stellt auf eine

---

[38] Vgl. a.a.O., 539.
[39] Vgl. dazu DIERKEN, JÖRG, ‚Protestantisches Prinzip'. Religionsphilosophische Implikationen einer geschichtsphilosophischen Denkfigur Hegels, in: Ders., Selbstbewusstsein individueller Freiheit, Tübingen 2005, 259ff.
[40] HEGEL, Vorlesungen, 497.
[41] Vgl. a.a.O., 508ff.; ders., Grundlinien, § 270 Anm.

von beiden Seiten aus explizierbare Differenzierung von Recht und Religion, Staat und Kirche ab, an der die moderne Gestalt der Freiheit hängt.[42] Die im reformatorischen Konflikt gefundenen kontrafaktischen Potentiale der Freiheit werden in die dialektische Differenzierung von Religion und Politik mit kritischer Beteiligung von beiden Seiten transformiert. Diese mit der Reformation und ihrer Freiheit verbundenen Pointen sind bei der Würdigung des welthistorischen Ereignisses der Revolution mitzubedenken, damit ein Ankerpunkt für die Differenzierung von Politik und Religion und damit für eine Kritik, die sensibel bleibt gegen Übergriffigkeiten von beiden Seiten, nicht verloren geht. Der im Gewissen vergegenwärtigte Gott symbolisiert dabei den Geist der Freiheit, die im Rechtsstaat auf eigene, weltliche Weise wirklich wird. Sie lässt sich auch daran messen, dass sie gerade keinen religiösen Staatsglauben fordert, sondern im Blick auf Glauben und Gewissen die Religionsfreiheit achtet.

3. Gegenproben oder Geschichtsdeutung im Zeichen eines göttlichen Kairos: Tillich und Hirsch

Kants Figur des Geschichtszeichens funktioniert nur im Blick auf die Freiheit. Ähnliches gilt für Hegels – weit monumentaleres – Motiv von der Revolution als welthistorisches Ereignis. In beiden Fällen liegen religiöse oder wenigstens religionsähnliche Deutungsfiguren vor. Sie sind nicht frei von Ambivalenz, bieten aber auch dialektische

---

[42] HEGEL, Vorlesungen, 495.

Gegenhalte für deren Limitierung. Ob das bei religiösen oder religionsähnlichen Figuren der Geschichtsdeutung immer so ist, sei nun anhand des um divinisierte Motive wie Kairos oder Fügung gravitierende Geschichtsdenken von Paul Tillich und Emanuel Hirsch aus dem 20. Jahrhundert knapp beleuchtet.[43] Es setzt sich dem Fortschrittsdenken der Klassik entgegen,[44] es akzentuiert stärker als diese einen existentiellen Zug zur Entscheidung[45] und es fokussiert letztlich den Augenblick oder die gegenwärtige Stunde eines geschichtlichen ‚Morgenlichts' oder einer ‚Geschichtswende' mit Durch- oder Einbruch des Göttlichen, das zur menschlichen Tat aufruft und sie verlangt.[46] Darin hat es ein vitales Verhältnis zur Freiheit, allerdings mit deutlichen Reserven gegenüber Gleichheit oder einer Ordnung von Wechselverhältnissen.[47]

Tillich hat an seinem bereits nach dem Ersten Weltkrieg skizzierten Motiv vom Kairos, der Chronos als gleichför-

---

[43] Vgl. TILLICH, PAUL, Kairos (1922), in: Ders., Der Protestantismus. Prinzip und Wirklichkeit, Stuttgart 1950, 67–87; ders., Die sozialistische Entscheidung (1933), in: Gesammelte Werke, Bd. 2, Stuttgart 1962, 219–365; ders., Systematische Theologie, Bd. III, Stuttgart 1966, bes. 412ff..; HIRSCH, EMANUEL, Grundlegung einer christlichen Geschichtsphilosophie, in: Zeitschrift für systematische Theologie, 3 (1925), 213–247; ders., Die gegenwärtige geistige Lage im Spiegel philosophischer und theologischer Besinnung. Akademische Vorlesungen zum Verständnis des deutschen Jahres 1933, Göttingen 1934.
[44] Vgl. TILLICH, Kairos, 74ff.; Entscheidung, 273ff.; HIRSCH, geistige Lage, 14f. u.ö.
[45] Vgl. TILLICH, Kairos, 70; Entscheidung, passim; HIRSCH, Grundlegung, 223, 234f.
[46] Tillich, Kairos, passim; ders., Entscheidung, 228; Hirsch, geistige Lage, 29, 44, 46, 102, 131.
[47] Vgl. TILLICH, Entscheidung, 264ff.; HIRSCH, Grundlegung, 218ff., 235; ders., geistige Lage 8ff., 40f. u.ö.

mig verlaufender Zeit und Aion als zur Ewigkeit offenem Zeitalter gegenübergestellten, menschlich kontingenten und in göttlicher Vorsehung gegründeten Zeiterfüllung als Entscheidungsgelegenheit zeitlebens festgehalten, trotz seiner späteren Distanzierung von der vormaligen Identifikation des Kairos mit dem Nationalsozialismus.[48] Nachdem er die Ereignisse von 1933 im Lichte der Ideen des Religiösen Sozialismus gedeutet hatte, konnte er in den 1950er Jahren von einer dämonischen Verzerrung des Kairos sprechen.[49] Urgestalt des Kairos ist für Tillich natürlich die Aufnahme Jesu als Christus in der ‚Mitte der Geschichte‘ ‚als die Zeit erfüllt‘ war, doch seine theologische Geschichtsdeutung kennt auch weitere Kairoi als „Zeichen der Zeit".[50] Geschichtszeichen, Kairoi, sind Erlebnisse eines ‚Durchbruchs‘, in dem sich das Göttliche im Menschlichen manifestiert.[51] Es geht um „Wendepunkte der Geschichte", in ihnen „richtet" das „Ewige das Zeitliche" und „wandelt" es um.[52] Ohne „existentielle Beteiligung" gibt es keinen Kairos, aber in seiner geschichtliche Gruppierungen umwälzenden Dynamik geht er in keiner momentanen Stimmung auf.[53] Das Individuell-Subjektive des Augenblicks ist mit dem Intersubjektiven der Umwandlung menschlicher Gemeinschaften verschlungen, ohne dass sich eine geordnete Willensbildung und -koordination identifizieren ließe. Tillichs Zentralmetapher lautet „Durchbruch" des Ewigen im Zeitlichen, des Rei-

---

[48] Vgl. TILLICH, Kairos, passim; ders., Entscheidung, 334f.; ders., Theologie, Bd. III, 421f.
[49] Vgl. TILLICH, Theologie, Bd. III, 422.
[50] A.a.O., 420.
[51] Vgl. TILLICH, Kairos, 69, 78ff.
[52] A.a.O., 83.
[53] TILLICH, Theologie, Bd. III, 421.

ches Gottes in der Geschichte, des Göttlichen im Menschlichen – oder mit Tillichs abstraktester und prägnantester Formel: des Unbedingten im Bedingten.[54] Das Bedingte wird damit zum Träger des Unbedingten und es transzendiert sich zugleich als bloß Bedingtes. Damit ist zugleich das Kriterium für die dämonische Verkehrung markiert: Sie geschieht, wenn sich das Bedingte selbst zum Unbedingten aufschwingt, ohne dass eine prophetische Kritik solche Bedingtheit negiert. Diese Grundfigur kann Tillich in vielfältigen Variationen auf Phänomene wie Macht, Interesse und Gerechtigkeit beziehen, deren Verkehrungen werden in existentiell-sinnhaften Formen aufgenommen und in prophetischer – für Tillich zugleich: protestantischer – Kritik negiert und umgestaltet.[55] Eine starke Kraft ist dabei die Freiheit. Zeitzeichen sind Durchbrüche von Autonomie, in denen heteronome Formen des Denkens und Handelns in entsprechenden Sozialverhältnissen zerbrochen werden.[56] Solche Autonomie ist allerdings nicht in Kantischem Sinn als mit dem Sittengesetz abgeglichene Selbstbestimmung oder in Hegelschem Muster als Anerkennung und Bei-sich-Sein im Anders-Sein verstanden, sie lässt sich vielmehr eher verstehen als auf Dauer gestelltes Ereignis des Durchbruchs. Daher verbindet Tillich das geschichtliche Autonomiemotiv mit einem Konzept von „Theonomie", in der „die Antwort auf die Frage der Autonomie nach der religiösen Substanz und

---

[54] Vgl. zu Tillichs Metapher des ‚Durchbruchs' MOXTER, MICHAEL, Kultur als Lebenswelt. Studien zum Problem einer Kulturtheologie, Tübingen 2000, 66 ff.

[55] Vgl. TILLICH, PAUL, Der Protestantismus als Kritik und Gestaltung, in: Ders., Protestantismus als Kritik und Gestaltung, Darmstadt 1929, 3–37.

[56] Vgl. TILLICH, Kairos, 74 ff.; ders., Entscheidung, 264 ff.

dem letzten Sinn des Lebens und der Kultur" gegeben wird.[57] Hierin geht es sehr grundsätzlich um Gott als Grund und Grenze des Lebens. Das ist der Ankerpunkt, an dem die Differenz des Bedingten und Unbedingten haftet. Aber wofür jenseits der iterierenden ‚Durchbruchs'-Figur Theonomie als solche steht und wofür nicht, bleibt ebenso verborgen wie ein Konzept der Ordnung des im Kairos durchbrechenden neuen Lebens.[58] Das ist die offene Flanke von Tillichs Konzept des Kairos als Zeitzeichen.

Das lässt sich exemplarisch an Tillichs ‚Sozialistischer Entscheidung' von 1933 zeigen. Tillich arbeitet darin durchaus weitsichtig mit politischen Kräften eines romantischen Ursprungsbezugs wie Heimat, Volk und Tradition. Gegen solch konservative Kräfte stellen sich progressive Autonomiebestrebungen. Zu ihnen zählten die bürgerliche Freiheit gegenüber monarchischer Herrschaft, kapitalistische Gewerbefreiheit gegenüber Zunftregeln und kulturelle Bildungsaufbrüche gegenüber traditionaler Bindung.[59] Hinzu komme ein Glaube dieses ‚bürgerlichen Prinzips' an Harmonien, seien es die einer ruhigen Evolution des geschichtlichen Fortschritts, seien es die eines allseitigen Ausgleichs von Bedürfnissen und Interessen durch Handel und Gewerbe. Der faktisch unvermeidliche Konflikt dieser Kräfte habe sodann das Pro-

---

[57] TILLICH, Kairos, 82.
[58] Vgl. zum Hintergrund GRAF, FRIEDRICH WILHELM, Theonomie. Fallstudien zum Integrationsanspruch neuzeitlicher Theologie, Gütersloh 1987, bes. 20 ff.; DIERKEN, JÖRG, Monotheismus der Macht versus Pantheismus der Moral. Zur Kritik Politischer Theologie, in: Ders., Ganzheit und Kontrafaktizität. Religion in der Sphäre des Sozialen, Tübingen 2014, 277–317, bes. 297 ff.
[59] Vgl. TILLICH, Entscheidung, 234 ff., 264 ff.

letariat hervorgebracht.⁶⁰ Seine Situation bestehe darin, dass es gegen die bürgerliche Autonomie die ehedem konservativen Ursprungskräfte mobilisiere, die sich in ihm allerdings als Kräfte eines revolutionären Durchbruchs durch die Antagonismen des ‚bürgerlichen Prinzips' neu formierten. In diesem Sinn versteht Tillichs Zeitdeutung gerade auch die Bewegung des Nationalsozialismus als Element der sozialistischen Entscheidung. Hierin verbänden sich die in tätiger Erwartung auf Durchbrüche des Neuen drängenden Kräfte des ‚Religiösen Sozialismus' mit revolutionär umgeformten Kräften der Ursprungsromantik wie Volk und Nation.⁶¹ Den letztlich religiös fundierten Kräften der Erwartung des Neuen entspricht der Charakter der Geschichte, „aus jeder Gegenwart hinaus[zureißen] in die Zukunft".⁶² Auf diese Weise wird Tillichs religiöse Kairos-Lehre im Politischen manifest. Die mit ihr durchaus verbundenen antitotalitarischen Motive⁶³ kippen ins nachmalig als dämonisch charakterisierte Totalitäre, weil ein gehaltvolles, über die Sequenz von Durchbrüchen hinausgehendes Verständnis von Freiheit fehlt. Insbesondere das freiheitsethische Motiv von Wechselseitigkeit wird von Tillich verbrannt, weil es das Prinzip der bürgerlichen Harmonieordnung und ihrer kapitalistischen Tauschökonomie sei.

Auch Emanuel Hirsch kennt einen solchen antibürgerlichen Zug. Wechselverhältnisse und eine Ordnung von Gleichheit und Freiheit sind Ziele seines scharfen Widerspruchs. Seine existentielle, auf persönliche Entscheidung drängende Geschichtsdeutung versteht die „geistige Lage"

---

[60] Vgl. a.a.O., 273 ff.
[61] Vgl. a.a.O., 285 ff., 293, 309 ff.., 332 ff.. u.ö.
[62] A.a.O., 310.
[63] Vgl. a.a.O., 335, 342 ff., 345.

von 1933 im „Spiegel theologischer und philosophischer Besinnung" durchaus in kategorialer Nähe zu Tillichs ‚Religiösem Sozialismus', wie dieser jenem in einer kämpferischen Abrechnung zu Recht vorgehalten hat – mitsamt einer klugen Wertung von Hirschs glühender Parteinahme für die mit ideologischer Verklärung von Boden, Blut und Rasse verbundene nationalsozialistische Machtergreifung als ‚Sakramentalisierung'.[64] Allerdings folgen die Grundbegriffe von Tillichs ehemaligem Freund und intellektuellem Wegbegleiter Hirsch nunmehr einer anderen Terminologie. Tillichs Gott als ‚Grund' und ‚Grenze' des Lebens wird bei Hirsch als ‚Logos', ‚Nomos' und ‚Horos' namhaft, das Unbedingte jenseits der Grenze wird zum Verborgenen, das sich in seiner Allgewalt letztlich aller Rationalisierung entzieht. Der Logos Gottes ist die allen „Kampf" zwischen Gut und Böse aus dem Jenseits durchwaltende „Allmacht des Herrn der Geschichte", die undurchdringlich bleibt und dennoch Hingabe und Bindung verlangt.[65] Gleichwohl werde Gott in den antinomischen Kämpfen der Geschichte präsent, deren Nomos aus seinen Schöpfungsordnungen im Diesseitigen erhellt. Daher werde Gott in Wendemarken der Geschichte mani-

---

[64] HIRSCH, Grundlegung, passim; ders., geistige Lage; TILLICH, PAUL, Die Theologie des Kairos und die gegenwärtige geistige Lage (1934), in: Ders., Ergänzungs- und Nachlassbände zu den Gesammelten Werken, Bd. VI: Briefwechsel und Streitschriften, hg. v. Renate Albrecht, Stuttgart 1983, 142–176., hier 148ff., 151f., 155 u.ö.

[65] HIRSCH, Grundlegung, 235; vgl. 236, 245. Vgl. zur asymmetrisch-autoritären Grundierung von Hirschs Theologie LADEMANN, ARNE, Religion und Politik in der Lutherdeutung Emanuel Hirschs. Systematisch-theologische Untersuchungen über Hirschs Zwei-Reiche-Lehre und seine Fassung des Rechtfertigungsglaubens, Tübingen 2023.

fest – eben auch in der „deutsch[n] Wende" von 1933.[66] Sie sei ein „Zeichen", dass der „Saum der durch die Geschichte wandelnden Gottheit uns gestreift hat".[67] Deren zentrales Merkmal ist für Hirsch, dass es zu neuen, durchgehenden Bindungen kommt, nachdem das bürgerlich-humane Freiheits- und Vernunftdenken zuvor die zentralen Bindungskräfte des Gemeinschaftslebens und seiner religiös-metaphysischen Prinzipien zerstört habe. Gott wird als allbedingender Wille in existentiell beugenden und zwingenden Geschichtsereignissen präsent – und zwar im Negativen wie im Positiven. Prototyp für Ersteres ist die anzunehmende und als ‚Deutschlands Schicksal' zu durchleidende Niederlage des Ersten Weltkriegs, durch die eine in Gott gründende Antinomie von Leben und Geist mit vitalistischem Primat des Lebens offenkundig werde.[68] Dass es demgegenüber in Deutschland 1933 zur Stunde eigenen Handelns und eigener Tat kommt, wird zum Merkmal des Waltens des Verborgenen-Allgewaltigen im Positiven. Treibend sind dabei die Kräfte des Nomos der Geschichte als Kampf zwischen Gut und Böse. In sachlicher Nähe zu Tillichs Kräften der konservativen Romantik gerät Hirsch geradezu in einen schwärmerischen Taumel, wenn es um die Kräfte von Boden und Blut, Volk und Rasse sowie deren Organisation in der nationalsozialistischen Bewegung geht.[69] Wie bei Tillich unterbleibt der Entwurf eines detaillierten ordnungspolitischen Konzepts, das revolutionäre Ereignis überstrahlt alles.

---

[66] HIRSCH, geistige Lage, 26.
[67] A.a.O., 27.
[68] Vgl. HIRSCH, EMANUEL, Deutschlands Schicksal. Staat, Volk und Menschheit im Lichte einer ethischen Geschichtsansicht, Göttingen 1920. Vgl. dazu DIERKEN, Monotheismus der Macht, 291 ff.
[69] HIRSCH, geistige Lage, passim.

Geschichtszeichen: Eine religiöse Deutungsfigur? 127

Freiheit und Gleichheit spielen bei auch Hirsch eine gewichtige, aber auch eigenartige Rolle im Negativ. Sie sind, wie Hirsch zu Recht diagnostiziert, maßgebliche Merkmale der bürgerlichen Ordnung der Moderne, die auch die Krisen des 20. Jahrhunderts hervorgebracht hat – und seien ebendarum abzulehnen.[70] Im Gegenzug dazu setzt Hirsch auf Bindung.[71] Bindung und ihre Derivate wie Ein- und Unterordnung, die Verpflichtung des Einzelnen durch die Gemeinschaft, Autorität und Gehorsam sind die Grundfiguren, in denen Hirsch das Gottesverhältnis, mit Hirsch: den letzten Grund des Logos, dekliniert. Von dort strahle es sogleich ins Sozialverhältnis aus. In Gott als Jenseits der Grenze, mit Hirsch: Horos, gegründet, werden jene Grundfiguren autoritärer Bindung im Diesseits der Geschichte in ihrem Gesetz, mit Hirsch: Nomos, manifest. Dessen Zentrum ist der „Kampf",[72] hinter ihm steckt der unbegreifliche Gegensatz von Gut und Böse. Hier liegt trotz mancher Nähe eine Differenz zu Tillich. Das zeigt sich auch darin, dass der Nationalsozialismus weniger im Lichte eines Religiösen Sozialismus und dessen Konzept des Kairos im Proletariat gedeutet wird. Vielmehr werden bei Hirsch gerade die romantisch-nationalen Ursprungs-Elemente wie Geburt und Boden, Sprache und Tradition, Führerschaft und Gefolgschaft, insbesondere dann Blut, Volk und Rasse bedeutsam,[73] das Sozialistische verblasst nahezu vollkommen. Gott wird in existentiellen, aber eben auch höchst partikularen naturalen Gegebenheiten des geschichtlichen Le-

---

[70] Vgl. a. a. O., 63.
[71] Vgl. a. a. O., 13 ff.
[72] HIRSCH, Grundlegung, 228.
[73] HIRSCH, geistige Lage, 35, 41, 51, 62, 64 f., 68 ff., 117 f

bens manifest, die als ursprüngliche Bindungskräfte die Entwicklung der Gesellschaft bestimmen sollen.

4. Geschichtszeichen und Freiheit zwischen Ordnung und Außerordentlichem

In den Formeln von Zeichen der Geschichte und der Zeit, von Kairos und dem streifenden Saum der Geschichte verbinden sich verschiedene Bedeutungsdimensionen. Zu ihnen gehören die Durchbrechung des Erwartbaren, das Aufkommen von Neuem, das Ereignis von Unwahrscheinlichem. Das geht mit unterschiedlichen Formen des Negativen einher: Altes wird zerstört, Neues tritt an dessen Stelle. Das betrifft die feudale Ordnung in der bürgerlichen Revolution, aber auch die fragile Demokratie wie 1933. Das Zerstörerische kann überhand nehmen, schon im Tugendterror, erst recht im Krieg oder gar in der nationalsozialistischen Gleichschaltung. Die Totalität des Umsturzes ist nicht davor gefeit, einen neuen Totalitarismus hervorzubringen. Kairoi sind ambivalent. Der religionsähnliche Charakter des Motivs hinter den Formeln zur Bezeichnung von existentiell bedeutsamen Umbrüchen in der Geschichte liegt darin, dass mit ihnen etwas machtvoll aufbricht, das das Normalmaß des Gewöhnlichen übersteigt. Es ist kontingent – und doch in seiner Bedeutsamkeit alles andere als nur willkürlich und arbiträr. Darum wird es mit einer höheren Macht in Verbindung gebracht, seien es die Vorsehung und ihre Derivate wie bei Kant und Hegel, seien es das Unbedingte oder Gottes heiliger Wille wie bei Tillich und Hirsch. Mit diesen divinen Größen verbindet sich die Hoffnung auf etwas Besseres, Richtigeres oder Sinnhafteres. Erweise von höherer Macht im Negativ sind die Kehrseite, die als Gericht oder Dämonisches beschrieben werden können. Dass der Krieg mit seinen Gewalt- und Todesschrecken als eine unentrinnbare, darum quasi divine Machtmanifestation erlebt werden kann, liegt auf dieser Linie und steigert sie. Diese Zuspitzung vollzieht explizit allerdings nur Hirsch.[74]

Deutungen geschichtlicher Ereignisse von außerordentlichem Charakter als Manifestation Gottes haben ein ambivalentes Gepräge. Das zeigt der Kontrast von Tillich und Hirsch untereinander, aber auch deren Differenz zu Kant und Hegel. Daher bedarf es eines normativen Gehalts mit eigener Überzeugungskraft, wenn die Metaphern von Geschichtszeichen, Kairos und Saum der Geschichte nicht in außerordentlichen Machterweisen aufgehen sollen. Wenn geschichtliche Ereignisse unmittelbar, also ohne normative Beurteilung nach einsehbaren Kriterien als Manifestationen Gottes gedeutet werden, rutschen mit solcher Gleichsetzung von Gott und Geschichte die Mittel zur Kritik von Ambivalenz weg. Der Sakralisierung von Willkür und von Partikularem wird Tür und Tor geöffnet. Das ändert sich übrigens nicht, wenn Gott ganz im unerkennbaren Jenseits verortet wird. Dann wird die pure Kontingenz der Ereignisse im Diesseits zur Letztgestalt. Es ist nicht zufällig, dass Kants Metapher vom Geschichtszeichen auf Freiheit *sub specie Dei* abstellt. Es geht beim Geschichtszeichen eben um die Freiheit und nicht deren Gegenteil. Das will festgehalten werden, gegen Tillich und insbesondere Hirsch, aber auch mit Blick auf 1989.

Vom Prinzip der Freiheit lassen sich Linien zum Gottesgedanken ziehen. Er kann nicht etwas ganz anderes als

---

[74] Hirsch, a.a.O., 44.

die Freiheit beinhalten. Das liegt grundsätzlich in den Fluchtlinien von Kants moralischem Konzept der Autonomie, mehr noch gilt dies für Hegels Konzept von Gott als Geist, dessen Wesen die Freiheit ist. Hiervon gehen Tillich und Hirsch ab: Tillich verhaltener, insofern Theonomie über Autonomie steht, wenn auch nicht gegen sie; Hirsch massiv, insofern Fremdbindung letztlich alle Selbstbindung dominiert. Bei Hegel wird das normative Konzept der mit Subjektivität gesetzten Freiheit entdeckungsgeschichtlich dynamisiert und mit einer sittlichen Sozialphilosophie von Anerkennungsverhältnissen verbunden. Die hiermit verbundenen Differenzierungen von Individuum und Gemeinschaft, von Gesellschaft und Staat, von Religion und Recht mit ihren Kommunikationsinstitutionen und Verfahrensprozeduren lassen sich aufnehmen. Gott im Zeichen des Geistes zu denken, dessen Wesen nach Hegel die Freiheit ist, ist kein obsoleter Essistentialismus, wenn es um Freiheit im Heute geht. Dazu bedarf es einer Verbindung von Freiheit und Ordnung. Die Ordnung ist dabei kein bloß Gegebenes, vielleicht gar Vorgegebenes. Sie kann sich vielmehr nur dynamisch aufbauen und stabilisieren. Das Prinzip der Koordination von Freiheit und Gleichheit mit einer Limitation von übergriffiger Willkür muss und kann sich nur performativ plausibilisieren. Es stellt auf Partizipation als Element der Politik ab. Deren Ort sind geschichtliche Verhältnisse im Diesseits, die kraft des göttlichen Jenseits ihrer Endlichkeit, d. h. immer auch Fehlbarkeit und Verbesserungsbedürftigkeit gewahr bleiben sollten. Interne Differenzen in der Sphäre des Sozialen, die verstanden und sinnhaft besetzt werden wollen, markieren deren Vollzugszusammenhang.

Geschichtszeichen: Eine religiöse Deutungsfigur?

Die Friedliche Revolution von 1989/90 war gewiss ein unerwartetes außerordentliches Ereignis, dessen mit tätiger Dankbarkeit gedacht werden kann. In diesem Sinn kann sie durchaus religiös oder religionsähnlich gedeutet werden. Freilich bedarf es auch dabei eines Identifizierungsvorbehalts von Handeln Gottes und Geschichtsereignis. Anderenfalls ließen sich die unterschiedlichen, vielleicht auch gegenläufigen Wahrnehmungsperspektiven nicht aufnehmen. Das betrifft auch die Vorbehalte gegenüber einer Ordnung, die sich als Freiheitsordnung versteht und von vielen auch so verstanden wurde und wird, aber von manchen hingegen als Oktroi empfunden wurde. Das meint nicht nur die Wertung oder Abwertung von Lebensgeschichten und -leistungen, sondern auch das Verständnis von Freiheitsrevolution und Ordnung. Von Bärbel Bohley ist das Diktum überliefert „Wir wollten Gerechtigkeit und bekamen den Rechtsstaat".[75] Joachim Gauck, der den Satz kritisiert hat, sprach ironisch davon, dass „wir das Paradies [erwarteten] und [...] in Nordrhein-Westfalen [landeten]".[76] Die Ordnung der Freiheit ist nicht nur stets verbesserungsbedürftig, weil immer auch Ungerechtigkeit und Unbilligkeit produzierend, sondern sie ist in ihrer selbstregulativen Komplexität auch tendenziell mausgrau. Man kann sie achten und respektie-

---

[75] https://baerbelbohley.de/zitate.php (17.6.2024).
[76] GAUCK, JOACHIM, Rede zur Einführung in die Podiumsdiskussion „Recht und Gerechtigkeit – Der Umgang mit dem SED-Unrecht im vereinten Deutschland" am 10.12.2014, https://www.bundesregierung.de/breg-de/service/newsletter-und-abos/bulletin/rede-von-bundespraesident-dr-h-c-joachim-gauck-798122. (3.6.2024); ders., ZDF-Sommerinterview am 30.6.2013, https://www.bundespraesident.de/SharedDocs/Reden/DE/Joachim-Gauck/Interviews/2013/130630 ZDF.html (3.6.2024).

ren, indem man in ihr und mit ihr lebt, aber man kann sie schwerlich unmittelbar affektiv besetzen oder gar lieben. Das ist die offene Flanke, die leicht von romantisch-konservativer Emotionalisierung besetzt werden kann – welche aber mit einem simplen ‚Deutschland *first*' die Ordnung der Freiheit untergräbt. Demgegenüber bleibt ein hehrer Verfassungspatriotismus blass. Das Paradox der affektiven Besetzung der für alle gültigen Freiheitsordnung zeigt auch manche Versuchung, die Demonstrationen für die gefährdete Ordnung der Freiheit emotional dadurch aufzuladen, dass es eben zeichenhafte Einigkeit ‚gegen rechts' zu zeigen gelte – bei untergründig gärendem Streit darum, was dazu gehöre und was nicht.

Armin Nassehi hat jüngst die derzeit massiv aufkommenden Protestbewegungen analysiert.[77] Die mit aller Kommunikation verbundene Möglichkeit des Nein werde strukturell zur großen Nein-Stellungnahme gegen die institutionelle Ordnung der Demokratie, deren Pointe gerade die institutionalisierte Konfliktregulierung ist. Das betrifft sowohl diejenigen, die ein hartes Klimaregime fordern und tendenziell eher links orientiert sind und revolutionär denken, als auch die Kräfte, deren Positionen nach Tillich der politischen Romantik zuzuordnen sind. Deren Protagonisten bezeichnen sich als ‚das Volk' und verlangen dessen ethnische und kulturelle Reinhaltung angesichts einer elitengesteuerten ‚Umvolkung', ‚Enteignung' und ‚Freiheitsberaubung'. Sie rufen gern zur Vollendung der Revolution von 1989 zu einem Bruch mit der vorgeblich vom ‚System' oder seinen ‚Eliten' korrumpierten Ordnung auf. Strukturell gibt es vielfältige Parallelen

---

[77] Vgl. NASSEHI, ARMIN, Das große Nein. Eigendynamik und Tragik des gesellschaftlichen Protests, Hamburg 2020.

von deren ‚großem Nein' zu dem anderer, politisch oppositioneller Protestbewegungen. Es gehe beim Protest tendenziell um einen Gegenspieler der Ordnung. Das ‚große Nein' zeigt das Paradox, dass es einerseits von Problemen und Missständen der Ordnung lebt, aber andererseits deren – stetes optimierbare – Bearbeitung durch die Ordnung nicht wahrhaben will. Solcher Protest hat in seiner Außeralltäglichkeit eine gewisse Nähe zum Religiösen – ohne doch wie dieses in Kirchenbildung zu regulieren, etwa durch neue gesellschaftliche Differenzierungen und soziale Systeme.[78] Man kann Nassehis Befund auch umdrehen und ihn als Paradox der Systemtheorie beschreiben – unbeschadet der Frage, ob und wie diese auf Freiheit abstellt. So ist es eine Grundüberzeugung der Theorie sozialer Differenzierung, dass alle Impulse durch Subsysteme aufgenommen und in deren Prozeduren absorbiert werden. Die „Gesellschaft der Gesellschaft"[79] funktioniert immer, und sei es eben durch weitere soziale Differenzierung. Danach kann es eigentlich das nicht geben, was das ‚große Nein' des Protests auszeichnet: das Außeralltägliche, Nichtintegrierbare. Es ist darum religionsähnlich und steht für das, was eigentlich nicht sein kann: das Andere der Gesellschaft.

Im Blick auf die geschichtspolitische Erinnerungskultur der Friedlichen Revolution bedeutet dies, sie nicht der Logik solchen Protests zu überlassen. Gegen die Erinnerung des Außeralltäglichen im Zeichen einer religionsähnlichen Außeralltäglichkeit von Protest gilt es, gleichsam religionskritisch und religionsproduktiv zugleich, die

---

[78] Vgl. a. a. O. 100 ff..
[79] So der Titel des Hauptwerks von Niklas Luhmann (Frankfurt a. M. 1997).

Verbindung von Freiheit und Ordnung zu kultivieren. Die religionskritische Pointe steht dabei für die Zurückweisung des ‚großen Nein' von selbsternannten Volkstribunen, die ihr konservativ-romantisches Programm dem Volk überstülpen wollen. Und religionsproduktiv ist ein solcher Umgang mit dem Außerordentlichen der Friedlichen Revolution, wenn er durch die Erinnerung der Symbolik des Geschichtszeichens der Freiheit zu reflektiert-diätetischem Umgang mit der affektiven Aufladung ihrer Ordnung bei tätiger Beteiligung befähigt – und dadurch imstande ist, politische Sachprobleme zu benennen und anzugehen. Dafür müssen Geschichte und Gott auseinandergehalten werden, gerade angesichts ihrer Verbindung. Im Optimalfall gilt es Gott um der Freiheit willen zu lieben und zu ehren – und die Ordnung der Freiheit mit Tat- und Urteilskraft zu gestalten. Das geht natürlich nicht ohne emotionale Bejahung der Ordnung, deren Gestaltungsfähigkeit Fortschritte ermöglicht. Dass es um die Freiheit geht, verbindet die Ordnung mit Gott. Dass sie stets verbesserungsbedürftig ist, zeigt ihre immanente Transzendenz. Dass um sie gerungen, mitunter auch gekämpft werden muss, lässt die mit ihr verbundene Dimension von Macht erkennen, die auf letzte Kippunkte getrieben werden kann. In alldem zeigen sich Fluchtlinien auf Gott hin, oder umgekehrt: in alldem wird Göttliches, Unendliches, Unbedingtes präsent – aber eben in der Differenz des Endlichen. Das ist die Pointe einer religiösen Deutung des Geschichtszeichens der Freiheit. Wenn die damit verbundene Dialektik verdrängt oder vergessen wird, ist es besser, sich ohne solche Deutung auf nüchterne historische Beschreibung der Ereignisse in ihrer Kontingenz zu konzentrieren und deren Gegenwartsfolgen praktisch anzugehen. In diesem säkularen Muster findet die religiöse Deutung einen Bündnispartner. Wenn dieses Muster sich aber selbst durch kurzschlüssige Emotionalisierung sakralisiert, gilt es, jene religionskritischen Potentiale des Gottesglaubens im Freiheitsleben hochzuhalten.

Exodus – Ereignis, Erinnerung, Erwartung

Zur symbolischen Prägnanz der biblischen Befreiungserzählung

Friedhelm Hartenstein

1. Kants „Geschichtszeichen der Freiheit" und der biblische Exodus

Manfred Kühn zitiert in seiner großen Kantbiographie verschiedene zeitgenössische Stimmen, die beschreiben, wie der Königsberger Philosoph auf die Französische Revolution reagierte. Kant war, wie viele andere im damaligen Europa der Monarchien, fasziniert von den Geschehnissen und emotional stark beteiligt. Ein nicht namentlich genannter Bekannter beschreibt seine Haltung zur Revolution so: „Er lebte und webte in ihr, und hielt ungeachtet aller Greuel seine Hoffnungen auf sie so fest, daß er, als er die Verkündigung der Republik erfuhr, lebhaft ausrief: ‚Herr! Nun lasse deinen Diener in Frieden dahin fahren, denn ich habe das Heil der Welt gesehen!'"[1] Dieser Ausruf Kants ist ein verkürztes Zitat aus dem Lukasevangelium. In Lk 2,29–31 bekennt sich Simeon, ein Gerechter, der „auf den Trost Israels wartete", dazu, jetzt, in diesem Au-

---

[1] KÜHN, MANFRED, Kant. Eine Biographie, München 2024, 395; vgl. 579 den Nachweis: MALTER, RUDOLF, Immanuel Kant in Rede und Gespräch, Hamburg 1990, 348.

genblick, das Heil Gottes gesehen zu haben. Die Szene spielt im Tempel von Jerusalem. Simeon hält, während er die Worte spricht, die leibhaftige Verkörperung des von ihm ersehnten Heils in den Armen, den acht Tage alten Säugling Jesus, den seine Eltern zur Beschneidung brachten. Freilich konnte Simeon die Identifikation des endgültigen Heils Gottes am hilflosen Kleinkind nicht aus eigenem Vermögen vornehmen, vielmehr war er schon „erfüllt vom Geist" in den Tempel gekommen. Nach Manfred Kühn fügt sich die gerade auf diese Stelle Bezug nehmende Reaktion Kants gut in die Nachrichten zu dessen Haltung zum Geschehen in Frankreich. Er scheint nicht nur mit Blick auf seine Philosophie, sondern leidenschaftlich die Rolle eines zutiefst beteiligten Zuschauers eingenommen zu haben.[2]

Der für diese Ringvorlesung gewählte Titel „Geschichtszeichen der Freiheit" bezieht sich auf die letzte Publikation Immanuel Kants, den zweiten der drei Abschnitte des *Streits der Fakultäten* (1798, wohl 1797 verfasst). Wie Klaus Reich darstellt, hat Kant, wenn man Dokumente aus dem Nachlass hinzuzieht, länger darum gerungen, wie er mit Blick auf die Idee der allgemeinen Menschenrechte das Geschehen in Frankreich beurteilen sollte.[3] An seiner Deutung der Revolution als „Geschichtszeichen der Freiheit", die im zweiten Abschnitt des *Streits der Fakultäten* skizziert wird, fällt im Vergleich mit seinen zuvor direkteren Identifikationen von Ereignis und Heilsbedeutung eine Änderung auf: Es sind nun die *öffentlichen* Reaktionen der Zuschauenden, an denen sich

---

[2] Kühn, Kant, 395.
[3] Reich, Klaus, Einleitung, in: Immanuel Kant, Der Streit der Fakultäten, hg. von Klaus Reich (PhB 252), Hamburg 1959, XVII–XXIV.

ein bestimmter Sinn ablesen lässt. Der Begriff des Geschichtszeichens ist von denen her, die Geschichte im Deutungsvorgang allererst als solche herausarbeiten, zu lesen. Dabei spielen Emotionen, wiewohl von Kant auch als ambivalent gekennzeichnet, eine große Rolle:

[...] – diese Revolution, sage ich, findet doch in den Gemüthern aller Zuschauer (die nicht selbst in diesem Spiele mit verwickelt sind) eine *Theilnehmung* dem Wunsche nach, die nahe an Enthusiasm grenzt, und deren Äußerung selbst mit Gefahr verbunden war, die also keine andere als eine moralische Anlage im Menschengeschlecht zur Ursache haben kann.[4]

Die affektive Beteiligung, der Wunsch mitzutun, ist für Kant ein Beleg für die allgemeine „moralische Anlage" der Menschen und zugleich, aufgrund der öffentlichen Dimension der Reaktionen, auch der lange gesuchte Geschichtsbeweis für einen Fortschritt in der Entwicklung der Menschheit. Dieser wird von ihm – wie später bei Hermann Cohen[5] – als „*nur* in der wachsenden Legalität der zukünftigen Handlungen der Menschen" feststellbar angesehen.[6] Das „Geschichtszeichen der Freiheit" hat also eine vorwegweisende Funktion, die unabhängig von den Greueltaten der tatsächlichen Revolution, die Kant bewusst waren, zur Hoffnung Anlass gibt. Auch noch in dieser indirekten Form einer Identifikation von Geschich-

---

[4] KANT, IMMANUEL, Der Streit der Fakultäten, in: Ders., Kants Werke, Akademie Textausgabe, Bd. VII, Der Streit der Fakultäten. Anthropologie in pragmatischer Hinsicht, Berlin/New York 1968 [1907/17], 1–116, hier 85 (Hervorhebung im Original).
[5] COHEN, HERMANN, Religion der Vernunft aus den Quellen des Judentums, Köln 1959, 27–40 und passim; vgl. HOLLANDER, DANA, Ethics out of Law. Hermann Cohen and the ‚Neighbour', Toronto 2021.
[6] REICH, Einleitung, XXII (Hervorhebung im Original).

te und positivem Fortschritt schwingt schon rein sprachlich eine religiöse Dimension mit. „Vorzeichen und Wunder" sind ja ein häufiges Element alttestamentlicher Geschichtsdivinatorik in der Prophetie wie in den Geschichtserzählungen.[7]

Der biblische Hauptbeleg eines solchen Wunderzeichens, die Erzählung vom Auszug aus Ägypten, ist unter den identitätsstiftenden Narrativen des entstehenden Judentums der Perserzeit von zentraler Bedeutung. Das hat mit dem in der Tora nun vorliegenden Konnex zwischen der Befreiung und dem die nichtstaatliche Existenz des Judentums stiftenden Gebot und Gesetz vom Sinai zu tun. Der Überlieferungsbestand zur Exodusmotivik umfasst nicht nur die ausführliche Mose-Exodus-Erzählung Ex 1–14(15), sondern wohl weit über hundert verschiedene Belege.[8] In fast allen findet sich die Grundkonstellation von der Herkunft „aus Ägypten", bei der das Volk nicht aus eigener Kraft, sondern geführt durch JHWH und seine Mittler, aus der Unterdrückung in die Freiheit gelangte. Verfasst sind die entsprechenden Kurzerzählungen, Bekenntnisse und Danklieder nicht aus der noch offenen *Auszugs*perspektive, sondern sie setzen die *Ankunft* in einer neuen Existenz unter Gott voraus, auf die in der Perspektive der Texte das ganze Geschehen von vornherein

---

[7] Zum Begriff mit Blick auf die judäische Schriftprophetie des 8.–6. Jahrhunderts v.Chr. vgl. HARDMEIER, CHRISTOF, Geschichtsdivinatorik in der vorexilischen Schriftprophetie. Studien zu den Primärschriften in Jesaja, Zefanja und Jeremia, Zürich 2013.

[8] CRÜSEMANN, FRANK, Freiheit durch Erzählen von Freiheit. Zur Geschichte des Exodus-Motivs, in: Ders., Kanon und Sozialgeschichte. Beiträge zum Alten Testament, Gütersloh 2003, 193–209, hier 197, mit Bezug auf ZAKOVITCH, YAIR, „And You Shall Tell Your Son …". The Concept of Exodus in the Bible, Jerusalem 1991, 9.

abzielte. Die sinnbildenden Folgewirkungen des Exodus in den drei monotheistischen Religionen und darüber hinaus für die westliche Welt sind mit Jan Assmann „unermesslich"[9]. Warum ist das so?

Bleibt man bei der französischen Revolution, so zeigt sich an ihr, die keinem Zweifel mit Blick auf ihren Tatsachencharakter unterliegt, wie vielfältig und verschieden die in der Geschichtswissenschaft vorgetragenen Interpretationen ausfallen. Dennoch gibt es so etwas wie einen allgemein anerkannten Kern, bei dem sich unbestritten Historisches (der Umsturz von der Monarchie zur Herrschaft des Volkes) mit sich von Anfang an unlöslich damit einstellender Bedeutung (im Sinne von Signifikanz) mischt. Man wird an herausragender Stelle darauf gestoßen, dass es Geschichte als pures Geschehen nicht gibt. Sie spielt sich im Rahmen des Zeitflusses ab, während ihre einzelnen Elemente zeitgleich wie aus dem Abstand heraus immer nur in synthetischen Urteilen nachgängig zusammengefügt werden. Insofern beansprucht Geschichtsschreibung eine Darstellung des ein für alle Mal Vergangenen zu sein, ohne es je vollständig repräsentieren zu können. Die Positionen und Perspektiven, z. B. die von Beherrschten und Herrschenden, in der Geschichte selbst, wie auch in der ihrerseits dem Wandel unterworfenen Geschichtswissenschaft, führen zur Selektion und Profilierung des Materials. Die so gezeichneten Bilder der Geschichte sind neben materiellen Überresten alles, was wir von ihr haben. Sie hängen ab vom Licht, das jeweils durch die Interpreten auf das Material gerichtet wird und von der Ausstrahlung, die das Material in diesem Licht ge-

---

[9] ASSMANN, JAN, Exodus. Die Revolution der Alten Welt, München 2015, 20.

winnt. Bei Kant war es der Einklang mit dem Postulat der Rechte aller Menschen, die generelle Anlage zur Moralität und der Fortschrittsgedanke. Beim biblischen Exodusnarrativ, für dessen Anfänge historische Tatsächlichkeit nicht ausreichend belegt werden kann, finden sich ebenfalls unterschiedliche Deutungen, auch in der Geschichtswissenschaft, zugleich aber auch hier ein vor allem narrativer Kern, der auf seine Weise Tatsächlichkeit beansprucht (s. 2).

Dem liegt etwas zugrunde, was ich mit Ernst Cassirer als *„symbolische Prägnanz"*[10] bezeichne. Cassirer macht darauf aufmerksam, dass sinnliche Wahrnehmungen bereits in der bloßen Erscheinungsweise der Phänomene bestimmten Ordnungen folgen. Sie melden also Struktur und Sinn an, noch bevor sie bewusst gedeutet werden.[11] Dieses von Anfang an mitgesetzte Sinn-Erleben fordert so in sich bereits die Weiterarbeit am Sinn. Es gibt eine Prägnanz, eine im Wortsinn überschüssige *Fülle* und konkrete, präzise *Kontur* an der Wahrnehmung von Phänomenen, die in einer je bestimmten Weise zu denken geben. Im Hinblick auf geschichtliche wie im engeren Sinn historische Sinnbildung zeigt sich in diesem Licht, dass es herausgehobene Vorkommnisse gibt, die mit Paul Tillich als

---

[10] CASSIRER, ERNST, Philosophie der symbolischen Formen, Bd. 3. Phänomenologie der Erkenntnis, Darmstadt 1990, 235 (Hervorhebung im Original).

[11] Vgl. ebd.: „Unter ‚symbolischer Prägnanz' soll also die Art verstanden werden, in der ein Wahrnehmungserlebnis, als ‚sinnliches' Erlebnis, zugleich einen bestimmten nicht-anschaulichen ‚Sinn' in sich faßt und ihn zur unmittelbaren konkreten Darstellung bringt. […] Vielmehr ist es die Wahrnehmung selbst, die kraft ihrer eigenen immanenten Gliederung eine Art von geistiger ‚Artikulation' gewinnt – die, als in sich gefügte, auch einer bestimmten Sinnfügung angehört."

„*zeichengebende Ereignisse*"[12] erfasst werden können. Sie enthalten eine äußere (objektive) wie eine innere (subjektive) Dimension. Beides ist wechselseitig aufeinander bezogen, es kann unterschieden, aber nicht voneinander gelöst werden.[13] Damit lässt sich der häufig behauptete unendliche Regress bei der Erfassung von Ereignissen relativieren (es geht nicht nur um Deutungen von Deutungen von Deutungen). „Symbolische Prägnanz" ist etwas der Wahrnehmung als Erfahrung immer schon Inhärentes. Sie gewinnt, bezogen auf gedeutete Geschichte, ein spezifisches Profil: Aus der unmittelbaren wie mittelbaren Wirkung (besonderer) Ereignisse lässt sich eine strukturbildende Kraft für den alltäglichen Wahrnehmungsraum Geschichte wie auch für wissenschaftliche Geschichtsschreibung ablesen. Symbolische Prägnanz meint dann eine Zeichenhaftigkeit, bei der *Tatsächlichkeit zumindest der Wirkung* im Spiel ist. Man bewegt sich mit diesem an das Konzept von Offenbarung rührenden Überlegungen

---

[12] TILLICH, PAUL, Systematische Theologie, Bd. 1, Darmstadt ⁸1984, 139 (Hervorhebung im Original). Vgl. zum philosophisch-theologischen Gehalt des Ereignis-Begriffs auch SCHULZ, HEIKO, Ereignis und Geschichte. Eine theologiepropädeutische Skizze, in: Elisabeth Gräb-Schmidt/Volker Leppin (Hg.), Geschichte als Thema der Theologie (MJTh 32), Leipzig 2020, 97–124; aus Sicht der Geschichtswissenschaft siehe KOSELLECK, REINHARD, Darstellung, Ereignis und Struktur, in: Ders., Vergangene Zukunft. Zur Semantik geschichtlicher Zeiten (stw 757), Frankfurt a.M. 1989 (1979), 144–157.

[13] TILLICH, Systematische Theologie, Bd. 1, 145: „Geschichtliche Offenbarung ist nicht Offenbarung *in* der Geschichte, sondern *durch* die Geschichte. Weil der Mensch essentiell ein geschichtliches Wesen ist, deshalb ereignet sich Offenbarung […] *in* der Geschichte. Aber die Geschichte hat nur dann Offenbarungsqualität, wenn ein besonderes Ereignis oder eine Abfolge von Ereignissen […] als Wunder erfahren werden." (Hervorhebung im Original).

an einer Grenzlinie, die für theologische Argumente zumindest durchlässig ist. Worin besteht nun genauer die symbolische Prägnanz des Exodus? Ich beschränke mich entsprechend meiner Profession als hermeneutisch interessierter Exeget des Alten Testaments auf drei wesentliche Aspekte.

2. Die Spannung von Historizität und Sinnereignis

Weil es sich beim Exodusgeschehen um ein *gründendes Ereignis* handelt, reicht sein Einfluss weit über den chronologisch ungefähr festliegenden Zeitraum des 13. Jahrhunderts v.Chr. hinaus, in dem es narrativ verankert ist. Die historisch-kritische Forschung unterscheidet zwischen der erzählten Zeit eines unbenannt bleibenden Pharao des ägyptischen Neuen Reichs einerseits und den vermutlichen Abfassungszeiten der Texte, die vom Exodus sprechen. Egal, welcher Rekonstruktion einer Literaturgeschichte der Hebräischen Bibel man hier folgt, in jedem Fall besteht ein sehr weiter zeitlicher Abstand.

Die Urteile der Forschung gehen mit Blick auf die Historizität der in Ex 1 anhebenden Ereignisfolge schon deshalb weit auseinander, weil sich in den letzten 50 Jahren das Bild der Frühgeschichte Israels völlig verändert hat. Kurz gesagt, haben vor allem archäologische Befunde keinerlei Hinweise auf eine nennenswerte Einwanderung nach Palästina in der frühen Eisenzeit (12./11. Jahrhundert v.Chr.) erbracht. Die biblische Großerzählung von Exodus bis Josua, wonach ein ganzes Volk aus Ägypten auszog und nach seiner wunderbaren Errettung am Schilfmeer zunächst in die Wüste und von dort ins verheißene Land zog, ist vor allem das Ergebnis der produktiven

Einbildungskraft viel späterer Autoren und Tradenten, die aus heterogenen Elementen ein möglichst kohärentes Ganzes formten. Der Alttestamentler Gerhard von Rad war einst davon ausgegangen, dass sich der historische Abstand vieler Jahrhunderte mit der Annahme einer langen mündlichen Tradierung überbrücken ließe.[14] Dann wären formelhafte Zusammenfassungen zur Frühgeschichte mit bekennendem Charakter wie Dtn 26,5–9 oder Num 20,15–16 sowie Anspielungen wie Hos 13,4 („Ich bin der Herr, dein Gott, von Ägypten her")[15] aufgrund ihrer guten Memorierbarkeit Hinweise auf älteste Vorstufen, die den Verschriftungen vorauslagen.[16] Doch ist das Umgekehrte viel plausibler. Diese Texte setzen sehr wahrscheinlich bereits die literarische Schilderung des Exodusbuches voraus und verdichten seinen Inhalt auf das Wesentliche.[17] Insofern ergibt sich historisch das Pro-

---

[14] Vgl. VON RAD, GERHARD, Theologie des Alten Testaments, Bd. 1. Die Theologie der geschichtlichen Überlieferungen Israels, München 1982, 189–192.

[15] Siehe zu dieser Stelle jetzt differenziert KRISPENZ, JUTTA, Hosea (ZBK.AT), Zürich 2023, 168f.

[16] Vgl. dazu z.B. KREUZER, SIEGFRIED, Die Frühgeschichte Israels in Bekenntnis und Verkündigung des Alten Testaments (BZAW 178), Berlin/New York 1989, 138–140 (zu Num 20,14–21: vordeuteronomische Tradition); 224–230 (zum Hoseabuch: motivlich vor dem 8. Jahrhundert v.Chr.). Zu den Exodustraditionen in literarischer und theologischer Hinsicht vgl. die Zusammfassung bei JEREMIAS, JÖRG, Theologie des Alten Testaments (GAT 6), Göttingen 2015, 88–92.

[17] Hier haben sich die literarhistorischen Ergebnisse und Modelle v.a. in der deutschsprachigen Forschung so stark gewandelt, dass die Rückfrage nach sehr alten Stoffen kaum mehr für aussichtsreich gehalten wird (vgl. dazu die Lehrbücher: SCHMID, KONRAD, Literaturgeschichte des Alten Testaments. Eine Einführung, Darmstadt ³2021; ZENGER, ERICH/FREVEL, CHRISTIAN (Hg.), Einleitung in das

blem, dass es zumindest biblisch kaum Anhaltspunkte gibt, an denen sich eine Rekonstruktion der Anfangserfahrungen der Exodustradition festmachen lässt. Dennoch gibt es ein Minimum an möglichen Indizien, über das eine gewisse Einigkeit besteht:[18]

1) Der Eigenname „Mose" (*Mōšæ*) ist eindeutig ägyptisch und nicht israelitisch: ein verkürzter Name des Typs Tuthmoses oder Ramses, gebildet mit dem ägyptischen Verb *msj* „gebären: „Der Gott NN hat geboren." (vgl. die sekundäre Etymologie in Ex 2,10).

2) Zugleich gibt es viele Belege dafür, dass sich, während des 2. Jahrtausends v. Chr. „Asiaten" aus Syrien im Nildelta ansiedelten (am bekanntesten die sog. Hyksos in Auaris). Unter ihnen waren auch Halbnomaden aus der südlichen Levante, mit denen ein reger Grenzverkehr bestand und die sich zum Teil notgedrungen als Arbeitskräfte für die Ägypter verdingten oder dazu z. B. als Gefangene zwangsverpflichtet wurden (vgl. zu unfreiwilligen Ägyptenaufenthalten z. B. Gen 12,10–20 und die Josefsgeschichte Gen 37–50).

3) Wenn es in Ex 1,11 heißt, dass die Israeliten für den Pharao Speicherstädte (hebr. *misk^enōt*, ein akkadisches Fremdwort, das bereits in den El-Amarna-Briefen be-

---

Alte Testament (Studienbücher Theologie 1,1), Stuttgart ⁹2016; GERTZ, JAN CHRISTIAN (Hg.), Grundinformation Altes Testament (UTB 2745), Göttingen ⁵2016.

[18] Siehe dazu FREVEL, CHRISTIAN, Geschichte Israels (Studienbücher Theologie 2), Stuttgart ²2018, 56–66; ausführlicher GERTZ, JAN CHRISTIAN, Mose und die Anfänge der jüdischen Religion, ZThK 99 (2002), 3–20; BLUM, ERHARD, Der historische Mose und die Frühgeschichte Israels, HeBAI 1 (2012), 37–63; SCHIPPER, BERND U., Raamses, Pithom, and the Exodus, VT 65 (2015), 265–288; vgl. auch die Beiträge in OTTO, ECKART (Hg.), Mose. Ägypten und das Alte Testament (SBS 189), Stuttgart 2000.

legt ist) bauten, die die Namen Pitom und Ramses trugen, so ist das trotz eventueller Anachronismen historisch nicht unplausibel.

Viel mehr lässt sich biblisch nicht gewinnen. Die historische wie erzählerische Grundkonstellation zwischen Pharao, dem gottgleichen Herrscher des Nillands, und unfreiwilligen Arbeitskräften aus der Peripherie der südlichen Levante ist jedenfalls nicht unmöglich. Das lückenhafte Mosaik lässt sich noch etwas füllen, wertet man ägyptische Quellen zu den genannten Gruppen (*Š'św* und *ḫapiru*, vgl. bibl. *'ibrīm* „Hebräer") aus. Teils stammen diese aus dem Gebiet, in dem biblische Texte die Herkunft JHWHs verorten (Edom, Midian).[19] Möglicherweise enthalten einige der ägyptischen Quellen auch schon die Konsonantenfolge des biblischen Gottesnamens (*yhwh*), der dann mit Nomadengruppen als Gebietsangabe assoziiert wäre.[20] Es spricht jedenfalls nichts gegen die historische Möglichkeit der Flucht einer marginalen Gruppe von Arbeitssklaven aus ägyptischer Vorherrschaft während der 19./20. Dynastie (Ramessiden).

Daneben gibt es auch noch weitere Versuche der historischen Verortung der Exodusmotivik, die im Ganzen

---

[19] Vgl. dazu z.B. zusammenfassend RÖMER, THOMAS, Die Erfindung Gottes. Eine Reise zu den Quellen des Monotheismus, Darmstadt 2018, 38–83.

[20] Siehe dazu LEUENBERGER, MARTIN, YHWH's Provenance from the South. A New Evaluation of the Arguments pro and contra, in: Jürgen van Oorschot/Markus Witte (Hg.), The Origins of Yahwism (BZAW 484), Berlin/Boston 2017, 157–179, sowie skeptisch relativierend ADROM, FARIED/MÜLLER, MATTHIAS, The Tetragrammaton in Egyptian Sources – Facts and Fiction, in: Jürgen van Oorschot, 93–113.

weniger Zustimmung in der Forschung finden.[21] Eine offene Frage bleibt, ob die Gestalt des Mose von Anfang an mit dem Auszugsnarrativ verbunden war. Hier könnte Licht auf die Sache fallen, wenn man mit Ernst Axel Knauf annimmt, dass auf der sog. Elephantine-Stele des Sethnacht (1186–1184 v.Chr.), die eine Vertreibung von Asiaten aus Ägypten schildert, mit deren Anführer *Beja* der Prototyp des biblischen Mose gefunden sei.[22] Herbert Donner hat das im Anschluss an Knauf eine historisch kontrollierte Spekulation genannt, die er auch deshalb für „geboten" hält, weil die Quellenlage so dürftig ist.[23] Das ist nicht zuletzt deshalb der Fall, weil die Protagonisten der Mose-Exodus-Erzählung zu Bevölkerungsgruppen gehören, die, anders als die Herrschenden, kaum Texte

---

[21] Vgl. dazu z.B. die Zusammenfassung bei FREVEL, Geschichte, 61. Kurz gefasst geht es bei der Herkunft des Exodusmotivs um folgende Alternativen: a) Ein alter Überlieferungskern aus dem 13./12. Jahrhundert v.Chr. (Flucht von Halbnomaden bzw. Outlaws aus ägyptischer Zwangsarbeit). b) Eine etwas spätere politische Metapher für die Loslösung der Provinz Kanaan von der ägyptischen Oberhohheit (20. Dynastie). c) Eine antiassyrische (7. Jahrhundert v.Chr.) oder antiägyptische (7./6. Jahrhundert v.Chr.) Erzählung in Juda. d) Außerdem wurde für den Nordstaat Israel eine politische Gegenerzählung zur Zwangsarbeit unter Salomo vermutet (vgl. 1 Kön 12,26–30 mit Elementen der Exodusmotivik). Weder schließen sich diese Erklärungen wechselseitig aus, noch können sie die Möglichkeit einer frühen Tradition (Variante a), die den späteren Ausformungen vorangeht, widerlegen.
[22] So KNAUF, ERNST-AXEL, Midian. Untersuchungen zur Geschichte Palästinas und Nordarabiens am Ende des 2. Jahrtausends v.Chr. (ADPV 10), Wiesbaden 1988, 142–145. Zu den ägyptischen Quellen siehe DRENKHAHN, ROSEMARIE, Die Elephantine-Stele des Sethnacht und ihr historischer Hintergrund (Ägyptologische Abhandlungen 36), Wiesbaden 1980.
[23] DONNER, HERBERT, Geschichte des Volkes Israel und seiner Nachbarn in Grundzügen, Bd. 1 (GAT 4/1), Göttingen ²1995, 132.

oder Spuren hinterlassen haben. Die spezifische Prägnanz der biblischen Exodusmotivik liegt also einerseits in der *Änderung des Blickwinkels hin zu den Marginalisierten*, andererseits in der besonderen Aufmerksamkeit der biblischen Überlieferung für die Bedürftigen. Nirgends sonst im Alten Orient haben solche Gruppen vergleichbar Geschichte „gemacht".

Weshalb all die Mühe um die Historizität des Exodus? Sicherlich auch als Antidot zu der immer wieder vertretenen Alternative einer reinen Fiktionalität der Erzählung, eines fingierten Mythos. Ein weiterer Grund wird sofort sichtbar, wenn man die historische Frage auf die Prägekraft des Exodusnarrativs für die monotheistischen Religionen ausweitet. Der Exodus ist so gesehen vor allem ein exzeptionelles *Sinnereignis*. Die Sinnbildung hängt dabei an der spezifischen Form von Erinnerung, die mit der Anweisung für das *Pessach* (Ex 12) bereits im Erzählkontext verankert ist.

In seinem Buch *Zachor: Erinnere dich!* hat sich der Historiker Yosef Hayim Yerushalmi 1982 „jüdischer Geschichte und jüdischem Gedächtnis" (Untertitel) zugewandt. Er setzt mit einem Überblick zur hebräischen Semantik der Erinnerung ein. Dabei betont er die Bedingungslosigkeit, mit der v.a. in der Tora dem Volk, aber auch JHWH, eingeschärft wird, Erinnerung präsent zu halten (*zkr*). Den Gegensatz dazu bildet das „Vergessen" (*škh*); es soll und darf um der Beziehung zwischen Volk und Gott nicht sein. Nun geht es beim Imperativ des Erinnerns nicht um ein „totales Gedächtnis". Vielmehr ist die in der Tora geforderte Erinnerung höchst selektiv – genau wie das biographische Gedächtnis Einzelner. Erinnert werden sollen vor allem die *Gründungsereignisse*, die zur gegenwärtig bestehenden Gemeinschaft zwischen

JHWH und dem Volk geführt haben. Das Spezifikum Israels ist dabei nicht wie in Babylon oder Ägypten eine Herleitung der Beziehung mit Gott aus einer kosmogonischen Urzeit. Stattdessen liegt der erzählte Anfang des Volkes aus heutiger Sicht chronologisch, wie oben gesagt, in der Zeit des ägyptischen Neuen Reichs. Vor dem Unterdrückungsregime des Pharao flieht laut der biblischen Erzählung das aus eingewanderten Halbnomaden bestehende Volk und empfängt seine künftigen Lebensordnungen am Gottesberg in der Wüste. In all dem wird biblisch innerhalb eines bereits bestehenden historischen Rahmens Israel als Volk JHWHs geboren. Die Ereignisse werden dabei, so Yerushalmi, als *einmalig vergangen* gewusst.[24] Genau deshalb müssen sie „auf den Bahnen der Erinnerung zu denen gelangen, die an diesem Tage nicht dabei waren".[25] Es geht beim drohenden Vergessen wieder nicht um das Ereignis an sich, sondern präzise darum, *„wie es sich ereignete"*,[26] d.h. in welcher spezifischen Prägnanz man es erinnern soll: als *Wunder der Rettung einer machtlosen und marginalen Gruppe*:

Ritual und Rezeption waren die Hauptbahnen der Erinnerung. Passa und Laubhüttenfest, die großen Pilgerfeste, behielten zwar ihren natürlich-organischen Bezug zum Erntejahr [...], wurden aber gleichzeitig zu Gedenk-

---

[24] Vgl. YERUSHALMI, YOSEF HAYIM, Zachor: Erinnere Dich! Jüdische Geschichte und jüdisches Gedächtnis, Berlin 1996, 22: „Wenn Geschichte wirklich ist, kann das Rote Meer nur einmal durchquert werden, kann Israel nur zweimal am Sinai stehen – man mag hier ein hebräisches Pendant zur Weisheit des Heraklit sehen. Ewig dauern soll aber der Bund."
[25] A.a.O., 23.
[26] A.a.O., 24 (Hervorhebung im Original).

feiern für den Auszug aus Ägypten und den Aufenthalt in der Wildnis.[27]

Die seit der Aufklärung aus den Formen tradierter Erinnerung herausgewachsene moderne Geschichtsschreibung nimmt mit ihrer Distanz zum Gegenstand eine wichtige Rolle der Korrektur und Kritik ein. Zugleich kann die Dominanz eines an der Empirie orientierten historischen Wahrheitsverständnisses zu einer Abwertung des identitätsstiftenden Einrückens in eine Geschichte, die in jeder Generation neu vergegenwärtigt wird, führen. Wenn heute „[d]er Leser eines historischen Textes erwartet, daß der Autor ihm eine ‚wahre Erzählung' vorlegt und keine Fiktion",[28] dann gilt es, dass bei dieser Leseerwartung implizierte zu simple Verständnis von Wahrheit und Unwahrheit aufzudecken. Ähnliche Wertungen finden sich auch in exegetischen und historischen Untersuchungen. Sie müssen sprach- und sachkritisch auf ihre Prämissen, Ziele und Vorurteile (nicht zuletzt gegenüber dem Judentum) befragt werden. Jan Assmann kritisiert dezidiert die Kategorie der Fiktion, weil sie das Wahrheitsverständnis der Exodusüberlieferung verfehle:

Der Begriff der Fiktion verbietet sich für eine Geschichte, die höchste Verbindlichkeit und höchsten Erklärungswert – und in diesem Sinne ‚Wahrheit' – für die Gegenwart beansprucht, in der sie erzählt wird. Fiktional sind Erzählungen, bei deren Lektüre oder Anhören man sich entspannt zurücklehnen kann, weil sie keine Konsequenzen für gegenwärtiges Handeln haben. Genau das aber ist bei der Erzählung vom Auszug aus Ägypten nicht der Fall.

---

[27] Ebd.
[28] RICŒUR, PAUL, Geschichtsschreibung und Repräsentation der Vergangenheit (Konferenzen des Centre Marc Bloch [Berlin] 1) Münster/Hamburg/London 2002, 7.

Sie hat oder beansprucht enorme Konsequenzen für die Gegenwart. Sie erzählt von der Befreiung von Verhältnissen, wie sie immer und bis heute gegeben sind, zu einem neuen Verhältnis, das Freiheit und Fülle verheißt unter bestimmten Bedingungen, die es hier und heute zu erfüllen gilt. Das entspricht nicht dem, was die Literaturwissenschaft unter Fiktionalität versteht.[29]

Auch Paul Ricœur berichtet in seinen späten tagebuchartigen Skizzen davon, wie sehr ihn 2007 die Lektüre von Israel Finkelsteins und Neil Asher Silbermans *Keine Posaunen vor Jericho* überrascht hat.[30] Ricœur hatte in seinen früheren bibelhermeneutischen Schriften, die er auch als theologisch interessierter Protestant verfasste, an der oben erwähnten These von Rads festgehalten, dass die biblischen Grundbekenntnisse auf alte narrative Kerne zurückgehen.[31] Die heutige Spätdatierung aufgrund der archäologischen Befunde hat ihn aber nur kurz verunsichert. Indem er sie akzeptierte, betonte er zugleich, dass es historisch wie hermeneutisch am Ende vor allem um die Funktion gehe, die diese „Erfindung" in der Tora erfüllt: die einer spezifischen *politischen Theologie* in persischer Zeit. Ihrer Form wie ihrem Inhalt schreibt er eine uner-

---

[29] ASSMANN, Exodus, 390, wobei der Hinweis auf Fiktionalität als Kennzeichen für unterhaltende Literatur deutlich unterkomplex bleibt.

[30] FINKELSTEIN, ISRAEL/SILBERMAN, NEIL A., Keine Posaunen vor Jericho. Die archäologische Wahrheit über die Bibel, München 2002; vgl. dazu RICŒUR, PAUL, Lebendig bis in den Tod. Fragmente aus dem Nachlass. Französisch – Deutsch (PhB 614), Hamburg 2011, 108–117.

[31] Vgl. dazu etwa die Beiträge in RICŒUR, PAUL, An den Grenzen der Hermeneutik. Philosophische Reflexionen über die Religion, Freiburg/München 2008.

hörte „mythisch-poetische Kraft"[32] zu, weil sie nämlich „eine [sc. nachweisliche] Geschichte über eine fiktive Geschichte *begründet*" habe, zunächst die des Judentums.[33] Jan Assmann schlägt ganz ähnlich das Konzept der *Performativität* zur Erschließung dieser spezifischen Überzeugungskraft vor: „Die Exodus-Erzählung *schreibt* nicht Geschichte, sondern sie *macht* Geschichte."[34] Wie genau geschieht das?

3. Erinnerter Exodus als prägende Zeiterfahrung

3.1 *Pessach und Pessach-Haggada*

Der lange Abschnitt Ex 11–13,16, in dessen Zentrum in Ex 12 die Anweisungen für das Pessach enthalten sind, erzählt von der Situation in der Nacht des Auszugs aus Ägypten und ordnet für alle Folgezeit jährliche rituelle Handlungen des Erinnerns an. Wegen der Wichtigkeit der Ätiologie des Pessach ist er von mehreren literarischen Bearbeitungen durchzogen. Mir geht es darum, wie bereits in Ex 12 die Sinnlinien der späteren jüdischen Pessach-Haggadah angelegt sind und wie durch die angeordneten Handlungen des Essens und der Vorbereitung auf die Flucht das „Körper-Gedächtnis" zur Verankerung der Erinnerung aktiviert wird. Im jüdischen Seder („Ordnung" der abendlichen Familienfeier im Rahmen des Pessach) wird bekanntlich vor allem in den vier Kinderfragen

---

[32] Ricœur, Lebendig, 115.
[33] A.a.O., 117 (Hinweis in eckigen Klammern: FH; Hervorhebung im Original).
[34] Assmann, Exodus, 390 (Hervorhebung: FH).

die generationenübergreifende Aneignung herausgestellt. Jan Assmann schreibt zu dieser den ganzen Menschen aktivierenden Vergegenwärtigung: „Man könnte fast so weit gehen, von einer Umwandlung von semantischem Gedächtnis (was wir gelernt haben) in episodisches Gedächtnis (was wir erlebt haben) zu reden."[35]

Wenn das die Leistung des Ritus, in diesem Fall der zentralen Feier des Pessachmahls ist, so liegt es nahe, auch für die dunkle Seite des Geschehens dieser Nacht die leibhafte Verinnerlichung anzunehmen. Im Kontext der 10. Plage an Ägypten, der Tötung der männlichen Erstgeburt, reziprok zu dem, was zuvor der Pharao gegen Israel anordnet (vgl. Ex 1,16), erscheint die Pessachnacht auch als hochgradig ambivalent (Ex 12,11–14):

Und so sollt ihr es essen: eure Hüften gegürtet, eure Sandalen an euren Füßen und euer Stab in eurer Hand. Ihr sollt es in Eile essen. Ein Päsach ist es für JHWH. Und ich werde in dieser Nacht durch das Land Ägypten ziehen und alle Erstgeburt im Land Ägypten erschlagen, vom Menschen bis hin zum Vieh, und an allen Göttern Ägyptens werde ich Gerichte vollziehen. Ich bin JHWH. Das Blut aber [sc. mit dem zuvor die Türen bestrichen worden waren] wird für euch ein Zeichen sein an den Häusern, in denen ihr euch aufhaltet. Wenn ich das Blut sehe, werde ich von euch Abstand nehmen, und kein Schlag des Verderbens wird euch treffen, wenn ich das Land Ägypten schlage. Und dieser Tag soll euch zum Gedenktag werden und ihr sollt ihn als Fest für JHWH feiern von Generation zu Generation, als ewige Ordnung, sollt ihr ihn feiern.[36]

---

[35] A.a.O., 208.
[36] Übersetzung nach UTZSCHNEIDER, HELMUT/OSWALD, WOLFGANG, Exodus 1–15 (IEKAT), Stuttgart 2013, 246 (Erläuterung in eckigen Klammern: FH).

Es ist in die Vergegenwärtigung der Situation der Errettung zugleich das Bewusstwerden der eigenen Verschonung eingesenkt. Diese Spannung zwischen dem eigenen Überleben und dem Sterben der Ägypter hat in der späteren Pessach-Haggada einen doppelten Ort: Das Gebet *Dayenu* („Genug für uns") beginnt mit Aussagen, die die Ägypter als Mitmenschen würdigt: „Hätte Gott uns aus Ägypten herausgeführt, ohne das Urteil über Ägypten zu vollstrecken, wäre dies bereits genug für uns gewesen."[37] Aber im Licht der jederzeit möglichen erneuten Bedrohung jüdischer Menschen durch übermächtige Feinde heißt es:

Dies ist es, was unseren Vorfahren Kraft gegeben hat und auch uns Kraft gibt. Denn niemandem ist es je gelungen, uns völlig auszurotten. In jedem Zeitalter haben sich zwar viele gegen uns erhoben, aber Gott – Gottes Heiligkeit sei gepriesen! – hat uns aus ihrer Gewalt gerettet.[38]

Das ist sicher das Entscheidende an der Pessach-Nacht. In Ex 12 schwankt dabei die Identifikation des verschonenden Vernichters charakteristisch zwischen dem rettenden „Ich" JHWHs (Ex 12,12) und einer zweiten unheimlichen Größe, dem *mašḥīt* („Verderber") (Ex 12,23). Nach der berühmten Stelle Jes 45,7 schafft und wirkt JHWH, der einzige Gott, Licht *und* Finsternis, Gutes *und* Übles – aber keineswegs gleichgewichtig. In die besondere Beziehung zwischen Israel und JHWH sind von Anfang an neben der Errettung auch Erinnerungen an Traumatisches eingewoben. Zusätzlich zur entscheidenden Befreiung aus der Unterdrückung macht dieses dezidiert theologische Moment, dass Helles wie Dunkles auf den

---

[37] SHIRE, MICHAEL (Hg.), Die Pessach Haggada, Berlin ²2001, 28.
[38] A.a.O., 20.

einzigen Gott zurückgeht, ebenfalls die symbolische Prägnanz des Exodus aus. Es gibt dabei eine untergründige Parallele in der Erkenntnisstruktur von Trauma und Wunder.[39] Beides geht auf prinzipiell Undeutbares zurück, auf *Ereignisse im präzisen Sinn des Begriffs*. Sie bleiben zuletzt entzogen, was ihre spezifische Sinnbildung gerade bewusst macht. Das letztere nicht nur im semantischen, sondern auch im episodischen Körpergedächtnis geschieht (Pessach) bestimmt ihre Prägekraft.

3.2 Literarische Modi der Prägnanz: Exodus in Prosa und Poesie

Im Kompositionsbogen von Ex 1–15 folgt auf die Anweisungen für das Pessach der entscheidende Schluss des Geschehens, das Wunder am Schilfmeer. Zur Hervorhebung wird es zweifach vor Augen gestellt: Zunächst schildert ein Prosaabschnitt das Geschehen (Ex 13,17–14,31). Darauf antworten poetisch das große Moselied Ex 15,1–18 und das viel kürzere Miriamlied (Ex 15,21). Das Moselied ist ein Unikat, eine Art hymnischer Dankpsalm. Solche Texte setzen eigentlich den Tempelkult voraus. Indem es in die Ursituation des Rettungswunders zurückprojiziert wird, überschneiden sich Damals und Heute und initiieren auch hier für die erzählte Zeit bereits das *rituelle Erinnern* (s. 3.1). Vor dem Moselied muss man zuerst den Prosabericht betrachten, den es bereits vollständig voraussetzt. Ex 13,17–14,31 ist, wie bei einem so bedeutsamen Text zu erwarten, über mehrere literarische Schichten aufgebaut

---

[39] Vgl. HARTENSTEIN, FRIEDHELM, Jenseits von Sünde und Schuld. Zur Bewältigung des unerklärlichen Leidens in den Psalmen 6, 13 und 22, in: Judith Gärtner/Barbara Schmitz (Hg.), Resilienznarrative im Alten Testament (FAT 156), Tübingen 2022, 167–201.

worden. Eine Rekonstruktion führt hier zu überzeugenden Befunden, weil in sich lesbare Erzählfäden mit je eigenem Profil isoliert werden können. Das gilt jedenfalls für die beiden prägenden Versionen (eine ältere nicht-priesterliche und eine jüngere priesterschriftliche Erzählschicht):[40]

a) Nach der vermutlich älteren Version aus dem 7. Jahrhundert v.Chr. mit antiassyrischer Stoßrichtung befällt die Geflohenen, als sie sich am Schilfmeer ausruhen, große Furcht im Angesicht der Truppen des „Königs von Ägypten". Mose beruhigt das Volk im Namen JHWHs. Zwischen den Ägyptern und Israel manifestiert sich eine Wolkenbarriere, die auch das ägyptische Lager einhüllt und den Angriff während der Nacht verhindert. In der Dunkelheit lässt JHWH einen starken Ostwind wehen, der das Schilfmeer, offenbar eine Art Lagune, trockenlegt. Bei Morgenanbruch verwirrt er mittels einer Feuererscheinung die Ägypter, so dass sie fliehen und von den zurückkehrenden Wassern verschlungen werden (Ex 14,30): „Und so errettete JHWH Israel an jenem Tag aus der Gewalt (wörtl. Hand) Ägyptens und Israel sah Ägypten tot am Meeresufer liegen." Auf das pure Sehen des Er-

---

[40] Ich folge bei meiner Darstellung für die literarkritische Analyse von Ex 13,17–14,31 vor allem KRÜGER, THOMAS, Erwägungen zur Redaktion der Meerwundererzählung (Exodus 13,17–14,31), ZAW 108 (1996), 519–533; vgl. im Weiteren GERTZ, JAN CHRISTIAN, Tradition und Redaktion in der Exoduserzählung (FRLANT 186), Göttingen 2000, 189–232; BLUM, ERHARD, Studien zur Komposition des Pentateuch (BZAW 189), Berlin/New York 1990, 256–262; siehe aber auch synchron die Erklärung von JACOB, BENNO, Das Buch Exodus, Stuttgart 1997, 391–426; vgl. zur diachronen Analyse auch die neueren Kommentare von UTZSCHNEIDER/OSWALD, Exodus 1–15, 297f.; ALBERTZ, RAINER, Exodus 1–18 (ZBK.AT), Zürich ²2017, 224–236.

gebnisses, *nicht* des Ereignisses selbst, folgt mit dem Erzählschluss V.31 noch eine Erweiterung, die zum Moselied Ex 15 überleitet: „So sah Israel die große Gewalt (wörtl.: Hand), die JHWH getan hatte an Ägypten. Da fürchtete das Volk JHWH und sie vertrauten auf JHWH und auf Mose, seinen Diener." Die Wahrnehmung des „Wunders" führt also zum furchtsamen Staunen, einer Unterbrechung des Stroms des Sinns, die in Vertrauen einmündet. Doch wie es die ab Ex 15,22 anschließenden Wüstenerzählungen lehren, bleibt dieses Vertrauen prekär.

Ich halte für die erste Version fest: *Was* genau geschah, bleibt unanschaulich und undurchdringlich. Gott selbst sorgt dafür. Aber die Konsequenzen sollen genau gesehen und verarbeitet werden. Das Moment der *inhärenten Anregung zur Deutung*, das der Erzählung hier innewohnt, wird in V.31 ausdrücklich durch die Abfolge von *Sehen – Furcht Empfinden – Vertrauen* betont.

b) Die zweite, jüngere Version aus dem 6./5. Jahrhundert v.Chr., der frühpersischen Zeit, gehört der definierenden Schicht der fünf Bücher Mose an, der sogenannten Priesterschrift. Sie spannt einen großen Bogen von der Weltschöpfung (Gen 1) bis mindestens zu Gottes Einwohnung im neu gebauten Wüstenheiligtum (Ex 34). Ihre großen Bilder für das Meerwunder reichen bis in die Kultur der Gegenwart.[41] Der Pharao, so die Bezeichnung des Herrschers in dieser Schicht, verfolgt Israel, weil Gott selbst ihn dazu angetrieben hat, indem er seinen Verstand vernebelt („verstockt") hat. Das Ziel ist die „Verherrlichung" Gottes gegenüber dem angemaßt gottgleichen

---

[41] Vgl. etwa die Spielfilme *Die Zehn Gebote* von Cecil B. de Mille (1923 und 1956) oder *Exodus: Gods and Kings* von Ridley Scott (2014).

Machthaber. Subjekt der Verfolgung ist zunächst ausdrücklich nur der Pharao (sein Heer ist mitzudenken). Damit nimmt die Darstellung visuelle Konventionen ägyptischer und altorientalischer Bildpropaganda auf. Angesichts der Übermacht schreit das Volk um Hilfe. Gott macht Mose vorab seinen Plan bekannt, der nach den vorausgehenden Plagen auf die endgültige Erkenntnis JHWHs durch Ägypten abzielt (Ex 14,15–18). Mose spaltet auftragsgemäß das Meer. Es bildet sich eine trockene Straße, auf der das Volk hindurch zieht, „die Wasser aber waren für sie eine Mauer, zu ihrer Rechten und zu ihrer Linken" (V.22). Als die Verfolger nachsetzen, werden sie alle von den Wassermassen verschlungen, nachdem Mose erneut seinen Stab gehoben hat und die Wasser zurückströmen (V.26.28).

Ich halte zur zweiten Version fest: Hier ist das „Was" des Geschehens breit ausgeleuchtet, ein *Wunder vor aller Augen*. Es ist der transzendente Schöpfergott von Gen 1, der erneut seine Macht über die Elemente und ihre Ordnungen erweist (vgl. Gen 1,9–10). Zugleich ist der Text ein Manifest ausdrücklich *politischer Theologie*: Das Ganze geschieht nicht nur um Israels willen, sondern vor allem als Machterweis des einzigen handlungsfähigen Gottes vor allen Völkern. Es stehen sich zwei Könige gegenüber, von denen nur einer der Herrscher der Welt ist. Diese Version verschärft die Prägnanz des Ereignisses durch eine ebenso *theokratische wie universale Dimension*.

c) Das Moselied Ex 15 schließlich hebt den Bericht beider Erzählversionen noch einmal auf eine neue Ebene:[42]

---

[42] Zur Analyse und Interpretation des Moseliedes Ex 15,1–18, einem Psalm außerhalb des Psalters, vgl. BARTELMUS, RÜDIGER, „Schriftprophetie" außerhalb des corpus propheticum – eine unmögliche Möglichkeit? Das Mose-Lied (Ex 15,1–21) als deutero

Mose, der Prophet, vermag in seinem Respons auf das Schilfmeerwunder die Weltzeit zu überschauen, in der JHWH seine Pläne mit Israel verwirklicht und die er als „König von fernster und für fernste Zeit" umgreift (Ex 15,18). Das Meerwunder hat eine schöpferisch-urzeitliche Dimension. Ein für alle Mal weist der Gott der Ordnung alles Chaotische in seine Schranken. Es findet sich auch hier eine Übertragung imperialer Ikonographie auf Gottes Handlungsrollen (V.6):[43] „Dein rechter Arm, JHWH, Herrlicher in Kraft, dein rechter Arm zerschmettert den Feind, deine Hoheit ist so groß, du reißt deine Widersacher nieder!" Das gilt zeitenthoben, damals, jetzt und in alle Ewigkeit. Jeder Selbstermächtigung, jeder niederen

---

jesaianisch geprägtes „eschatologisches Loblied", in: Friedhelm Hartenstein/Jutta Krispenz/Aaron Schart (Hg.), Schriftprophetie, Festschrift für Jörg Jeremias zum 65. Geburtstag, Neukirchen-Vluyn 2004, 55–82; als Überblick zur Debatte um die Datierung (zwischen uralt [stellvertretend: CROSS, FRANK MOORE, The Song of the Sea, in: Ders., Canaanite Myth and Hebrew Epic, Cambridge, MA/London ⁹1997 (1971), 121–144] und nachpriesterschriftlich [stellvertretend: BRENNER, MARTIN L., The Song of the Sea, Ex 15:1–21 (BZAW 195), Berlin/New York 1991]) vgl. UTZSCHNEIDER/ OSWALD, Exodus 1–15, 339–341). Für eine inhaltliche Synthese unter Einbeziehung umfangreicher Literatur vgl. IRSIGLER, HUBERT, Gottesbilder des Alten Testaments. Von Israels Anfängen bis zum Ende der exilischen Epoche, Bd. 1, Freiburg/Basel/Wien 2021, 238–257. Zur Traditionsgeschichte siehe auch JEREMIAS, JÖRG, Das Königtum Gottes in den Psalmen. Israels Begegnung mit dem kanaanäischen Mythos in den Jahwe-Königs-Psalmen (FRLANT 141), Göttingen 1987, 93–106.

[43] Vgl. zur Verschränkung von Bildlichkeit und Narrativität an dieser Stelle HARTENSTEIN, FRIEDHELM, Ikonizität und Narrativität. Drei Fallbeispiele zu antiken kulturellen Grundtexten (Gilgamesch, Ilias, Exodus), in: Michael Moxter/Markus Firchow (Hg.), Die Zeit der Bilder. Ikonische Repräsentation und Temporalität (HUTh 73), Tübingen 2018, 118–143, hier 136–143.

Regung zur Verfolgung und Ausbeutung Schwächerer setzt Gott Grenzen. Geradezu anthropologisch allgemein wird dazu die Stimme eines anonymen Feindes zitiert, die ausspricht, was Herrschende aller Zeit antreibt (Ex 15,9): „Ich will verfolgen, will einholen, will Beute verteilen, es soll sich stillen an ihnen meine Gier, ich will zücken mein Schwert, es soll sie ausrotten meine Hand!"

Hier ist angelegt, was auch in der viel späteren Pessach-Haggada steht: Jederzeit und an jedem Ort vermag sich Gott gegen derartige Vernichtungsabsichten der Feinde zu wenden (s. 3.1). Ex 15 nennt auch JHWHs Beweggründe dafür. Er hat schon in der Urzeit den Zionsberg zum Ort seiner Wohnstätte und seines Thrones erwählt. Dort soll das gerettete Israel sein Gegenüber als Kultgemeinde werden (Ex 15,17). JHWHs doppelte Erwählung von Ort und Volk ist also die Grundlage. So fließen in der Abfolge von Ex 13,17–14,31 und Ex 15 *Ereignis, Erinnerung und Erwartung* ineinander. Nicht umsonst gilt das Moselied als die Antwort Israels auf Gottes Taten schlechthin, als das „Lied der Lieder".[44] Es wird in hebräischen Bibelmanuskripten seit der Antike mit einem speziellen Layout, einer festgefügten Mauer, wiedergegeben, die vielleicht als Denkmal für die Wassermauern beim Meerwunder gedacht ist.[45]

---

[44] Vgl. zur jüdischen Wirkungsgeschichte von Ex 15 als dem paradigmatischen Psalm Israels und des Judentums ZIMMERMANN, HEIDY, Tora und Shira. Untersuchungen zur Musikauffassung des rabbinischen Judentums (Publikationen der Schweizerischen Musikforschenden Gesellschaft II/40), Bern u. a. 2000, 232–233.

[45] Dazu siehe ZIMMERMANN, Tora und Shira, 273–277.

3.3 Exodus als Modell für Erwartungen

Nur kurz möchte ich darauf hinweisen, wie die Geschichtstheologie des zweiten Teils des Buches Jesaja, die eine innerbabylonische Auseinandersetzung um die Deutung des Aufstiegs Kyros II. zur Weltherrschaft ab 650 v.Chr. spiegelt, das Exodusnarrativ aufgreift:[46] Die Herausführung aus Ägypten und die Hineinführung ins verheißende Land wird als geschichtsdivinatorisches Modell für die Rückkehr der nach dem Untergang Jerusalems nach Südmesopotamien deportierten Judäer verwendet. Ganz im Geist des Schilfmeerliedes mit seinen überzeitlichen Aussagen über Gottes Rettungsmacht (s. 3.2c) sagt die anonyme Prophetenstimme voraus, dass zunächst JHWH selbst zu den Seinen aus der Verborgenheit während des Exils zurückkehren wird. Er hatte sich, so der Prolog des Deuterojesaja, im Zorn über die Vergehen des Volkes lange von Jerusalem abgewandt (Jes 40,1–2). Nun aber wird er wie ein guter Hirte sein Volk zurückführen (Jes 40,9–11; 52,7–10). Dabei spielen vor allem mythische, das Frühere noch überbietende Metaphern eine Rolle (Jes 43,10–17; 41,17–20). Der Weg durch die Wüste wird einem Triumphzug gleichen, das Ödland wird dafür in einen pa-

---

[46] Vgl. dazu immer noch ausführlich KIESOW, KLAUS, Exodustexte im Jesajabuch. Literarkritische und motivgeschichtliche Analysen (OBO 24), Fribourg (Schweiz)/Göttingen 1979; außerdem z.B. BERGES, ULRICH, Das Buch Jesaja. Komposition und Endgestalt (HBS 16), Freiburg u.a. 1998, 331–333; HERMISSON, HANS-JÜRGEN, Deuterojesaja, Bd. 3. Jesaja 49,14–55,13 (BK.AT XI/3), Göttingen 2017, 81–86 (zu Jes 50,2b-3).222–230 (zu Jes 51,9–10); zusammenfassend siehe z.B. SCHMIDT, WERNER H., Alttestamentlicher Glaube, Neukirchen-Vluyn ⁸1996, 54–58; SCHMID, KONRAD, Theologie des Alten Testaments (Neue Theologische Grundrisse), Tübingen 2019, 284f.

radiesischen Garten verwandelt (Jes 41,17–20). Und man soll auch nicht mehr – wie in der Pessachnacht – „in Eile" ausziehen (Jes 52,12 mit Bezug auf Ex 12,11, s. 3.1).

4. Geheimnis der Freiheit: Gebot und Spur

Ich habe bewusst bisher einiges über den Exodus „als zeichengebendes Ereignis" gesagt (s. 2), aber nur wenig über die mit ihm verbundene Konzeption von Freiheit und deren spezifisches Anregungspotential. Das soll nun noch in ganz groben Strichen geschehen.

Zunächst ist festzustellen, dass es im biblischen Hebräisch weder für Freiheit als Abstraktum, noch für „befreien" als Verb ein direktes sprachliches Äquivalent gibt. Erst im rabbinischen Hebräisch wird dafür das Wort *ḥērūt* eingeführt. Vor allem, das sollten die vorigen Ausführungen deutlich gemacht haben, wird Freiheit im Rahmen der Exoduserzählung wie der Exodustradition *nicht aus der Perspektive menschlichen Handelns* verstanden (trotz Ex 2,11–15 mit der Tat Moses gegen den Aufseher). Sie ist, will man von ihr im Sinne der besonderen symbolischen Prägnanz der Exodusmotivik sprechen, auch *keine politische Kategorie*, die gesellschaftlich direkt zu sichern oder herzustellen wäre. Insofern halte ich aufgrund der Gefahr von Fehlassoziationen eine zu betonte Verwendung des (modernen) Freiheitsbegriffs zur Deutung des Exodusnarrativs, wie sie sich bei manchen Exegetinnen und Exegeten findet, für kritikwürdig.[47] Auch ein Ge-

---

[47] Vgl. zu einem (zu) emphatischen Freiheitsbegriff mit Blick auf die Interpretation der Exodusmotivik exemplarisch: CRÜSEMANN, Freiheit, 193–209.

brauch als Beschreibungsbegriff zur Erfassung des alttestamentlichen Rechts im Sinne von politischer „Souveränität", „Bürgerrechten" oder „Menschenrechten" erscheint mir anachronistisch.[48] Was biblische Texte dagegen sehr häufig benennen, sind Erfahrungen der *Mühsal, Last und Unterdrückung*, die Menschen, allen voran Herrschende, anderen Menschen zumuten, vorrangig denen, die nicht in der Solidar- und Rechtsgemeinschaft auf Hilfe bauen können (sog. *personae miserae*: Sklaven, Fremde, Witwen und Waisen). Das biblische Recht betont hierzu oft die Fürsorgepflicht der rechtsfähigen und ökonomisch unabhängigen Mitglieder der Gemeinschaft. Begründet wird das auch ausdrücklich mit der Erfahrung der einstigen Existenz in Ägypten (vgl. z. B. Ex 22,20; 23,9; Dtn 15,12–15; 16,12; 24,17–18.20–22).

Die Herausführung aus Ägypten ist fundamental fremdbestimmt, sie ist kein Akt der Selbstbefreiung. Dieses von außen erfahrene Bestimmtsein ist zugleich ein Vorgang der *Verpflichtung*. Im spezifischen Handeln Gottes ist ein Grundgebot mitgesetzt, das zur Antwort auf Gott und die Mitmenschen ruft. Franz Rosenzweig hat im *Stern der Erlösung* (1921) das *Sch^{e}ma Jisrael* in Dtn 6,4–5 so gedeutet, dass dort zur Liebe Gottes (und implizit auch des Nächsten, vgl. Lev 19,18) aufgefordert wird, indem Israel sich in der Anrede und in ihrer Ermöglichung im Exodus immer schon vorgängig als *bereits geliebt* erfährt.[49] Freiheit gründet biblisch nicht im autonomen Subjekt, sondern wird von „woanders her" bestimmt.

---

[48] Diese Begrifflichkeit findet sich zur Erläuterung der biblischen Gehalte jetzt z. B. bei OSWALD, WOLFGANG, Freiheit und Befreiung, in: Jan Dietrich u. a. (Hg.), Handbuch Alttestamentliche Anthropologie, Tübingen 2024, 332–334.

[49] Vgl. ROSENZWEIG, FRANZ, Der Stern der Erlösung, hg. von

Die sich mit dem Exodus verbindende Verpflichtung manifestiert sich im Widerfahrnis einer Tat „von außen". Sie ist ein wortloses Urgebot.[50] Es geht vor allen Einzelgesetzen um die Erinnerung an das Verdanktsein der eigenen Existenz.

Exodus und Sinai, Rettung und Verpflichtung, sind *eine Einheit*, zwei Seiten einer Medaille. Christoph Menke formuliert treffend mit Bezug auf Rosenzweig und Lévinas: „genau deshalb, weil es unbedingt – also nicht gesetzlich – verpflichtend ist, ist das religiöse Gebot befreiend."[51] Menke bedenkt in seiner *Theorie der Befreiung* dieses biblisch begründete Geheimnis der Freiheit (meine Worte) auch als mögliche Aporie: Das ursprüngliche Gebot könne niemals der „Bestimmtheit, Allgemeinheit, Sozialität" entkommen.[52] Er verweist in diesem Zusammenhang zu Recht auch auf „die mystische Erfahrung", gerade des Judentums, als einen anderen Weg.[53] Auch wenn er diesen ebenfalls kritisiert, trifft er m.E. genau die *besondere Prägnanz des Exodusereignisses* in seinen biblischen Vermittlungsgestalten, wenn er als Voraussetzung für das Hören auf das *Sehen des Unverfügbaren* verweist (s. 3.2 zu Ex 14,30f.): „Vor der gebietenden, unbedingt fordernden Anrede steht die wundersame Erschei-

---

Reinhold Mayer (Bibliothek Suhrkamp), Frankfurt a.M. 1988 (1921), 196f.
[50] Vgl. die Abfolge der Präambel zum Dekalog und des anschließenden 1. Gebots (Ex 20,2–3): „Ich bin JHWH, dein Gott, der dich aus dem Land Ägypten geführt hat, aus dem Haus der Knechtschaft. Du sollst keine anderen Götter haben neben mir."
[51] MENKE, CHRISTOPH, Theorie der Befreiung, Berlin 2022, 382.
[52] A.a.O., 694.
[53] Ebd.

nung. [...] Die Religion der Befreiung setzt eine Ästhetik der Befreiung voraus."⁵⁴

Ich möchte das aufnehmen und zum Schluss in der Perspektive der Hebräischen Bibel noch einmal an einem weiteren Beispiel knapp illustrieren. In dem perserzeitlichen reflektierenden Psalm 77 artikuliert ein betendes „Ich" stellvertretend für die Erinnerungsgemeinschaft tiefste Zweifel an der Gültigkeit der gründenden Ereignisse, der „Wundertaten".⁵⁵ Der Beter spricht distanziert über Gott: „Ist zu Ende seine Gemeinschaftstreue? Hat aufgehört sein Wort Generation um Generation"? (V.9) Doch er unternimmt einen zweiten Anlauf, um sich der einst gestifteten Verbindung Gottes zu seinem Volk und damit auch zu seinem eigenen Selbst zu vergewissern. Er orientiert sich dafür nicht zufällig an der Exoduserzählung, vor allem an der oben behandelten Schilfmeer-Erzählung und dem Moselied. Er beginnt damit, dass Gott, den er nun

---

⁵⁴ MENKE, Theorie, 571 (dort auf die wunderhafte Erscheinung des brennenden Dornbuschs in Ex 3 bezogen).

⁵⁵ Vgl. zu den *niphlā'ōt* „Wundern" als der zu erinnernden und dem Verstehen bleibend aufgegebenen Tradition von JHWHs Schöpfungs- und Rettungstaten JEREMIAS, Theologie, 90; HARTENSTEIN, FRIEDHELM, Wunder im Alten Testament. Zur theologischen Begrifflichkeit für das Außerordentliche in der Hebräischen Bibel (*pl'*, *pälä'* und *nifla'ot*), in: Elisabeth Gräb-Schmidt/Reiner Preul (Hg.), Wunder (MJTh 125), Leipzig 2016, 1–30. Zu Ps 77 als einem paradigmatischen Text für die entsprechende gedankliche Arbeit vgl. WEBER, BEAT, Psalm 77 und sein Umfeld. Eine poetologische Studie (BBB 103), Weinheim 1995; GÄRTNER, JUDITH, Die Geschichtspsalmen. Eine Studie zu den Psalmen 78, 105, 106, 135 und 136 als hermeneutische Schlüsseltexte im Psalter (FAT 84), Tübingen 2012, 104–110; HARTENSTEIN, FRIEDHELM, „May my Musings Please Him" (Psalm 104:34). On the Transformation of Inner Self-Awareness in Wisdom Psalms, Dead Sea Discoveries (DSD) 28, 2021, 299–340, hier 311–317.

wieder direkt adressiert, seine Wege „in Heiligkeit" geht, also – modern gesprochen – transzendent und opak (V.14). Mit dieser Einsicht richtet der Beter seinen Blick auf das Meerwunder. Zunächst reformuliert er das dort einst erfahrene Eingreifen Gottes als kosmische Theophanie. JHWH hat mit der Macht des Gewitters die chaotischen Gegner, verkörpert durch die Urwasser, für immer in ihre Schranken verwiesen (V.17).[56] Im Anschluss daran formuliert der Psalm in bewusster Weiterarbeit an der Prägnanz des Meerwundersymbols die Erkenntnis, dass dessen Kern das *Phänomen der „Spur"* bildet.[57] Ein starkes Symbol für das Vergehen der Zeit und die Unerkennbarkeit dessen, was genau geschah. Es wird in Ps 77,20 an einem althergebrachten Anthropomorphismus für JHWH, der Königsmetapher, identifiziert. Nur im Vorübergehen des Chaosbezwingers erscheint die Spur ganz kurz und verbirgt sich sogleich im wirbelnden Wasser. Gott bleibt ebenso unerkennbar wie unauslotbar. Dennoch liegt gerade in jenem Aufscheinen und Vergehen der Spur Israels

---

[56] Vgl. zum Traditionshintergrund der Theophanieschilderung in Ps 77,17–20 JEREMIAS, JÖRG, Theophanie. Die Geschichte einer alttestamentlichen Gattung (WMANT 10), Neukirchen-Vluyn ²1977, 26–28; MÜLLER, REINHARD, Jahwe als Wettergott. Studien zur althebräischen Kultlyrik anhand ausgewählter Psalmen (BZAW 387), Berlin/New York 2008, 43–63.

[57] Siehe dazu RICŒUR, PAUL, Wege der Anerkennung. Erkennen, Wiedererkennen, Anerkanntsein, Frankfurt a.M. 2006, 147: „Ich halte lediglich fest, daß sich das Rätsel der bildlichen Gegenwart einer abgeschlossenen Vergangenheit durch die Idee der Spur noch verdoppelt: Alle Spuren sind ja in der Gegenwart, und es liegt an dem sie interpretierenden Denken, daß die Spur für eine Spur von … gehalten wird […] und damit den höchst paradoxen Status erhält, Effekt eines auslösenden Impulses zu sein, dessen Zeichen sie zugleich sein soll: eine Wirkung, die Zeichen ihrer Ursache ist – darin liegt das Rätsel der Spur."

Rettung und Erwählung beschlossen (V.20–21): „Im Meer war dein Weg und deine Pfade in mächtigen Wassern. Und deine Tritte/Fußspuren (*'iqᵉbōt*) – nicht wurden sie erkannt. Du (aber) hast geleitet wie Kleinvieh dein Volk durch die Hand Moses und Aarons."

Teil 2:

Die Anwendung auf 1989

„Revolution" oder „Wende"?

Zur Semantik des Umbruchs 1989/90[*]

Martin Sabrow

„1989" stellt fraglos eine welthistorische Zäsur dar. Niemand, der alt genug war, um die Dramatik dieser Wochen und Monate erfahren zu können, wird vergessen haben, wo er an dem Abend war, an dem die Berliner Mauer fiel. Ihr Fall und die Überwindung der kommunistischen Diktaturen in Europa sind so fest im gesellschaftlichen Gedächtnis verankert wie der Sturm auf die Bastille in Paris 1789 und der Sturm auf das Petrograder Winterpalais 1917.

Folgerichtig wurde das Datum des 9. November nach 1989 in Deutschland zu einem jährlich festlich begangenen Erinnerungsdatum, dessen vorläufigen Höhepunkt das 25-jährige Jubiläum des Mauerfalls 2014 darstellte. Hunderttausende erlebten allein in Berlin ein Lichterfest, das mit zahllosen in den Himmel aufsteigenden Heliumballons zugleich die euphorische Leichtigkeit aufsteigen ließ, mit der ein Vierteljahrhundert zuvor das eben noch unüberwindlich scheinende Bollwerk der Unfreiheit überwunden worden war.

---

[*] Der Beitrag fasst Überlegungen zusammen, die ich anderswo ausführlicher entwickelt habe. Vgl. SABROW, MARTIN, „1989" als Erzählung, in: APuZ 69 (2019) 35–37, 25–33; ders., „Mythos ‚1989'", in: Martin Sabrow/Tilmann Siebeneichner/Peter Ulrich Weiß (Hg.), 1989 – Eine Epochenzäsur?, Göttingen 2021, 9–32.

Seither und besonders mit der Zeitenwende der Jahre seit 2015 hat das Freiheitsfest an Bedeutung eingebüßt, mit dem die vereinigte Bundesrepublik sich ihrer liberalen Siegesgeschichte vergewisserte; angesichts der Migrationskrise, der Globalisierungskrise, der Demokratiekrise ist der deutschen Freiheitserzählung die Farbigkeit abhandengekommen, die noch die Konzeption der Ringvorlesung „Geschichtszeichen der Freiheit" motivierte. Diese neue Distanz eröffnet zugleich aber auch die Chance, genauer hinzuschauen, welche Formungskräfte unser Bild des Umbruchs von 1989 bis heute prägen.

1. Zeitgenössische Zielvorstellungen der bürgerrechtlichen Opposition

Bemerkenswert ist schon, in welchem Maß rückblickend die Unterschiede zwischen den zeitgenössischen Zielvorstellungen und den historischen Ergebnissen eingeebnet wurden. Unmittelbare Beobachter der radikalen Veränderungen in Ostdeutschland und der von ihr ausgelösten Aufbruchsstimmung zeigten sich gegen Ende 1989 vielfach noch ganz selbstverständlich davon überzeugt, dass die Erneuerung auf eine sozialistisch inspirierte Alternative zur Konsumgesellschaft in der Bundesrepublik hinziele, die Stalinismus und Thatcherismus gleichermaßen hinter sich lassen wolle. Auch wenn die einzelnen oppositionellen Gruppen die Vision eines „Dritten Weges" mit erheblichen Abstufungen verfolgten, steht außer Frage, dass die regimekritische Bewegung der achtziger Jahre in der DDR sich insgesamt stärker an einem alternativen Sozialismus als an einer Alternative zum Sozialismus orientierte.

Die immer stärkere Erosion des diktatorischen Machtgebäudes im Herbst 1989 nährte unter Oppositionellen wie SED-Reformern die Hoffnung, dass in der DDR „der Untergang des dogmatischen und bürokratischen Sozialismus und der Anfang des wahren, des schöpferischen Sozialismus" bevorstünde.[1] Die aus einer Gewerkschaftsversammlung im Deutschen Theater Berlin hervorgegangene Demonstration der „Kunst- und Theaterschaffenden" am 4. November auf dem Berliner Alexanderplatz mobilisierte Hunderttausende und wurde zur massenwirksamsten Manifestation eines verbesserlichen Sozialismus in der Geschichte der DDR überhaupt. Die Kundgebung blieb vielen Beteiligten als „das zentrale Erlebnis der Wendezeit" im Gedächtnis[2], und der in ihr zum Ausdruck kommende Schulterschluss zwischen Opposition, SED-Reformern und Bevölkerung ließ die Verwirklichung der alten Utopie des „Dritten Weges" zum Greifen nahe erscheinen.

Selbst einem so einschneidenden Ereignis wie dem Fall der Mauer fünf Tage später kam im Horizont dieses Aufbruchsdenkens verbreitet nur beiläufige Bedeutung zu. Weit wichtiger war in ihm der von einer Million DDR-Bürgern unterzeichnete Aufruf „Für unser Land" vom 26. November 1989, der die Vision einer „sozialistischen Alternative zur Bundesrepublik" beschwor und davor warnte, dass „ein Ausverkauf unserer materiellen und moralischen Werte beginnt und über kurz oder lang die Deutsche Demokratische Republik durch die Bundesre-

---

[1] SCHORLEMMER, FRIEDRICH, Träume und Alpträume. Einmischungen 1982–1990, Berlin 1990, 49.
[2] KLINZING, LARISSA, Mein eigenwilliges Gedächtnis. Spannende Tage an der Humboldt-Universität, in: blz. Zeitschrift der GEW Berlin 62(77) (2009) 11, 11–12, hier 11.

publik Deutschland vereinnahmt wird".[3] In der Erarbeitung einer neuen, betont plebiszitären und sozialrechtlichen DDR-Verfassung, in der das SED-Emblem von Hammer und Sichel durch das oppositionelle Friedenszeichen „Schwerter zu Pflugscharen" ersetzt werden sollte, schien der Traum einer politischen Zukunft jenseits der Alternative von diktatorischem Sozialismus und rheinischem Kapitalismus konkrete Gestalt anzunehmen – und sollte doch von der Wirklichkeit der politischen Umstände sofort wieder in Luft aufgelöst werden: Im März 1990 entzog der Ausgang der Volkskammerwahlen mit der vollständigen Marginalisierung der Bürgerrechtsbewegung und dem grandiosen Sieg der vereinigungsorientierten Allianz für Deutschland solchen Träumen die politische Handlungsgrundlage und ließ nicht nur Bärbel Bohley um „die verlorene Chance" trauern, „dass hier wirklich etwas hätte entstehen können, was ganz neu ist in der Welt".[4]

Von der eigenen Bevölkerung abgelehnt und ohne Widerhall in West wie in Ost, konnte ein „Dritter Weg", dem sich alleine noch ausgerechnet die gerade gestürzte Diktaturpartei verpflichtet fühlte, keine politische Option der bürgerrechtlichen Bewegung mehr sein. Bei vielen Oppositionellen der späten DDR wurde der identitätsstiftende Glauben an eine sozialistische Erneuerung der DDR binnen kurzer Zeit zur Scham über die „peinliche Utopisterei".[5] Der „Dritte Weg" einer demokratisch erneuerten DDR wurde in der Folge denn auch kein Erinnerungsort

---

[3] Für unser Land, in: Neues Deutschland, 29.11.1989.
[4] Zit. n. JARAUSCH, KONRAD H., Die unverhoffte Einheit: 1989–1990, Frankfurt am Main 1995, 180.
[5] GEHRKE, BERND, 1989 und keine Alternative?, in: ders./Wolfgang Rüddenklau (Hg.), ... das war doch nicht unsere Alternative.

der jüngsten Zeitgeschichte. Stattdessen setzte sich eine Engführung von Revolution und Wiedervereinigung durch, die in den Worten Bundesinnenminister Seehofers zum 30jährigen Jubiläum des Mauerfalls 2019 „auch den Menschen eine Stimme" geben wollte, „die auf dem Land für ein vereintes Deutschland gekämpft haben. Die Geschichte der Friedlichen Revolution ist die Geschichte aller Menschen in Deutschland und Europa."[6] In einer solchen heroisierenden Erzählung von Selbstbefreiung und freiwilligem Beitritt schrumpfen zeitgenössische Zielvorstellungen einer sozialistischen und demokratischen DDR zum realitätsfernen Hirngespinst von randständigen Sonderlingen, die während des Umbruchs den Kontakt zur Bevölkerung verloren hätten. Sie werden überstrahlt von einer Mythenbildung, die die friedliche Revolution als Auftakt der deutschen Wiedervereinigung interpretiert, wie etwa eine Erklärung von ehemaligen DDR-Bürgerrechtlern 2019 postulierte: „Mit der Wiedervereinigung erfüllten sich die Ziele der Revolution: Demokratie, Freiheit, Rechtsstaatlichkeit, offene Grenzen, ein geeintes Europa und Wahrung der Menschenrechte."[7]

DDR-Oppositionelle zehn Jahre nach der Wende, Münster 1999, 417–440, hier 430.

[6] 30 Jahre Friedliche Revolution und Deutsche Einheit. Pressemitteilung der Bundesregierung, 9.10.2019, https://www.bmi.bund.de/SharedDocs/pressemitteilungen/DE/2019/10/30jahre-FR-BReg-laedt-ein.html (4.10.2024).

[7] Nicht mit uns: Gegen den Missbrauch der Friedlichen Revolution 1989 im Wahlkampf. Offene Erklärung, 9.11.2019, https://www.havemann-gesellschaft.de/fileadmin/robert-havemann-gesellschaft/aktuelles/2019/Offene_Erklaerung_AFD/Offene_Erklaerung__Nicht_mit_uns__aktualisierte_Fassung_vom_9._September_2019_.pdf (4.10.2024). Ebenso argumentiert der Theologe und Bürgerrechtler Ehrhart Neubert in seiner Betrachtung der friedli-

2. Deutungskämpfe um „Wende" und „Revolution"

In diesem Rahmen einer teleologisch gefärbten Engführung von Umsturz und Vereinigung entwickelte sich ein bis heute anhaltender Bemächtigungskonflikt, in dem Inhaberrechte und Deutungsansprüche über den Umbruch von 1989/90 verhandelt werden. Lange Zeit dominierte in ihm ein semantischer Streit um die angemessene Bezeichnung der Vorgänge, die zum Sturz der SED-Herrschaft führten. Im Ringen um diese Deutungsmacht war zunächst der neugewählte SED-Generalsekretär Egon Krenz erfolgreich, der sich in seiner ersten Fernseh- und Rundfunkansprache am Abend des 18. Oktober 1989 mit der Ankündigung eines Neuanfangs von seinem Vorgänger abzusetzen versuchte: „Mit der heutigen Tagung werden wir eine Wende einleiten, werden wir vor allem die politische und ideologische Offensive wiedererlangen."[8]

Dieser Versuch, im Umbruch das Steuer des Staatsschiffs in der Hand zu halten, scheiterte bekanntlich bin-

---

chen Revolution: „Für die Deutschen ist sie schon deshalb etwas Einzigartiges, da es die erste Revolution war, die erfolgreich die Ideen von Freiheit und Nation miteinander verband. Unmittelbar und ohne Umwege ging aus ihr die Bundesrepublik als ein geeinter Nationalstaat hervor. Schon deswegen ist sie ‚unsere Revolution'. Aber auch weil sie sich im Zusammenhandeln und -wirken von West und Ost vollzog und vollendete." NEUBERT, EHRHART, Unsere Revolution. Die Geschichte der Jahre 1989/90, München 2008, 13.

[8] Rede des Genossen Egon Krenz. Generalsekretär des Zentralkomitees der SED, in: Neues Deutschland, 19.10.1989. Mit der angesprochenen Tagung war die 9. Tagung des ZK der SED am 18.10.1989 gemeint, auf der Erich Honecker als Generalsekretär des ZK der SED, Vorsitzender des Staatsrates der DDR sowie von weiteren politischen Funktionen zurücktrat.

nen weniger Wochen. Das Wendemanöver der erneuerten SED-Führung ähnelte eher einer kopflosen Halse und verlor von Tag zu Tag deutlicher den Anschluss an die machtvoll ausgreifende Aufruhrstimmung. Als Christa Wolf am 4. November 1989 vor Hunderttausenden auf dem Berliner Alexanderplatz ihre ‚Schwierigkeiten mit dem Wort Wende' bekannte und lieber „von ‚revolutionärer Erneuerung' sprechen" wollte,[9] war das polare Begriffspaar geboren, das als Konkurrenz von Wendegedächtnis und Revolutionsgedächtnis den narrativen Umgang mit dem Epochenjahr im Weiteren prägen sollte.

Alltagssprachlich etablierte sich nicht der pathoshaltigere Revolutionsbegriff, sondern der nüchternere Wendebegriff. Seiner taktischen Funktion in Krenz' Strategie der Machtsicherung entkleidet, entwickelte er sich rasch zu der mit Abstand gebräuchlichsten Bezeichnung für die Ereignisse des Herbstes und Winters 1989/90. Die Akzeptanz des Wende-Worts verdankte sich dabei nicht zuletzt seiner semantischen Nutzungsbreite, mit der sich die Hoffnung auf eine gezielte Einhegung des Umbruchs ebenso zum Ausdruck bringen ließ wie die euphorische Reverenz vor der Erfüllung eines politischen Traums. Viele der oppositionellen Träger des gesellschaftlichen Aufbegehrens hingegen sahen sich mit dieser semantischen Anleihe bei der Herrschaftssprache eines überwundenen Regimes um den Verdienst und Rang der ostdeutschen Volkserhebung betrogen. Wer für die Ereignisse von 1989 den Begriff ‚Wende' benutze, „der degradiert den Sturz der SED-Herrschaft in der DDR zum bloßen Re-

---

[9] WOLF, CHRISTA, Sprache der Wende. Rede auf dem Alexanderplatz, in: dies., Auf dem Weg nach Tabou. Texte 1990–1994, Köln 1994, 11–13, hier 11.

gierungswechsel"[10] und folge nur gedankenlos einer „Wende-Demagogie"[11] alter SED-Kader und ihrer Gesinnungsgenossen: „Den größten Erfolg hatten die Postkommunisten durch die sprachliche Neutralisierung der Revolution mit Hilfe des Begriffs der ‚Wende'."[12]

Dieses kategorische Urteil übersieht allerdings, dass der letzte SED-Generalsekretär nicht nur für die Popularität des Wendebegriffs verantwortlich war, sondern auch das Kompositum „friedliche Revolution" in Umlauf brachte, als er einen Monat nach dem Sturz Honeckers seine Politik auf einer Pressekonferenz zu charakterisieren versuchte: „Wir machen eine friedliche Revolution, und ich bin froh und glücklich darüber, daß unser Volk eine solche Stimmung hat, auf die Straße geht, aber daß es auch nicht vergißt zu arbeiten. Und das ist das Wichtigste, denn ohne Arbeit kann man keine Revolution machen."[13] Von dieser Zähmung zu einem arbeitspolitischen Mobilisierungsap-

---

[10] EPPELMANN, RAINER/GRÜNBAUM, ROBERT, Sind wir die Fans von Egon Krenz? Die Revolution 1989/90 war keine „Wende", in: Deutschland Archiv 37 (2004) 5, 864–869, hier 865.

[11] ECKERT, RAINER, Gegen die Wende-Demagogie – für den Revolutionsbegriff, in: Deutschland Archiv 40 (2007) 6, 1084–1086.

[12] NEUBERT, EHRHART, Revolution und Revisionismus in Sprache, Geschichte und Recht, in: Totalitarismus und Demokratie, 3 (2006), 47–77, hier 60, https://hait.tu-dresden.de/media/zeitschrift/TD_03_01_Neubert.pdf (4.10.2024). Zur Diskussion um den Wende-Begriff des Weiteren: RICHTER, MICHAEL, Die Wende. Ein Plädoyer für eine umgangssprachliche Benutzung des Begriffs, in: Deutschland Archiv, 40 (2007) 5, 861–868.

[13] Wir arbeiten für eine friedliche Revolution. Egon Krenz antwortete auf Fragen der Weltpresse Berlin, in: Neues Deutschland, 18.11.1989. Krenz verwendete den Begriff auch im Titel seiner ersten Buchveröffentlichung nach dem Ende des SED-Regimes: KRENZ, EGON, Wenn Mauern fallen. Die friedliche Revolution. Vorgeschichte – Ablauf – Auswirkungen, Wien 1990.

pell vermochte sich der Begriff der friedlichen Revolution bekanntlich rasch zu emanzipieren. Heute bestimmt er die Sprache der politischen Bildungsträger wie die des staatlichen Gedenkens, während der Wendebegriff seine Dominanz in der Alltagssprache behauptet hat und seit einiger Zeit wieder unbefangener benutzt wird als in den 1990er Jahren. 2019 referierte der Wissenschaftliche Dienst des Deutschen Bundestags nüchtern die Auffassung des Brockhaus, dass sich „für den allgemeinen Sprachgebrauch und unter dem Aspekt der Sprachökonomie" das Wort Wende „gegenüber dem insgesamt eher sperrigen Begriff der ‚friedlichen Revolution' als griffiger erwiesen" habe.[14]

Das Erregungspotential dieses semantischen Streits schien lange abgekühlt. Aber es entflammte 2019 erneut in einer scharf geführten Debatte um die Besitzrechte am Sturz der SED-Diktatur, die nicht mehr zwischen Bewahrern und Erneuerern, sondern zwischen den Erben selbst ausgetragen wurde. Die Auseinandersetzung entzündete sich an der Argumentation des Münsteraner Religionssoziologen Detlef Pollack, dass die Erzählung von der revolutionären Überwindung der Macht durch die Bürgerbewegung eine Legende und der Umbruch von 1989 vielmehr „ein Aufstand der Normalbürger" gewesen sei.[15] Der DDR-Forscher Ilko-Sascha Kowalczuk setzte dem seine Auffassung entgegen, dass der Umbruch von

---

[14] Wissenschaftlicher Dienst des Bundestags, Der Begriff „Wende" als Bezeichnung für den Untergang der DDR, WD 1 – 3000 – 024/19, 31.10.2019, https://www.bundestag.de/resource/blob/677932/da844372419109a378e7060523ec4477/WD-1-024-19-pdf-data.pdf (3.10.2024).
[15] POLLACK, DETLEF, Es war ein Aufstand der Normalbürger, in: F.A.Z., 12.7.2019.

1989 in der DDR das Werk von wenigen gewesen sei, während die breite Mehrheit der Normalbürger vorsichtig abgewartet habe.[16] Damit hätte es sein Bewenden haben können – die unterschiedlichen Sichten waren altbekannt und lagen zudem weniger weit auseinander, als unvertraute Leser vermutet hätten – in seiner großen Studie zum ostdeutschen Umbruch 1989/90 hatte Kowalczuk die Ausreisebewegung selbst als herausragenden Faktor des beginnenden Regime-Zusammenbruchs identifiziert und das „Erwachen der Gesellschaft" über die politische Opposition hinaus an den Massenzulauf findenden Demonstrationen festgemacht, die sich im Herbst zu einem Flächenbrand in der ganzen DDR ausweiteten.[17]

Aber durch Pollack sahen sich zahlreiche DDR-Oppositionelle um ihre Anerkennung gebracht, und so schlugen sie zurück, indem sie die Auseinandersetzung von der sachlichen auf die persönliche Ebene hoben und ihrem Kontrahenten vorhielten, dass er als privilegierter Reisekader wohl kaum zu den entschiedensten Gegnern des SED-Staates gehört habe.[18] Der frühere Bürgerrechtler und spätere Grünen-Politiker Werner Schulz fand, die „friedliche Revolution ist und bleibt das Verdienst der DDR-Opposition, das sich weder von den Demagogen der Linkspartei umschreiben noch von einem eigensinnigen Religionssoziologen kleinschreiben" lasse, der vor allem von seiner eigenen Biographie ablenken wolle.[19] Gerd Poppe, Gründungsmitglied der Initiative Frieden und

---

[16] KOWALCZUK, ILKO-SASCHA, Eine Minderheit bahnte den Weg, in: F.A.Z., 15.7.2019.
[17] Vgl. KOWALCZUK, ILKO-SASCHA, Endspiel. Die Revolution von 1989 in der DDR, München 2009, 346 ff.. und 435 ff..
[18] Vgl. KOWALCZUK, Minderheit.
[19] SCHULZ, WERNER, Wir waren die Mutigen, in: F.A.Z., 7.8.2019.

Menschenrechte und Teilnehmer am Zentralen Runden Tisch bilanzierte in aller Schärfe: „Statt die Friedliche Revolution angemessen zu würdigen, formieren sich ihre Relativierer".[20] Dass daraufhin die Frühneuzeithistorikerin Barbara Stollberg-Rilinger in einem Leserbrief die aus ihrer Sicht schockierende Neigung einiger Debattenteilnehmer, „ihrer Kritik an Pollacks Thesen durch persönliche Unterstellungen mehr Gewicht zu verleihen", auf das nachwirkende „Gift des alten Bespitzelungssystems" zurückführte,[21] steigerte die Tonlage der Kontroverse nochmals. Die solcherart zu Erben statt Überwindern der Diktatur erklärten Regimegegner empfanden sich persönlich beleidigt und hielten der Leserbriefschreiberin mangelnde Empathie[22] und historische Unkenntnis vor.[23] Gezielte

---

[20] POPPE, GERD, Unveröffentlichter Leserbrief an die Frankfurter Allgemeine Zeitung, 19.7.2019, dokumentiert in: „Wem gehört die Friedliche Revolution?" Debatte zum Beitrag der DDR-Opposition zur Friedlichen Revolution, https://www.havemann-gesellschaft.de/fileadmin/robert-havemann-gesellschaft/themen_dossiers/Streit_um_die_Revolution_von_1989/Leserbrief_GP_19072019.pdf (4.10.2024).
[21] STOLLBERG-RILLINGER, BARBARA, Das alte Gift wirkt noch immer [Leserbrief], in: F.A.Z., 16.8.2019.
[22] „Könnten Sie sich vorstellen, dass dies von jenen, die bespitzelt worden sind, mehr als kränkend, mehr als zersetzend aufgefasst werden muss?".KOWALZUK, ILKO-SASCHA, Unveröffentlichter Leserbrief an die Frankfurter Allgemeine Zeitung, 16.8.2019, dokumentiert in: „Wem gehört die Friedliche Revolution?", https://www.havemann-gesellschaft.de/fileadmin/robert-havemann-gesellschaft/themen_dossiers/Streit_um_die_Revolution_von_1989/190816_Antwort_Leserbrief_Kowalczuk.pdf (4.10.2024).
[23] Gerd Poppe empfahl der Autorin, sich „jetzt vielleicht einmal richtig über Ereignisse des 20. Jahrhunderts zu informieren, insbesondere über die kommunistische Herrschaft, den Widerstand gegen sie und die näheren Umstände der Beendigung dieser Diktatur sowie den anschließenden Umgang mit ihr". POPPE, GERD, Unver-

Komplexitätsreduktion, entschlossene Kritikabwehr und aggressive Gemeinschaftsvergewisserung bestimmten die identitätspolitisch grundierte Debatte, die das Erbe der friedlichen Revolution in einer Gegenwart zu wahren suchte, welche den Umbruch von 1989 längst mit anderen Bezugspunkten verband.

3. Rechtspopulistische Aneignung oder Kontinuität?

Denn mittlerweile ist mit dem neuen Rechtspopulismus ein anderer Mitspieler in die Arena getreten, der eine andere Form der Aneignung betreibt, indem er sich selbst zum legitimen Erben von 1989 erklärt, mit Wahlplakaten wie „Damals wie heute. WIR sind das Volk!" oder „Hol Dir Dein Land zurück – vollende die Wende!" auf Stimmenfang geht oder eine „Revolution 2.0" einfordert, weil das „System Merkel" so schlimm sei wie einst die DDR. Die Frage, wem der Umbruch von 1989 gehört, stellt sich hier noch einmal in ganzer Schärfe. Für die Demagogen der AfD seien sie 1989 nicht auf die Straße gegangen, erklärten 2019 die Unterzeichner der oben zitierten Protesterklärung damaliger Oppositioneller und verwahrten sich gegen derart absurde Aneignungsversuche der Revolution von 1989.[24] Auch die Härte des Widerstands gegen die Deutung, dass der Umbruch stärker dem versteckten

---

öffentlichter Leserbrief an die Frankfurter Allgemeine Zeitung, 16.8.2019, dokumentiert in: ebd., https://www.havemann-gesellschaft.de/fileadmin/robert-havemann-gesellschaft/themen_dossiers/Streit_um_die_Revolution_von_1989/190816_Antwort_Leserbrief_Poppe.pdf (4.10.2024).

[24] Nicht mit uns: Gegen den Missbrauch.

Murren unzufriedener „Normalos" als dem offenen Bekenntnis der mutigen Oppositionellen zugerechnet wird, findet hier ihre tiefste Erklärung: Nur wenn es allein die Bürgerrechtler waren, die „mit ihrem Mut, ihrer Friedfertigkeit und Wahrhaftigkeit die Diktatoren in die Knie [zwangen]", lässt sich die Berufung des Rechtspopulismus auf das Erbe von 1989 zurückweisen.[25] Aber ist es so einfach, oder ringen hier nicht vielmehr zwei entgegengesetzte Bemächtigungsversuche miteinander, die jeweils Alleingeltung beanspruchen?

Aus fachlicher Distanz liegt die Wahrheit in der Mitte: Ohne den Mut der Oppositionellen und ohne die Schubkraft der Massenversammlungen und Massendemonstrationen wäre der Handlungsdruck nicht entstanden, der die Machthaber des SED-Staates seit dem Oktober 1989 Schritt um Schritt zum Rückzug zwang. Aber von diesen Massen waren bald auch nationalistische Töne zu hören. Schon Ende November gab Franz Schönhuber die Gründung erster Ortsverbände der rechtsgerichteten Partei Die Republikaner bekannt und fand im Amt für Nationale Sicherheit ein Krisengespräch des Präsidiums des Verbandes der Jüdischen Gemeinden über die neonazistischen und antisemitischen Tendenzen in der DDR statt, während auf den Leipziger Montagsdemonstrationen der Schlachtruf „*Wir* sind das Volk" dem Slogan „Wir sind *ein* Volk" wich. Die Zusammensetzung der Teilnehmer änderte sich in diesen Wochen. Viele Bürgerrechtler zogen sich verstört zurück und überließen das Feld mehr und mehr lautstarken Vertretern des Wunsches nach „Deutschland einig Vaterland", die in den folgenden Wochen immer massiver die deutsche Einheit „‚sofort' oder

---

[25] Ebd.

‚so schnell wie möglich'" forderten.²⁶ Schon im Januar 1990 nahm die Aggressivität auf den Demonstrationen spürbar zu und kam es in Leipzig zu Jagdszenen auf linke Jugendliche; einen Monat später riefen in Karl-Marx-Stadt, dem späteren Chemnitz, an die 80.000 Bürger immer wieder „Deutschland, Deutschland" und „Rote raus, Rote raus".²⁷

Auch der Rechtspopulismus hat Erbrechte an „1989". Mit dem Ruf nach Freiheit auf den Leipziger Montagsdemonstrationen im Oktober und November 1989 trat auch Pegida ins Leben, und im Umschwung von *„Wir* sind das Volk" zu „Wir sind *ein* Volk" steckt die Forderung nach Zugehörigkeit ebenso wie nach Ausgrenzung. Aber gehört die politische Haltung, die 2024 bis zu einem Drittel der ostdeutschen Wählerschaft die AfD wählen ließ, auch zur Trägerschaft des Umbruchs oder zählt sie zum autoritären und piefigen Erbe einer DDR, die Mauern baute und Fremdes ausgrenzte? Für beide Auffassungen sprechen gewichtige Indizien. Eine breite Mehrheit früherer Bürgerrechtler hat sich gegen jede Vereinnahmung durch den Rechtspopulismus entschieden gewehrt und mit Recht auf die fundamentalen Unterschiede in den politischen Zielen hingewiesen; einzelne prominente Vertreter der ostdeutschen Bürgerrechtsbewegung aber sind in der Tat nach rechts abgedriftet. Dass sich die Zentren des mutigen Aufstandes gegen das SED-Regime außerhalb Berlins mit den Hochburgen der rechtspopulistischen Erregung heute vielfach überlappen, erklärt sich nicht zuletzt aus einer Kontinuität von Eigensinn und Staatsverachtung, die sich

---

[26] BAHRMANN, HANNES/LINKS, CHRISTOPH, Chronik der Wende. Die DDR zwischen 7. Oktober und 18. Dezember 1989, Berlin 1994, 129.
[27] A.a.O., 130.

1989 gegen die SED-Diktatur richtete und heute gegen den demokratischen Staat der Bundesrepublik richtet. Wer in Ostdeutschland sich eigensinnig gegen die Obrigkeit stellte, war in der DDR ein Gegner der Diktatur und konnte in der vereinigten Bundesrepublik ein Gegner der Demokratie werden, ohne sich eines Identitätswechsels bewusst zu werden. Befragte AfD-Wähler bekunden gern, sie ließen sich doch nicht vorschreiben, wen sie zu wählen hätten – wenn das Establishment vor ihnen zittere, umso besser. Ist diese Haltung ein Erbe der DDR oder ihrer Überwinder – oder ist sie beides?

In jedem Fall erweist der politische Umbruch von 1989 sich auch in seiner bis heute umkämpften Rezeption als Ereignis von weltgeschichtlichem Rang, in dessen Bemächtigungsbemühungen das Selbstverständnis der vereinigten Bundesrepublik zum Ausdruck kommt.

„Die biblischen Texte waren für uns ganz aktuell"

Homiletische Hermeneutik im Deutungsstreit der Narrative um 1989

Ruth Conrad

1. Predigten als Deutungsprojekte

Predigten zielen auf die Deutung von Erfahrung und erheben einen Deutungs*anspruch*, zuweilen auch einen Deutungs*macht*anspruch.[1] Dieser Deutungs(macht)anspruch wird in den hiesigen Kirchen mehrdimensional begründet und inszeniert: Erstens durch den Bezug auf einen biblischen Text, zweitens durch die Legitimierung der redenden Person mittels eines Amtes und drittens durch eine agendarisch festgelegte Liturgie, die die Predigt und ihre Deutung in einen auf Öffentlichkeit und Allgemeinheit ausgerichteten Kontext einstellt. Dieser Deutungsanspruch kraft Text, Amt und Liturgie kann jedoch nicht als ein autoritativer oder normativer gedacht werden, vielmehr muss er sich stets in der konkreten Si-

---

[1] Vgl. hierzu STOELLGER, PHILIPP, Deutungsmachtanalyse. Zur Einleitung in ein Konzept zwischen Hermeneutik und Diskursanalyse, in: Ders. (Hg.), Deutungsmacht. Religion und belief systems in Deutungsmachtkonflikten (Hermeneutische Untersuchungen zur Theologie 63), Tübingen 2014, 1–85; ders., Theologie als Deutungsmachttheorie. Zur Hermeneutik von Deutungsmacht im systematischen Diskurs, in: Ders. (Hg.), Deutungsmacht, 131–523.

tuation plausibilisieren und bewähren. Andernfalls bleibt die Deutung der Predigt ohne Resonanz, geht ins Leere, resigniert oder ergreift womöglich die Flucht ins Autoritär-Übergriffige.

Die konkrete Situation bringt einerseits die Person, die das Predigtamt innehat, zum Erscheinen. Denn stets ist es eine individuelle Person an einem konkreten Ort zu einer spezifischen Zeit, die predigt. Deren Biografie, ihre religiöse Sozialisation, die theologische und politische Position, ästhetisch-kulturelle Präferenzen – all dies geht in die Predigt ein und imprägniert eine individuelle homiletische Hermeneutik. Andererseits lenkt die konkrete Situation immer auch den Blick auf die Hörer und Hörerinnen einer Predigt und deren Situation. Die Beschreibung der Situation der Hörer und Hörerinnen ist ebenfalls mehrschichtig und alles andere als trivial, denn einerseits ist die Situation bestimmt „von äußeren Rahmendaten"[2] sowie von „gewisse[n] typische[n] Züge[n] […], wie sie vor allem das soziologische und psychologische Wissen sowie eine allgemeine kulturelle ‚Wachheit' bereitstellt".[3] Hier kann die Predigtperson sich auskennen und kundig machen. Grundzüge und Momente des gleichsam Allgemeinen einer Situation können beschrieben werden, wobei diese Beschreibung selbst den Charakter der Deutung trägt, denn die Predigtperson wählt, gewichtet, ordnet an, unterschlägt, übersieht. Die Predigtperson entscheidet darüber, was wie repräsentiert wird. Daher ist das Wahrnehmen und Beschreiben der Situation durch die Predigtperson selbst ein interpretativer, konstruierender Vorgang, wobei auch in Anschlag zu bringen ist, dass die Pre-

---

[2] KUBIK, ANDREAS, Was ist eine homiletische Situation?, in: International Journal of Practical Theology 15 (2011), 94–115, hier 99.

[3] A.a.O., 100.

digtperson selbst Teil der Situation der Hörer und Hörerinnen ist.[4] Andererseits ist und bleibt die Situation stets die Situation eines je Einzelnen. Der je einzelne Hörer, die individuelle Hörerin entscheidet, ob sie oder er die in der Predigt vorgeschlagene Deutung in die eigene Selbstdeutung übernimmt und die angebotene Weltdeutung teilt oder sich eher davon distanziert. Die Predigt unterstützt gleichsam die stets individuelle Deutung der je eigenen Situation. Trotz ihres Anspruchs hat sie für den Einzelnen den Charakter eines Deutungs*angebots*.

Im Zusammenspiel von biblischem Text, Amt und Person, Liturgie sowie Situation konfigurieren sich die Deutungen, die die Predigten in den gesellschaftlich-öffentlichen Diskurs einspielen, stets neu und stets verschieden. Daher lassen sich mit diesem Zusammenspiel Grundzüge einer homiletischen Hermeneutik beschreiben.[5]

An diesem Punkt setzen die folgenden Analysen an und wenden sich Predigten aus dem unmittelbaren zeitlichen Umfeld der politischen und gesellschaftlichen Ereignisse des Herbstes 1989 zu, um unterschiedliche Konfigurationen von Deutung, Deutungsanspruch, Deutungsmacht-

---

[4] Die damit verbundenen homiletischen Probleme sind den Herausforderungen in der Kultur- und Sozialanthropologie bei der Repräsentation des ‚Fremden‘ und ‚Anderen‘ vergleichbar, siehe Conrad, Ruth, „Ein sozialpädagogisches Instrument ersten Ranges". Predigttheorie im Kontext der ‚1968er‘ am Beispiel von Ernst Lange, in: Johannes Greifenstein (Hg.), Praxisrelevanz und Theoriefähigkeit. Transformationen der Praktischen Theologie um 1968 (Praktische Theologie in Geschichte und Gegenwart 27), Tübingen 2018, 121–145, bes. 137–139.

[5] Damit soll nicht bestritten werden, dass weitere Aspekte im Predigtverfahren von zentraler Bedeutung sind, wie z.B. Performanz, Raum etc. Diese werden aber im Folgenden nicht weiter berücksichtigt.

anspruch, aber auch von Deutungsohnmacht und von widerläufigen Narrativen zu beschreiben. Es geht im Folgenden also nicht um den Beitrag der Predigt zu den politischen Veränderungen im Sinne der Rezeptions- und Wirkungsforschung, sondern um Deutungen der Ereignisse im Medium der Predigt.[6]

Als Allgemeines der Situation setze ich die politischen und gesellschaftlichen Umbrüche in Osteuropa und speziell in den ostdeutschen Bundesländern seit dem Sommer 1989 voraus, als Enddatum fungiert aus forschungs- und darstellungspragmatischen Gründen der 3. Oktober 1990. Das jeweils Spezielle der Situation soll zum Zug kommen, indem sowohl Predigten, die seinerzeit in der ehemaligen DDR gehalten wurden, als auch Predigten aus dem Gebiet des damaligen ‚Westdeutschlands' berücksichtigt werden. Die hermeneutisch interessante Frage im Zusammenspiel von Text, Predigtperson und Situation liegt meines Erachtens darin, welchen Einfluss der für Ost- und Westdeutschland gleichermaßen durch die Perikopenordnung vorgegebene Text auf die Beschreibung und Deutung der Situation hat und ob sich kontextbedingte Differenzen zeigen. Einerseits also ist zu fragen, welche Situationsdeutungen der Perikopentext für die Predigtperson nahelegt, andererseits ist zu prüfen, welche Textdeutungen mit welcher Situationsbeschreibung korreliert werden. Für den ostdeutschen Bereich beziehe ich mich auf Predigten, die gedruckt vorliegen oder durch Forschung bereits erschlossen wurden.[7] Aus Gründen der Vergleichbarkeit

---

[6] Zu ersterem vgl. GRABNER, WOLF-JÜRGEN/HEINZE, CHRISTIANE/POLLACK, DETLEF (Hg.), Leipzig im Oktober. Kirchen und alternative Gruppen im Umbruch der DDR. Analysen zur Wende. Mit einem Vorwort von Friedrich Magirius, Berlin 1990.

[7] Damit umgehe ich zugleich die Herausforderung, das häufig zi-

beschränke ich die Analyse weitgehend auf sonntägliche Gemeindepredigten in evangelischen Gottesdiensten, die den durch die Perikopenordnung von 1978 vorgegebenen Text zu Grunde legen. Predigten im Rahmen von Friedensgebeten und ähnlichen Veranstaltungen werden nur in Ausnahmefällen zur Veranschaulichung konsultiert, kann doch dort die predigende Person den biblischen Referenztext teilweise selbst auswählen, das individuelle Moment im hermeneutischen Verfahren kann intensiver zur Darstellung kommen und das normative Moment einer vorgegebenen Ordnung wird hier zurückgefah-

---

tierte ‚Doppelritual' von Friedensgebet und Demonstration in die homiletische Analyse integrieren zu müssen. Für die vorliegende Fragestellung kann dies m.E. hintangestellt werden. – Insgesamt sind die Sicherung und Erschließung der Predigten für diese historisch so bedeutsame Situation eher unbefriedigend. Kandler begründet dies u. a. damit, dass aufgrund der Gedrängtheit der Ereignisse zahlreiche Predigten und Liturgien nicht verschriftlicht wurden (vgl. KANDLER, KARL-HERMANN, Situationsbezogene Verkündigung. Die Predigt während der „Wende" 1989/90 in der Evangelisch-Lutherischen Landeskirche Sachsens, Leipzig 1996, 29). Auch die Einführung von Computern hat vermutlich zur Vernichtung zahlreicher handschriftlicher Manuskripte, v. a. abseits der Zentren, geführt. Quellentechnisch gut zugänglich sind z.B. die Leipziger Bestände, vgl. HANISCH, GÜNTER u.a. (Hg.), Dona nobis pacem. Herbst '89 in Leipzig. Friedensgebete, Predigten und Fürbitten, Berlin ²1996. Die beiden folgenden Bände stellen die Leipziger Predigten, Friedensgebete und Fürbitten in den Kontext weiterer öffentlicher und privater Äußerungsformen und Stellungnahmen, wie Zeitungsartikel, Berichte, Parolen etc.: CZOK, KARL (Hg.), Nikolaikirche – offen für alle. Eine Gemeinde im Zentrum der Wende. Hg. auf der Grundlage der Handakten von Christian Führer und Friedrich Magirius, Leipzig 1999; SIEVERS, HANS-JÜRGEN (Hg.), Stundenbuch einer deutschen Revolution. Die Leipziger Kirchen im Oktober 1989, Zollikon ²1991. – Bereits Ende 1989 erschien der Band: EBERT, ANDREAS/HABERER, JOHANNA/KRAFT, FRIEDRICH

ren.[8] Einschränkend ist vorab zu notieren, dass es im Folgenden ausschließlich darum gehen kann, exemplarische und keinesfalls repräsentative Deutungsmuster im Wechselspiel von Text und Situation zu rekonstruieren.

2. Text und Situation in der Dynamik von Analogie und Kritik – exemplarische Deutungsmuster in ‚ostdeutschen' Predigten

Sucht man das Spezifische von Predigten im „Deutungsstreit der Narrative"[9] im Vergleich zu literarischen Texten,

---

(Hg.), Räumt die Steine hinweg. DDR Herbst 1989. Geistliche Reden im politischen Aufbruch. Mit einem Geleitwort von Heinrich Albertz, München ²1990. Das titelgebende Zitat stammt aus Jes 62,10 und bezieht sich auf eine Predigt, die Friedrich Schorlemmer am 31. Oktober in der Schloßkirche zu Wittenberg gehalten hat, vgl. SCHORLEMMER, FRIEDRICH, Laßt euch aufrichten. Predigt in der Schloßkirche der Lutherstadt Wittenberg zum Reformationstag am 31. Oktober, in: Andreas Ebert/Johanna Haberer/Friedrich Kraft (Hg.), Räumt die Steine hinweg. DDR Herbst 1989. Geistliche Reden im politischen Aufbruch, München ²1990, 35–40. Analysen solcher Gottesdienste, Fürbittgebete etc. finden sich bei GEYER, HERMANN, Nikolaikirche, montags um fünf. Die politischen Gottesdienste der Wendezeit in Leipzig, Darmstadt 2007; BRONK, KAY-ULRICH, Der Flug der Taube und der Fall der Mauer. Die Wittenberger Gebete um Erneuerung im Herbst 1989 (Arbeiten zur Praktischen Theologie 16), Leipzig 1999; CORNEHL, PETER, Öffentlicher Gottesdienst? Zwanzig Jahre nach der friedlichen Revolution, in: Ders., Vision und Gedächtnis. Herausforderungen für den Gottesdienst (Praktische Theologie heute 150), 36–59.

[8] Zu dieser Differenz u.a. auch KANDLER, Verkündigung, 22–24.123–125.

[9] Die Podiumsdiskussion, auf die dieser Beitrag zurückgeht, trug den Titel: „1989 im Deutungsstreit der Narrative" – Geschichtswissenschaft, Theologie und Literaturwissenschaft auf dem Podium.

biographischen Zeugnissen etc. zu beschreiben[10], dann findet sich dies zuallererst in ihrem intertextuellen Verfahren, werden die Narrative der Predigt doch stets im Ausgang und in Bezug auf eine vorgegebene biblische Perikope und die in diesem Text verwendeten Metaphern, Begriffe, Erzählungen und Denkfiguren generiert. Zwar ist der biblische Text im homiletischen Verfahren grundsätzlich der „Ausgangspunkt und Entdeckungszusammenhang von situativen Erwägungen",[11] für die Predigten 1989/90 traf dies aber aus Sicht der ostdeutschen Akteure in besonderem Maße zu, erwiesen sich die vorgegebenen Texte doch als besonders situationsadäquat und passgenau. So der Mecklenburger Bischof Christof Stier: „In der Wendezeit hatten die biblischen Texte plötzlich eine große Brisanz. Wenn wir vom Exodus Israels, von der 40-jährigen Wüstenwanderung lasen, hatten wir das Gefühl: Das sind wir. Die biblischen Texte waren für uns ganz aktuell."[12] Heinrich Albertz, Pastor und kurzfristiger Bürger-

---

[10] Gleichwohl ist es sinnvoll, andere Redeformen, aber auch biographische Selbstdeutungsliteratur der Predigtpersonen zum Vergleich heranzuziehen, um das Spezifische der Konstruktion von Deutung in Predigten differenzierter zu erfassen, wie z.B. Rhetorizität und biographische Verflechtung von Deutungsnarrativen. Dies kann hier nicht geleistet werden.

[11] KUBIK, Situation, 107.

[12] Zit. bei PELZ, BIRGE-DOROTHEA, Revolution auf der Kanzel. Politischer Gehalt und theologische Geschichtsdeutung in evangelischen Predigten während der deutschen Vereinigung 1989/90 (Arbeiten zur Kirchlichen Zeitgeschichte, Reihe B, Bd. 68), Göttingen 2019, 121. Kandler ordnet seine Darstellung entlang von Themen, über die seinerzeit gepredigt wurde, und listet auf: Wahlbetrug, Ausreisewelle, Umwelt/Bewahrung der Schöpfung, Frieden, Freiheit, Gerechtigkeit/Menschenrechte/Menschenwürde, Dritte Welt/Osteuropa, Sozialismus, Bildungswesen, Ideologischer Kampf gegen die Kirchen, Leben in diesem Land, Stellvertreterrolle, Einmi-

meister von Berlin, notiert im Geleitwort zu der bereits zitierten, unmittelbar im Dezember 1989 erschienenen Predigtsammlung, es sei „sehr beeindruckend, wie nah das alte Wort Gottes der Gegenwart war, ja wie es die Aufbrüche zum Besseren genau beschrieb".[13] Auch Ludwig Seyfarth, seinerzeit Rektor des Mecklenburgischen Predigerseminars in Schwerin, betont die überraschend unmittelbare Aktualität der vorgegebenen Perikope: „Es ist so viel, man kommt ja kaum hinterher. Zuviel ist in der Vergangenheit in die falsche Richtung gegangen; und nun geht es so rasant ganz anders lang, als ob ein Pferd durchgegangen wäre und irgendwohin stürmt ... Da klingen die Worte des Jeremia, auch wenn er sie vor rund 2500 Jahren niedergeschrieben hat, unglaublich aktuell: ‚Wo ist jemand, wenn er irregeht, der nicht gern wieder zurechtkäme? Wo ist jemand, wenn er fällt, der nicht gern wieder aufstünde?'".[14] Für Heino Falcke, seinerzeit Probst in Erfurt, ist die unmittelbare Passgenauigkeit einer Perikope so auffällig, dass er ausdrücklich darauf verweist, dass die Perikope Mt 5,33–37 durch die Ordnung vorgegeben sei: „Unsere Worte müssen stimmen. Das sagt uns dieser Abschnitt der Bergpredigt. Ich habe ihn nicht für heute ausgewählt. Er ist uns in der Ordnung der Predigttexte vorgegeben. Aber

---

schung in die Gesellschaft, Wiedervereinigung, Neofaschismus, Berichterstattung in den Medien (KANDLER, Verkündigung, 40–86).

[13] ALBERTZ, HEINRICH, Zum Geleit, in: Andreas Ebert/Johanna Haberer/Friedrich Kraft (Hg.), Räumt die Steine hinweg. DDR Herbst 1989. Geistliche Reden im politischen Aufbruch, München ²1990, 9–10, hier 9.

[14] SEYFARTH, LUDWIG, Umkehr oder nur Wende? Predigt in Wittenförden zum Vorletzten Sonntag des Kirchenjahres am 19. November, in: Andreas Ebert/Johanna Haberer/Friedrich Kraft (Hg.), Räumt die Steine hinweg. DDR Herbst 1989. Geistliche Reden im politischen Aufbruch, München ²1990, 82–86, hier 83.

es ist, als hätte Gott ihn für uns ausgesucht. Das ist es, was er uns sagen will in der gegenwärtigen Situation unseres Landes. Eure Worte müssen stimmen."[15] Und Birge-Dorothea Pelz zitiert in ihrer grundlegenden Studie zu evangelischen Predigten der Jahre 1989/90 in Mecklenburg und Pommern aus einer Predigt von Carl-Christian Schmidt, seinerzeit Propst in Bad Doberan, die Frage an die Hörer: „Haben Sie gesehen und gehört, wie seit dem vorigen Jahr ausnahmslos die ausgewählten Predigttexte in unsere Situation hineinsprachen?"[16]

Die hohe Situationsadäquatheit, die den vorgeschriebenen biblischen Perikopen zugesprochen wird, führt freilich nicht zu einer Vereinheitlichung der Deutungsnarrative im Verhältnis von Text und Situation. Vielmehr konfiguriert sich dieses mehrdimensional, gerade aufgrund der hohen Bedeutung der Situation. Zwei Varianten, in denen Text und Situation korreliert werden, seien – in aller Vorläufigkeit – skizziert: die Situationsanalogie und die Situationskritik.

---

[15] FALCKE, HEINO, Wenn Worte nicht stimmen. Predigt in der Augustinerkirche Erfurt zum 23. Sonntag nach Trinitatis am 29. Oktober, in: Andreas Ebert/Johanna Haberer/Friedrich Kraft (Hg.), Räumt die Steine hinweg. DDR Herbst 1989. Geistliche Reden im politischen Aufbruch, München ²1990, 29–34, hier 29. – Zu Falcke vgl. ders., Einmischungen. Aufsätze, Reden und Vorträge aus 40 Jahren, hg. v. Veronika Albrecht-Birkner und Heinz-Günther Stobbe, Leipzig 2014; ders., Wo bleibt die Freiheit. Christ sein in Zeiten der Wende, Freiburg 2009.

[16] PELZ, Revolution, 394. Pelz folgert aus solchen Äußerungen, „dass die Prediger Tagespolitik und Weltgeschehen im Lichte der biblischen Texte interpretierten. Gerade in Umbruchszeiten, die wohl dem Sitz im Leben der biblischen Texte oftmals am nächsten kommen, gewinnen die Perikopen ganz neue Aktualität" (a.a.O., 180). M.E. wird das Verhältnis von Text und Situation hier zu einlinig gezeichnet.

„Das sind wir"[17] – in dieser Formulierung von Christoph Stier steckt die Idee einer Situationsanalogie. Biblische und gegenwärtige Situation sind zwar nicht identisch und durch den Graben der Geschichte getrennt, aber es können Analogien entdeckt bzw. konstruiert werden. Diese Analogien beziehen sich entweder auf die Ereignisse insgesamt, betreffen also die gesamte Gesellschaft und die DDR-Bevölkerung oder sie haben die Kirche beziehungsweise die Gemeinde als Referenz. Im Exodusmotiv fließen beide Perspektiven zusammen. Der Auszug Israels aus Ägypten (Exodus), die (wieder)gewonnene Freiheit des Gottesvolkes, der Aufbruch in ein noch unbekanntes neues Land – all das konnte unmittelbar auf die eigene gesellschaftliche wie kirchliche Situation bezogen werden, nicht nur, aber auch wegen der mehrdimensionalen Symbolik der 40 Jahre.[18] „Noch zeichnete sich das neue Land nur am Horizont ab. Noch war es gestalt- und gesichtslos. … Erst mit der wirklichen Inbesitznahme durch das Volk selbst wird das ‚neue Land' zum Eigentum des Volkes. … Jetzt gilt es, die erreichten Freiheiten … nicht leichtfertig aufs Spiel zu setzen, nicht stehenzubleiben bei der Befriedigung vordergründiger Bedürfnisse."[19]

---

[17] Zit. bei PELZ, Revolution, 121.

[18] Ausführlich bei PELZ, Revolution, 173–176. – Der jüngst verstorbene Friedrich Schorlemmer lehnte dagegen die Analogie des 40jährigen Exils mit der aktuellen Situation ausdrücklich ab. Vgl. SCHORLEMMER, Laßt euch aufrichten, 36f.: „Soweit der Prophet, soweit der für diesen Tag nicht von uns ausgesuchte Prophetentext. Wir sind nicht Israel. Wir wollen und können nicht zum Zion zurück. Wir fragen danach, wie das einmal ergangene Wort wieder neu ergeht, wie aus dem alten Text ein uns ansprechendes, befreiendes Wort wird."

[19] Zit. bei KANDLER, Verkündigung, 109f. Auslassungen im Original.

Solche Situationsanalogien implizieren theologisch mindestens zweierlei: Erstens lässt Gott sich als der eigentliche Akteur der Geschichte ausweisen.[20] So wie nach dem Zeugnis der biblischen Texte Gott früher in der Geschichte gehandelt habe, so handele er auch jetzt: „Gott hat für uns die Wende herbeigeführt. Er gibt unserem Volk eine neue Chance, wie er es auch mit Israel einst getan hat".[21] Noch prägnanter: „Der, der handelt, ist Gott. … Gott erweist sich als der Herr der Geschichte."[22] Das Politisch-Gesellschaftliche wird zum Ort der Theophanie. Wer „aus diesen Monaten nicht begriffen hat, daß es einen Gott gibt; daß sein Ratschluß unausforschlich ist, daß kein noch so schön gefülltes Lügengebäude vor ihm Bestand haben wird – dem ist nicht zu helfen. […] Das ist der Triumph Gottes".[23] Dieser ‚Machterweis' Gottes deklassiert, analog zur Lesart der biblischen Texte, alle anderen Machthaber wie auch die weltanschaulichen Ideale der DDR zu ‚Götzen' und ‚Göttern'.[24] Zweitens kann auf dem Weg der Situations-

---

[20] Anders FRITZ, REGINA, Ethos und Predigt. Eine ethisch-homiletische Studie zu Konstitution und Kommunikation sittlichen Urteilens (Praktische Theologie in Geschichte und Gegenwart 9), Tübingen 2011, 238.

[21] Zit. nach PELZ, Revolution, 172 (Predigt von Carl-Christian Schmidt am 24.6.1990).

[22] Zit. nach KANDLER, Verkündigung, 80.

[23] Predigt von Carl-Christian Schmidt am 14. Sonntag nach Trinitatis zu 1. Petr 5, 14–21, Kröpelin, 16.9.1990, abgedruckt bei PELZ, Revolution, 406.

[24] Vgl. z.B. FALCKE, HEINO, Befreiung von den Götzen. Predigt in der Augustinerkirche Erfurt zum 12. Sonntag nach Trinitatis am 13. August, in: Andreas Ebert/Johanna Haberer/Friedrich Kraft (Hg.), Räumt die Steine hinweg. DDR Herbst 1989. Geistliche Reden im politischen Aufbruch, München ²1990, 11–18; dort die Rede vom „Götze der Rechthaberei" (15), dem „Götzen des schnellen und

analogie markiert werden, wie Gott stets auch durch Menschen handelt, einmal durch all die, die im Land bleiben und es nicht Richtung Westen verlassen,[25] und zum andern durch die christliche Gemeinde, die zwar, wie Israel, eine kleine Schar sei, die aber dank Gott Großes bewirken kann[26] – durch ihr Gebet[27] und durch ihr gesellschaftliches Engagement.[28]

Neben der Situationsanalogie erwächst in der Dynamik von Text und Situation auch eine Kritik der Situation und

---

falschen Glücks" (15) und der „Vergötzung der Macht" (16). Diese Predigt hat den Wochenspruch als Predigttext zur Grundlage, denn – so der Prediger – er habe sich „gefragt, welches biblische Wort uns heute in dieser Frage weiterhelfen kann. Am stärksten sprach der Wochenspruch mich an: ‚Das geknickte Rohr wird er nicht zerbrechen und den glimmenden Docht wird er nicht auslöschen.'" (12). Aufschlussreich ist die Rede in der 1. Pers. sg. – die Predigtperson übernimmt damit explizit das Regime bei der Konfiguration des Verhältnisses von Text und Situation.

[25] Vgl. FRITZ, Ethos, 238.
[26] Vgl. das Predigtzitat bei KANDLER, Verkündigung, 80: „Nur als arme, kleine Kirche hat die Kirche die Kraft dazu, erschien sie als glaubwürdig". Im Hintergrund steht die Rede von der „kleinen Kraft" in Apk 3,8.
[27] Vgl. SIEVERS, HANS-JÜRGEN, Predigt im Rahmen des Friedensgebets am 30. Oktober 1989 in der Reformierten Kirche, Text: Gen 37, 19–20, in: Günter Hanisch u. a. (Hg.), Dona nobis pacem. Herbst '89 in Leipzig. Friedensgebete, Predigten und Fürbitten, Berlin ²1996, 95–97, hier 96: „Wir waren solche [bezieht sich auf die Perikope, die Joseph als Träumer schildert; RC] Träumer, daß wir geglaubt haben, Beten würde etwas nützen. Was sind wir für Träumer, daß wir gemeint haben, Gebete um Gerechtigkeit und Frieden, um Wahrhaftigkeit und die Bewahrung der Schöpfung könnten in unserem Land erfüllt werden? […] und auf einmal ist der Traum da. […] Die Träume verselbstständigen sich, sind nicht zu fassen, nicht zu halten. Sind einfach da. So hat sich der Traum von Gerechtigkeit und Frieden ausgebreitet, so hat sich unser Gebet erfüllt."
[28] Vgl. u. a. PELZ, Revolution, 151–156.

damit eine Kritik an den gesellschaftlich kommunizierten und in die Praxis eingehenden Deutungsnarrativen. Das wird exemplarisch dann gut erkennbar, als ein Großteil der Bevölkerung sich dem westlichen Konsumkapitalismus und dessen Produkten nicht verschließen mochte. Predigten stellen sich nun teilweise gegen die gesellschaftliche Situation und kritisieren, wie rasch die Bevölkerung und möglicherweise auch Teile der Gemeinde in den „Tanz um das goldene Kalb"[29] einschwingen, anstatt weiter für „eine wirkliche Alternative zu den Strukturen der Ungleichheit und Ungerechtigkeit"[30] zu kämpfen. Manche Predigten formulieren eine „generelle [...] antikapitalistische [...] Kritik an den eigenen Leuten"[31] und bleiben gegenüber dem ‚Westen' kritisch. Während also die Bevölkerung in großen Teilen die Konsumgüter des Westens und die neuen Möglichkeiten begrüßt, verfestigen sich – spätestens mit der Einführung der Währungsunion (1.7.1990) – unter Pfarrpersonen, die sich einem eher linken Milieu zurechnen, skeptisch-kritische Deutungen und Deutungsnarrative.[32] Die Kritik gilt aber nicht allein der gesellschaftlichen Entwicklung, die anders verläuft, als manche Predigtperson dies erhofft hatte, und auch nicht nur der Reaktion der Bevölkerung, die Kritik gilt auch den Deutungsnarrativen selbst. So problematisieren etliche Predigten früh die Rede von der „Wende" und plädieren stattdessen für eine „Umkehr" im biblischen Sinn: „Eine Wende ist offensichtlich billiger zu vollziehen als

---

[29] Zit. nach a.a.O., 149 (Predigt von Dietrich Nath am 29.7.1990).
[30] Zit. nach KANDLER, Verkündigung, 61.
[31] PELZ, Revolution, 149.
[32] Laut Kandler sei es dabei teilweise zur Übernahme von DDR-Propaganda gegen ‚den' Westen gekommen, vgl. die Beispiele bei KANDLER, Verkündigung, 46.

das, was die Bibel mit Umkehr meint". Deshalb müsse Deutschland, wolle es „wirklich aus seinen Ruinen auferstehen, das meint hier und heute, daß seine Menschen aufstehen, dann muß es ein Zusammenspiel geben von vielen eigenen Einsichten, eigenem Bereuen und Umkehren." Erneuerung bewirke deshalb nicht „die Sprache der Selbstbehauptung, sondern die Sprache der Reue".[33] Alle gesellschaftlich-politischen Veränderungen blieben also unvollständig, gingen sie nicht mit einer *„inneren* Erneuerung des Menschen"[34] einher. Wichtig sei daher „unser aller Buße".[35] Heino Falcke deutet den säkularen Begriff

---

[33] THOMAS, ROGER, Eine neue Sprache finden. Predigt zu Beginn der Friedensdekade zum Drittletzten Sonntag des Kirchenjahres in Kieve am 12. November, in: Andreas Ebert/Johanna Haberer/Friedrich Kraft (Hg.), Räumt die Steine hinweg. DDR Herbst 1989. Geistliche Reden im politischen Aufbruch, München ²1990, 66–70, hier 67, 68, 70. Vgl. hierzu auch FRITZ, Ethos, 226.
[34] FRAUSTADT, CHRISTIAN, Predigt im Rahmen des Fürbittgottesdienstes am 13. November in St. Thomas, in: Günter Hanisch u. a. (Hg.), Dona nobis pacem. Herbst '89 in Leipzig. Friedensgebete, Predigten und Fürbitten, Berlin ²1996, 131–133, hier 131 (Hervorh. im Orig.).
[35] Zit. nach PELZ, Revolution, 160 (Predigt von Roland Springborn). Die Deutung der eigenen Gegenwart als Bußzeit kann auch an das Stuttgarter Schuldbekenntnis aus dem Jahr 1945 und die Verantwortung der älteren Generation für den Zweiten Weltkrieg erinnern. „[P]olitisches Glück oder Unglück, 40 Jahre Grenze und Mauer zwischen Ost und West [...] sind nicht Zufall oder unabänderliches Schicksal, sd. [sic!] Gottes Antwort auf Gottlosigkeit oder Gottesfurcht der Menschen. [...] Unsere Väter haben den Krieg angefangen mit den Nazis und wir mußten den Sozialismus nach dem Kriege ausbaden. Unsere Väter haben geschwiegen und mitgemacht in der sozialistischen Diktatur und wir haben jetzt den wirtschaftlichen Zusammenbruch. Unsere Väter und Mütter sind aus der Kirche ausgetreten, haben nicht mehr an Gott geglaubt, nichts mehr von Gott erzählt und wir sollen dafür büßen, daß wir von Gott nichts gelernt

der „Wende" theologisch und durchaus programmatisch um: „,Wende', das betrifft uns selbst, das geht nicht nur unter die Haut, sondern an die Nieren, das zieht uns selbst in Wandlungen hinein."[36]

Mit solchen kritischen Deutungen gerieten die Predigten partiell in Distanz zur gesellschaftlichen Stimmung und dem Lebensfühl der Menschen. Die Deutungsnarrative der Kirche und ihrer Predigt auf der einen Seite und die Deutungsnarrative der Bevölkerung auf der anderen Seite entfernen sich in Teilen voneinander. Regina Fritz vermutet hier eine gar diametrale Entgegensetzung,[37] Wolf Krötke konstatiert seitens der Kirche eher eine Enttäuschung: „Die Christen und die Kirche haben sich durch die Jahre hindurch für einen ‚besseren Sozialismus' eingesetzt. Zuerst wollte ihn die SED nicht, und am Schluß wollte ihn das Volk nicht mehr. Es gibt deshalb auch unter Christen bis heute so etwas wie Enttäuschung über das ‚Volk'. Die Leitidee eines humanen Sozialismus, die in der Opposition eine so wichtige Rolle gespielt hatte, prägte nur wenig Menschen."[38]

---

haben." (WEGENER, WINFRIED, Predigt am 3. Sonntag nach Trinitatis, Neustrelitz, 1.7.1990, abgedruckt bei PELZ, Revolution 403–405, 403).

[36] FALCKE, Wenn Worte nicht stimmen, 31.
[37] FRITZ, Ethos, 234 f.
[38] KRÖTKE, WOLF, Die Kirche und die „friedliche Revolution" in der DDR, in: Ders., Die Kirche im Umbruch der Gesellschaft. Theologische Orientierungen im Übergang vom „real existierenden Sozialismus" zur demokratischen, pluralistischen Gesellschaft, Tübingen 1994, 70–94, hier 84. – Es wäre m.E. eine interessante Frage für künftige Forschungen, ob und, wenn ja, wie sich am Predigtmaterial der Umbruchszeit in den frühen 1990er Jahren Spuren der gegenwärtigen Diskussionen um das Selbstverständnis der in Ostdeutschland beheimateten Bürger rekonstruieren lassen. So z. B. die Frage,

Situationsanalogie und Situationskritik ergeben sich aus dem Wechselspiel von biblischem Text, Situation der Predigtperson und der von dieser Person konstruierten Situation der Hörer und Hörerinnen und damit der gesellschaftlichen wie kirchlichen Situation.

Die Deutungsnarrative, die dieses Wechselspiel aus sich entlässt, sind also von vielfältigen Bedingungen abhängig. Deutungsnarrative in Predigten erweisen sich erstens aufgrund ihres Situationsbezugs als zeitabhängig und damit variabel. Mit dem Gang der Ereignisse und dem Hinzutreten neuer Erfahrungen verändern sich die Deutungen. Vorausliegende Deutungsmuster werden korrigiert, verschoben, ergänzt oder kontextualisiert. So kommt beispielsweise mit dem Fortgang der politischen und ökonomischen Entwicklungen beim Rückgriff auf die Exoduserzählung zunehmend das Motiv des Murrens und der Sehnsucht nach Sicherheit in den Blick – zurück an „die alten Fleischtöpfe der ägyptischen Sklavenhalter […]? –

---

ob die Wiedervereinigung als Beitritt eher vom ‚Westen' forciert worden sei und die Predigthörer und Bürger in dieser Entwicklung eher als ‚Opfer' des Westens zu beschreiben sind (so jetzt v. a. OSCHMANN, DIRK, Der Osten: eine westdeutsche Erfindung, Berlin 2023) oder eher als politische Akteure (so CHRISTINA MORINA, Tausend Aufbrüche. Die Deutschen und ihre Demokratie seit den 1980er Jahren, München ³2023) oder ob die in den Predigten anzutreffende Kritik einer einseitigen und vorschnellen Orientierung an den Konsumgütern des Westens eine Variante desjenigen Arguments ist, das in Ostdeutschland tendenziell unzufriedene, gekränkte und nörgelnde Bürger mit Distanz zu den Zumutungen einer liberalen Demokratie vermutet (so eher KOWALCZUK, ILKO-SASCHA, Freiheitsschock. Eine andere Geschichte Ostdeutschlands von 1989 bis heute, München 2024). Vgl. insgesamt die Analyse bei MAU, STEFFEN, Ungleich vereint. Warum der Osten anders bleibt, Berlin ³2024.

statt Freiheit?".³⁹ In Analogie zur Erfahrung des Volkes Israel folge jetzt, so die Einschätzung, auf das Gefühl der Befreiung die Ernüchterung. Biblische Texte verändern in der Rezeption situationsbedingt ihre Aussagerichtung und -intention. Die vermeintlich zeitlose Analogiefähigkeit ist bei näherer Betrachtung in hohem Maße kontextabhängig und situationsbedingt.

Zweitens kommt der Predigtperson im homiletischen Verfahren erhebliche Bedeutung zu. So erweist sich die Konstruktion von Deutung als generational bedingt. Dies betont besonders Birge-Dorothea Pelz.⁴⁰ Die um 1989 bereits über 50jährigen Pastoren blicken überwiegend negativ auf den Staatssozialismus⁴¹ und deuten dessen Ende politisch und theologisch weitgehend positiv. Die jüngeren, in der DDR sozialisierten Pastoren artikulieren, so Pelz, eine zwar „durchaus ‚gesellschafts- und staatskritisch(e) […], aber nicht DDR-feindlich[e]'" Haltung.⁴² Sie plädieren seinerzeit, sofern sie sich einem politisch ‚eher linken' Spektrum zuordnen, für eine „bessere DDR"⁴³, einen „neuen Sozialismus."⁴⁴

Drittens sind die Deutungskonfigurationen konfessionell und positionell bestimmt. Die Predigten bringen theologisch-positionelle Differenzen zur Darstellung, beispielsweise bei der Beschreibung des Verhältnisses von Religion und Politik bzw. Kirche und Staat.⁴⁵

---

³⁹ Zit. bei Pelz, Revolution, 175 (Predigt von Carl-Christian Schmidt am 8.4.1990).
⁴⁰ Vgl. a.a.O., 114f., 168, 221 u.ö.
⁴¹ Vgl. a.a.O., 114.
⁴² Zit. a.a.O., 115.
⁴³ Fritz, Ethos, 247.
⁴⁴ Zit. bei Kandler, Verkündigung, 63.
⁴⁵ Vgl. hierzu die allerdings etwas pauschalierende Einschätzung

Deutungsnarrative in der Predigt konfigurieren sich im Wechsel von Text und Situation, wobei der Predigtperson, ihrer Biographie, ihrer lokalen Verortung und ihrer Theologie erhebliche Bedeutung zukommt. Die intertextuellen Bezüge einer Predigt sind mehrdimensional, die Konstruktion eines Deutungsnarrativs stellt in der Predigt ein komplexes Verfahren dar, das hier exemplarisch auf Situationsanalogie und Situationskritik zugespitzt wurde. Dazwischen gibt es Übergänge, daneben gibt es Alternativen. Eine Erweiterung der Materialbasis, bspw. um Predigten aus grenznahen Orten oder aus Berlin, könnte hier weitere Erkenntnisse liefern.

Welche Deutungsnarrative aber wurden zeitgenössisch im Blick auf die historischen Veränderungen in Osteuropa und im eigenen Land in Predigten im ‚Westen' entwickelt? Homiletisch-hermeneutisch ist diese Frage vor allem auch deshalb von Interesse, da die gleiche Perikopenordnung galt. Um dieser Frage nachzugehen, ist eine forschungspragmatische Zwischenbemerkung notwendig.[46]

3. Probleme der zeitgeschichtlichen Predigtforschung und ein methodischer Umweg

Bei der Konstruktion der homiletischen Hermeneutik in der Dynamik von Text, Person und Situation für das Ge-

---

bei KANDLER, Verkündigung, 79: „Man merkt deutlich, ob der Prediger seine theologische Heimat in Luthers Zwei-Reiche-Lehre hat oder nicht."

[46] Es wäre homiletisch-hermeneutisch sehr reizvoll, Predigten von solchen Sonntagen, denen markante Perikopen zugeordnet sind und die aus Ost- und Westdeutschland stammen, zu vergleichen. Dies kann hier nicht geleistet werden.

biet der ehemaligen DDR habe ich mich vor allem auf die Arbeiten von Birge-Dorothea Pelz, Hermann Kandler und die Sammelbände *Räumt die Steine hinweg* sowie *Dona nobis pacem* bezogen. Eine allgemein zugängliche und archivarisch erschlossene Sammlung von Predigten in der DDR, die umfassende Vergleiche ermöglichen würde, liegt derzeit nicht vor.[47] Auf die Bedeutung lokaler Sammlungen wurde oben exemplarisch hingewiesen und mit *Dona nobis pacem* ist ein solcher Band in die vorliegenden Überlegungen integriert.[48] Veröffentlichungen und Nachlässe von Einzelpersonen liefern dagegen stets nur die individuelle Perspektive und wurden deshalb hier weitgehend hintangestellt. Das gewählte Verfahren bietet meines Erachtens für die hier interessierende Fragestellung und unter den gegebenen Umständen sowie den formalen Vorgaben die bestmögliche Streuung. Für Westdeutschland liegen allerdings für die Zeit von 1989/90 weder thematisch fokussierte und veröffentlichte Corpora noch Forschungen vor. Dies stellt ein erhebliches Desiderat dar. Methodisch ist daher ein Umweg notwendig, um einen exemplarischen Einblick in ‚westdeutsche' Deutungsnarrative gewinnen zu können. Dieser Umweg führt in den Bereich der Predigthilfeliteratur. Es wurden – ebenfalls exemplarisch – vier einschlägige Veröffentlichungsreihen gesichtet: die *Predigtstudien*, die *Pastoralblätter*, die *Homiletischen Monatshefte* und die

---

[47] Erste Bemühungen wurden im Rahmen des folgenden Projektes unternommen: https://www.theol.uni-leipzig.de/institut-fuer-praktische-theologie/institut/forschungsstelle-kirchliche-praxis-in-der-ddr (14. 10. 2024).
[48] Vgl. oben Anm. 7.

Zeitschrift für Gottesdienst und Predigt.[49] Diese Veröffentlichungen bieten sowohl (Muster-)Predigten wie auch exegetische und hörerbezogene Ausarbeitungen. Herausgeber und Beitragende bilden unterschiedliche landeskirchliche Prägungen und theologische Positionierungen ab.

Dieser der Quellenlage geschuldete Genrewechsel ist mit mindestens zwei methodischen Herausforderungen verbunden. Die erste betrifft die Frage der Reichweite. Während die gottesdienstliche Predigt zuerst ein mündliches, präsentisches und lokales Ereignis darstellt, dessen Reichweite erst im Nachgang durch Drucklegung oder durch den Eingang in Sammlungen etc. erhöht wird, ist die Predigthilfeliteratur im Voraus und intentional auf translokale Rezeption ausgerichtet. Das erfordert von den Autoren einerseits ein bestimmtes Maß an Allgemeinheit, denn die Predigten oder die Anregungen für eine Predigt müssen an unterschiedlichen Orten rezipiert und angeeignet werden können. Andererseits sind die Predigten vielfältiger, die jeweiligen Fragestellungen an das Material sind aufgrund der pluralen Autorschaft breiter, wobei freilich die auswählende und ordnende Funktion der Herausgeber zu berücksichtigen ist.

Die zweite Herausforderung betrifft die zeitliche Verzögerung dieser Veröffentlichungen gegenüber tagesaktuellen Ereignissen. Während die Predigt auf solche Ereignisse unmittelbar reagieren kann oder wenigstens reagieren könnte, werden die Predigten, Auslegungen und Vorschläge in der Predigthilfeliteratur mit einem zeitlichen Vorlauf von mindestens drei bis vier Monaten ver-

---

[49] Für die Unterstützung bei der Sichtung des umfangreichen Materials danke ich sehr herzlich Nina Dohle.

fasst. Für die Februarausgabe im Jahr 1990 formulierte der Schriftleiter der *Pastoralblätter*, Hans-Georg Lubkoll, das damit verbundene Dilemma prägnant: „Seit dem 9. November vergangenen Jahres überstürzen sich die Ereignisse." Dem Redakteur einer Monatszeitschrift bleibe „nur eine Möglichkeit: Er muß angesichts der Geschichte, die zu mächtigen Sprüngen angesetzt hat, einige Schritte zurücktreten und versuchen, etwas vom Verborgenen, Hintergründigen des Geschehens zu erkennen".[50] Dieser Hinweis von Lubkoll ist aus mindestens drei Gründen bemerkenswert: Erstens bietet er selbst Deutungsnarrative für die Ereignisse des Herbstes 1989 an – überstürzende Ereignisse, mächtige Sprünge der Geschichte, Verborgenes hinter der Geschichte. Der Verweis auf politische Akteure, auf entsprechendes Engagement, auf aktives Handeln o.ä. fehlt dagegen. Zweitens macht Lubkoll transparent, wie nach seiner Überzeugung Deutung entsteht, eben nicht im tagesaktuellen Kommentar, sondern im Modus des Zurücktretens und Distanzgewinnens. Kommentar und Deutung lassen sich im Blick in der Predigthilfeliteratur oft als zwei Genres unterscheiden. So stellt gelegentlich ein Autor beim Verfassen einer Predigt im Herbst und Winter 1989/90 seiner Predigt einen Kommentar voran oder integriert einen solchen, um die Abfassung zu kontextualisieren und einen Vorläufigkeitsvorbehalt zu markieren.[51] Drittens lassen eben solche

---

[50] LUBKOLL, HANS-GEORG, Kommentar zum Zeitgeschehen. Die späte Niederlage des Jean-Jacques Rousseau, in: Pastoralblätter 130 (1990), 68f., hier 68.

[51] Siehe bspw.: „Während ich dies schreibe, versammeln sich Menschen in der DDR jeden Montagabend zum Friedensgebet und zur Demonstration, um gegen Unterdrückung und Willkür zu protestieren. Sie durchbrechen ihre Schwachheit, sie stehen auf! Kaum

Kommentare wie auch die Ausführungen Lubkolls erkennen, von welchem Zeitraum an man in den Predigten und Auslegungen Bezüge auf die politischen Entwicklungen hätte finden können. Der Konjunktiv ist hier absichtlich gewählt, denn der Befund ist alles andere als einheitlich und auch nicht frei von Ambivalenzen.

---

jemand hat dies für möglich gehalten" (ROSENSTOCK, HEIDI, Alles zum Besten? Bearbeitung A zu Röm 8,26–30, Exaudi [6. Sonntag nach Ostern], in: Predigtstudien für das Kirchenjahr 1990. Perikopenreihe VI. Zweiter Halbband, hg. v. Peter Krusche, Dietrich Rössler und Roman Roessler, Stuttgart 1990, 71–74, hier 74). Oder auch: „Diese Predigtstudie wird geschrieben in den Tagen nach dem 9. November 1989. […] Die ‚Novemberrevolution' in Leipzig und Prag demonstrierte, daß Sprachgewinn Realitätsgewinn, Lebensgewinn ist. Die Erinnerung daran wird auch im Juni 1990 zum größeren Kontext der Pfingstpredigt gehören" (CHRISTIANSEN, ROLF, In der Freiheit des Geistes. Bearbeitung A zu Röm 8,1–2[3–9]10–11, Pfingstsonntag, in: Predigtstudien für das Kirchenjahr 1990. Perikopenreihe VI. Zweiter Halbband, hg. v. Peter Krusche, Dietrich Rössler und Roman Roessler, Stuttgart 1990, 78–82, hier 78f.). In den *Homiletischen Monatsheften* notiert Hans Madsack, dass der entsprechende Beitrag „unter dem Eindruck der Wandlungen, die Ende Oktober/Anfang November mitten unter uns geschehen sind" verfasst sei und alles, „was bis dahin an Vorbereitungen vorhanden war, […] sich über die Nacht zum 9. November vorigen Jahres als Makulatur erwiesen" habe (MADSACK, HANS, Quasimodogeniti, Jes 40,26–31, in: Homiletische Monatshefte 65 [Kirchenjahr 1989/90, Textreihe VI], 249–252, hier 249). In der ZGP findet sich anlässlich des Beginns des ersten Irakkrieges (bzw. zweiter Golfkrieg) am 2. August 1990 folgender vorangestellte Kommentar: „Der folgende Predigtentwurf wurde in der Nacht fertig, in welcher der Krieg ausbrach. Noch unwirklicher als sonst der Versuch, sich in die Situation Juni 1991 zu versetzen." (KLEEMANN, JÜRG, Predigt, in: ZGP 9/3 [1991], 19f., hier 19).

4. Text und Situation in der Dynamik von Analogie und Exempelbildung – ausgewählte Deutungsmuster in der ‚westdeutschen' Predigthilfeliteratur

Im gesichteten Material sind drei Konfigurationen von Text und Situation besonders auffällig. Erstens begegnet auch hier, in der Zusammenschau der unterschiedlichen Veröffentlichungsreihen, insgesamt eine zwar zurückhaltender formulierte, aber dennoch präsente heilsgeschichtlich Perspektive, die Gott als den jetzt in der Geschichte Handelnden beschreibt. Das konsultierte Material lässt sich als eine Diskussion über einen angemessenen Umgang mit dieser Frage lesen. Einerseits nämlich werde hinter den Ereignissen – „Löcher in Mauer und Stacheldraht",[52] „eine wahre Trabi-Flut",[53] wildfremde Menschen, die einander in die Arme fallen – unter Bezug auf Jes 40,26–31 erkennbar: „Unser Gott kommt – macht ihm Platz".[54] Dies bezeugen alle Generationen des Glaubens: „Eine ‚Wolke von Zeugen' zieht mit uns den Weg des Glaubens, die steilen und beschwerlichen Serpentinen der Hoffnung. Und Einer ist vorne – schon am Ziel: Jesus, der Anführer und Vollender des Glaubens. Eine ‚Wolke von Zeugen' steht dafür, voran Jesus, daß Blockaden auf Dauer nicht halten, Mauern fallen, tausendjährige Reiche zusammenschrumpfen auf zwölf Jahre und zusammenbrechen."[55] Die Kirche wird als ein „Instrument einer

---

[52] MADSACK, HANS, Quasimodogeniti, Jes 40,26–31, 250.
[53] Ebd.
[54] Ebd.
[55] WARNKE, CHRISTOF, Palmsonntag, Hebr 12,1–3, in: Homiletische Monatshefte 65 (Kirchenjahr 1989/90, Textreihe VI), 204–207,

friedlichen Revolution" gedeutet, das Gott benutzt,[56] womöglich war in den Ereignissen Jesus selbst zugegen.[57]

---

hier 207. Mit starkem geschichtstheologischen Akzent auch folgende Überlegungen: „So hat Gott immer wieder seinen berechtigten Zorn zurückgenommen, sich nach einem Augenblick der Gottverlassenheit den Menschen wieder zugewandt, wie wir es ja auch selbst in unserer jüngsten Geschichte erlebt haben: Die nationale Katastrophe von 1945 und all das Elend, das mit ihr über deutsche Menschen kam, waren ganz eindeutig die Folgen entsetzlichen Unrechts, das von Deutschen und im Namen des deutschen Volkes begangen worden war. Dennoch hat Gott uns nur einen Augenblick lang den Folgen dieses Unrechts überlassen und uns – zumindest in der Bundesrepublik – alsbald wieder mit seinem reichen Segen überschüttet" (EICHHORN, BERTHOLD, Was bleibt, wenn alles zerbricht. Predigt am 25. März 1990, Lätare, Jes 54,7–10, in: Pastoralblätter 130 [1990], 150–154, hier 153 f.). Ähnliches findet sich auch zu Ostern 1990: „In den letzten Monaten des vergangenen Jahres haben wir es miterlebt, wie schnell dämonische Mächte zusammenbrechen können. Und daß die schrecklichen Feindbilder von einst wie ein Kartenhaus eingestürzt sind. Manchen meinen: Das haben Menschen bewirkt oder der Zeitgeist, der sich gewandelt hat. Wir können es aber auch ganz anders sehen und sagen: Der gen Himmel aufgefahren Christus, der ‚herrschen muß' […] – dieser Christus hat von seiner Herrschaft Gebrauch gemacht und in unsere verworrene Welt hineinregiert" (LUBKOLL, HANS-GEORG, Sich in die Zukunft hineinziehen lassen. Predigt am 15. April 1990, Ostern, 1. Kor 15,20–28, in: Pastoralblätter 130 [1990], 214–218, hier 216 f.].

[56] MADSACK, HANS, Nicht einmal – ein für allemal. Predigt am 8. Juli 1990, 4. Sonntag nach Trinitatis, Röm 12,17–21, in: Pastoralblätter 130 (1990), 397–401, hier 400.

[57] Vgl. GRÖPLER, HELMUT, Was soll es bedeuten? Worte zu Zeiten und Zeichen. (3) Weihnachtsstation. Predigt 1989, in: ZGP 8/5 (1990), 7 f., hier 7 (Hervorh. von RC): „Ohne Gorbatschows Perestroika, ohne Polens Solidarnosc und ohne das Geschehen in Ungarn hätte sich auch bei uns nichts bewegt. Ohne die große Massenbewegung derer, die unser Land – Gott sei es geklagt – verlassen haben, wäre nichts in Gang gekommen. Aber ohne die Friedensgebete in den acht Leipziger Kirchen an jedem Montag auch nicht. Aufrichti-

Aber auch politische Entscheidungsträger wie Michail Gorbatschow werden als Instrument göttlichen Handelns verstanden.[58]

Andererseits aber wird ein solches geschichtstheologisches Verfahren auch explizit zurückgewiesen. Hans Wulf vermerkt, er vermöge „keine Verbindung zwischen der Wiederherstellung natürlicher Lebensbedingungen im Europa des Jahres 1989 und dem Wiederaufbau des zerstörten Jerusalems zu erkennen".[59] Sehr explizit verwehrt sich auch Eberhard Stammler gegen eine solche Deutung: „Was ist das denn für ein allmächtiger Gott, der entgegen seinem bekundeten Machtanspruch Mächtige immer mächtiger und Reiche noch reicher werden läßt, während er Millionen von Hungrigen dem Verhungern preisgibt? [...] Gewiß hat man oft genug versucht, mit einer rückwirkenden Geschichtsdeutung eine Gegenrechnung aufzumachen. [...] So wurde jetzt auch der Zusammenbruch der

---

ge Gebete bewegen das Herz Gottes. Die Friedensgebete begleiten dann die Demonstrationen, die sich in und vor den Kirchen formierten. Friedensgebete mündeten ein in den Aufstand von Tausenden. Menschen standen auf und gingen auf die Straße. Sie blieben gewaltfrei. Und sie vermochten so viel zu verändern – sie, die Gewalt- und Machtlosen angesichts all der Macht der Mächtigen. Ein Wunder vor unseren Augen! *Vielleicht begleitete Jesus die Demonstranten, vielleicht ging er mit, vielleicht hat er verhindert, daß es den ‚Platz des himmlischen Friedens' auch in der DDR gab.*"

[58] Vgl. Anm. 57 und auch SCHMUTZLER, SIEGFRIED, 10. Sonntag nach Trin., 2. Kön 25,8–12, in: Homiletische Monatshefte 65 (Kirchenjahr 1989/90, Textreihe VI), 406–409, hier 409: „Gottes Güte war es, die den großen sowjetischen Staatsmann Michail Gorbatschow inspirierte, in der SU sowohl als auch in ganz Ost-Europa einschließlich der DDR politische und wirtschaftliche Reformen unerhörten Ausmaßes in Gang zu setzen oder doch zuzulassen."

[59] WULF, HANS, 4. Advent, Jes 52,7–10, in: Homiletische Monatshefte 65 (Kirchenjahr 1989/90, Textreihe VI), 13–15, hier 13.

despotischen Diktaturen des Ostblocks mitunter als ein offenkundiger Eingriff Gottes gedeutet. Doch wenn sich solche Deutungen von Fall zu Fall auch nahelegen mögen, so wären wir Menschen mit unseren Möglichkeiten doch bei weitem überfordert, wollten wir nachzeichnen und entziffern, was der Finger Gottes in die Geschichte eingeschrieben hat. Nicht alle Anlässe, bei denen ‚Nun danket alle Gott!' angestimmt wurde, eignen sich als Gottesbeweise, als Belege für sein unmittelbares Wirken in der Weltgeschichte".[60] Die Metaphern, mit denen die Ereig-

---

[60] STAMMLER, EBERHARD, Die Mutter Jesu ehren. Bearbeitung B zu Lk 1,(39–45)46–55(56), 4. Advent, in: Predigtstudien für das Kirchenjahr 1990/91. Perikopenreihe I. Erster Halbband, hg. v. Peter Krusche, Dietrich Rössler und Roman Roessler, Stuttgart 1990, 46–49, hier 47. Ähnlich KOEPPEN, WOLFHART, 7. Sonntag nach Trinitatis, 2. Mose 16,2–3.11–18, in: Homiletische Monatshefte 65 (Kirchenjahr 1989/90, Textreihe VI), 394–398, der explizit betont, „wie weit wir von den Ur-Erfahrungen des Exodus entfernt sind" (395) und zugleich die „Unfähigkeit zum Abschied von unserer Wohlstandswelt" beklagt, die freilich für „die Herstellung gerechter Verhältnisse (BRD–DDR; Nord–Süd)" unabdingbar sei. Die Deutung erfolgt hier erkennbar aus westdeutscher Perspektive. – Eher abwägend argumentiert Gerhard Wendland: „Was eine solche Zeitenwende meint, das wird am 1.1.1991 genau zu überlegen sein. Jetzt im April 1990 ist nur zu ahnen, was dann ansteht – im Rückblick auf DDR und BRD, nach dem ‚Wahljahr', zu Anfang des Jahres mit den ersten gesamtdeutschen Wahlen, im Blick auf Europa … [sic!] Wie stark wird die Versuchung sein, die Wende ins Überzeitliche zu stilisieren und heilsprophetisch zu überhöhen? Oder im Gegenteil die Neigung, alles Geschehen für unser eigenes Machwerk zu halten und zu vergessen, Gott zu danken für das, was er schenkte, und um seinen Segen für unsere Hoffnungen zu bitten?" (WENDLAND, GERHARD, Die Gegenwart der messianischen Zeit. Bearbeitung A zu Lk 4,16–21, Neujahr, in: Predigtstudien für das Kirchenjahr 1990/91. Perikopenreihe I. Erster Halbband, hg. v. Peter Krusche, Dietrich Rössler und Roman Roessler, Stuttgart 1990, 98–102, hier 99).

nisse gedeutet werden, sind in diesem Zusammenhängen eher Aufbruch[61] und Anfang[62], weniger ist dagegen die Rede von Umkehr und Buße.

Neben die Kontroverse um eine mögliche Situationsanalogie tritt als zweites Verfahren weniger die Situationskritik denn das Exempel.[63] Die Ereignisse in der DDR, die politischen Entwicklungen werden zum Predigtbeispiel, und zwar in einem mindestens dreifachen Verfahren. Entweder dienen sie als Anschauungsmaterial für die Auslegung des Textes. So seien „die Vorgänge in der DDR durchaus als Gleichnis [zu] verstehen […] für das, was unser Text als Befreiung von der Tyrannei der Sünde und des Todes bezeichnet".[64] In Bezug auf Mt 21 und die dem Er-

---

[61] Vgl. z.B. der Hinweis auf „[p]olitische und gesellschaftliche Neuaufbrüche wie in der DDR" (KNUTH, HANS CHRISTIAN, Jubel und Schwert. Bearbeitung B zu Lk 2,[22–24]25–38[39–40], Sonntag nach Weihnachten, in: Predigtstudien für das Kirchenjahr 1990/91. Perikopenreihe I. Erster Halbband, hg. v. Peter Krusche, Dietrich Rössler und Roman Roessler, Stuttgart 1990, 88–91, hier 89.

[62] Vgl. ZÖLLNER, UTE, Jesu Taufe – Anfang und Weg. Bearbeitung B zu Mt 3,13–17, 1. Sonntag nach Epiphanias, in: Predigtstudien für das Kirchenjahr 1990/91. Perikopenreihe I. Erster Halbband, hg. v. Peter Krusche, Dietrich Rössler und Roman Roessler, Stuttgart 1990, 117–120, hier 119. Rolf Christiansen spricht von einem „neuen Pfingsten" (ders., In der Freiheit des Geistes, 78).

[63] Zum Exempel vgl. RUCHATZ, JENS/ WILLER, STEFAN/ PETHES, NICOLAS (Hg.), Das Beispiel. Epistemologie des Exemplarischen (LiteraturForschung 4), Berlin 2007.

[64] STEFFEN, UWE, In der Freiheit des Geistes. Bearbeitung B zu Röm 8,1–2(3–9)10–11, Pfingstsonntag, in: Predigtstudien für das Kirchenjahr 1990. Perikopenreihe VI. Zweiter Halbband, hg. v. Peter Krusche, Dietrich Rössler und Roman Roessler, Stuttgart 1990, 83–86, hier 86. Auf die Frage, wo sich gegenwärtig Beispiele fänden, wie ein Zustand von Sprachlosigkeit überwunden werden könne, heißt es dort auch: „Dafür bieten sich gegenwärtig als Beispiel die Vorgänge in der DDR an" (a.a.O., 85).

löser zugeschriebene Tugend der Sanftmut konstatiert Jürgen Goetzmann: „Sanftmut und Mut schließen einander nicht aus, sondern korrespondieren miteinander. Das haben *beispielsweise* die von den Gebetsgottesdiensten ausgehenden Montagsdemonstrationen 1989 in Leipzig gezeigt. Lichterketten und Gebirge von Talgkerzen gab es nicht nur dort, sondern auch in Prag und Bukarest. Eine Szene für die Welt".[65] Der Glaube der Christen in der DDR wird zum Vorbild[66] und ausdrücklich von „Exempel" spricht Klaus Reblin, wenn er nach Beispielen sucht,

---

[65] GOETZMANN, JÜRGEN, Enttäuschte Erwartung? Bearbeitung A zu Mt 21,1–9, 1. Advent, in: Predigtstudien für das Kirchenjahr 1990/91. Perikopenreihe I. Erster Halbband, hg. v. Peter Krusche, Dietrich Rössler und Roman Roessler, Stuttgart 1990, 19–22, hier 22 (Hervorh. von RC). Ähnlich auch AUER, EBERHARD, Monatsspruch für August: Jesus Christus spricht: Wer zu mir kommt, den werde ich nicht abweisen. Joh 6,37, in: Pastoralblätter 130 (1990), 388f., hier 389.

[66] Vgl. WEBER, HARTMUT, Trotziges Festhalten an der eigentlichen Realität. Predigt am 13. Mai 1990. Kantate, Offenbarung 15,2–4, in: Pastoralblätter 130 (1990), 268–271, hier 268; KIENE, HENNING, In Psalmen reden. Predigt am 14. Oktober 1990, 18. Sonntag nach Trinitatis, Eph 5,15–21, in: Pastoralblätter 130 (1990), 562–565. Die Gemeinsamkeit der Glaubenssituation in Ost und West betont WARNKE, CHRISTOF, Palmsonntag, Hebr 12,1–3, 206. Warnke erzählt vom Besuch eines Kollegen aus der DDR und dessen „Symptome[n] einer Resignation". Dieser würde am heutigen Sonntag über den gleichen Text zu predigen haben: „Die Zweifelnden, die Traurigen, die angesichts der gegebenen Machtverhältnisse und Vereinsamung Resignierten zu ermutigen, das wird der Pfarrer in seiner kleinen Gemeinde in der DDR wohl als seine Aufgabe sehen. Ist uns hier eine andere Aufgabe gestellt? Wir leben hier gewiß auch als Gemeinde in ganz anderen Verhältnissen als die Kirche in der DDR. Und trotzdem kann auch bei uns ein einzelner Christ das Gefühl haben: In meinem Betrieb, in meinem Geschäft, bei meiner Behörde stehe ich ganz allein da mit meinem Glauben".

die den „Beginn einer großen Bewegung, eines nicht endenden Prozesses gegen den Tod" veranschaulichen. Hier böten sich in der konkreten Predigt „Exempel an: Greenpeace etwa, auch die längst wieder in der Versenkung verschwundenen Initiatoren der deutschen Revolution des Jahres 1989: Bärbel Bohley oder Jens Reich. Vielleicht auch Michail Gorbatschow?"[67] Hier deutet sich ein zweites Verfahren der Exempelbildung an – die Menschen in der DDR werden zum Exempel, entweder als Vorbilder oder aber, um ethische und moralische Handlungsaufforderungen an westdeutsche Hörer zu konkretisieren. Immer wieder fordern Predigten Solidarität gegenüber bestimmten Menschengruppen, die als solidaritätsbedürftig gelten und reihen die Bürger und Bürgerinnen der DDR hier ein. So wird beispielsweise gefragt: „Was wird uns durch die Aussiedler, die Menschen in der DDR, die Asylanten, die Gescheiterten in unserer Gesellschaft

---

[67] REBLIN, KLAUS, Wir sind Protestleute gegen den Tod. Bearbeitung A zu Mk 12,1–12, Reminiscere (2. Sonntag der Passionszeit), in: Predigtstudien für das Kirchenjahr 1990/91. Perikopenreihe I. Erster Halbband, hg. v. Peter Krusche, Dietrich Rössler und Roman Roessler, Stuttgart 1990, 160–163, hier 163. Besonders auffällig die Reihung bei KOEPPEN, WOLFHART, Karfreitag, Jes (52,13–15) 53,1–12, in: Homiletische Monatshefte 65 (Kirchenjahre 1989/90, Textreihe VI), 212–216, 215 (Hervorh. von RC): „‚Es gibt kein fremdes Leid.' Wenn aus unserer Gemeinde jemand im Krankenhaus an Krebs stirbt. Wenn eine Familie auseinanderbricht, weil der Vater wegen Betrug ins Gefängnis muß, und die Kinder das öffentliche Gerede darüber nicht aushalten. Wenn – *beispielsweise in der DDR* – Menschen nicht mehr schweigen können, sondern um ihrer Hoffnungen willen auf die Straße gehen. Oder wenn eine indische Mutter ihr verhungertes Kind still in den Fluß legt. Wenn in Brasilien ganze Gruppen von Indianern sich miteinander zum Sterben niederlegen, weil andere ihre Heimat, den tropischen Regenwald, für immer zerstören".

wirklich genommen?"⁶⁸ Menschen, die von Ost- nach Westdeutschland umziehen, werden um des Exempels willen mit Asylsuchenden in einer Reihe genannt: „In den Tagen, an denen ich über diesen Text nachdenke (Ende September 1989), übersiedeln Abertausende Landsleute aus der DDR zu uns, Menschen mit kleinen und großen Erwartungen. (Was mag daraus zehn Monate später geworden sein?) Vor Augen sind mir dazu Asylanten, die bei uns Zuflucht und Nahrung suchen; ferner Menschen aus dem eigenen Land, die nicht genug Fleisch und Brot haben".⁶⁹ Oder aber – und das ist die dritte Variante – die Situation in den östlichen Bundesländern wird mit Situationen in anderen Weltgegenden zum Exempel parallelisiert. So formulierte Elisabeth Raiser: „Viele von uns haben im Verlauf der ökumenischen Bewegung für Gerechtigkeit, Frieden und die Bewahrung der Schöpfung die Erfahrung gemacht, daß sich Menschen überfordert fühlen, wenn sie die Probleme des Hungers, die Arbeitslosigkeit und soziale Ungerechtigkeit (wie z.B. jetzt in den östlichen Teilen Deutschlands), die Umweltzerstörung und Kriegsgefahr (Mittlerer Osten) unbeschönigt wahrnehmen".⁷⁰ Und im gleichen Band der Predigtstudien formuliert Karl Foitzik folgende Katastrophen-Reihe: „Ich

---

[68] DURTH, K. RÜDIGER, Septuagesimä, 27.1.1991, Mt 20,1–16a, in: Homiletische Monatshefte 66 (Kirchenjahr 1990/91, Textreihe I), 146–150, hier 150.

[69] RITTER, WERNER H., Für jeden genug. Bearbeitung A zu 2. Mose 16,2–3.11–18, 7. Sonntag nach Trinitatis, in: Predigtstudien für das Kirchenjahr 1990. Perikopenreihe VI. Zweiter Halbband, hg. v. Peter Krusche, Dietrich Rössler und Roman Roessler, Stuttgart 1990, 144–148, hier 144.

[70] RAISER, ELISABETH, Wozu ist Kirche da? Bearbeitung B zu Mt 5,13–16, 8. Sonntag nach Trinitatis, in: Predigtstudien für das Kirchenjahr 1991. Perikopenreihe I. Zweiter Halbband, hg. v. Peter

schreibe diese Zeilen im Oktober 1990. Die Nachrichten berichten vom Blutbad am Tempelberg in Jerusalem, vom Weltkindergipfel in New York, vom Aufmarsch der alliierten Truppen an den Grenzen des Irak, von zunehmender Ungewißheit in den fünf neuen Bundesländern. Was wird sich nach einem Jahr verändert haben im Konflikt zwischen den Israelis und den Palästinensern? Werden weniger Kinder hungern und sterben? Wird die Kluft zwischen armen und reichen Ländern kleiner?"[71] All diese Varianten stilisieren die Umbrüche, Entwicklungen und Ereignisse in der DDR zu einem Exempel, geschehen in einem anderen Land mit fremden Menschen. Die Autoren und Autorinnen bleiben weitgehend in einer distanzierten Beobachterperspektive, deren Suche nach geeignetem Anschauungsmaterial sie nach Südafrika, in den Irak und eben auch in die (ehemalige) DDR blicken lässt.

Damit bin ich beim dritten Befund. Insgesamt ist der deutende Bezug auf die Ereignisse in der DDR in der konsultierten Predigthilfeliteratur nicht so dominant wie dies intuitiv zu erwarten wäre. Das betrifft zunächst einmal Ereignisse, die als Gedenkereignisse im Vorfeld planbar sind, wie der 13. August als Erinnerungstag an den Bau der Berliner Mauer oder der 7. Oktober 1989, der auf 40 Jahre DDR zurückblickte. Diese vorhersehbaren Ereignisse fallen vollständig aus.[72] Als im Laufe des Jahres 1990

Krusche, Dietrich Rössler und Roman Roessler, Stuttgart 1991, 155–159, hier 156.

[71] FOITZIK, KARL, Warte noch ein Jahr. Bearbeitung A zu Lk 13,(1–5)6–9, Buss- und Bettag, in: Predigtstudien für das Kirchenjahr 1991. Perikopenreihe I. Zweiter Halbband, hg. v. Peter Krusche, Dietrich Rössler und Roman Roessler, Stuttgart 1991, 283–286, hier 283.

[72] Anders dagegen anlasslich des Jahrestages zum 9. November

die Veränderungen immer stärker in den Blick treten, werden diese auf ihre (geschichts-)theologische Bedeutung hin befragt und wesentlich in ihrer Bedeutung und in Bezug auf die Folgen für die Lebenswelt der westdeutschen Hörer thematisiert, das macht insbesondere das Phänomen der Exempelbildung deutlich.[73] Manchmal entfällt ein Bezug ausgerechnet dort, wo er thematisch evident wäre, wenn z.B. das „Neue", das „jetzt" beginnt, ohne jegliche Bezüge auf die neue gesamtdeutsche Situation auskommt.[74] Die Predigten konturieren die gesellschaftliche Situation weitgehend vor dem Hintergrund ihrer eigenen, westdeutschen Situation – auch dann, als ostdeutsche Pfarrer und Pfarrerinnen als Abonnenten in Blick geraten könnten und man von einer gesamtdeutschen Leserschaft sprechen könnte. Als eine gesamtdeutsche Deutungsherausforderung tritt die Umbruchssituation in den in Westdeutschland verfassten Predigten und Predigthilfen nur vereinzelt in Erscheinung[75] und gerät

---

1989, so z.B. BÄTZING, RAINER, Die Angst ist weg. Predigt am 11. November 1990, Drittletzter Sonntag im Kirchenjahr, 1. Thess 5,1–11, in: Pastoralblätter 130 (1990), 627–631, 629, der ausdrücklich die vorjährigen Ereignisse aufruft.

[73] Vgl. hierzu v.a. die unter Anm. 68 zitierte Predigt von Durth.

[74] So SCHMIDT, KARL ERNST, Auf, auf mein Herz, mit Freuden… Predigten (1) Das Neue fängt jetzt an, 1. Kor 15,35–44a, in: ZGP 8/2 (1990), 22f. – Die Andacht „Über Mauern springen" von Wilhelm Drühe kommt am Beginn des Jahres 1990 noch vollständig ohne Bezug auf die Maueröffnung aus (in: Pastoralblätter 130 (1990), 42f.

[75] So z.B. in einer Predigtstudie von Ernst Öffner, die ein „Wort zum Sonntag", gesprochen von Hartmut Walsdorff aus Berlin zitiert: „Zwei Welten, sagte er [H. Walsdorff, RC], treffen am Tag der Vereinigung aufeinander: eine reiche und eine arme Welt – ‚wie damals die Welt des reichen Mannes und des armen Lazarus'". Daran anschließend fragt Ernst Öffner: „Werden wir im ‚Westen' die Eigenart und den 45jährigen Erfahrungsschatz der DDR-Kirche

teilweise rasch in den Schatten des sog. zweiten Golfkriegs (vom August 1990 an). In der Predigthilfeliteratur ist der Bezug auf die zeitgeschichtlichen, innerdeutschen Veränderungen wenig dominant. Die Autoren und Autorinnen der Predigten und Predigthilfen bleiben eher auf Distanz. Man kann sich des Eindrucks nicht erwehren, dass einige von ihnen auf einer Art Zuschauertribüne saßen und manchmal ist nicht deutlich erkennbar, ob ihnen bewusst war, welches Spiel gespielt wird.[76]

---

wahrnehmen, gar teilen wollen?" (ÖFFNER, ERNST, Alles hängt am rechten Sehen. Bearbeitung B zu Lk 16,19–31, 1. Sonntag nach Trinitatis, in: Predigtstudien für das Kirchenjahr 1991. Perikopenreihe I. Zweiter Halbband, hg. v. Peter Krusche, Dietrich Rössler und Roman Roessler, Stuttgart 1991, 98–104, hier 99). – Eine Reflexion auf dieses Problem der zeitgenössischen Predigt bietet GÖLZ, FRIEDRICH, Reden zur Zeit (gestern gehalten) (1) Hart und heilsam, Jer 8,4–7, in: ZGP 8/4 (1990), 32. Die ZGP veröffentlichte relativ früh Predigten, die von ostdeutschen Pfarrern verfasst waren, teilweise auch nachgängig z.B. KÄHLER, REINHART, Predigt zu Mt 23,1ff., Februar 1990, in: ZGP 8/5 (1990), 11f. oder GRÖPLER, (3) Weihnachtsstation.

[76] Eine auffällige Ausnahme ist der Herausgeber der Pastoralblätter, Hans-Georg Lubkoll, freilich nur in den sog. „Kommentaren zum Zeitgeschehen". Z.B. LUBKOLL, HANS-GEORG, Kommentar zum Zeitgeschehen: Kehrt eines Tages die Euphorie zurück?, in: Pastoralblätter 130 (1990), 260f., wo er von einem „Rausch" spricht, den „das ganz Volk" im November 1989 erfasst habe, der nun aber den Sorgen gewichen sei. „Die Bürger der DDR machen sich Sorgen um die Lebensmittel, die Mieten und den Wert ihrer Sparkonten. Die Angst vor der Arbeitslosigkeit geht um, die es bisher in der DDR nicht gegeben hat. Das Gefühl wächst, von der reichen Bundesrepublik allein gelassen zu sein. [...] Aber auch in der Bundesrepublik macht sich Unbehagen bemerkbar." Ähnlich auch ders., Kommentar zum Zeitgeschehen: Die fixierte Gesellschaft, in: Pastoralblätter 130 (1990), 324f.; ders., Kommentar zum Zeitgeschehen; Jetzt sind die biblischen Tugenden gefragt, in: Pastoralblätter 130 (1990), 390f.

Eine bemerkenswerte Koalition zwischen ost- und westdeutschen Predigten zeigt sich im Bezug auf ethische Themen. Der konziliare Prozess – Frieden, Gerechtigkeit, Bewahrung der Schöpfung –, Konsum- und Kapitalismuskritik, die Mitschuld an politischen Fehlentwicklungen zur Zeit des Nationalsozialismus, die Aufgabe der Versöhnung, die Auseinandersetzung mit den Problemen des globalen Südens (Südafrika) – all das sind gemeinsame Themen. Es scheint, als könne man in Bezug auf das Fremde und Ferne gemeinsame theologische und politische Deutungsnarrative entwickeln, in Bezug auf das gemeinsame Eigene und Nahe dagegen nur zurückhaltend und abhängig von Einzelpersonen.

5. Ausblick

Das gesichtete Material hat nur exemplarischen Charakter und entsprechend exemplarische Funktion. Es dient dazu, einzelne homiletisch-hermeneutische Strategien der Generierung von Deutungsnarrativen in der Dynamik von Text, Situation und Predigtperson zu rekonstruieren. Der exemplarische Charakter verweist, wie oben ausgeführt, auf ein grundlegendes Desiderat der zeitgeschichtlich interessierten Predigtforschung – für differenzierte Aussagen fehlen entsprechende Predigtcorpora, und zwar sowohl orts- bzw. regionalbezogene als auch anlassbezogene Corpora. Zu vielen Predigten, v.a. denjenigen abseits bedeutender Kanzeln und prominenter Orte, gibt es derzeit keinen verlässlichen und transparenten Zugang. Für die homiletische Frage nach dem Zusammenhang von Text- und Situationshermeneutik stellen diese fehlenden Corpora ein erhebliches Problem dar, weil sich die Befunde auf der vorhandenen Quellenbasis kaum differenzieren lassen, Einzelphänomene möglicherweise überbewertet werden, allgemeinere, weil verbreitetere Denkfiguren eventuell übersehen werden, vor allem dann, wenn sie die theologischen und homiletischen Erwartungen und etablierte Deutungen konterkarieren.[77]

Als Zwischenergebnis für weitere Forschungen ist m.E. festzuhalten, dass Predigten als Deutungsprojekte stets situativ sind und daher auch die Narrative, die in Predigten entwickelt werden, situativen Charakter haben. Entsprechend der äußeren Rahmenbedingungen, die die Situation imprägnieren, konstruieren Predigten in der damaligen DDR und in Westdeutschland jeweils unterschiedliche Situationen, auch bei gleichem Perikopentext. Einerseits also deutet der Text die Situation, auch und gerade dort, wo eine stark exegetisch-dogmatische Fokussierung auf die Perikope vorliegt und die Deutung eher implizit als explizit ist. Andererseits aber deutet auch die Situation den Text, denn die gleichen Texte ‚sprechen' situativ unterschiedlich. Die oft behauptete Normativität biblischer Texte erweist sich zumindest im Predigtverfahren als eine situative und damit auch kontingente Normativität.[78] Als situative Deutungsprojekte sind Predigten

---

[77] Dieser Sachverhalt stellt für die zeitgeschichtlich interessierte Predigtforschung grundsätzlich eine Herausforderung dar.
[78] Vgl. z.B. folgende Einschätzung: „Nach den Erfahrungen einer friedlichen Revolution in den Ostblockstaaten und nach der Begegnung mit Militär, das gerade nicht Rache und Vergeltung auf seine Fahnen geschrieben hat, sondern die Menschenrechte geschützt und verteidigt hat, haben wir Anlaß, die Predigt des Paulus mit neuen Ohren zu hören" (VOGELBUSCH, GERTRUD, 4. Sonntag nach Trin., Röm 12,17–21, in: Homiletische Monatshefte 65 [Kirchenjahr 1989/90, Textreihe VI], 352–355, hier 352). – Anders die Einschätzung bei KANDLER, Verkündigung, 20, der im Rahmen der lutheri-

stark von der Predigtperson abhängig. Die Situation ist und bleibt „immer nur die je eines Einzelnen"[79] und das gilt in besonderem Maße für die Predigtperson. Die Erfahrungen der Predigtperson, ihre Biographie und Sozialisation, ihre generationale, lokale und politische Verortung und ihre Theologie konstruieren die Deutungen bzw. Deutungsnarrative der Predigten im Zusammenspiel von Text und Situation.[80] Zu untersuchen wäre meines Erachtens die Frage, ob und inwieweit die Deutungsnarrative, die die Predigtpersonen entfalten, mit denen der Hörenden korrelieren, ob also die Predigten die Deutungen der Hörer unterstützen, bestätigen, oder eher kritisieren, korrigieren, sabotieren oder ignorieren. Auch wären die unterschiedlichen Autorennetzwerke der einzelnen Reihen detaillierter zu rekonstruieren, denn beispielsweise setzen die Beiträge in den *Predigtstudien* hinsichtlich der geschichtstheologischen Deutung überwiegend andere Akzente als diejenigen in den *Pastoralbättern*, was ursächlich auf unterschiedliche Autoren zurückzuführen ist.

---

schen Unterscheidung von Gesetz und Evangelium den Situationsbezug der Predigt dem Gebiet des Gesetzes zuordnet und die Predigt des Evangeliums als „nicht so situativ" einschätzt. Meines Erachtens verkennt dieser Befund, dass auch das Evangelium nicht anders als situativ auszusagen ist. Auch die von Kandler vorgenommene Unterscheidung von Situationsbezogenheit und Situationsbedingtheit scheint mir in Bezug auf das Material nicht zuzutreffen. Der Zugriff auf die biblischen Texte ist situationsbedingt und dadurch situationsbezogen.

[79] KUBIK, Situation, 99.
[80] Dies zeigen m.E. besonders gut die „Kommentare zum Zeitgeschehen", die Hans-Georg Lubkoll in den *Pastoralblättern* veröffentlicht. Vgl. Anm. 76.

Im Deutungsstreit der Narrative ist in Bezug auf die Predigt also bis auf Weiteres festzuhalten: Predigtdeutungen gibt es nur situativ, nur im Plural und nur als personale Deutungen. Das gilt auch für Predigten in den Jahren 1989/90. Diese Pluralität gilt es, bei aller Neigung zur theologischen Schul- und Musterbildung, ernst zu nehmen und in der Forschung sichtbar zu machen: So viele Predigten – so viele Deutungen.

„Irgendwann werden wir uns alles erzählen"

Umbruchserzählungen von 1989/90 in der Literatur und ihre Bedeutung für Geschichte und Erinnerung

Anna Lux

1. Einleitung

Dieter Langewiesche hat anlässlich der diesjährigen Verleihung des Lion-Feuchtwanger-Preises in seiner Rede auf anregende Weise über das Verhältnis von Dichtung und historischer Forschung nachgedacht, über „historische Prosa", wie er wissenschaftliche und literarische Texte fasst.[1] Schriftsteller können, so ein zentraler Gedanke des Textes, Geschichte auf eine spezifische Weise erzählen. Sie können, so Langewiesche mit Referenz auf Feuchtwanger, „historische Menschen" erschaffen, also Figuren, die als Individuen historisch so nie gelebt haben, in ihrer Gesamtheit aber durchaus. Literatur kann also die Geschichte eines historischen Milieus, einer vergangenen Zeit, einer sozialen Gruppe in nur einer Figur bündeln und damit Geschichte anders erzählen, Langewiesche würde sogar sagen, besser. Denn während historische Forschung versucht, mit ihren Methoden Vergangenheit durch bestimmte Begriffe und Konzepte auf den Punkt zu brin-

---
[1] LANGEWIESCHE, DIETER, Wie wir Geschichte schreiben, in: Süddeutsche Zeitung, 11.7.2024.

gen, kann Literatur durch das „Privileg der Fiktion"[2] die Fülle, Vielschichtigkeit und Komplexität von Geschichte in einzelnen Figuren und ihren Leben verdichten. Darin sieht Langewiesche, anknüpfend an Koselleck, die „Überlegenheit" von Dichtung und Literatur gegenüber der Historiographie, indem sie „mehr über Geschichte aussagen'" kann „als ein Historiker, der auf Begriffe angewiesen bleibt, jemals zu leisten vermag'". In Literatur lesen wir nicht nur über die Fakten der gelebten Leben, wie wir sie als Historiker aus Quellen zusammensetzen, sondern Literatur kann die Atmosphäre einer Zeit erfassen, „den ‚Lebenshauch' der Menschen in ihrer Welt", wie es bei Feuchtwanger heißt.[3]

Zugleich lässt sich im Nachdenken über das Verhältnis von Literatur und Geschichte als Wissenschaft anknüpfen an Diskussionen der letzten Jahrzehnte. Diese haben dazu beigetragen, dass auch im deutschsprachigen Raum die Grenze zwischen beiden Sphären als durchlässig verstanden wird. Wesentliche Impulse kamen seit den 1970er Jahren von Haydon White über die Narrativität von Historiografie. Auch Geschichte wird erzählt, auch geschichtswissenschaftliche Texte arbeiten mit narrativen, dramaturgischen, poetischen Mitteln der Darstellung, und es muss gefragt werden, welchen Anteil diese Darstellung bei der Entstehung von Geschichtsbildern in der Gesellschaft hat.[4]

---

[2] ERLL, ASTRID, Kollektives Gedächtnis und Erinnerungskulturen. Eine Einführung, Stuttgart ³2017, 117.

[3] LANGEWIESCHE, Geschichte.

[4] FULDA, DANIEL, Einleitung, in: Ders./Silvia Serena Tschopp (Hg.), Literatur und Geschichte. Ein Kompendium zu ihrem Verhältnis von der Aufklärung bis zur Gegenwart, Berlin 2002, 1–12, hier 1.

Das Verhältnis zwischen facts und fictions spielt zudem dann eine Rolle, wenn es um die Beziehung zwischen angewandter Geschichte, und als Teil davon Histotainment, und Wissenschaft geht. Was bleibt von ‚der Geschichte', wenn sie auch der Unterhaltung dient, wenn sie Konsumgegenstand wird?, fragen die Herausgeber des Bands *History sells!*. Welche Geschichtsbilder entstehen, wenn nicht Aufklärung und Information, sondern ein gehöriges Maß an Unterhaltung den Hauptantrieb zur Auseinandersetzung mit Geschichte bildet?[5] Daniel Schläppi betonte in seinem Beitrag in dem Band die Gemeinsamkeiten zwischen akademischer Geschichte und Histotainment. Beide seien den Fakten verpflichtet, den zentralen Unterschied sieht er in der „Tiefenschärfe der Befunde", den Darstellungsformen und der Art der medialen Vermittlung und damit verbunden der Zielgruppen und Publika.[6] Mathias Berek betont zudem die hohe Relevanz von populären Darstellungen für Erinnern und Geschichtskultur. Sie sind aus diesem Grund mit anderen Anforderungen, Bedürfnissen, aber auch Freiheiten in der Auseinandersetzung mit Vergangenheit konfrontiert als wissenschaftlich-historische Forschung.[7] In diesem Sinne verstehen auch Sylvia Paletschek und Barbara Korte die

---

[5] HARDTWIG, WOLFGANG/ALEXANDER SCHUG, Einleitung, in: Dies., History sells! Angewandte Geschichte als Wissenschaft und Markt, Stuttgart 2009, 9–19, hier 11.

[6] SCHLÄPPI, DANIEL, Angewandte und akademische Geschichte – keine Gegensätze, in: Wolfgang Hardtwig/Alexander Schug, History sells! Angewandte Geschichte als Wissenschaft und Markt, Stuttgart 2009, 31–42, hier 37.

[7] Vgl. BEREK, MATHIAS, Medien- und Erinnerungskultur. Eine notwendige Beziehung, in: Wolfgang Hardtwig/Alexander Schug, History sells! Angewandte Geschichte als Wissenschaft und Markt, Stuttgart 2009, 54–64, hier 54.

Medien und Genres der populäre Geschichtskultur als parallele, teilweise ergänzende, teilweise konkurrierende Erinnerungsangebote.[8] Als solche adressieren sie eine breitere Öffentlichkeit und sind nicht mehr nur Erinnerungsträger, sondern „Sinnträger" und damit Teil der kollektiven Erinnerung.[9]

Anknüpfend an die hier skizzierten Dimensionen in der wechselseitigen Bezogenheit von Literatur, historischer Forschung und Erinnerung fokussiert dieser Aufsatz auf den „umstrittenen Erinnerungsort"[10] 1989/90.[11] Im Zentrum steht dabei der Bestseller *Irgendwann werden wir uns alles erzählen* von Daniela Krien, 2011 erschienen, eine Liebesgeschichte vor dem Hintergrund des Umbruchs 1989/90.[12] Der Roman ist besonders geeignet, um das Verhältnis von Literatur zu Geschichte und Erinnerung zu diskutieren, weil er auf den Sommer 1990 als einen historischen Zeitraum scharf stellt, der in der Zeitgeschichte lange unterbelichtet blieb. Zudem vermittelt

---

[8] Vgl. KORTE, BARBARA/SYLVIA PALETSCHEK, Geschichte in populären Medien und Genres. Vom historischen Roman zum Computerspiel, in: Dies. (Hg.), History Goes Pop. Zur Repräsentation von Geschichte in populären Medien und Genres, Bielefeld 2009, 9–60.

[9] Vgl. BEREK, Medien- und Erinnerungskultur, 55.

[10] Vgl. SABROW, MARTIN, „1989" als Erzählung, in: APuZ 69 (2019) 35–37, 25–33.

[11] Der Aufsatz entstand im Rahmen meiner Forschungen in dem BMBF-Verbundprojekt „Das umstrittene Erbe von 1989. Aneignungen zwischen Politisierung, Popularisierung und historisch-politischer Geschichtsvermittlung", eine Kooperation der Universitäten Freiburg i. Br. und Leipzig.

[12] Das Debüt der 1975 in der Nähe von Schwerin geborenen Schriftstellerin wurde tausendfach verkauft, in 15 Sprachen übersetzt, das Hörbuch sprach Anna Thalbach ein und 2023 wurde der Roman zudem verfilmt.

der Text einen Eindruck von der Lebenswelt und den Emotionen der „historischen Menschen" in diesem Zeitraum. Und nicht zuletzt kann Kriens Debüt als Intervention in einen Erinnerungsdiskurs verstanden werden, der früh durch vereindeutigende Narrative über 1989/90 geprägt war.

1.1 Das Jahr 1990 freilegen

2019 erschien im Verlag Spector Books *Das Jahr 1990 freilegen*, ein telefonbuchstarkes Kompendium mit Material, Bildern, Texten (Interviews, Erinnerungen, Berichterstattung).[13] Das Buch ist das Ergebnis einer einjährigen „Suchbewegung"[14] des Herausgebers Jan Wenzel, um dieses Jahr 1990 aus dem Schatten von 1989 herauszuholen und es sich (und anderen) zu vergegenwärtigen:

> Vergleicht man die Jahre 1989 und 1990, fällt auf, dass sie in der kollektiven Erinnerung höchst unterschiedlich präsent sind. Die meisten können sich das Jahr '89 rasch ins Gedächtnis rufen […]. Das Jahr 1990 dagegen lässt sich ungleich schwerer auf einen Nenner bringen. […] Die Ereignisse überschlagen sich oder reißen unvermittelt ab. Die rasante Entwicklung beließ ihnen keine Eigenzeit zur Entfaltung. Das Gedächtnis, zerrissen von unerfüllten Wünschen, nicht eingestandenen Kränkungen und erschöpft vom weiteren Verlauf der Ereignisse, fasst ein solches Jahr nur schwer.[15]

In den folgenden Jahren hat sich der Diskurs und das, was im kollektiven Gedächtnis über 1990 und die 1990er ‚gewusst' wird, verschoben. Es gibt mittlerweile eine gesell-

---

[13] WENZEL, JAN (Hg.), Das Jahr 1990 freilegen. Remontage der Zeit, Leipzig 2019.
[14] A.a.O., 11.
[15] A.a.O., 6.

schaftliche Debatte über die sog. Baseballschlägerjahre und über die Geschichte der Transformation, über die Treuhand-Anstalt, die die Abwicklung und Privatisierung von tausenden DDR-Betrieben organisierte und die von Marcus Böick als „erinnerungskultureller Zombie"[16] beschrieben wurde. Die Themen werden in verschiedenen Forschungsdisziplinen bearbeitet, in Geschichte und Soziologe, Kultur- und Literaturwissenschaft.[17] Teilweise sind sie eingebunden in eine „lange Geschichte der ‚Wende'"[18], teilweise mit Schwerpunkten auf Identität, kulturellem Wandel oder Demokratieverständnis.[19] Weiterhin ist die Transformationszeit ein Schwerpunkt von Veranstaltungen und Publikationen in der politischen Bildungsarbeit geworden.[20] Und auch im Populären – in Spielfil-

---

[16] BÖICK, MARCUS, Die Treuhand. Idee – Praxis – Erfahrung, 1990–1994, Göttingen 2018, 15.

[17] Für Geschichte vgl. exemplarisch das Forschungsprojekt am IfZ zur Geschichte der Treuhand sowie das Forschungsprojekt „Diktaturerfahrung und Transformation" an der Universität Jena. Als Überblick zur Erforschung der Transformation vgl. BÖICK, MARCUS, Die Erforschung der Transformation Ostdeutschlands seit 1989/90. Ansätze, Voraussetzungen, Wandel, Version 1.0, Docupedia-Zeitgeschichte, 18.10.2022, https://docupedia.de/zg/Boeick_transformation_v1_de_2022 (8.9.2024).

[18] BRÜCKWEH, KERSTIN/CLEMENS VILLINGER/KATHRIN ZÖLLNER, Die lange Geschichte der „Wende". Geschichtswissenschaft im Dialog, Berlin 2020.

[19] Forschungen gibt es in Geschichte, Soziologie, Kultur- Literaturwissenschaften. Vgl. u. a. MAU, STEFFEN, Ungleich vereint. Warum der Osten anders bleibt, Berlin 2024; MORINA, CHRISTINA, Tausend Aufbrüche. Die Deutschen und ihre Demokratie seit den 1980er Jahren, München 2023.

[20] Vgl. exemplarisch die Schriftenreihe der Bundeszentrale für politische Bildung, in der Forschungen zur Transformation und ihren Folgen einen Schwerpunkt bilden. Ebenso gibt es in der Arbeit der Bundesstiftung für die Aufarbeitung der SED-Diktatur inhalt-

men und Dokumentationen, Romanen und Sachbüchern, Podcasts, Songs oder Ausstellungen – reißt das Interesse an und die Beschäftigung mit der Geschichte der 1990er (und 2000er) nicht ab. Man könnte sogar sagen, dass es vor allem die Medien und Genres der populären Geschichtskultur waren, über die neue Themen auf die erinnerungskulturelle Agenda kamen: die „Baseballschlägerjahre" (Christian Bangel) und Gewalt als Alltagserfahrung, der Verlust von Vertrautem und Normalität, ein rasches Erwachsenwerden in der Phase des Umbruchs, das komplizierte Verhältnis zur Elterngeneration zwischen Entfremdung und Paternalismus, die Ambivalenz zwischen neuen Freiheiten und Überforderungen.[21]

In der Beschäftigung mit 1990 und den 1990er Jahren haben nicht zuletzt literarische Texte virulente Erfahrungen, Erinnerungen und Deutungen aufgegriffen und in ästhetisch anspruchsvolle oder auch leicht zugängliche und unterhaltsame Formen übersetzt.[22] Auf diese Weise hat Literatur über die Wendezeit einen Zugang zu historischem Wissen hergestellt, aber auch einen Zugang zur Reflexion von Geschichtsbildern und Vergangenheitsdeutungen. Wie in einem Echoraum hat Literatur das Potential, erinnerungskulturell dominierende Narrative aufzugreifen, sie affirmativ zu bestätigen oder ergänzende und widersprechende Perspektiven aufzeigen. Zum Teil erreichten bestimmte Bücher einen Widerhall im gesell-

---

liche Schwerpunktverschiebungen in Richtung Transformation, wie sich an den Themen der jährlich stattfindenden Geschichtsmessen zeigt.
[21] Vgl. als Überblick www.89goespop.de (8.9.2024).
[22] Überblick über Wendeliteratur in Ost und West bei BORN, ARNE, Literaturgeschichte der deutschen Einheit, 1989–2000. Fremdheit zwischen Ost und West, Hannover 2019.

schaftlichen Diskurs, der über das Feld der (populären) Kultur weit hinausreicht.[23] Die Pluralität der Erzählungen in der populären Geschichtskultur steht dabei in einem bemerkenswerten Gegensatz zu Vereinfachungen und Dichotomisierungen in geschichtspolitischen Kontexten sowie in den letzten Jahren zu populistischen Aneignungen von 1989 durch rechte und rechtsextreme Akteure.[24]

1.2 Irgendwann werden wir uns alles erzählen

Auch Daniela Krien legt in *Irgendwann werden wir uns alles erzählen* das Jahr 1990 frei. 2011 erschienen, verwebt sie in ihrem Debüt die Geschichte einer heftigen und schwierigen Liebe mit dem Ende der DDR; „es ist Sommer 1990. Heuwendezeit".[25] Handlungsort ist ein kleines Dorf, wo jeder jeden kennt und alles eine Geschichte hat. Die Hauptfigur Maria ist fast 17 Jahre alt und wir folgen ihr als Beobachterin durch diese Zeit des Dazwischens.

Maria lebt seit kurzem bei und mit ihrem Freund Johannes auf dem Bauernhof seiner Eltern. Zur Schule geht sie kaum mehr. Sie liegt lieber im Bett und liest. Im Sommer 1990 ist für sie Schule kaum mehr als eine Option. Vor dem Hintergrund der politisch-gesellschaftlichen Verän-

---

[23] Vgl. dazu Lux, Anna/Brückner, Jonas, Neon/Grau. 1989 und ostdeutsche Erfahrungen im Pop, Berlin 2025.
[24] Vgl. Hartmann, Greta u.a., Vom Sichtbarwerden des (Un-)Sichtbaren im Modus des Populären. Popularisierung, Populismus, Geschichtsvermittlung – und 1989, in: Marcus Böick/Constantin Goschler/Ralph Jessen (Hg.), Jahrbuch Deutsche Einheit 2021, Berlin 2021, 31–50.
[25] Krien, Daniela, Irgendwann werden wir uns alles erzählen, Berlin ⁴2020 (2011), 19.

derungen versucht Maria ihren Platz im Leben und in der neuen Familie zu finden. Dabei verliebt sie sich in den vierzigjährigen Henner, der auf dem Nachbarhof lebt. Er ist Einzelgänger und eine gebrochene Figur, eigensinnig, belesen, impulsiv. Im Ort sagt man, die DDR hat ihn kaputt gemacht. Er hatte Ärger mit dem Staat, saß einige Monate im Gefängnis. Seine Frau verließ ihn, Freunde im Ort hat er keine. Die Liebesbeziehung des ungleichen Paars ist heftig, auch gewalttätig, und am Ende steht kein Happy End. Mit einer sehr klaren und einfachen Sprache erzählt Krien diese Geschichte, die Liebes- und Coming-of-Age-Geschichte ist, aber auch und vor allem eine Geschichte des gesellschaftlichen Umbruchs, nach dem nichts mehr so ist wie vorher – weder die Menschen noch ihre Beziehungen noch das Land, in dem sie leben. Krien fokussiert mit 1990 auf einen besonderen Moment in der Zeitgeschichte, jenes „wunderbare Jahr der Anarchie",[26] das im öffentlichen Erinnern lange seltsam blass blieb im Vergleich zum rasanten, sich überschlagenden Herbst 1989. Im Sommer 1990 war noch vieles offen. Zwar zeichneten sich die Verheerungen der Transformation bereits am Horizont ab, doch es dominierte Aufbruchsstimmung, Hoffnung, Zuversicht.

Von dieser Zeit in der Schwebe erzählt Krien jedoch nicht wie eine Reihe anderer Wende- und Nachwenderomane aus einer städtischen oder großstädtischen Perspektive, wie bspw. Clemens Meyer in *Als wir träumten*, Peter Richter in *89/90* oder Hendrik Bolz in *Nullerjahre*.[27] Vielmehr nimmt sie den ländlichen Raum in den Blick.

---

[26] Vgl. LINKS, CHRISTOPH/SYBILLE NITSCHE/ANTJE TAFFELT, Das wunderbare Jahr der Anarchie. Von der Kraft des zivilen Ungehorsams 1989/90, Berlin 2004.
[27] MEYER, CLEMENS, Als wir träumten, Frankfurt am Main 2006.

Das erzählte Dorf ist ein fast anachronistisch anmutender Ort:

> Es ist ein besonderes Dorf. Weder Krieg noch DDR haben es zerstören können [...]. Außer ein paar Wohnhäusern und der LPG gibt es nur wenig Neues. So etwas findet man nicht mehr oft, und an den Wochenenden kommen aus der Stadt die Leute und gehen hier spazieren.[28]

Die Lebenswelt ist wesentlich durch Arbeit strukturiert. So heißt es in Bezug auf Johannes Vater:

> Müde sieht er aus. Seit acht Stunden ist er schon auf den Beinen, und es werden weitere acht sein. Im Sägewerk müssen Stämme in Bretter verwandelt werden, die Schafe sollen auf eine andere Weide getrieben, ein kaputter Zaun repariert und der Kuhstall ausgemistet werden. Zweimal am Tag wird gemolken, fünf Uhr früh und siebzehn Uhr am Abend. Der Milchwagen kommt alle zwei Tage und leert den gekühlten Tank.[29]

Das dörfliche Leben im Roman prägt zudem die Beziehungsverhältnisse innerhalb der Familie und die Kommunikation untereinander: „Gesprochen wird wie immer wenig. Der Siegfried [der Vater, AL] macht nicht viele Worte, da ist er wie die meisten Männer des Dorfs. Doch wenn er spricht, dann schweigen wir und hören zu, auch wenn es Unsinn ist, doch das kommt selten vor."[30] Auch die ‚unerhörten Ereignisses' des Herbst 1989 scheinen hier weit weg. Der Mauerfall

> war hier auf dem Hof beinahe unmerklich vorübergegangen. Man hatte ferngesehen, die Bilder aus Berlin wie aus einem ande-

---

RICHTER, PETER, 89/90, München 2015. BOLZ, HENDRIK, Nullerjahre. Jugend in blühenden Landschaften, Köln 2022.

[28] KRIEN, Irgendwann, 11.
[29] A.a.O., 18.
[30] A.a.O., 17.

ren Land betrachtet, die Frieda [die Großmutter; AL] hatte gesagt: ‚Dass ich das noch erlebe…', Marianne [die Mutter; AL] hat geweint und Siegfried genickt. Immer wieder bewegte er seinen großen Schädel auf und nieder, dann war er die Tiere füttern gegangen. So erzählt es der Johannes [der Freund von Maria; AL], der damals kaum zu halten gewesen war und am liebsten gleich hingefahren wäre. Aber der Siegfried hat ihn nicht gelassen.[31]

2. Freiheit als Taumel. Literatur als Türöffner zur Geschichte von 1990

Irgendwann werden wir uns alles erzählen können wir mit Frank Thomas Grub als Wenderoman verstehen.[32] Dabei geht es bei der Definition von Wenderomanen vor allem um den Zeitpunkt des Erscheinens (in Abgrenzung zu DDR-Literatur) sowie die thematischen Setzungen (in Unterscheidung zu Nachwende-Narrationen).[33] Weniger wurde bzw. wird diskutiert, ob Wenderomane (schon oder überhaupt) als historische Romane zu bezeichnen sind. In jedem Fall tragen sie Elemente des Historischen in sich, Elemente einer Zeitgeschichte, die noch qualmt, quasi die „Vorgeschichte unserer Gegenwart" (Anselm Doering-Manteuffel/Lutz Raphael). Stellen wir auf ‚das Historische' im Wenderoman scharf und versteht man sie

---

[31] A.a.O., 19.
[32] Vgl. GRUB, FRANK THOMAS, „Wende" und „Einheit" im Spiegel der deutschsprachigen Literatur, Bd. 1: Untersuchungen, Berlin/New York 2003.
[33] LÜDEKER, GERHARD JENS/DOMINIK ORTH, Zwischen Archiv, Erinnerung und Identitätsstiftung. Zum Begriff und zur Bedeutung von Nach-Wende-Narrationen, in: Dies. (Hg.), Nach-Wende-Narrationen. Das wiedervereinigte Deutschland im Spiegel von Literatur und Film, Göttingen 2010, 7–17.

zumindest zu Teilen als historische Romane, so lassen sie sich in ein Genre mit langer Tradition einordnen, das bis in das erste Drittel des 19. Jahrhunderts zurückreicht.

Vielen Autorinnen historischer Romane war und ist es ein Anliegen, die Vergangenheit in ihren Texten auch mit Hilfe historischer Quellen zu rekonstruieren und eine real-historische Welt zu zeichnen. Dabei spielt die möglichst authentische Zeichnung der Kulisse – der Wohnformen, Verhaltensweisen, Kleidung, Essen – eine wesentliche Rolle. Diese, oft mit vielen Details ausgeschmückte und anschaulich beschriebene, Kulisse bildet den Rahmen für die Handlung, in der meist fiktionale Figuren agieren; reale historische Figuren erscheinen in der Regel nur am Rande. Im historischen Roman wird so eine historische Erfahrungswelt simuliert, in der die imaginierten Figuren ihren persönlichen Lebensweg gehen und dabei von den großen Ereignissen der Zeit berührt werden. Durch die Synthese von facts und fiction wird in historischen Romanen Vergangenheit zu Geschichte(n) und damit „verlebendigt".[34]

Das Verhältnis der fiktionalen Figur zur realhistorisch gezeichneten Umwelt ist nicht selten in gewisser Weise anachronistisch, da die Figuren eher den Wertvorstellungen in der Gegenwart der schreibenden Autoren verbunden sind. Doch auf diese Weise wird dem Leser die Möglichkeit des Mitfühlens und Miterlebens gegeben, des sich ‚Hineinversetzens' in die Vergangenheit.

In einem solchen Verständnis von Wenderoman als historischem Roman eröffnet auch *Irgendwann werden wir uns alles erzählen* zunächst, ganz allgemein gesprochen,

---

[34] Vgl. KORTE/PALETSCHEK, Geschichte in populären Medien und Genres, 22.

einen Zugang zur Ereignisgeschichte von 1990. Mit 1990 kommt jenes „letzte Jahr der DDR"[35] in den Blick, das von Komplexität und Widersprüchlichkeit ebenso geprägt war wie durch die extreme Dynamisierung von Zeit. Die Ereignisse überschlugen sich, das Kurzfristige löste das Lang- und Mittelfristige ab, das Plötzliche das Erwartbare. Dabei waren das Ehemalige und das Künftige eng miteinander verschränkt.[36] Der Roman hat das Potential einen Zugang zu dieser Geschichte von 1990 zu eröffnen, indem er von Freiheit auch als Taumel erzählt, als einen Zustand der Schwebe, von Aufbruch und Abbruch, von tausend Möglichkeiten und Überforderung: „Ich taumele haltlos umher, sehe keine Wege oder zu viele",[37] heißt es im Roman – eine Beobachtung von Verunsicherung, Haltlosigkeit, aber auch endloser Freiheit, die mit der Dramatik der Beziehungen im Roman zusammenhängt, aber auch mit der spezifischen historischen Zeit, in der er spielt. Diese Beobachtung finden wir auch in anderen populären Werken, zum Beispiel in dem Song *1989* der Leipziger Band Brockdorff Klang-Labor, wo es heißt: „Wir sind frei, so frei, dass wir fallen".[38] Und auch Romano rappt in *König der Hunde* über jenen Zwischenzustand im Berlin der 1990er Jahre, wenn es heißt „Wir ziehen Freiheit auf Lunge, von null auf hundert eine Sekunde".[39]

---

[35] So der Titel einer Ausgabe von *Aus Politik und Zeitgeschichte* zu 1990, APuZ 69 (2019) 35–37.
[36] Vgl. LUX, ANNA/ALEXANDER LEISTNER, „Letztes Jahr Titanic". Untergegangene Zukünfte in der ostdeutschen Zusammenbruchsgesellschaft seit 1989/90, in: Historische Anthropologie 29 (2021) 1, 98–124, hier 100 f.
[37] KRIEN, Irgendwann, 156.
[38] Brockdorff-Klanglabor, 1989 (Die Fälschung der Welt, Zick-Zack/Major Label, 2012).
[39] Romano, König der Hunde (Copyshop, Vertigo, 2017).

Irgendwann werden wir uns alles erzählen eröffnet zudem einen Zugang zur Unterschiedlichkeit der Erfahrungen mit dem Umbruch. Das Ende der DDR konnte für die Menschen Freiheit *und* Unsicherheit, den Wegfall von ideologischer Bevormundung *und* den Verlust (sozialer) Sicherheit bedeuten. Der Systemwechsel hatte tiefe politische, wirtschaftliche, aber auch lebensweltliche Konsequenzen. Innerhalb kürzester Zeit änderte sich alles, was gerade noch als ‚normal' gegolten hatte, als fraglos, selbstverständlich, im Sinne des Soziologen Alfred Schütz. Wie der Umbruch erzählt und im Nachhinein bewertet wird, hängt auch davon ab, wie er erlebt wurde: „Manchem erschien die Zeit als Treppensturz, mancher als schlingender Abfahrt auf Glatteis, andere lernten zu fliegen", heißt es bei Manja Präkels. Und diese unterschiedlichen Wege laufen noch heute „wie Trennlinien durch die ostdeutsche Gesellschaft".[40] Und auch Krien reflektiert die unterschiedlichen Voraussetzungen, mit denen die Leute 1989/90 in ihre neue Zukunft starteten: „Für mich änderte der Fall der Mauer alles", sagt die Figur Maria, „für den Henner kam alles zu spät."[41]

Dass *Irgendwann werden wir uns alles erzählen* das Potential einlöst und für nicht wenige Leser einen Zugang zur historischen Komplexität des Sommers 1990 eröffnete, verdeutlicht die Besprechung des Buchs durch Gabriele von Arnim in der ZEIT:

Daniela Krien hat keine Angst. Auch nicht vor der Sprache. Die leuchtet in diesem Roman. Hier wird alles feinnervig wahrge-

---

[40] PRÄKELS, MANJA, Kein abgeschlossenes Kapitel (Erinnerungen als Rohstoff der Geschichte), in: Dies., Welt im Widerhall oder War das eine Plastiktüte?, Berlin 2022, 111–115, hier 113.

[41] KRIEN, Irgendwann, 204.

nommen, ruhig konstatiert und kraftvoll erzählt. Das Bestreichen des groben Brotes mit dicker Butter, die erste Paprika im Ostdorf, das erste Westgeld, der erste Westbesuch, die sexuelle Verschlingung. Und all das ist eingebettet in Weiden und Schafställe, Kastanienbäume und Weizenfelder, in Aufbruchstimmung und Zukunftsangst. Ein Roman, der so viel Unruhe so bedacht erzählt, dass man sich ihm gebannt hingibt.[42]

3. Literatur als Quelle für Alltagsgeschichte

In einem Text über Alltagsgeschichte hat Dirk van Laak über Romane als Quelle für alltagsgeschichtliche Forschung nachgedacht. Das, was häufig als Kulisse für die fiktionale Handlung fungiert, wurde nicht selten mit viel Aufwand, teilweise mit historischen Quellen rekonstruiert. Mit einer, auch für das historische Setting sensiblen (Lese)Perspektive lässt sich auf genau diese Kulisse scharf stellen. Es werden dann historische Erfahrungswelten sichtbar – zeitgenössische Wertvorstellungen und Erwartungshorizonte, aber auch die Welt des Alltags: Routinen und Gebräuche, die Art sich zu kleiden, zu wohnen und zu essen, aber auch Formen von Beziehung und Vergemeinschaftung.[43]

Ging es oben darum, dass Wendeliteratur ganz grundsätzlich ein Interesse für bestimmte historische Ereignisse wecken kann, wird es hier konkreter. Denn historische Romane und so auch Wenderomane eröffnen dem Leser

---

[12] VON ARNIM, GABRIELE, Es gibt sie noch, die wilde Liebe, in: DIE ZEIT, 20.10.2011, https://www.zeit.de/2011/43/L-B-Krien/komplettansicht (8.9.2024).

[43] VAN LAAK, DIRK, Alltagsgeschichte, in: Michael Maurer (Hg.), Aufriss der historischen Wissenschaften, Bd. VII: Neue Themen und Methoden der Geschichtswissenschaft, Stuttgart 2003, 14–80.

und der Leserin – und zwar nicht nur professionellen Historikern, sondern jedem historisch Interessierten – einen Zugang zu ganz spezifischen Aspekten von 1989/90, nämlich der Alltags-, Erfahrungs-, Mentalitätsgeschichte vom und im Umbruch. Dies lässt sich am Beispiel von *Irgendwann werden wir uns alles erzählen* auf verschiedenen Ebenen verdeutlichen.

3.1 Der Umbruch und die ‚kleinen Leute'

In der historischen Forschung zu 1990 und den 1990er Jahren dominierten lange gesellschafts-, sozial-, politik- und wirtschaftshistorischen Aspekte.[44] Die ‚kleinen Leute'[45] wurden vor allem in ihrer Bedeutung als politische Subjekte diskutiert[46] oder im Zusammenhang mit Arbeit und den Folgen von 1989/90 für die „arbeiterliche Gesellschaft" der DDR.[47] Die Geschichte des Alltags im Umbruch hatte im Forschungskontext wenig Platz. Doch gerade die oben beschriebene Dynamiken, die Rasanz, mit der Lebensentscheidungen getroffen wurden und sich Gewissheiten in Luft auflösten, die Geschwindigkeit, mit der sich Erfahrungsräume und Erwartungshorizonte neu ordneten, hatte natürlich auch Auswirkungen auf den Alltag: auf das Zusammensein mit Freunden und Familie,

---

[44] Vgl. als Forschungsüberblick Böick, Transformation.

[45] Zur Geschichte und Genese des ‚kleinen Mannes' vgl. van Laak, Dirk, Der kleine Mann, in: Zeitschrift für Ideengeschichte 17 (2023) 4, 93–111.

[46] Vgl. Grossbölting, Thomas, Wem gehört die Friedliche Revolution? Die Pollack-Kowalczuk-Kontroverse von 2019 als Lehrstück von Wissenschaftskommunikation, in: Deutschland Archiv, 14.7.2020, www.bpb.de/312786 (8.9.2024).

[47] Vgl. Engler, Wolfgang, Die Ostdeutschen als Avantgarde, Berlin 2002.

auf die Kommunikation mit Nachbarn, in der Öffentlichkeit oder am Arbeitsplatz, auf die Situation in den erodierenden Institutionen (inkl. Schulen), auf den Umgang mit Konsum, auf Vorstellungen von Zeit und Raum (Stichwort Abwanderung).

Welche Spuren hatte der Umbruch im Alltag der ganz normalen Leute hinterlassen? Neuere Forschungen geben darauf Antworten, etwa im Projekt „Die lange Geschichte der Wende", das Themen wie Konsum, Schule, Wohnen in den Mittelpunkt rückt,[48] oder das Projekt „Diktaturerfahrung und Transformation",[49] in dem erfahrungsgeschichtliche Perspektiven im Mittelpunkt stehen oder *Lütten Klein* von Steffen Mau,[50] der Aspekte von Lebenswelt und Transformation in den Blick nimmt. Über die Spuren des Umbruchs im Alltag lesen wir zudem in zeitgenössischen Texten, etwa bei Jutta Voigt oder Martin Gross, bei Christoph Dieckmann oder Helga Königsdorf. Es sind Protokolle des Übergangs, essayistische Beobachtungen des Umbruchs, die eindrücklich die Atmosphäre beschreiben.[51]

Aus der Retrospektive eröffnet jedoch vor allem Literatur den Raum, um die historische Komplexität des Umbruchs im Hinblick auf Alltag und Lebenswelt zu fassen. Indem Romane von den vergangenen Lebenswelten ihrer

---

[48] Vgl. BRÜCKWEH, „Wende".
[49] https://verbund-dut.de
[50] Vgl. MAU, STEFFEN, Lütten Klein. Leben in der ostdeutschen Transformationsgesellschaft, Berlin 2019.
[51] Vgl. VOIGT, JUTTA, Im Osten geht die Sonne auf. Berichte aus anderen Zeiten, Berlin, 2009. GROSS, MARTIN, Das letzte Jahr. Aufzeichnungen aus einem ungültigen Land, Leipzig 2020. DIECKMANN, CHRISTOPH, Das wahre Leben im falschen. Geschichten von ostdeutscher Identität, Berlin, 1998. KÖNIGSDORF, HELGA, Adieu DDR. Protokolle eines Abschieds, Reinbek b.H. 1990.

Protagonisten erzählen, wird auch für den Leser deutlich, dass Geschichte aus weit mehr besteht als aus politischen Auseinandersetzungen, Krieg oder Revolution. Dass die Geschichte der ‚kleinen Leute' geprägt ist von den *Auswirkungen* dieser Ereignisse auf Familie, Freundschaft, Partnerschaft, auf das weite Feld der häuslichen und außerhäuslichen Arbeit, auf Freizeit und Konsum, auf Träume und Hoffnungen – und auf die Strategien, mit denen sie mit diesen Herausforderungen umgehen.

Als Teil der einfachen Lebenswelten im Umbruch thematisiert Krien das bäuerlich-ländliche Leben. In der historischen Forschung rückte das Thema aus einer erfahrungsgeschichtlichen Perspektive v. a. die Forschung von Uta Bretschneider in den Blick.[52] Als ein Ergebnis beschreibt sie die Situation auf dem Land nach dem Ende der DDR als einen „Überforderungs- und Möglichkeitsraum"[53] zugleich, der Interessenkonflikte provozierte, die bis in die Gegenwart reichen. Von diesen Überforderungs- und Möglichkeitsräumen erzählt auch *Irgendwann werden wir uns alles erzählen*, indem Krien zeigt, wie 1989/90 die Erwartungshorizonte innerhalb dieses ländlichen Raums neu aufgespannt wurden: Für die einen eröffnen sich neue Optionen. So will der Vater Siegfried, motiviert durch die Erzählungen seines aus der DDR geflüchteten Bruders, in Zukunft biologisch-dynamische Landwirtschaft betreiben. Sein Sohn hingegen will auf keinen Fall auf dem Hof bleiben. Vielleicht hätte er auch

---

[52] Vgl. BRETSCHNEIDER, UTA, Gescheiterte Erfolgsgeschichten? Die ostdeutsche Landwirtschaft und ihre Akteure im Prozess der Transformation, in: Dierk Hoffmann/Ulf Brunnbauer (Hg.), Transformation als soziale Praxis. Mitteleuropa seit den 1970er Jahren, Berlin 2020, 154–165.

[53] A.a.O., 162.

in der DDR das Dorf verlassen – Landflucht war durchgängig Thema und Problem für die Landwirtschaft in der DDR –, doch die neuen Möglichkeiten und Freiheiten lassen sein Weggehen nun als unabdingbar und logische Konsequenz des Umbruchs erscheinen. Dafür wechselt Johannes in die Beobachterposition und fotografiert den Hof, die Tiere und Menschen. Der Freundeskreis weitete sich aus auf die Stadt, er kauft eine teure Kamera und sein Plan steht fest: Fotografie studieren in Leipzig. Auch für die Mutter von Maria eröffnet die Wende in gewisser Weise neue Möglichkeitsräume. Arbeitslos, entscheidet auch sie sich, wegzugehen und neu anzufangen.

3.2 Materielle Alltagswelt

Eine andere Dimension der Alltagswelt ist die der *materiellen Dinge*. Der Umbruch, nicht zuletzt die Währungsunion vom 1. Juli 1990, brachte auch hier grundlegende Veränderungen. In der Literatur begegnet uns diese Erfahrung nicht nur als Euphorie über das Neue, sondern auch als Verlust. So bspw. in dem Roman *Unter dem Namen Norma* von Brigitte Burmeister, in dem sie den Prozess des Vergessens der vielen kleinen Dinge des Alltags beschreibt:

Schon weiß ich kaum noch, wie das Geld aussah, das wir hatten, bevor wir richtiges Geld bekamen, wie die Etiketten auf den Konservendosen, Gläsern und Flaschen aussahen, die Briefmarken und Fahrscheine, die Zahnpastatuben, Hautcremedosen, Haarbürsten, Nagelfeilen, Papierservietten, die tausend kleinen Dinge, die es in den Geschäften 1000 kleine Dinge gab oder wieder einmal nicht gab. Wie also die Dinge aussahen, die ich nicht vermisse, nur jetzt nicht mehr sehe, und wie es war, als ich sie häufig sah und häufig vermisste, weil es sie wieder einmal nicht gab, und wie es in bestimmten Momenten war, wenn fehlte, was ich brauchte oder mir wünschte oder zu kaufen mir vorgenommen hatte, wie das war, in ganz bestimmten Momenten, und wie auf die Dauer, also im Zusammenhang mit wiederum anderen Erlebnissen, an die ich mich erinnern müsste, einzeln und auf die Dauer und im Zusammenhang.[54]

Krien macht in *Irgendwann werden wir uns alles erzählen* zudem die Widersprüchlichkeiten sichtbar, die mit dem Thema Konsum im Jahr 1990 verbunden waren. Zeitgenössisch war v. a. unter Linken in Ost und West das Bild von den konsum-enthemmten Ostdeutschen verbreitet, das sich durch den Sieg der „Allianz für Deutschland" bei der Volkskammerwahl verfestigte und für das die Figur „Zonen-Gaby" symbolisch steht.[55] Bei Krien begegnen hingegen Textpassagen, die auf andere Weise die neuen, auch überfordernden Erfahrungen mit Konsum im Jahr 1990 thematisieren. Szene 1: Der Vater, Siegfried,

schneidet eine daumendicke Scheibe vom groben Brot ab und streicht Butter darauf. Dann nimmt er einige Stücke einer roten Paprika, die seine Frau vorgeschnitten hat. Er isst langsam, wortlos. Dann lächelt er und sagt: ‚Es ist gut, dass wir jetzt Paprika kaufen können, ist sehr gesund, wusstet ihr das?' Er schaut hoch, ohne den Kopf zu heben.[56]

Szene 2: Der erste Besuch der Familie im Westen: „An das erste Mal erinnere ich mich ungern. Demütigend war mir das Einreihen in die Schlange für das Begrüßungsgeld ge-

---

[54] BURMEISTER, BRIGITTE, Unter dem Namen Norma, Stuttgart 1994, 165 f.
[55] „Zonen-Gaby" schmückte das Cover des Satire-Magazins Titanic im November 1989. Darauf zu sehen ist eine Frau mit Kaltwelle und Jeansjacke, die eine auf Bananenart geschälte Gurke in der Hand hält; dazu die Bildunterschrift: „Zonen-Gaby (17) im Glück (BRD): Meine erste Banane".
[56] KRIEN, Irgendwann, 9.

wesen, erniedrigend die Blicke eines Obst- und Gemüseverkäufers, als ich ihn fragte, wie diese oder jene Frucht hieße und wie man sie essen müsse."[57]

Krien thematisiert in diesen beiden Szenen widersprüchliche Emotionen im Umgang mit den neuen Möglichkeiten von Konsum, zum einen das Wohlbehagen beim Verzehr eines neuen Lebensmittels, das nun Teil des Alltags sein wird. Damit vermittelt sich dem Leser zugleich ein Eindruck davon, wie sehr das Neue um Alltag Raum griff: Wie viele erste Male es in diesen Wochen des Übergangs wohl gab? In der zweiten Szene thematisiert Krien Scham als Emotion im Zusammenhang mit Konsum und in der Konfrontation mit einem anderen Wissen und Selbstverständnis über scheinbare Selbstverständlichkeiten in der Begegnung zwischen Ost und West (ich werde darauf unten zurückkommen). Wichtig ist mir hier, dass beide Szenen auf Erfahrungen mit und die Erinnerung an eine *Ambivalenz* von Konsum verweisen. An diesem Beispiel wird deutlich, wie es in Literatur gelingen kann, in einem komplexen, auch mit stereotypen Zuschreibungen verbundenen Thema wie *Konsum und Wendezeit* Tiefenschärfe zu gewinnen.[58]

3.3 Geschlechtlich markierte Lebenswelten

Ein anderes Thema sind Frauen- und Geschlechterbilder der Zeit. In *Irgendwann werden wir uns alles erzählen* geht Krien auf verschiedene Aspekte weiblicher Lebenswelten in DDR und Umbruchszeit ein, die sie mit der

---

[57] A.a.O., 32f.
[58] Vgl. auch VILLINGER, CLEMENS, Vom ungerechten Plan zum gerechten Markt? Konsum, soziale Ungleichheit und der Systemwechsel von 1989/90, Berlin 2022.

Hauptfigur verwebt. Ausgehend von der Erzählung über die Mutter von Henner greift Krien das lange Zeit in der DDR tabuisierte Trauma von Frauen auf, die nach dem Krieg von sowjetischen Soldaten vergewaltigt wurden.[59] *Irgendwann werden wir uns alles erzählen* thematisiert aber auch verschiedene Weiblichkeitsvorstellungen, die nicht zuletzt durch habituelle und soziale Differenzen in Bewegung geraten, wenn sich Frauen aus Ost und West beggenen, wie in der Szene, als der aus der DDR geflüchtete Bruder von Siegfried mit Frau und Sohn die Familie im Osten besucht.

Anhand der Figur der Mutter von Maria kommt zudem ein nicht untypisches Lebensmodell in der DDR in den Blick, das der alleinerziehenden, arbeitenden Frau. Das Leben ist nicht leicht, aber auf Grund der Bedingungen in der DDR machbar. In der DDR waren über 90% der Frauen berufstätig oder in Ausbildung. Die berufliche Gleichberechtigung von Mann und Frau war Teil der DDR-Verfassung. Berufstätigkeit war für viele Frauen selbstverständlich und bedeutete ökonomische Unabhängigkeit, aber auch die Doppelbelastung aus Arbeit und Familie. Ein nicht geringer Teil von Frauen in der DDR war alleinerziehend, auch dies hing mit einer größeren ökonomischen Selbständigkeit zusammen.[60]

Durch die Umstellung von Plan- auf Marktwirtschaft erlebten viele Frauen nach 1990 zum ersten Mal Arbeitslosigkeit und die damit verbundenen existentiellen Verunsicherungen. Die Arbeitslosenquote stieg zwischen Ende

---

[59] Zum Thema Gewalt als Gegenstand von Literatur vgl. MILEVSKI, URANIA, Stimmen und Räume der Gewalt. Erzählen von Vergewaltigung in der deutschen Gegenwartsliteratur, Bielefeld 2016.

[60] Vgl. KAMINSKY, ANNA, Frauen in der DDR, Berlin 2016.

1990 und September 1993 von 4,9 auf 16,2 Prozent an. Frauen waren von den Entlassungswellen besonders stark betroffen, da es vor allem in jenen Betrieben Abwicklung und Kündigungen gab, in denen überwiegend Frauen beschäftigt waren. Auch Marias Mutter hat ihre Arbeit verloren und Krien zeichnet im Roman nach, wie die neue Herausforderung auch das Selbstverständnis der Mutter ins Wanken bringt. Der Konflikt, der sich durch den Wechsel von einer nicht einfachen, aber bewältigbaren Lebenssituation zu der einer Arbeitslosen ergibt, zeigt sich in folgender Szene:

‚Wir müssen uns einmal ernsthaft unterhalten, Maria', sagt sie (Die Mutter) nun doch ziemlich bedeutungsvoll, obwohl ihre dünne Stimme etwas anderes ankündigt. ‚Du weißt, ich habe keine Arbeit mehr und auch noch keine Aussicht auf neue. Ich weiß noch nicht, wie es weitergehen wird. Irgendwie geht es natürlich immer weiter, aber ich weiß eben noch nicht, wovon wir leben werden.' Sie nestelt an ihren Fingernägeln herum. ‚Na ja…', fährt sie fort, ‚ein bisschen Geld habe ich ja noch – von dem Hausverkauf. Aber dein Vater zahlt keinen Unterhalt für dich, und ehrlich gesagt, wäre es mir das Liebste, du würdest einen Beruf lernen.' […]

Wir stehen uns gegenüber. Sie sieht mich nicht an. Ihre Füße sind nackt, sie tut mir leid; ich möchte etwas antworten, ich möchte ihr eine Lösung bieten, ich fühle mich sogar verpflichtet, einen Plan zu haben, schließlich bin ich ausgezogen, mit sechzehn! […] Jetzt sieht sie mich an, mit diesem besonderen Blick, der fragt: Vielleicht hast du auch für mich eine Idee, was soll ich tun? Sag's mir, Maria![61]

Deutlich wird in dem Zitat, wie sich durch die Arbeitslosigkeit nicht nur die soziale Lage der Mutter verändert, sondern auch das Verhältnis zur Tochter verschiebt. Krien

---

[61] KRIEN, Irgendwann, 43.

verarbeitet hier die Erfahrung der sogenannten Wendekinder der Jahrgänge 1975 bis 1985, deren Eltern mit Existenzängsten zu kämpfen hatten. Diese Hilflosigkeit überfordert nicht selten auch die Kinder, nicht wenige traten in die Rolle der Unterstützer und Begleiter (beim Abschließen von Versicherungen, Ausfüllen von Formularen etc.). Doch nicht nur die Eltern, auch Lehrer und andere Autoritäten hatten quasi über Nacht an Relevanz für die jüngere Generation verloren. Bernd Lindner spricht deshalb von ihnen als der „Generation der Unberatenen".[62] In der Forschung wird die Wendegeneration in einer Ambivalenz zwischen Aufbruch und Abbruch beschrieben.[63] Als wesentliche biographische Erfahrung kommt dabei immer wieder in den Blick, dass 1989/90 als abruptes Ende von Kindheit erinnert wird. So heißt es auch bei Krien: „Jetzt muss ich erwachsen werden. Gerade jetzt, wo es nach vorne so viele Möglichkeiten gibt, schließt sich die Tür zur Kindheit für immer."[64]

Der Konflikt mit der Mutter ist im Roman nicht zentral, dennoch zeichnet Krien entlang dieser Figur ein Bild von der Situation von Frauen, die mit multiplen Verunsicherungen konfrontiert waren, zugleich nicht selten einen pragmatischen Umgang mit diesen Herausforderungen fanden.[65] Im Roman knüpft die Mutter nicht nur

---

[62] LINDNER, BERND, Zwischen Integration und Distanzierung. Jugendgenerationen in der DDR in den sechziger und siebziger Jahren, in: APuZ (2003) 45, 33–39.

[63] KUBIAK, DANIEL/MARTIN WEINEL, DDR-Generationen revisited – Gibt es einen Generationszusammenhang der ‚Wendekinder'?, in: Adriana Lettrari/Christian Nestler/Nadja Troi-Boeck (Hg.), Die Generation der Wendekinder. Elaboration eines Forschungsfeldes, Wiesbaden 2016, 107–129.

[64] KRIEN, Irgendwann, 215.

[65] Vgl. SCHOLZ, SYLKA, Erfolgreiche Ostfrauen und nach rechts

wieder einen Draht zur Tochter, sie trifft auch die selbstbewusste Entscheidung, in ihren Herkunftsort zurückzukehren und dort neu anzufangen.

3.4 Innenwelten

Literatur kann auch einen Zugang zur inneren Dimension von Geschichte, zu zeitgenössischen Sinneseindrücken eröffnen, dazu, wie etwas geschmeckt oder gerochen hat oder wie das Verhältnis der Figuren zu Natur und Umwelt gewesen sein kann. *Irgendwann werden wir uns alles erzählen* ist generell sehr auf sinnliche Wahrnehmung, vornehmlich des ländlichen Lebens, orientiert – welche Zutaten es für die Suppe braucht, wie der frische Teig riecht, wie sich die Bettwäsche anfühlt und das trockene Sommergras. Neben dieser sinnlichen Dimension kann Literatur einen Zugang zur Innenwelt der Figuren, zu ihren Wahrnehmungen, Gefühlen und Gedanken eröffnen. In *Irgendwann werden wir uns alles erzählen* lesen wir bspw. darüber, wie sich die deutsche Teilung anfühlen konnte, der Moment, in dem ein Kind realisiert, dass es in einem geteilten Land lebt und sich die Grenze nicht einfach überwinden lässt. Hineingeboren in diese Realität ist die Grenze scheinbar Normalität. Dennoch gibt es die Momente des Bewusstwerdens dieser (scheinbar) unüberwindbaren Gegebenheit. So lässt Krien Maria sich an den Tag erinnern, an dem sie zum ersten Mal realisierte, in einem geteilten Land zu leben:

---

abdriftende Ostmänner. Was ist los im ostdeutschen Geschlechterverhältnis?, in: Michael Hofmann (Hg.), Umbruchserfahrungen. Geschichten des deutschen Wandels von 1990 bis 2020, Münster, 2020, 71–90.

[…] bei den Großeltern, habe ich das erste Mal den Westen gesehen. Wir haben einen Ausflug in die kleine Stadt D. gemacht. Der Grenzstreifen mit dem hohen Stacheldrahtzaun schloss direkt an eine der Straßen der Stadt an. Dort wohnte ein Verwandter […]. Von den Fenstern aus sah man hinüber in den Westen. Hinter der Elbe und den Wiesen stand ein einzelnes Haus, und niemals würde ich dort hinübergehen können. Ich erinnere mich ziemlich genau an den Gedanken und das Gefühl. Ich muss so etwa sieben gewesen sein, und ich konnte die Augen nicht abwenden von diesem Haus. Es war so unbegreiflich, dass nur ein paar Hundert Meter entfernt Menschen lebten, die wir niemals würden treffen können. […] Mein Magen verkrampfte sich, und ich weiß noch, dass ich den Kuchen, den es gab, nicht essen wollte, obwohl er mit Erdbeeren war.[66]

Krien eröffnet dem Leser und der Leserin auch einen Zugang zu sehr unterschiedlichen (historischen) Emotionen in Bezug auf 1989/90. Und zwar nicht nur zu dem mit Glück und Freude verbundenen „Novembergefühl", das Juliane Brauer als erinnerungskulturell dominant beschrieben hat.[67] Und auch nicht nur zu Gefühlen, wie Wut, Hass und die Erfahrung mit Demütigung, die Ute Frevert als prägend für den Osten beschrieben hat.[68] Vielmehr sieht man bei Krien eine ganze Palette an Emotionen: Freude und Vorfreude auf das Kommende bei Johannes, Freude und Zuversicht bei Siegfried, (Zukunfts-)

---

[66] KRIEN, Irgendwann, 126 f.
[67] Vgl. BRAUER, JULIANE, (K)Eine Frage der Gefühle? Die Erinnerungen an die DDR aus emotionshistorischer Perspektive, in: Carolin Führer (Hg.), Die andere deutsche Erinnerung. Tendenzen literarischen und kulturellen Lernens, Göttingen 2016, 77–96.
[68] Vgl. FREVERT, UTE, Das Narrativ der Demütigung und die Gefühle der Ostdeutschen, in: Alexander Leistner/Monika Wohlrab-Sahr (Hg.), Das umstrittene Erbe von 1989. Zur Gegenwart eines Gesellschaftszusammenbruchs, Köln 2021, 257–278.

Angst bei Marias Mutter, Neugierde bei Marianne (Johannes Mutter), viel Wut bei Henner, jugendlich wechselnde Gefühle bei Maria. Und bei ihr begegnet auch jenes erinnerungskulturell schwer fassbare Gefühl der Scham. Dieses aus psychologischer Sicht schwierige, weil sehr unangenehme Gefühl, das in enger Verbindung zu Hilflosigkeit steht, spielt im Roman v. a. in der Verhältnisbeschreibung Ost zu West eine Rolle. Oben habe ich Scham bereits im Zusammenhang mit der ersten Westreise von Maria und ihrer Familie erwähnt – der Besuch im Obstladen, „dessen Besitzer uns kalt musterte. Es war uns ins Gesicht geschrieben, woher wir kamen."[69]

Scham spielt im Roman auch bei der zweiten Westreise eine wichtige Rolle. Gemeinsam mit Johannes fährt Maria nach München – zunächst eine Erfahrung von Grenzenlosigkeit und Freiheit:

Der alte Wartburg stöhnt unter der Anstrengung der ungewohnt langen Strecke; die Straßen jedoch werden hinter der Grenze schlagartig besser. An der Grenzstation zeigten wir unsere Personalausweise und wurden durchgewunken. Das ist unfassbar, noch immer. Wir fuhren einfach weiter. Auf der Autobahn überholen uns sogar die großen LKWs. Wir rauchen bei geöffneten Fenstern und fühlen uns göttlich.[70]

Angekommen, geht Maria an Geschäften vorbei. Auch hier differierende Wahrnehmungen zwischen Neugierde: „[ich] schaue, schaue, schaue. Der Westen hat einen anderen Klang und einen anderen Geruch" und Unschlüssigkeit: „Ich habe kein Geld, und wenn ich welches hätte, wüsste ich nicht, was ich kaufen sollte. Es gibt alles, und ich könnte mich unmöglich für irgendetwas entschei-

---

[69] KRIEN, Irgendwann, 33.
[70] A.a.O., 33 f.

den."[71] Während Johannes etwas besorgt, setzt sich Maria in ein Straßencafé und auch hier sind die widerstreitenden Emotionen fassbar, leichte Überforderung, aber auch Entzücken, am Ende Scham:

> Hier zu sitzen und zu schauen und einen Milchkaffee zu trinken und dazu ein sagenhaft gutes Stück Kuchen zu essen ist ohnehin mehr, als ich verkraften kann. Ich starre die Menschen an. Es ist so anders hier, so selbstbewusst, so siegesgewiss, so unsagbar. Mein Kaffee ist ausgetrunken, ich bestelle gleich einen neuen und dazu noch ein Glas Wein. In meinen Händen halte ich ein kleines Notizbuch. Ich hatte mir fest vorgenommen, alles aufzuschreiben, was ich sehe und noch nicht kenne, wonach ich mich manchmal gesehnt habe. Und nun sehe ich, ich kenne nichts von alledem, ich müsste alles aufschreiben, angefangen vom Geruch der Läden über die Sauberkeit der Straßen, die hellen Fassaden der Häuser und die Mode der Mädchen und den herrlichen Kaffee, über die Schönheit der Frauen, ihre rasierten Beine und Achseln, ihre glatte, weiche Haut, die flirtenden Blicke der Männer, die türkisfarbene Isar, die Leichtigkeit. Und immer wieder diese Farben! Ich schreibe nichts, und plötzlich wird mir ganz schwer zumute. Johannes soll jetzt kommen, mich abholen, mich nach Hause bringen. Jetzt gleich. Der Umschwung meiner Begeisterung zu einer echten Verzweiflung vollzieht sich sekundenschnell. Ich fühle mich arm, hässlich, allein. Auch ich trage ein schönes Kleid, aber etwas ist an mir, und ich weiß nicht, was es ist, doch es ist anders, mehr kann ich nicht sagen. Nun kann ich es nicht mehr genießen; ich warte auf den Johannes mit einer zitternden Unruhe. [...] Ich suche im Fluss der Passanten das eine Gesicht. Hastig und ungeschickt trinke ich aus dem bauchigen Glas, Rotwein tropft auf mein helles Kleid, und ich schäme mich für alles.[72]

In der konkreten Konstellation zwischen ostdeutscher und westdeutscher Lebenswelt wird in dieser Szene eine

---
[71] A.a.O., 34.
[72] A.a.O., 34f.

bestimmte Erfahrung sichtbar: Die Konfrontation mit der neuen Welt in idealisierte Form, in der sie reicher, sauberer, reizvoller erscheint, hat unmittelbare Auswirkungen auf die eigene Selbstbeobachtung. Sie stellt ein Verhältnis her.

Scham, so heißt es in *Meyers Konversationslexikon* von 1909, wird durch Missachtung ausgelöst, durch das Gefühl, dass „die Achtung andrer von uns wirklich oder vermeintlich" gesunken sei. In der späteren Auflage von 1977 wird dieser Punkt ergänzt um die Aussage, dass Scham in der Regel „anerzogen" ist und mit dem Bewusstsein verknüpft, „durch bestimmte Handlungen und Äußerungen sozialen Erwartungen nicht entsprochen bzw. gegen wichtige Normen oder Wertvorstellungen" verstoßen zu haben. Im *Brockhaus* von 1922 heißt es, Scham resultiere aus dem Eindruck des „Versagen[s] vor einer Idealform" und werde „in Form eines peinlichen Gewahrwerdens der Andersartigkeit bzw. Minderwertigkeit der eigenen Person erlebt."[73] Krien beschreibt diese Konfrontation einer Noch-DDR-Bürgerin mit jener Normalität eines selbstbewusst gelebten Wohlstands in Bayern. Es ist eine soziale Differenz, die Maria intuitiv spürt, und die sich ihr habituell, kulturell, mental zu vermitteln scheint. In der Begegnung mit ‚dem Westen' entstehen neue, andere, irritierende, weil beschämende Beobachtungen von sich selbst als ‚das Andere'. Soziale Scham ist aber keineswegs etwas ost-spezifisches, nur hat die Erfahrung hier vielleicht, wie so vieles, eine andere zeitliche Dynamik und Plötzlichkeit. Grundsätzlich ähnliches lesen wir auch bei

---

[73] Alle Zitate in diesem Absatz nach FREVERT, UTE, Mächtige Gefühle. Von A wie Angst bis Z wie Zuneigung. Deutsche Geschichte seit 1900, Frankfurt 2020, 290.

Didier Eribon, der in *Rückkehr nach Reims* die Erfahrung mit Scham und Beschämtsein für das französische Arbeitermilieu in Konfrontation mit der französischen Bourgeoisie beschrieben hat.[74]

Gefühle, so betont es die Emotionshistorikerin Ute Frevert, machen Geschichte, sie haben eine Geschichte und sie sind auf vielfache Weise in die Geschichte eingewoben: „Sie gestalten menschliche Beziehungen, in der Familie ebenso wie in der Politik. Sie erlauben oder behindern Verständigung und Zusammenarbeit [...]; sie leben in der Erinnerung fort und bereiten künftiges Verhalten vor."[75] Gefühle sind mithin Teil von Geschichte und Gegenwart, indem auch sie „spätere Handlungsweisen und Einstellungen grundieren."[76]

Das Gefühl Scham beschreibt Frevert als ein generell „starkes und unangenehmes Unlustgefühl".[77] Soziale Scham in ihrer allgemeinen und in ihrer ost-spezifischen Form ist zugleich etwas, das uns in historischen Quellen wenig begegnet; man versucht sie sich vom Leib zu halten. Gerade hier eröffnet Literatur einen Zugang: In dem „historischen Menschen" Maria, in dem sich die Fülle der Geschichte (und ihrer Emotionen) literarisch und fiktional verdichtet, kann auch ein unangenehmes und schmerzhaftes Gefühl wie Scham seinen Ausdruck finden.

---

[74] ERIBON, DIDIER, Rückkehr nach Reims, Berlin 2016.
[75] FREVERT, Mächtige Gefühle, 21 f.
[76] A.a.O., 22.
[77] A.a.O., 294.

4. Literatur und Erinnerungskultur

Romane wie *Irgendwann werden wir uns alles erzählen* haben nicht nur das Potential, einen *Zugang* zu 1990 als historischer Zeit zu eröffnen und einen Zugang zu konkreten *alltags- und emotionsgeschichtlichen Aspekten* der Umbruchszeit. Literatur eröffnet uns auch einen Zugang zu *Geschichtsdeutungen und ihrer Reflexion*.

4.1 1989/90 als umstrittener Erinnerungsort

Im offiziellen Erinnern an 1989 dominierte lange die Revolutionserzählung.[78] Im Narrativ der Friedlichen Revolution werden die Ereignisse als eine Helden-, Erfolgs- und Emanzipationsgeschichte erzählt, eingebunden in die „klassische moderne Erzählung von Emanzipation und Souveränität, an deren Ende der souveräne Bürger und der demokratische Staat als Erfüllung der Moderne" stehen.[79] Anknüpfend an diese Deutung wurden die 1990er Jahre lange als ein Prozess der nachholenden Modernisierung beschrieben, während der sich die neuen Bundesländer politisch, kulturell, wirtschaftlich und mental an die ‚alte' Bundesrepublik anpassen würden.[80] Bald wurde deutlich, dass sich viele Ostdeutsche in den vereindeutigenden Deutungen ihrer eigenen Geschichte nicht wiederfanden. Der „Diktaturerzählung" über die DDR standen die Erzählungen der ‚gelebten Leben' in ihrer Ambivalenz und

---

[78] Martin Sabrow unterscheidet in der Erinnerung an 1989 ein „tripolares Kräftefeld" aus Revolutionsgedächtnis, Wendegedächtnis und Anschlussgedächtnis. Vgl. SABROW, „1989".
[79] KLINGE, SEBASTIAN, 1989 und wir. Geschichtspolitik und Erinnerungskultur nach dem Mauerfall, Bielefeld 2015, 170.
[80] MAU, Ungleich vereint, 15 f.

Widersprüchlichkeit gegenüber;[81] der Erfolgserzählung der friedlichen Revolution Deutungen von 1989 als „abgebrochener Revolution"; der Vision von „blühenden Landschaften" der Transformationsschock in den 1990er Jahren mit seinen Frakturen und Auswirkungen bis in die Gegenwart.[82] Die Erfahrungen waren, wie so oft, komplizierter, widersprüchlicher, heterogener.

Doch gab es für Erfahrungsbrüche, die die Komplexität von Alltag, Anpassung und Unterdrückung in der DDR, die Widersprüche von Freiheitsgewinnen *und* Verlusten 1989/90 umfassten sowie für die Krisen und Verunsicherungen in den 1990er Jahren in der offiziellen Erinnerungskultur lange Zeit wenig Platz. Die Historikerin Juliane Brauer spricht von einer Kluft zwischen den Erfahrungen der Menschen im Osten und der „raschen Objektivierung der DDR" als Diktaturgeschichte[83] (und es lässt sich ergänzen: von 1989 als Erfolgsgeschichte) im kulturellen Gedächtnis.

Auch deshalb verlor die Erzählung von 1989/90 als *Übernahme* (Kowalczuk)[84] nie an Relevanz. Im Gegenteil erlebte gerade die, mit Sabrow, „Anschlusserzählung" als Gegenerzählung zur „Revolutionserzählung" in den letz-

---

[81] Vgl. nach wie vor aktuell: LINDENBERGER, THOMAS, Die Diktatur der Grenzen. Zur Einleitung, in: Ders., Herrschaft und Eigensinn in der Diktatur. Studien zur Gesellschaftsgeschichte der DDR, Köln 1999, 13–44.

[82] Vgl. LEISTNER, ALEXANDER/ANNA LUX, Von der Uneindeutigkeit des Widerstands. Um- und Neudeutungen der „Friedlichen Revolution" seit 1989, in: Jörg Ganzenmüller (Hg.), Die revolutionären Umbrüche in Europa 1989/91. Deutungen und Repräsentationen, Köln/Weimar/Wien 2021, 207–235.

[83] BRAUER, Gefühle, 86.

[84] Vgl. KOWALCZUK, ILKO-SASCHA, Die Übernahme. Wie Ostdeutschland Teil der Bundesrepublik wurde, München 2019.

ten Jahren ein Mehr an öffentlicher Aufmerksamkeit und diskursiver Legitimität. In Schwung kam die Debatte durch den Bestseller des Leipziger Germanisten Dirk Oschmann *Der Osten: eine westdeutsche Erfindung*.[85] Als „wütende Stimme des Ostens" repräsentierte er, ausgestattet mit symbolischem Kapital, das im öffentlichen Diskurs lange marginalisierte Anschlussgedächtnis und schloss das Thema v. a. über die Differenz Ost vs. West auf. Die sich daran anknüpfende Debatte, in der wir mittendrin sind, lässt sich als eine Zuspitzung auf Dichotomien beschreiben: zwischen Ost und West, Schuld und Unschuld, Tätern und Opfern. Dass das aktuelle Buch von Ilko-Sascha Kowalczuk *Freiheitsschock. Eine andere Geschichte Ostdeutschlands von 1989 bis heute*[86] teilweise als Anti-Oschmann medial inszeniert wird, und Kowalczuk als exzellenter Kenner der DDR-Geschichte selbst gern polemisiert, ist ein weiterer Schritt in der Polarisierung der Debatte. Eine wichtige Rolle im Sinne einer Versachlichung des Diskurses spielt Steffen Mau, der bereits mit *Lütten Klein* und aktuell mit *Ungleich vereint. Warum der Osten anders bleibt* eine soziologisch-analytische und zugleich vermittelnde Position einnimmt, indem er auf den Widersprüchen und der Komplexität der historischen Prozesse ebenso beharrt wie auf den Prägungen und Frakturen, die aus den Erfahrungen mit DDR, 1989 und Transformationszeit entstanden sind und Mentalität, politische Kultur und Weltvorstellungen im Osten bis in die Gegenwart beeinflussen.[87]

---

[85] Vgl. OSCHMANN, DIRK, Der Osten. Eine westdeutsche Erfindung, Berlin 2023.
[86] Vgl. KOWALCZUK, ILKO-SASCHA, Freiheitsschock. Eine andere Geschichte Ostdeutschlands von 1989 bis heute, München 2024.
[87] MAU, Lütten Klein; MAU, Ungleich vereint.

4.2 Die Geschichte(n) der Vielen

Verstehen wir mit Sabrow 1989 als „umstrittenen Erinnerungsort" und Polemik als eine, Versachlichung als andere *mögliche* Form, den Diskurs zu führen, dann können wir auf der inhaltlichen Ebene zwischen Revolutionserzählung und Anschlusserzählung eine Vielzahl von *Umbruchserzählungen* sehen, die ihren Ort insbesondere in der Literatur finden. So führt Krien in *Irgendwann werden wir uns alles erzählen* durch die Kombination verschiedener Personen und ihrer Geschichten das vor, was Konrad Jarausch als „nicht-hegemoniales Wechselspiel von sich ergänzenden Geschichten" beschrieben hat.[88] Mit den Mitteln des Fiktionalen erzählt Krien eine Geschichte der Vielen. Und zwar nicht als etwas, das nebeneinandersteht, sondern als etwas, das sich überlagert, miteinander verbunden ist, im Widerspruch steht oder auch in Resonanz (Hartmut Rosa).

Generell erfüllen Romane als Medien des kollektiven Gedächtnisses vielfältige erinnerungskulturelle Funktionen. Sie ermöglichen die Vorstellung von vergangenen Lebenswelten, vermitteln Geschichtsbilder, sind Aushandlungsorte von Erinnerungskonkurrenzen und der Reflexion über Prozesse und Probleme des kollektiven Gedächtnisses.[89] Bereits durch die Auswahl des Genres, die Ausgestaltung des Inhalts sowie der Figuren wird es möglich, Diskussionen über Erinnertes und Vergessenes

---

[88] JARAUSCH, KONRAD, Die Krise der nationalen Meistererzählungen. Ein Plädoyer für plurale, interdependente Narrative [2002], in: Historical Social Research/Historische Sozialforschung, Nr. 24: Contemporary History as Transatlantic Project: The German Problem, 1960–2010 (2012), 273–291, hier 289f.

[89] Vgl. ERLL, Kollektives Gedächtnis, 143–149.

in Gesellschaften anzuregen.[90] Dies umso mehr, wenn Literatur Geschichte(n) aus der Perspektive der Vielen erzählt, die im Umbruchgedächtnis gespeichert sind.[91] Als Erzählungen *vom Umbruch* werden hier Ambivalenzen und Widersprüche sichtbar, die bei einem so komplexen historischen Ereignis wie 1989/90 wenig überraschend sind. Schauen wir auf *Umbruchserzählungen* in ihrer ganzen Vielstimmigkeit, so wird deutlich, dass unterschiedliche Blickwinkel und Deutungen nicht miteinander konkurrieren und einander ausschließen müssen, sondern vielmehr als Teil eines Ganzen verstanden werden können. Eine solche „Vielstimmigkeit von aufeinander bezogenen Erzählungen" würde keineswegs Beliebigkeit bedeuten, sondern „eine größere Komplexität im Verständnis der Vergangenheit", so Konrad Jarausch in seinem Aufsatz über die *Krise der nationalen Meistererzählungen* bereits 2002.[92]

Eine Verschiebung der öffentlichen Aufmerksamkeiten weg vom erinnerungskulturellen Ping-Pong zwischen Revolutions- und Anschlussnarrativ hin zu Umbruchserzählungen könnte dazu beitragen, die Erfahrungen mit 1989/90 nicht gegeneinander auszuspielen und in Stellung zu bringen. Vielmehr könnten sie als Teile eines durch Widersprüchlichkeit und Komplexität grundierten Ganzen verstanden werden: eines Ganzen, dass die Selbstbefreiung von einem gängelnden und kontrollierenden Staat ebenso umfasst, wie die Erfahrung von sozialer und kul-

---

[90] Vgl. a. a. O., 184.
[91] Vgl. LUX, ANNA, Das Fundament sind Geschichten. Aktuelle Perspektiven auf die Deutungen des Umbruchs nach 1989, in: Marcus Böick/Constantin Goschler/Ralph Jessen (Hg.), Jahrbuch Deutsche Einheit 2023, Berlin 2023, 207–223, hier v. a. 212.
[92] JARAUSCH, Krise, 289.

tureller Entwertung, von der Wirkmacht des friedlichen Protests ebenso wie von Gewalt und Kontrollverlust, aber auch von schöpferischen Potentialen ebenso wie von einer Krisenhaftigkeit im Osten.

4.3 Literatur und die Macht des Erzählens

Wenn Literatur ein Ort für solch komplexe Erzählungen vom Umbruch ist, so gilt dies sicher nicht für jedes Werk im Einzelnen. Aber wenn wir sie kombinieren, hinhören, hinschauen, uns darauf einlassen, ermöglicht Literatur gerade in ihrer Uneindeutigkeit und Uneinheitlichkeit einen Zugang zum Umbruchsgedächtnis, eröffnet uns „Ausblickpunkte" auf die Geschichte(n) der Vielen.

Es braucht also mehr Geschichte(n), könnte das Plädoyer dieses Aufsatzes sein, um diese Vielstimmigkeit zu hören und zu verstehen. In diesem Sinne ist auch der Titel von Kriens Debüt zu verstehen. *Irgendwann werden wir uns alles erzählen* ist eine Referenz auf *Die Brüder Karamasow* von Dostojewski, ein Buch, das Maria im Roman liest. Die Formulierung im Futur (*werden* erzählen), die auf eine unbestimmte Zukunft verweist (*irgendwann*) und zugleich auf das Unabdingbare (irgendwann werden *wir* uns *alles* erzählen), nimmt zum einen vorweg, wie im Roman über Vergangenes kommuniziert wird. Manchmal erzählen die Figuren tatsächlich etwas, aber vieles bleibt in Andeutungen und Schweigen. Im Laufe des Romans jedoch flickt Maria die Geschichten der Menschen um sie herum aus Aufgeschnapptem, Nonverbalem, aus emotionalen Ausbrüchen und alkoholgesättigten Lebensbeichten zusammen. Und sie erzählt sie damit uns, den Leserinnen. Oft sind es schmerzvolle Geschichten, in die sich die Härten des 20. Jahrhunderts eingeschrieben haben, Geschichten von Gewalt und Verrat.

Zum anderen findet Maria (und Daniela Krien) in *Die Brüder Karamasow* eine Formel, mit der es gelingt, die Härten und Schweren dieser gelebten Leben auszuhalten und positiv zu wenden. Es ist die grundständige Möglichkeit, über diese Leben zu *sprechen*, sich die Geschichte(n), wenn auch *später*, erzählen zu können, so dass sie im Nachhinein Sinnhaftigkeit erlangen. Im Erzählen sieht Krien die Möglichkeit, Abstand zu gewinnen und dem Erlebten nicht mehr unmittelbar ausgeliefert zu sein. Zugleich macht für sie das Erzählen und Zuhören es möglich, sich neu oder anders in diese Geschichten zu involvieren. So heißt es am Ende des Romans: „Ich denke oft an die Worte Alexejs, des jüngsten der Brüder Karamasow, und wie er sagte, irgendwann würden wir alle auferstehen und uns wiedersehen und alles erzählen. Wirklich alles."[93] Genau darin liegt mit Blick auf Erinnerungskultur die Kraft des Buchs. Denn Daniela Krien verdeutlicht uns mit diesem Roman die Macht des Erzählens für aktive Sinnproduktion und Erinnerungsreflexion. Oder anders ausgedrückt: Durch das Erzählen lädt sie die Erfahrungen mit Sinn auf und macht sie verstehbar für die Gegenwart. Auch wenn der Akt des Erzählens in der Zukunft liegt.

5. Schluss

Literatur kann vieles und wir sollten alle mehr Romane lesen – und zwar, wenn uns das interessiert, mit einem

---

[93] KRIEN, Irgendwann, 235.

sensiblen Blick für die Kulissen und die Zeichnung der historischen Lebenswelten. Romane und literarische Texte über den Umbruch von 1989/90 können uns einen Zugang zum *äußeren Geschehen*, zu den Ereignissen, den gesellschaftlichen und politischen Verhältnissen und zur Erfahrung mit Wandel eröffnen, aber auch einen Zugang zu den Erfahrungen bestimmter Milieus, sozialer Gruppen oder Individuen, ihrem Alltag, ihren Normalitätsvorstellungen, ihren Wertvorstellungen, den Strategien, wie sie mit dem Umbruch umgehen. Darüber hinaus hat Literatur das Potential uns etwas über das *innere Geschehen* und Emotionen zu erzählen, über das spezifische Spannungsverhältnis im Sommer 1990 zwischen Hoffnung und Enttäuschung. Nicht zuletzt können Romane sowohl als Medien des Erinnerns als auch als Medien des Innehaltens verstanden werden. Von dem Bedürfnis, sich der eigenen Vergangenheit zu vergegenwärtigen, kann man auch in dem Roman lesen. Trotz Erfahrungen mit Unterdrückung, Bevormundung und Desillusionierung der Protagonisten in der DDR, gibt es für die Figur Maria keine klare Positionierung im Sinne von Diktatur-, Arrangement- oder Fortschrittsgedächtnis (Sabrow). Vielmehr lesen wir hier von dem Bedürfnis nach Zeit, um zu verstehen, sich zu besinnen, sich bewusst zu werden, was in den umstürzenden Monaten eigentlich passierte und wie das zu bewerten ist. Deutlich wird dies in einer Szene zwischen Maria und Johannes:

Auf dem Weg in die Stadt sage ich zu ihm: ‚Noch drei Tage. Dann gibt es keine DDR mehr.'
‚Die gibt es auch jetzt schon nicht mehr. Endlich', antwortet er und fügt hinzu: ‚Ich verstehe nicht, warum du das so komisch sagst, als wärst du traurig darüber…'

,Nein, das ist es nicht', erkläre ich ihm, ,traurig ist nicht das richtige Wort. Wehmütig vielleicht. Oder melancholisch? Oder nein, nachdenklich. Das ist es. *Nachdenklich.*'[94]

---

[94] A.a.O., 220 (Hervorhebung durch Vf.).

„Als wir träumten"

Erinnerungen an das große Verschwinden[*]

Clemens Meyer

Ich trage eine Schärpe, die über meine linke Schulter gelegt ist. „Neues Forum" steht auf dem Stoffband auf meiner Brust. Neben mir stehen meine Mutter und meine Schwester. Auch sie tragen diese Schärpen. Auf der meiner Mutter steht „Ohne Gewalt". Ich bin zwölf Jahre alt. Herbst 1989. Anfang November? Ende Oktober? Mitte Oktober? Es steht kein Datum unter dem Foto.

Die Zeitschrift *Quick*, auf deren bereits leicht vergilbten Seiten ich meine Mutter, meine Schwester und mich selbst betrachte, existiert nicht mehr. Ich kann mich nicht erinnern, dass wir damals fotografiert wurden. Das Foto ist schwarz-weiß, im Hintergrund erkenne ich Lampen, Scheinwerfer, ein trübes Licht. Es wirkt, als würden Herbstnebel ziehen, mir kommt das Wort „Industriene-

---

[*] Dieser Beitrag erschien zuerst in: Cicero. Magazin für politische Kultur, vom 9.2.2015. Abdruck mit freundlicher Genehmigung der Cicero-Redaktion. Der Vortrag, den Clemens Meyer im Rahmen der Ringvorlesung gehalten hat, lässt sich über den YouTube-Kanal der Martin-Luther-Universität Halle-Wittenberg abrufen: https://www.youtube.com/watch?v=ks4diruWqX0 (letzter Abruf: 28.2.2025). In seiner Spontaneität ließ sich dieser Vortrag nicht zwischen zwei Buchdeckel pressen, weshalb alternativ ein Neuabdruck des vorliegenden Textes erscheint.

bel" in den Sinn. Nannten nicht unsere Lehrer so den Smog, der, so erinnere ich mich, in den Wintern 1987 und 1988 besonders intensiv und dicht über der Stadt Leipzig lag, verstärkt durch den Rauch aus Zehntausenden, nein, Hunderttausenden Kachelöfen? Nebel, der wie eine Glocke über der Stadt lag und den die winterliche Kälte oft bis in die Straßen drückte.

Leipzig war umzingelt von Industrieschloten, Böhlen, Bitterfeld („seh'n wir uns nicht in dieser Welt, seh'n wir uns in Bitterfeld"), Espenhain, Leuna, Buna. Wie war das Wetter im Herbst 89? Nass und kalt? Oder doch ein goldener Oktober? Dunkel war es, in meiner Erinnerung wird es in diesem beziehungsweise jenem Herbst sehr zeitig dunkel. Nieselte es nicht manchmal, sodass das Pflaster und die Straßenbahnschienen glänzten, die Luft feucht und herbstlich? In der alten *Quick*, unter dem Foto, lese ich: „Regina Meier: Ich stand mit meinen Kindern am Stasi-Gebäude ,Runde Ecke', um Gewalt zu verhindern und die zu schützen, die es eigentlich nicht verdient hatten. Die Kinder habe ich ganz bewußt mitgenommen."[1]

Meine Mutter, die einen großen Schal um ihren Hals gewickelt hat, lacht, wir halten Kerzen in den Händen, die kann man zwar nicht sehen auf dem Foto, aber ihren Lichtschein, der unsere Gesichter flackernd erhellt. Meine Schwester, die ein Jahr älter ist als ich, lächelt, Lichtreflexe auf ihrer Brille. Nur ich schaue skeptisch, der zwölfjährige Clemens Meyer hat die Zunge auf die Oberlippe gelegt, hält den Blick gesenkt. Hinter mir steht ein Mann mit Schirmmütze, die Glut seiner Zigarette ist deutlich zu sehen. Vor uns, auf dem Foto nicht erkennbar, der Strom der

---

[1] MANZ, BRUNO, Die Helden von Leipzig, in: Quick Nr. 41 v. 4.10.1990, 18–22, hier 22.

Menschen, die gegen die graue Fassade der Runden Ecke – so nennen die Leipziger dieses Eckgebäude direkt am Ring, dieser breiten Straße, die das Zentrum der Stadt kreisförmig einschließt –, die gegen diese graue Fassade der Stasi-Zentrale ihre Stimmen erheben. „Stasi in den Tagebau." „Wir sind das Volk", immer wieder: „Wir sind das Volk!"

„Wir sind ein Volk" kam erst später. Und wurde anfangs nicht gerne gehört. Auch meine Mutter erzählt mir heute, dass sie lange noch den Traum von einer reformierten DDR träumte, ein demokratischer Sozialismus. Wie sang doch Wolf Biermann mehr als zehn Jahre zuvor und im Dezember 89 in Leipzig, in den Messehallen: „Der Westn is besser / Der Westn is bunter / […] / Und trotzalledem / Ich sag dir die Wahrheit: Der Westn is ooch nich / – det Gelbe von' Ei / Der Ostn is schlechter / Der Ostn is grauer / Und klein sind die Chancen / Und groß ist die Not / Und trotzalledem: / Der Traum der Commune / der schlief nur und is doch / – noch lange nich tot"[2]

Bis heute bereue ich, dass ich das Konzert Biermanns am 1. Dezember 1989 nicht wie meine Mutter und meine Schwester in den nicht weit von unserer Wohnung entfernten Messehallen gehört und erlebt habe, sondern nur im Fernsehen, es wurde live übertragen. Aber das Pathos der Biermann'schen Verse und Stimme ist mir bis heute im Ohr, wenn ich an 1989 denke.

Wie sah es aus in der Stadt, im Herbst 89, an den Montagen? Wie roch es? Wie fühlte es sich an? Was passierte? Und wie nahm ich es wahr, das zwölfjährige Kind mit dem skeptischen Blick, bereits in der Pubertät (was für ein

---

[2] BIERMANN, WOLF, Berliner Liedchen, in: Ders.: Alle Lieder, Köln 1991, 418.

blödes Wort), wann spürte ich, dass sich etwas zu ändern, zu verändern begann, dass sich etwas bewegte, verschob, dass sich die Realität binnen weniger Wochen komplett veränderte?

Ich erinnere mich, dass bereits im Frühjahr 89 immer mehr Menschen verschwanden. In den Westen ausreisten. Die große Ausreisewelle. In meiner Klasse waren plötzlich einige Stühle leer. Im Herbst gingen dann immer mehr, auch Lehrer, ein großes Verschwinden, das Land blutete langsam aus, während die Massen auch an dem Abend, an dem das Foto entstand, skandierten: „Wir bleiben hier! Wir bleiben hier!" Meine Mutter, die kurioserweise im Herbst 89 kurze Zeit in Budapest war, erzählte dann von den gespenstisch leeren Zügen auf der Rückfahrt nach Leipzig und den überfüllten Zügen Richtung Ungarn auf dem Gegengleis.

Ich erinnere mich, dass in einer Ausgabe der Pionierzeitung *Trommel* ein Text abgedruckt war, den fleißige Thälmann-Pioniere in eine Flasche steckten, diese wiederum zusammen mit Utensilien aus dem Pionier- sowie Alltagsleben anno 89 in eine Kiste taten, die sie dann vergruben, den Lageplan den Pionieren des Jahres 1999 hinterließen. Von durch Provokateure aufgeheizten Randalierern war dort die Rede, die aber von disziplinierten Volkspolizisten und Volksarmisten in Schach gehalten würden.

Bewegungen im Land. Ich erinnere mich an einen Umweltgottesdienst im Frühjahr oder Sommer 89, den wir, meine Mutter, meine Schwester und ich, die drei auf dem Foto in der *Quick*, besuchten. Der Slogan „Schwerter zu Pflugscharen" kursierte. Auf einem Hügel vor einem im wahrsten Sinne des Wortes verseuchten See wurde gebetet, gesungen. Ein junger Pfarrer mit Vollbart und schulterlangen Haaren predigte, erzählte von der hohen Anzahl Krebserkrankter in dem Dorf nahe dem See und dem Kraftwerk (welches es war, habe ich vergessen), Fürbitte wurde singend gehalten, „großer barmherziger Gott, mach, dass die Menschen nicht weiter deine Schöpfung zerstören". Nach diesem Gottesdienst gab es Schnitten und Apfelsaft, während im Hintergrund die Schlote des Kraftwerks apokalyptische, schwarz durchrauchte Flammen spien.

Beide Eltern waren in der Kirche aktiv. „[…] die 38jährige Regina Meier, die seit Jahren als Kindergärtnerin in der ‚Nische Kirche' arbeitet […]", heißt es in der *Quick*.[3] Mein Vater, der sehr belesen war und sich mit Politik auseinandersetzte – seit Mitte der Achtziger engagierte er sich in der Ost-CDU – befürchtete eine „chinesische Lösung", wie es damals hieß. Die Bilder vom Platz des Himmlischen Friedens waren noch frisch, wurden auch von uns Kindern in der Schule auf dem Pausenhof diskutiert, „von Panzern platt gefahren …". Ich erinnere mich, wie mein Vater, wie viele andere auch, glaubte, dass irgendwann Schüsse fallen würden. Angst im Oktober.

Jeden Montag fuhr ich zur Arbeitsgemeinschaft (AG) „Junge Rezitatoren", wir trafen uns in einem Kulturhaus in der Nähe des Rosentals, zwei Straßenbahnhaltestellen vom Hauptbahnhof entfernt. Ich trat 1988 und 1989 mit selbst geschriebenen Geschichten („Die Ameise Pontifax" und „Die Rückkehr der Ameise Pontifax") in sogenannten Talentwettbewerben auf, kann mich erinnern, dass ich einer der wenigen war, die dort ohne Pionieruniform auftraten, denn ich war nicht Mitglied der Pionierorganisation, was den Pionierleiter unserer Schule zuweilen ärgerte. Noch bis Anfang November gingen er, unsere Direktorin

---

[3] MANZ, Helden, 20.

und der Parteisekretär der Schule durch die Klassen und beschworen die Schüler, montags nicht in die Innenstadt zu gehen, nicht an den „Märschen" teilzunehmen. Von Krawallmachern war die Rede, die verantwortungslos die Fußgängerbrücke an der sogenannten Blechbüchse (ein großes Warenhaus im sozialistischen Stil) besetzen und damit deren Einsturz riskieren würden. Oh, ihr klugen Agitatoren im Herbst!

Unser Pionierleiter war im Juli 1990, neun Monate später, eine andere Welt, auf einem Zeitungsfoto zu sehen, das die endlose Schlange vor einer Bankfiliale zur Währungsunion zeigte. Beinahe verschreckt schaute er in die Kamera, das Bild kursierte in unserer Klasse, seine kleine Tochter, die auch an unserer Schule war, hatte darunter sehr zu leiden, Hohn und Spott und mehr. Eine Art Tragik, wenn ich darüber nachdenke.

Und nach den großen Rezitationsübungen in der AG „Junge Rezitatoren" fuhr ich mit der Straßenbahn zurück, zwischen fünf und sechs Uhr war das, manchmal ging ich auch die zwei Haltestellen zu Fuß bis zum Hauptbahnhof. Der Abend dämmerte, die dunkelblaue Stunde, und eine seltsame Gespanntheit lag in der Luft. Still war es, so erinnere ich mich. Die Menschen schienen zu warten. Und eine langsame Bewegung Richtung Innenstadt setzte ein. Begriff ich als Kind, was vor sich ging? Einmal traf ich mich nach meiner Montags-AG mit einem guten Freund, der 2001 an einer Überdosis Heroin starb, wir wollten schauen, was abends auf dem Ring passierte. Schlossen wir zwei Kinder uns an oder standen wir nur staunend am Rande?

In meinem Roman *Als wir träumten* von 2006 dramatisierte ich das, die zwölf-, 13-jährigen Jungen, Helden und Antihelden, erleben eine Montagsdemonstration – wann kam dieser Name eigentlich auf? –, als ein gewaltiges Abenteuer, einer macht Fotos für die Foto-AG, sie verstehen, dass etwas passiert in ihrer Kindheitswelt, aber sie begreifen nicht, dass die ganze große Welt sich zu verändern begann.

Einige meiner Schulfreunde erzählten dienstags, wie sie am Vorabend mit ihren Eltern dabei waren. „Wir waren dabei", das war etwas Besonderes. Ein Junge, Pfarrerssohn, verteilte handgeschriebene Zettel in der Pause, das muss Anfang November gewesen sein, kurz danach ging das Gerücht um, er würde von der Schule fliegen. Nein, er flog nicht von der Schule, alles andere flog, beschleunigte sich, die Ereignisse überschlugen sich, dennoch waren diese Tage, auch aus der Sicht des zwölfjährigen Clemens Meyer, lang, nicht enden wollend in ihrer Fülle immer neuer Ereignisse.

Als am 9. Oktober, wie durch ein Wunder, die Lage im abendlichen Zentrum von Leipzig nicht eskalierte, war ich bei einer Übungsstunde des Posaunenchors unserer Kirchengemeinde, dort spielte ich damals Trompete, zweite Stimme. Von der AG „Junge Rezitatoren" zum Posaunenchor. So sahen meine Montage aus, wenn meine Mutter uns nicht mitnahm in die Stadt, wenn ich nicht mit meinem guten Freund, der zwölf Jahre nach 89 an einer Überdosis Heroin starb, den Massen hinterherstaunte, wir uns nicht voll Abenteuerlust und kindlicher Neugier den Menschen anschlossen. „Mit zwölf ist die Kindheit vorbei", habe ich irgendwo gelesen.

Und im Posaunenchor wurde am 9. Oktober nicht viel geübt, so erinnere ich mich. Es waren auch nicht alle Bläser gekommen, wir saßen nur in kleiner Besetzung, Völker höret die Signale. Wir redeten, beziehungsweise die Erwachsenen redeten, was ist los im Land? Und wohin gehen wir? Ich weiß noch, dass ich mitreden wollte, dass ich von den Veränderungen in der Schule erzählen wollte, dass ich von den heimlichen Ausflügen mit meinem Freund in die Stadt erzählen wollte, von meinen Wegen aus der AG „Junge Rezitatoren", auf denen sich die Stadt förmlich zusammenzog, zu schrumpfen schien, um sich dann, gleichsam ausatmend, wieder zu dehnen. Aber ich war ja noch ein Kind, auch wenn die Kindheit mit zwölf Jahren angeblich enden soll.

Über meine Mutter und diesen 9. Oktober lese ich in der alten Ausgabe der längst untergegangenen Zeitschrift *Quick*: „Aufgeregt, wütend und voller Angst ging sie am 9. Oktober 1989 in die Stadt. ‚Daß es an diesem Tag so viele Demonstranten wurden, kann ich heute immer noch nicht begreifen.'"[4]

Wusste ich damals, dass sie an diesem vielleicht entscheidenden Demonstrationsabend in die Stadt ging? Während ich beim Posaunenchor saß, im Gemeindehaus der Marienkirche, am Rand der Stadt. War meine Schwester dabei, oder ließ meine Mutter sie aus Vorsicht zu Hause? Ich kann mich erinnern, dass es darüber, also ob meine Mutter meine Schwester am 9. Oktober wie an den Septembermontagen und wie am 2. Oktober mit in die Stadt nimmt, einen Disput mit meinem Vater gab. Wie viele ähnliche Dispute muss es in anderen Wohnungen in dieser Zeit gegeben haben? Man urteilt schnell, von später aus, von heute aus.

„Meine Hoffnungen auf eine Art von drittem Weg erfüllten sich nicht, waren mit dieser desolaten Wirtschaft wohl auch nicht möglich. Aber schon das bißchen Hoffnung auf Veränderung der eingefahrenen Lebensverhält-

---

[4] A.a.O., 22.

nisse zu haben, war gut."⁵ So meine Mutter in der *Quick*. Die uns ein Jahr nach dem Herbst 89 besuchte, zwei Reporter klingelten im Oktober 1990, kurz nach der Wiedervereinigung, an unserer Tür. Kurz vorher hatte es wohl eine Fotoausstellung gegeben, eben dieses Foto, auf das ich jetzt schaue: meine Mutter, meine Schwester, die Schärpen, die Schriftzüge, die Kerzen, die Scheinwerfer, der Nebel, ich.

„Ein wenig Resignation klingt heraus", schreibt die *Quick* über dieses Gespräch, „ein Stück Traurigkeit. Schließlich hatten sie sich alle irgendwie mit dem System arrangiert."⁶ Und wieder ein Zitat meiner Mutter, in den *Quick*-Text montiert: „Da ist die sozialistische Erziehung nicht spurlos an mir vorübergegangen."⁷ Der berühmte dritte Weg. Immer wieder ein Thema in den Tagen des 89er Herbstes. Der Westen ist auch nicht das Gelbe vom Ei? Aber als er dann kam, sehr schnell und schon im November, mit seinen Schokoladensorten, Autos, Tausenden Joghurts, Zeitschriften mit Nackten, Kassettenrekordern, da waren nicht nur wir Kinder erst einmal überwältigt.

Und immer wieder lese ich die fett gedruckte Zwischenüberschrift in der *Quick*: „Ich stand mit meinen Kindern am Stasi-Gebäude ‚Runde Ecke', um Gewalt zu verhindern und die zu schützen, die es eigentlich nicht verdient hatten. Die Kinder habe ich ganz bewusst mitgenommen."⁸ Und wieder staune ich über diesen Idealismus. Ich staune, dass ich dabei war. Ich staune über unsere Gesichter. Ich staune über den seltsamen dunklen und doch frischen Geruch in diesem Herbst. Über die Bilder der leeren

---

⁵ A.a.O., 21.
⁶ A.a.O., 22.
⁷ Ebd.
⁸ Ebd.

Straßenbahnen inmitten der demonstrierenden Menschen, die Fahrer standen in den offenen Türen, das gelbe Licht hinter den großen Scheiben.

Schulfrei, Flugblätter, Losungen, Lehrer linientreu, Lehrer im Aufbruch ... Die erste Schülerzeitung Anfang 90, die große Versammlung vor dem heutigen Reichsgericht im Dezember 89, als das Neue Forum zugelassen wurde, auch da sind die drei vom Foto hingegangen. Die Ehe der Eltern zerbrach, mein Vater begrüßte die Wiedervereinigung, die für seinen Politikverstand der einzig gangbare Weg war, meine Mutter träumte noch eine Weile vom dritten Weg.

„[...] hat sie große Probleme mit ihren Kindern, die sich plötzlich antiautoritär gebärden."[9] Wieder die gute alte *Quick* über Frau Meier, meine Mutter, die eigentlich Frau Meyer ist. 1990/91 begann die Zeit, die ich in *Als wir träumten* schildere, der Tanz auf den Trümmern, die sich erst ganz langsam, sehr, sehr langsam, zu blühenden Landschaften formierten. Aber davon wussten die drei auf dem Foto noch nichts. Da waren sie Teil von etwas, eines Stroms, einer Entwicklung, etwas Großem, einer seltsam geordneten Eruption, Geschichte? „Neues Forum", „Ohne Gewalt", „Schwerter zu Pflugscharen", schöne, bedeutungsvolle, hoffnungsvolle Worte waren das, aber wir dachten sicher nicht an Geschichte. Es war ein Abend im Oktober.

---

[9] A.a.O., 21.

Die Friedliche Revolution gegen die SED-Diktatur im Kontext der deutschen Freiheits- und Demokratiegeschichte

Rainer Eckert

Die Beschäftigung mit der Friedlichen Revolution 1989/90 gegen die Diktatur der Sozialistischen Einheitspartei Deutschlands (SED) und ihrer Verbündeten in der DDR ist heute eine Aufgabe beim Aufbau bzw. bei der Gestaltung eines demokratischen Grundbewusstseins in Deutschland und darüber hinaus auch in anderen westlichen Gesellschaften.[1] Dies ist allerdings nur sinnvoll und wird nur erfolgreich möglich sein, wenn diese Revolution in den mittelosteuropäischen Revolutionszyklus bis zum Zerfall der Sowjetunion 1991 eingepasst wird. Und dabei ist auch stets zu bedenken, dass dessen Revolutionen die europäischsten Aufstände seit 1848/49 waren.[2] Zu einer kritischen Beschäftigung mit diesen Revolutionen gehören öffentliche, medial verstärkte Diskussionen, die juristische Auseinandersetzung beziehungsweise strafrechtliche Verfolgung von Vergehen und Verbrechen der Diktatoren, personelle „Säuberungen" in Politik, Gesellschaft und Wirtschaft, die historische und andere For-

---

[1] Vgl. dazu allgemein: ECKERT, RAINER, Umkämpfte Vergangenheit. Die SED-Diktatur in der aktuellen Geschichtspolitik der Bundesrepublik Deutschland, Leipzig ³2023.

[2] WINKLER, HEINRICH AUGUST, Die Deutschen und die Revolution. Eine Geschichte von 1848 bis 1989, München 2023, 125.

schung, der Umgang mit Gedenkorten, Gedenkstätten und Gedenktagen, die Musealisierung von Geschichte sowie geistige Kontroversen in Kunst und Literatur. Auch die immer wieder als unbefriedigend empfundene Wiedergutmachung und Rehabilitierung der Opfer der Diktaturen gehört in dieses Feld.

Eine grundsätzliche Auseinandersetzung und Darstellung der Revolutionen gegen die kommunistischen Diktaturen im sowjetischen Machtbereich wird aber ebenfalls nur möglich sein, wenn sie mit einer konsequenten Rückbesinnung auf Widerstand und Opposition gegen diese tyrannischen Machtsysteme ab dem Putsch der Bolschewiki 1917 in Russland und gegen die nationalsozialistischen bzw. die faschistischen Diktaturen besonders in Deutschland und Italien verbunden wird. Nur daraus kann die moralische Substanz für das Widerstehen gegen erneute Gefährdungen unserer Demokratien besonders durch Links- oder Rechtsextremismus (wobei der rechte Extremismus das gravierende Problem ist) gewonnen werden. Gleichzeitig muss es verstärkt um die „Grautöne" von Leben und Herrschaft in diesen Diktaturen und um den in ihnen erfahrenen, auch glücklichen Alltag gehen. Nur so wird die Mehrheit der in kommunistischen Diktaturen sozialisierten Menschen und der nachfolgenden Generationen zu erreichen sein.

1. Friedliche Revolutionen – ein Definitionsversuch

Die Durchsetzung des Begriffs Revolution für die mittelosteuropäischen Aufstände der Jahre zwischen 1989 und 1991 ist bis heute schwierig und in der „vox populi", in der „allgemeinen Sprache" missglückt. Mich erinnert das an die Worte des Aufklärers Moses Mendelssohn, der bezogen auf seine Zeit meinte, dass die Worte Aufklärung, Kultur und Bildung in unsrer Sprache neue Abkömmlinge seien und weiter: „Der gemeine Haufe verstehet sie kaum".[3] Heute ist festzustellen, dass im globalen System nach 1945 eine damals scheinbar fällige Kurskorrektur vollzogen und der Modus Revolution aus dem Katalog operativ verwendbarer Optionen eliminiert wurde und Wissenschaft sowie öffentliche Meinung sich ganz für den Modus Evolution entschieden.[4] Heute geht es dagegen in einer permanenten Revolution zum einen um eine allerdings zunehmend umstrittene Globalisierung – und das ist Sache des „Kapitalismus" – und zum anderen seit Beginn der globalen Katastrophe des Klimawandels um einen neuen operativen Imperativ in der gesamten Welt mit dem Motto: „Ändere dein Leben!".[5] Dem stehen allerdings – auch und vor allem in den Ländern des Westens – die Erstarrung von Eliten bzw. Gesellschaften und der Unwillen von Menschen gegenüber, das eigene Handeln grundlegend zu ändern. Hier hat vor bereits mehr als 50 Jahren Arnold Toynbee ausgeführt, dass Herausforderungen eine entsprechende kreative Antwort hervorrufen

---

[3] MENDELSSOHN, MOSES, Über die Frage: Was heißt aufklären?, in: Ders., Schriften über Religion und Aufklärung, hg. v. Martina Thom, Berlin 1989, 461. Mendelssohn verband den Begriff des Revolutionärs eng mit dem Namen des Königsberger Philosophen Immanuel Kant. Vgl.: GERHARDT, VOLKER, Immanuel Kant. Zum Ewigen Frieden. Das Realitätsprinzip der Reform, in: Jonathan Beck (Hg.), Eine andere Welt. Bücher, die in die Zukunft weisen, München 2023, 102.
[4] SLOTERDIJK, PETER, Du musst Dein Leben ändern, Frankfurt a. M. 2009, 634.
[5] A.a.O., 637, 702.

müssen.⁶ Wenn diese nicht erfolgt, folgt der Untergang der jeweiligen Gesellschaft. In dieser Situation befinden wir uns heute zunehmend – oft auch in den klassischen Demokratien.

Das hängt eng damit zusammen, dass eine Zivilisation, sobald sie ihren Höhepunkt an Lebenskraft erreicht hat, dazu neigt, ihre kulturelle Triebkraft zu verlieren und die Kreativität der Gesellschaft verloren geht. Sind soziale Strukturen und Verhaltensmuster so starr geworden, dass sich eine Gesellschaft nicht mehr an die veränderte Situation anpassen kann, dann verliert sie die Fähigkeit, den kreativen Prozess der kulturellen Evolution fortzuführen – sie wird zerbrechen und zerfallen.⁷ In der Regel bricht eine Gesellschaft jedoch nicht vollkommen zusammen, sondern neue schöpferische Minderheiten treten hervor und führen den Prozess von Herausforderung und Antwort fort. Die bisher herrschenden Institutionen sträuben sich dagegen, ihre führende Rolle neuen kulturellen Kräften zu überlassen – sie werden jedoch unweigerlich an Bedeutung verlieren und zerfallen. Dagegen könnten die neuen aktiven Minderheiten in der Lage sein, einige der alten Elemente neu zu gestalten. Letztlich lässt sich das in den Worten von Albert Camus zusammenfassen: „Ich rebelliere, also sind wir."⁸ Und weiter meint der französische Denker, dass die Revolte die Bewegung des

---

⁶ TOYNBEE, ARNOLD J., Der Gang der Weltgeschichte, München 1970.
⁷ CAPRA, FRITJOF, Wendezeit. Bausteine für eine neues Weltbild, Bern/München/Wien 1985, 23–24.
⁸ CAMUS, ALBERT, Der Mensch in der Revolte. Essays, Reinbek b.H. ²1969, 204.

Die Friedliche Revolution gegen die SED-Diktatur 279

Lebens selbst ist und man sie nicht leugnen kann, ohne auf das Leben zu verzichten.[9]

Eine solche Revolte war auch eine Triebkraft für die Revolutionen der Jahre ab 1989 in Mittelosteuropa und so auch für die Friedliche Revolution, ein Begriff der auf den polnischen Historiker Bronislaw Geremek zurückgehen könnte.[10]. Der Begriff Revolution scheint dabei eigentlich klar definiert zu sein: Es handelt sich um umfassende, häufig gewaltsam herbeigeführte Umwälzungen bestehender Machtverhältnisse.[11] Wie der Politologe Kurt Lenk könnte man auch formulieren: „Revolution ist stets verbunden mit der Schaffung einer neuen gesellschaftlichen Ordnung und neuen Rechtsformen, die über den bloßen Wechsel einer Führungsgruppe […] hinausweisen. Entscheidend ist dabei die Sprengung der bisherigen Sozialstruktur im Sinne eines Bruchs mit der Tradition".[12] Oder man kann, wie Constantin Plaul und Karl Tetzlaff auch auf die Revolution als Freiheitszeichen verweisen und mit Immanuel Kant festhalten, dass diese immer mit einem Wandel von weltpolitischer Bedeutung verbunden sein muss, in dessen Zuge totalitäre Herrschaftsstrukturen überwunden werden und die Möglichkeit einer freieren Gesellschaft geschaffen wird.[13]

---

[9] A.a.O., 246–247.
[10] WINKLER, Revolution, 106.
[11] A.a.O., 9.
[12] LENK, KURT, Art. Revolution, in: Wolfgang W. Mickel/Dietrich Zitzlaff (Hg.), Handlexikon zur Politikwissenschaft, Bonn 1988, 443.
[13] PLAUL, CONSTANTIN/TETZLAFF, KARL, Freiheit ist Mühsal und Hoffnung. Was die Erinnerung an die Friedliche Revolution von 1989 gegen die gegenwärtige resignative Stimmung ausrichten kann, in: F.A.Z., 2.10.2023.

Allerdings ist der Streit um den Begriff Revolution, um ihre Träger und Ziele bis heute nicht beendet. Immer noch wird die Revolution von 1989/90 als „Wende" diffamiert. Dabei handelt es sich bei einer Wende im ursprünglichen Sprachgebrauch um ein Segelmanöver, bei dem das Boot zur Erreichung des ursprünglichen Ziels zeitweilig auf einen abweichenden Kurs gebracht wird.[14] Revolution bezeichnet dagegen in der Politik – wie bereits erwähnt – eine einschneidende Veränderung, einen grundlegenden gesellschaftlichen und politischen Umbruch, der zum Systemwandel führen kann. Eine solche Revolution wird in der subjektiven Wahrnehmung in der Regel als Zeitenwende empfunden. Eine dabei zu beachtende und vielleicht entscheidende Frage ist, ob Revolutionen immer mit Gewaltanwendung verbunden sein müssen.[15] Andere Argumente gegen die Verwendung des Revolutionsbegriffs für 1989/90 waren, dass es nur eine „nachholende Revolution" gewesen sei, dass das Moment des Neuen fehlen würde, dass es ein theorieloses Unternehmen gewesen wäre und vorzeitig abgebrochen wurde. Dies alles vermag jedoch nicht zu überzeugen, wenn man als Maßstab einen demokratischen Übergang durch Massenmobilisierung und Massenprotest auf der Straße ansetzt, der auch die Anwendung militärischer Gewalt verhindert oder ab-

---

[14] Vgl.: ECKERT, RAINER, Art. Friedliche Revolution, in: Brockhaus Enzyklopädie, Bd. 8, Leipzig ²¹2005, 90–795. ECKERT, RAINER, Art. Wende, in: Brockhaus Enzyklopädie, Bd. 29, Leipzig ²¹2006, 731.

[15] KOLLMORGEN, RAJ, Umbruch ohne Revolution? Beitritt statt Transformation? Zur Deutung des ostdeutschen Wandels seit 1989 im mittelosteuropäischen Wandel, in: Berliner Debatte Initial, 20 (2009) 4, 96.

wehrt.[16] Dieser Prozess ist jedoch nur im mittelosteuropäischen Zusammenhang[17] zu begreifen – wobei in der DDR sein spezifisch protestantischer Charakter und seine religiöse Dimension[18] zu berücksichtigen sind. Wichtig ist es auch den Unterschied zu beachten, dass es sich bei den Friedlichen Revolutionen um einen besonderen Revolutionstyp handelt, der sich von „klassischen" Revolutionen wie 1789 in Frankreich und dem Novemberputsch der Bolschewiki 1917 in Russland mit ihren blutigen Umwälzungen der politischen und gesellschaftlichen Verhältnisse unterscheidet.[19]

Beide Begriffe, „Wende" und Revolution, konnten sich in der Diskussion bis heute nicht endgültig durchsetzen. In der Bundesrepublik Deutschland wurde der Ausdruck „Wende" im Zusammenhang des Wechsels zur konservativ-liberalen Bundesregierung gebraucht.[20] Inzwischen ist jedoch der Begriff „Wende" zur Charakterisierung des Sturzes der SED-Diktatur und den damit verbundenen grundsätzlichen Veränderungen in der DDR als Ergebnis einer Friedlichen Revolution 1989/1990 vor allem in der Alltagssprache weit verbreitet. Die Verwendung dieses

---

[16] A.a.O., 97; vgl. SABROW, MARTIN (Hg.), 1989 und die Rolle der Gewalt, Göttingen 2012, 97.
[17] Zu gewalttätigen Revolutionen, die große Teile Europas erfassten, vgl.: CLARK, CHRISTOPHER, Frühling der Revolution. Europa 1848/49 und der Kampf für eine neue Welt, München 2023.
[18] PLAUL/TETZLAFF, Freiheit. Vgl.: ECKERT, RAINER, Montagsdemonstrationen. Vom Protest zur Friedlichen Revolution 1989/90, Wiesbaden 2023, 147–149.
[19] WINKLER, Revolution, 111.
[20] Vgl. zum Beispiel CDU-BUNDESGESCHÄFTSSTELLE (Hg.), Aufwärts für Deutschland. Protokoll, 31. Bundesparteitag 25./26. Mai 1983 in Köln, Bonn 1983, 187. https://www.kas.de/de/web/geschichte-der-cdu/protokolle-bundesparteitage-1950-1990 (11.11. 2024).

Begriffs in den letzten Jahrzehnten geht auf die Fernseh- und Rundfunkansprache des letzten Generalsekretärs der kommunistischen Staatspartei SED Egon Krenz nach dessen Machtantritt am 18. Oktober 1989 zurück, in der er für seine Partei bzw. deren Politbüro in Anspruch nahm, die „Wende" eingeleitet zu haben.[21] Trotzdem es sich hier um eine offenkundige Lüge handelte, setzte sich dieser Begriff zunehmend durch, obwohl im Herbst 1989 im politischen Sprachgebrauch die Bezeichnung Friedliche oder Demokratische Revolution verbreitet war. Die anfangs fast selbstverständliche Verwendung des Revolutionsbegriffs ging jedoch zunehmend verloren. Das hatte mit der Ungewissheit der Akteure, was sie denn nun wirklich zustande gebracht hätten, mit der Meinungsführerschaft des an den Ereignissen in der DDR unbeteiligten Westens in den öffentlichen Debatten und mit östlicher Unzufriedenheit am deutschen Vereinigungsprozess zu tun. Auch ist der Anspruch, Revolutionär gewesen zu sein, schwer über sich selbst zu artikulieren, und der Begriff Friedliche Revolution ist schwer zu kommunizieren.

Inzwischen wird der wegen seiner inhaltlichen Beliebigkeit zum einen leicht zu verwendende, zum anderen schwer zu fassende Begriff „Wende" besonders von Sozialwissenschaftlern und Historikern überwiegend abgelehnt. Trotzdem behauptet sich dieser Begriff gerade wegen seiner Ungenauigkeit gegenüber dem Revolutionsbegriff. Auf Grund seiner Neutralität scheint er einen un-

---

[21] Krenz selbst verwendete in seinen Publikationen auch den Begriff Revolution, ist aber nicht sein Schöpfer. Vgl.: KRENZ, EGON, Wenn Mauern fallen. Die Friedliche Revolution. Vorgeschichte–Ablauf–Wirkungen, Wien 1990. Siehe dazu auch: LINDNER, BERND, Begriffsgeschichte der Friedlichen Revolution. Eine Spurensuche, in: APuZ, 64 (2014) 24–26, 33–39.

persönlichen Prozess nahe zu legen, zu dem sich sowohl an der Revolution Beteiligte als auch Unbeteiligte mit freundlicher Gelassenheit oder kritischer Ablehnung verhalten können. Eine gedankliche Verbindung zwischen den Äußerungen Krenz und dem Begriff „Wende" wird in aller Regel nicht hergestellt.

Einen partiellen Wandel brachten hier allerdings die Vorbereitungen auf den 20. Jahrestag der Friedlichen Revolution. Jetzt setzte sich geschichtspolitisch und wissenschaftlich der Revolutionsbegriff stärker durch. Dabei spielte eine Rolle, dass sich die Kriterien für eine Revolution wie ein grundlegender gesellschaftlicher Wandel in kurzer Zeit und unter Beteiligung breiter Volksmassen auf die Ereignisse der Jahre 1989/90 anwenden lassen. Der Revolutionsbegriff ermöglicht auch, die erste erfolgreiche und friedliche Revolution der deutschen Nationalgeschichte in das demokratische Bewusstsein der Bundesrepublik zu integrieren. Das fand seinen Ausdruck, als am Tag der Deutschen Einheit am 3. Oktober 2008 die Bundesregierung sich dazu bekannte, die Jahrestage der Gründung der Bundesrepublik Deutschland, der Friedlichen Revolution und der Wiedervereinigung in den Jahren 2009 und 2010 gemeinsam zu begehen. Diese Tendenz setzte sich in den folgenden Jahren fort.[22] Jedoch konnte sich, obwohl es hier offenkundig um die Begründung deutscher und europäischer Freiheitstraditionen geht, auch jetzt der Begriff „Wende" in Teilen des öffentlichen Raumes behaupten.

Ganz unabhängig davon und gleichzeitig gilt es heute, das Erbe von 1989/90 produktiv zu machen und es vor allem vor der demagogischen Aneignung durch Rechtsradi-

---

[22] ECKERT, Vergangenheit.

kale und Rechtspopulisten der „Alternative für Deutschland" (AfD) zu sichern. Dazu gehört zuerst, den belanglosen, ja diffamierenden Begriff der „Wende" endgültig ad acta zu legen. Der friedliche Charakter der Revolution ist zu betonen, wie auch die gesamteuropäische Bedeutung des Revolutionszyklus der Jahre ab 1989 hervorzuheben ist. Dazu kommt die Einsicht, dass die Ergebnisse dieser Revolutionen – und dies besonders in Deutschland – das waren, was die Revolutionäre von 1848/49 anstrebten: Einheit in Freiheit.[23]

Es muss in Deutschland bewusst werden, dass sich Ostdeutsche vor 35 Jahren ihre Freiheit selbst erkämpften und diese nicht von „großen Männer" oder einem gnädigen Geschick geschenkt bekommen haben.[24] Allerdings gilt das nur für diejenige Minderheit der Ostdeutschen, vielleicht insgesamt eine Million Menschen, die es wagten gegen die Diktatur aufzustehen.[25] Die übergroße Mehrheit verhielt sich dagegen passiv und wartete ab, wer in diesem Ringen die Oberhand gewann. Letztlich wurde ihnen – wie vor allem Ilko-Sascha Kowalczuk immer wieder ausführt – die Freiheit geschenkt und nach über 30 Jahren Transformation trauern viele der 1989/90 Unbeteiligten der in ihrer Erinnerung verklärten DDR nach. Das verstärkte sich besonders in den Krisenjahren 2023 und 2024.

Trotzdem gehört die Friedliche Revolution heute zur Tradition deutscher Demokratie, die sich ja nicht auf allzu viele Beispiele gelungen Widerstandes gegen Diktatur und Fremdherrschaft stützen kann. Das gilt auch für die Werte der Revolution wie Freiheit, Menschenrechte, Weltof-

---

[23] WINKLER, Revolution, 37.
[24] ECKERT, Vergangenheit, 250–265.
[25] KOWALCZUK, ILKO-SASCHA, Wer die Freiheit verrät, in: DER SPIEGEL (2023) 41, 7.10.2023, 124f.

fenheit und Solidarität. Dies war bis zum Sturz der Berliner Mauer mit der Hoffnung auf eine Demokratisierung der DDR verbunden. Die nationale Frage, das heißt die deutsche Wiedervereinigung rückte erst nach dem Mauersturz auf Platz eins der Forderungen der Menschen auf den Straßen. Insofern hat Thomas Großbölting Unrecht, wenn er meint, dass die Friedliche Revolution in „höchster Weise national konnotiert" war.[26]

Und schließlich könnte und müsste diese revolutionäre Tradition Ostmitteleuropas international bei einer möglichen Erweiterung der Europäischen Union einen Teil des Fundamentes bilden und eine Brücke zwischen Mittelost- und Westeuropa schlagen. Die Ideen der Bürgerbewegung, die Kraft der Zivilcourage und des Engagements „von unten" sollten auch künftig bei der Lösung von Konflikten berücksichtigt werden. Gelänge dies, wäre der Kampf der ostdeutschen Opposition und des Widerstandes in der DDR wie auch in anderen Ländern des Moskauer Imperiums auch für die Lösung gegenwärtiger und künftiger Probleme nicht vergebens gewesen.

2. Aktuelle Diskussionen und Geschichtspolitik morgen

Anfang der 20er Jahre des 21. Jahrhunderts leben die Deutschen in einem Vaterland, das eines der besten Gesundheitssysteme der Welt besitzt, die Arbeitslosigkeit ist so niedrig wie kaum in einem anderen Land Europas und Deutschland ist die drittgrößte Wirtschaftsmacht der

---

[26] GROSSBÖLTING, THOMAS, Von Ossis und Wessis, in: F.A.Z., 16.10.2023.

Welt. Trotzdem sind die Deutschen so unzufrieden wie selten und mehr als zwei Drittel von ihnen meinen, dass ihr Staat nicht mehr in der Lage sei, seine Aufgaben zu erfüllen. Nun kann man an Umfragen, die solchen Ergebnissen zugrunde liegen zweifeln, trotzdem ist es bedenkenswert, dass eine Mehrheit der Menschen besonders im Osten Deutschlands meint, dass der Staat bei der Aufgabe, für soziale Gerechtigkeit zu sorgen, versagen würde. Außerdem gibt es Sorgen wegen der mangelhaften Digitalisierung, wegen „ungezügelter" Migration, mangelhafter Bildung, der sich verschärfenden Klimakrise, der sozialen Ungleichheit und wegen der russischen Aggression gegen die Ukraine und der damit steigenden Kriegsgefahr. Dazu kommen Probleme im Verkehr, ungerechte Renten und eine überforderte Bürokratie. Und schließlich überfiel die palästinensische Terrororganisation Hamas mit schrecklicher Brutalität Israel und das Land schlug militärisch zurück. In Deutschland gab es eine große Welle der Sympathie mit dem überfallenen Staat aber auch zunehmenden Antisemitismus, der sich auch auf den Straßen deutscher Städte austobt. Insgesamt sind viele der Sorgen der Deutschen begründet, es gibt aber auch vieles, was nicht faktenorientiert ist, sondern von subjektiven Meinungen getragen wird. Und das scheint mir heute und auch künftig ein Hauptproblem zu sein: Bei vielen Deutschen zählen nicht mehr gesicherte Fakten, sondern Meinungen, die in aller Regel aus dubiosen Internetkanälen stammen. Und politisch schien das der radikalen Rechten, also vor allem der AfD, die Wähler in Scharen bei den Wahlen des Jahres 2024 zuzutreiben. Allerdings wurde dies durch die internen Skandale dieser Partei doch begrenzt.

Das alles stellt auch die nationale Erinnerung und die Geschichtspolitik vor neue Aufgaben. Grundsätzlich sollten wir jedoch, anders als etwa Heinrich August Winkler meint,[27] bei aller Multiperspektivität die Suche nach „Meistererzählungen" nach dominanten Geschichtsdeutungen nicht aufgeben. So wird es auch künftig darauf ankommen, die Auseinandersetzung mit dem Kommunismus und der SED-Diktatur weiterhin als zentralen Bestandteil des demokratischen historischen Bewusstseins der Bundesrepublik, besonders im Kampf gegen links- und rechtsradikale Verführer und Demagogen, nicht nur zu betrachten, sondern auch entsprechend damit umzugehen. Und das wird angesichts der Haushaltslage des Bundes immer mehr auch zu einem finanziellen Problem. Grundlegend falsch ist es dagegen, die deutsche Erinnerungskultur auf die Auseinandersetzung mit den Verbrechen des Nationalsozialismus zu beschränken. Das gilt auch für die neue These von Erinnerungen I und II.[28] Dabei wäre I die Beschäftigung der „alten" Bundesrepublik mit „Auschwitz" und II wäre ein jüngeres Erinnerungsnarrativ, das eng mit der Globalisierung und der Auseinandersetzung mit dem Kolonialismus verbunden ist.[29] So müssen sich die Europäer zwar durchaus mit ihren Verstößen gegen die allgemeinen, unveräußerlichen Menschenrechten und ihren Kolonialverbrechen auseinander setzen. Nicht akzeptabel ist jedoch, dass hier GULAG und die Verbrechen des Kommunismus keine Rolle mehr spielen.[30] Beide totalitäre Diktaturen sollten ge-

---

[27] WINKLER, Revolution, 143.
[28] LEO, PER, Tränen ohne Trauer. Nach der Erinnerungskultur, Stuttgart, 2021.
[29] WINKLER, Revolution, 145.
[30] So etwa, wenn die deutsche Erinnerungskultur gelobt wird, sich das jedoch nur auf die Auseinandersetzung mit dem Nationalsozialismus bezieht, vgl.: NEIMANN, SUSAN, Von den Deutschen ler-

meinsam betrachtet und beide müssen grundsätzlich delegitimiert werden. Dabei ist von besonderer, besorgniserregender Bedeutung, dass Anfang 2021, bezogen auf das Verbrechersystem des „Dritten Reiches" bis tief ins Bürgertum hinein, Stimmen zu hören waren, die Fesseln der Selbstkritik zu sprengen und „souveräner" zu werden.[31] Ganz entgegengesetzt ist es richtig: Die Auseinandersetzung mit den Verbrechen des Nationalsozialismus und der Widerstand dagegen wird von entscheidender Bedeutung für eine demokratische Geschichtskultur in Deutschland bleiben. Aber daneben geht es auch um die weitere deutsche und europäische Freiheitsgeschichte. Und noch einmal: Der Holocaust (und auch die Ermordung der Sinti und Roma, die Tötung von Kranken, das Verhungernlassen sowjetischer Kriegsgefangener, die Planung der Vernichtung ganzer Völker in Mittel- und Osteuropa gehören dazu) war ein Zivilisationsbruch und ist und bleibt das zentrale Verbrechen der deutschen Geschichte.

35 Jahre nach Friedlicher Revolution und deutscher Wiedervereinigung geht es jedoch auch weiterhin um die „Herausbildung einer gesamtdeutschen, europäisch und westlich geprägten Kultur".[32] Diese und die „Arbeit an einer gemeinsamen Erinnerungskultur" Europas[33] haben erst begonnen. Dabei gibt es viele nationale Schwierigkeiten, wir sollten jedoch die Hoffnung auf ein Gelingen dieses Vorhabens nicht aufgeben. Wenn jedoch ein geschichtspolitischer Neuansatz nicht gelingen würde,

---

nen. Wie Gesellschaften mit dem Bösen in ihrer Geschichte umgehen können, Berlin 2020.

[31] MORINA, CHRISTINA/SÜSS, DIETMAR, Deutscher Frühling, in: Süddeutsche Zeitung, 15.4.2021.

[32] WINKLER, Revolution, 145.

[33] Ebd.

könnte auch der Kampf um Demokratie, Freiheit und Menschenrechte als Ganzes scheitern oder zumindest schweren Schaden nehmen. Diese „Aufarbeitung" von Geschichte ist genauso ein politischer Vorgang wie auch eine Angelegenheit der gesamten Bürger- bzw. Zivilgesellschaft.[34] Dies betont besonders Kowalczuk immer wieder und richtig ist auch, dass in der „DDR-Aufarbeitungslandschaft" ständig Institutionen und Personen Entscheidungen gefällt haben und manchmal auch noch fällen, den Ton vorgaben und Verantwortung trugen, die dafür biografisch, nicht aber wegen einer professionellen Ausbildung in Ausstellungsgestaltung, Gedenkstättenarbeit, Geschichtspädagogik, Geschichts- und Politikwissenschaften oder Museumsdidaktik qualifiziert waren und sind.[35]

Das weist erneut auf das Problem der mangelnden Qualifikation der Bürgerrechtler von 1989/90 zurück. Bedauerlich ist, dass nur wenige von ihnen die letzten 35 Jahre nutzten, um etwa eine wissenschaftliche Qualifikation zu erwerben. Doch wird dies bald keine große Rolle mehr spielen. Das wird etwa deutlich, wenn man sich auf Bürgerrechtlertreffen oder Gedenkfeiern umsieht und sich wie bei einem Rentnertreffen fühlt. Bürgerrechtler oder ihnen nahestehende Persönlichkeiten spielen so noch eine Rolle als Zeitzeugen in der „Aufarbeitung", in der Wissenschaft – mit wenigen Ausnahmen wie Kowalczuk, Ehrhart Neubert und Stefan Wolle – jedoch nicht. Das wird sich, da aus diesem Feld auch kaum jemand nach-

---

[34] KOWALCZUK, ILKO-SASCHA, Zur Gegenwart der DDR-Geschichte. Ein Essay, http://zeitgeschichte-online.de/thema/zur-gegenwart.der-ddr-geschichte (14.1.2022).

[35] KOWALCZUK, ILKO-SASCHA, Und was hast du bis 1989 getan?, in: Sächsische Zeitung, 11.12.2018.

rückt, spätestens in einigen Jahren rächen. Der bürgerrechtliche Ansatz könnte verloren gehen und durch wissenschaftsinterne Kriterien endgültig verdrängt werden. Statt zivilgesellschaftlichem Engagement werden dann interne Karrieremechanismen triumphieren. Und so wird die Geschichte von Opposition, Widerstand, politischer Repression und Friedlicher Revolution immer weniger Menschen erreichen und wichtige Argumente für einen künftigen Freiheitskampf gegen links- und rechtsradikale Demagogen könnten wegfallen.[36] Das Gegenteil wäre richtig: Europäische Freiheitstraditionen sind zu erforschen, darzustellen und den Menschen zu vermitteln. Doch darf dies nicht isoliert geschehen, sondern ist in den allgemeinen Erzählstrom einzubetten. Das gilt in Deutschland auch für die Verzahnung von Diktaturgeschichte mit der Geschichte der Transformation zu einem demokratischen Staatswesen.

Dazu kommt die globale Perspektive eines Sieges freier Wahlen und einer Kontrolle der Regierungsgewalt in vielen Teilen der Erde.[37] Dieser Zeitraum begann mit dem Abzug sowjetischer Truppe Anfang 1988 aus Afghanistan und erstreckt sich bis zum Revolutionszyklus von 1989/1991. Danach knüpften die Revolutionen in den

---

[36] Ein anschauliches Beispiel dafür ist die inhaltliche Veränderung der Dauerausstellung des Zeitgeschichtlichen Forums Leipzig, das sich nach seiner Gründung 1999 auf die Geschichte von Opposition, Widerstatur und politische Repression in der SED-Diktatur sowie auf die Friedliche Revolution (vor dem Hintergrund des Alltags in der DDR und gesamtdeutscher Fragen) konzentrierte.

[37] DEMANTOWSKI, MARKO, „1989" war mehr als eine Wende, in: Sächsische Zeitung, 25.1.2019. ENGEL, ULF/HADLER, FRANK/MIDDELL, MATTHIAS (Hg.), 1989 in a global perspective, Leipzig 2015.

Nachfolgestaaten der Sowjetunion[38] – wie die „Rosenrevolution" in Georgien 2003 und die „Orangene Revolution" in der Ukraine 2004 – sowie der „Arabische Frühling" in Tunesien, Ägypten, dem Jemen, Syrien und anderen Ländern dieser Region mehr oder weniger erfolgreich an die mittelosteuropäischen Revolutionen an.[39] In diesen Zusammenhang gehören auch der Sturz von Slobodan Milošević in Serbien 2000 und die „Grüne Revolution" im Iran 2009. Heute ist vieles davon zunichte gemacht und anderes ist bedroht.

Bezogen auf Deutschland ist es in diesem Zusammenhang immer noch wichtig, dass die „professionelle Wissenschaftsszene" von Westdeutschen dominiert ist, die den inneren Zwängen und Riten des bundesdeutschen Wissenschaftsbetriebes folgen. Das brachte das bis heute wirkende Problem mit sich, dass die Bewohner der DDR und ihre Nachfahren ihre Geschichte von „Eliten" erzählt bekamen und bekommen, deren Vergangenheit keine Schnittmengen mit ihrer eigenen Erfahrungs- und Erlebniswelt aufweisen. Hier fragt Kowalczuk vollkommen zu Recht, was es bewirkt, wenn die Deutungs- und Erklärungseliten einen ganz anderen Sozialisierungshintergrund haben als die Menschen, denen sie mittels Medien,

---

[38] Beispielsweise: SCHNEIDER-DETERS, WINFRIED, Ukrainische Schicksalsjahre 2013–2019. Der Volksaufstand auf dem Majdan im Winter 2013/2014. Die Annexion der Krim und der Krieg im Donbass, Berlin 2021
[39] KOENEN, GERD, „Nazis, Zionisten, Satanisten". Sowjetische und putinistische Feindbilder gegen Aufstände und Dissidenzen in der eigenen Machtsphäre, in: Ines Eifler/Matthias Eisel (Red.), Auf die Straße! Volksaufstände im sowjetischen und russischem Einflussbereich (34. Bautzen Forum der Friedrich-Ebert-Stiftung), Leipzig 2023, 41.

Wissenschaft und Politik ihre Vergangenheit deuten und erklären sollen.⁴⁰ Auf der anderen Seite ist die Frage zu stellen, welche Bedeutung bzw. Wirkung es hat, dass die aus der Bürgerbewegung stammenden Aufklärer in der Regel einen ganz anderen Lebensweg in der DDR als ihre ostdeutschen Landsleute haben. Das Problem ist dabei zuerst, dass ihre Geschichte von Leid, Opfer, Unterdrückung und Widerstand die Gesellschaft nicht erreicht, da es nicht deren Lebenserfahrung war und ist.⁴¹

Die erste Gruppe von erinnerungspolitisch aktiven Menschen aus dem Osten ist inzwischen weitgehend aus dem Berufsleben ausgeschieden oder wird es bald sein. Die Gruppe der Altbundesdeutschen und ihrer „Schüler" wird dagegen noch lange dominant bleiben. Dazu kommt, dass nach der Revolution von 1989/90 Geschichte auch ein politisches Kampfmittel war; es gab kaum „Grautöne" und die Auseinandersetzung mit der Geheimpolizei Staatssicherheit dominierte. So sahen Ostdeutsche die Beschäftigung mit „ihrer" Geschichte oft als Projekt „westdeutscher Sieger". Heute, mehr als 35 Jahre nach ihrem revolutionären Beginn, ist die Frage nach Rettungsmöglichkeiten für die „Aufarbeitung" berechtigt. Diese Rettung könnte gelingen, wenn auf die Kategorisierung „Opfer und Täter" verzichtet werden würde und alle gesellschaftlichen Erfahrungsräume betrachtet werden. Gleichzeitig muss die wissenschaftliche Zeitgeschichte mit Ruhe und Unbeirrbarkeit agieren. Das erscheint selbstverständlich zu sein, ist jedoch noch nicht erreicht. Grundlegend muss es in der künftigen „Aufarbeitung"

---

[40] KOWALCZUK, ILKO-SASCHA, Die Übernahme. Wie Ostdeutschland Teil der Bundesrepublik wurde, München 2019, 211.

[41] A.a.O., 212.

um „Revolutionsstolz", um Integration und Identifikation gehen. Und schließlich muss die Zeitgeschichte an der Verknüpfung der Zeit vor 1989 und danach arbeiten.

Dagegen ging es auch in den letzten Jahren um die Überprüfung von „Staatsdienern" auf ihre Mitarbeit beim Staatssicherheitsdienst, die aus meiner Sicht bis auf wenige Spitzenpositionen schon längst hätte beendet werden können, um eine angemessene Entschädigung von SED-Opfern und die Frage, ob die juristische Auseinandersetzung mit der SED-Diktatur wirklich schon abgeschlossen wäre. Auch die Frage, nach einem möglichen oder notwendigen Schlussstrich unter die „Aufarbeitung" der SED-Diktatur wurde gerade im 30. Jahr nach der Friedlichen Revolution und danach ständig von neuem gestellt, da die Wahlergebnisse im Osten deren Ergebnislosigkeit gezeigt hätten.[42] Genauso regelmäßig folgte die öffentliche Abwehr dieser Frage. Es gab aber immer auch erneute Vorschläge zu einer anderen Fokussierung dieser Auseinandersetzung – so mit stärkerer Ausrichtung auf die Alltagserfahrungen der Ostdeutschen, der Trennung von „Aufarbeitung" und geschichtspolitischer Bildung oder mit größerem Respekt gegenüber dem Osten. Viele Sorgen waren mit dem geschilderten Aufstieg der „Alternative für Deutschland" verbunden. Das hatte damit zu tun, dass es der AfD zumindest partiell gelang, sowohl an diverse Bürgerbewegungs- und Widerstandstraditionen als auch an autoritär-plebiszitäre Politikentwürfe anzuknüpfen. So versuchte diese Partei besonders die Revolution von 1989 zu okkupieren – unter dem Motto „Die

---

[42] LOCKE, STEFAN, Richtiges Leben im Falschen. Ist es Zeit für einen Schlussstrich unter die Aufarbeitung der SED-Diktatur?, in: F.A.Z., 14.5.2019.

Friedliche Revolution wird vollendet".[43] Dann tauchte die Frage auf, warum im Osten die Bevölkerung ganzer Landstriche nach rechts rückte. Die Psychoanalytikerin Annette Simon sah die Gründe dafür im instrumentalisierten Antifaschismus der DDR, in einer nach außen abschirmenden familiarisierten Kultur und in zu geringer Anerkennung der Leistungen der Ostdeutschen im vereinten Deutschland.[44] Ein Grundproblem wäre jedoch, dass die junge Generation nicht mehr wüsste, was sie von der SED-Diktatur halten sollte.[45] Hier wurden Defizite in der „Aufarbeitung" und ein Nachholbedarf der politischen Bildung deutlich.

Und noch einmal muss ich es schließlich sagen: Mit der Revolution von 1989/90 haben Ostdeutsche – wie auch Revolutionäre in den ostmitteleuropäischen Ländern – aus eigener Kraft, ohne Hilfe von außen und in einzigartiger Weise eine Diktatur abgeschüttelt und sich selbst befreit. Dies ist ein Ereignis, das ohne jegliche Relativierung ein neues deutsches demokratisches Selbstbewusstsein der Freiheit begründen könnte. Das wäre eine glückliche Identität aller Deutschen, die auch Höhepunkte ihrer früheren Geschichte einschließen könnte. Für die an der Revolution beteiligten Ostdeutschen, letztlich aber für alle Deutschen, muss hier das bereits erwähnte entscheidende Wort „Stolz" sein. Niemand ist in Deutschland ein „Bürger zweiter Klasse" und dies ist auch kein Ostdeutscher.

---

[43] BAUER, KATJA/FIEDLER, MARIA, Die Methode AfD. Der Kampf der Rechten: Im Parlament, auf der Straße – und gegen sich selbst, Stuttgart 2021.

[44] SIMON, ANNETTE, Wenn Familie zu sehr wärmt, in: DIE ZEIT, 4.7.2019.

[45] PETERSEN, THOMAS, Das Verblassen der Erinnerung an die Diktatur, in: F.A.Z., 16.10.2019.

Dieser Revolutionsstolz ist eine Voraussetzung für die Stabilisierung unserer Demokratie und auch für den Kampf gegen links- und rechtsradikale Verführer. Heute ist dieser Stolz auf den Sieg über die Diktatur allerdings weitgehend verschüttet. Es gilt ihn wieder zu beleben und der gegenwärtigen Situation angepasst auch mit neuen Inhalten zu füllen. Und gerade in den letzten Jahren und dann 2024 wurde deutlich, dass Grundgesetz und Friedliche Revolution zusammengehören. Um diesen Gedanken möglichst vielen Menschen vertraut zu machen, haben wir uns alle einer besonderen Verantwortung zu stellen.

Wichtig ist auch immer wieder zu betonen, dass die Revolution von 1989/90 mit der Wiederherstellung eines wiedervereinigten Deutschlands die offene Frage nach der deutschen Einheit beantwortete.[46] Die Frage „Was ist des Deutschen Vaterland?" ist jetzt bei allen Unterschieden zwischen den Landesteilen, besonders zwischen Ost und West, entschieden.[47] Die Deutschen leben in allseits respektierten Grenzen in einem Nationalstaat und in Frieden, Freiheit und Demokratie. Das gilt es zu erhalten, auch angesichts von Pandemien, Kriegen und Klimakatastrophen in der ganzen Welt. Dabei sollten besonders die Deutschen stets bedenken, dass in der Ukraine auch über die Revolution von 1989 in der DDR entschieden wird.[48] Hier wird deutlich, dass sich Freiheit und Demokratie nur dann dauerhaft werden behaupten können, wenn der antitotalitäre Konsens Bestand hat. Und das ist eine alltägli-

---

[46] ECKERT, Montagsdemonstrationen, 149–151.
[47] ECKERT, RAINER, Was ist des Deutschen Vaterland? Kunst und Kultur als Klammer nationaler Identität, in: Bernd Lindner (Hg.), Klopfzeichen. Kunst und Kultur der 80er Jahre in Deutschland, Leipzig 2002, 13–19.
[48] KOWALCZUK, Freiheit.

che Aufgabe für alle Demokraten und freiheitsliebenden Menschen.

So sei abschließend nochmals betont, dass Widerstand und Revolution gegen totalitäre Diktaturen weit in die Vergangenheit reichend ein gesamteuropäisches Thema sind. Das zeigt Christopher Clark etwa am Beispiel der Revolution von 1848/49 als gesamteuropäisches Ereignis, ohne jedoch die Beziehung zu 1989/90 mit ebenfalls zumindest europäischer Bedeutung herzustellen.[49] Im 175. Jahr der Wiederkehr von 1848/49 ist zwar über dieses deutsche und europäische Schlüsselereignis diskutiert worden, so über die Frankfurter Nationalversammlung als verfassungsgebendes Gremium mit der Reichsverfassung vom März 1849 und deren Nachwirkungen auf die Weimarer Verfassung von 1919 sowie über das Bonner Grundgesetz von 1949,[50] doch blieb dieses Thema am Rande des gesellschaftlichen Diskurses. Auch die Bedeutung des Jahres 1848 für die deutsche Einigungsbewegung blieb – wie etwa Heinrich August Winkler meint – wenig beachtet. Nicht zuletzt lag das daran, dass die deutschen Achtundvierziger an der Doppelaufgabe der Herstellung eines Verfassungs- und gleichzeitig eines Nationalstaates scheiterten. Doch umsonst waren diese Kämpfe nicht, wie die Friedliche Revolution 1989/90 zeigte. Winkler hat auch Recht, wenn er meint, dass die jüngste der deutschen Revolutionen die erfolgreichste war, da ihr ein nachhaltiger Regimewechsel gelang. Deshalb ist es richtig, die Revolutionen von 1848/49, 1918/19 und 1989/90 im deutschen

---

[49] CLARK, Frühling.
[50] WINKLER, HEINRICH AUGUST, Der Fortschritt als Fessel. An ihrem Anfang stehen tiefe Systemkrisen. Was die deutschen Revolutionen 1848, 1918 und 1989 miteinander verbindet, in: F.A.Z., 13.12.2023.

und gesamteuropäischen Zusammenhang zu betrachten und zu interpretieren. Das gelingt Historikern und Vertretern anderer Disziplinen in der Regel jedoch nicht bzw. wird nicht angestrebt.

Kurz gesagt geht es auch bei der Bewertung dieser und der Revolutionen in ganz Ostmitteleuropa um eine gemeinsame Tradition des Westens von Zivilcourage, Freiheit, Demokratie und Solidarität. Und dabei rückt der Begriff Freiheit immer verstärkter in den Focus. Damit sind verschiedene andere Themen eng verbunden. Das gilt auch für die deutsche und internationale Diktaturgeschichte. Die Verharmlosung von Diktaturen gefährdet, ja verrät dabei die Freiheit.[51] Letztlich geht es nicht darum, dass Menschen, die aus Diktaturen kommen, lebenslang „Blessuren" mit sich tragen, sondern darum, dass Historiker und Zeitzeugen nicht in ihren Elfenbeintürmen sitzen dürfen, sondern dass sie ihre Erkenntnisse in den gesellschaftlichen Diskurs einbringen müssen. Diese Erkenntnis scheint sich zumindest unter deutschen Wissenschaftlern noch nicht herumgesprochen zu haben, sondern diese sind weiterhin mit ihren akademischen „Glasperlenspielen" beschäftigt.

In Deutschland ist dabei stattdessen der bereits zweimal erwähnte „Revolutionsstolz" auf 1989 eine Voraussetzung für die Stabilisierung der Demokratie, die sich jetzt wirklich „wehrhaft" zeigen muss.[52] Dazu gehört auch die Erinnerungskultur als Identitätsangebot, wobei die deutsche Kultur des Erinnerns gemeinsam mit der in Ostmitteleuropa – mit den Traditionen der Solidarność

---

[51] KOWALCZUK, ILKO-SASCHA, Wer die DDR-Diktatur verharmlost, verrät die Freiheit, in: Sächsische Zeitung, 29.7.2023.

[52] Steinmeier warnt vor Verfassungsgleichgültigkeit, in: F.A.Z., 1.8.2023.

und der „Charta 77" – gedacht werden muss. Der gesamte Revolutionszyklus der Jahre 1989 bis 1991 muss so ein Teil der westlichen Demokratietradition sein.[53] Dabei müssen in Deutschland auch Immigranten und Flüchtlinge, Familien von Gastarbeitern, Afrodeutsche und Juden einbezogen werden. Das führt zwangsläufig dazu, dass sich Erinnerungskultur einerseits auf Grundwerte einigt, andererseits aber auch plural sein muss. Und zum Kampf gegen links- und rechtsradikale Verführer gehört auch, dass es nicht zu einer Einengung auf eine hegemoniale Erinnerungskultur kommen darf. So sind die Anhänger von AfD, „Reichsbürger" und „Querdenker" auch nicht „das Volk" und für unsere Angelegenheiten in einem weitgehend vereinten Europa und einer eng zusammengerückten Welt sind wir selbst verantwortlich. Wenn wir an den Idealen der Friedlichen Revolution festhalten, werden wir dafür gut gerüstet sein.

---

[53] KORNELL, JOHANNA/CZOLLEK, MAX/FRANK, JO, Nicht nur Rituale an Gedenktagen. Für eine neue Kultur des Erinnerns, in: Der Tagesspiegel, 6.6.2021.

Geschichtszeichen der Freiheit

1989 als exemplarischer Bezugspunkt für eine bürgerliche Befreiungstheologie

Constantin Plaul, Karl Tetzlaff

1. Freiheitsaufbruch und Verfassungsdiskussion

„Bis heute stammt kein Satz im Grundgesetz dezidiert aus Ostdeutschland",[1] hieß es kürzlich in der Süddeutschen Zeitung. Anlass dieser leicht resignierten Feststellung war der 75. Jahrestag unserer Verfassung, der am 23. Mai feierlich begangen wurde. Die Süddeutsche Zeitung nutzte das festliche Datum, um die Geschichte einer verpassten Chance zu erzählen: Im Jahre 1991 wurde die Gemeinsame Verfassungskommission von Bundesrat und Bundestag eingesetzt, um sich, wie es in Art. 5 des Einigungsvertrags heißt, „mit den im Zusammenhang mit der deutschen Einigung aufgeworfenen Fragen zur Änderung oder Ergänzung des Grundgesetzes zu befassen".[2] Teil dieser Kommission war auch der Ostberliner Bundestagsabge-

---

[1] PROBST, ROBERT, „Da fehlt doch noch was". Nach der Wiedervereinigung bestand die Chance, das Grundgesetz zu reformieren. Doch viel verändert wurde nicht. Besuch bei zweien aus Ost und West, die gern mehr gewollt hätten, in: SZ, Nr. 114 v. 18./19./20. Mai 2024, 8.

[2] Vertrag zwischen der Bundesrepublik Deutschland und der Deutschen Demokratischen Republik über die Herstellung der Ein-

ordnete und Pfarrer Konrad Elmer. Von ihm stammte ein äußerst hartnäckig vertretener Änderungsvorschlag, über den damals mehrfach mit großer Zustimmung, aber immer ohne die erforderliche Zweidrittelmehrheit im Parlament abgestimmt wurde. „Jeder ist zu Mitmenschlichkeit und Gemeinsinn aufgerufen",[3] sollte es nach Elmers Vorstellung in der Präambel oder in Artikel 2 des Grundgesetzes heißen. Im Zeitungsinterview gibt er an, er habe damit den Wert der Brüderlichkeit betonen wollen, der ihm gegenüber der allzu dominanten Rede von Freiheit und Gleichheit zu sehr ins Abseits geraten sei. „Der durchaus berechtigte Individualismus darf nicht übertrieben werden, sonst gehen wir unter", fügt er erklärend hinzu.[4]

Dass die in Artikel 146 ursprünglich für den Fall der deutschen Wiedervereinigung vorgesehene Ablösung des Grundgesetzes zugunsten einer neuen Verfassung nicht vollzogen wurde, ist anlässlich des jüngsten Jubiläumstages vielfach moniert worden. Der Leipziger Literaturwissenschaftler Dirk Oschmann entdeckt darin sogar „die Ursünde, den ersten zentralen und zugleich wegweisenden Akt, den Osten von der Mitgestaltung dieser Demokratie radikal auszuschließen".[5] Angesichts solch tiefsit-

---

heit Deutschlands (Einigungsvertrag), Art. 5, https://www.gesetze-im-internet.de/einigvtr/BJNR208890990.html (5.12.24).

[3] DEUTSCHER BUNDESTAG, 12. Wahlperiode, Drucksache 12/6708 v. 31.1.1994, https://dip.bundestag.de/vorgang/gesetz-zur-%C3%A4nderung-des-grundgesetzes-artikel-2a-g-sig-12020740/155424 (14.12.2024).

[4] PROBST, Da fehlt doch noch was, 8.

[5] OSCHMANN, DIRK, Der Westen feiert sich, der Osten guckt zu, https://www.freitag.de/autoren/der-freitag/dirk-oschmann-zu-75-jahre-grundgesetz-der-westen-feiert-der-osten-guckt-zu/cd90de21-822f-4708-a305-db39d933b724 (5.12.24).

zenden Missmuts darf man bezweifeln, dass Elmers kleine ostdeutsche Zutat zum bundesrepublikanischen Grundgesetz die seit 1990 immer wieder aufflammende Verfassungsdiskussion ein für alle Mal beendet hätte. Blickt man mithin auf die Gegenargumente, an denen Elmers Vorstoß seinerzeit im Bundestag gescheitert ist, treten durchaus nachvollziehbare Gründe vor Augen.

So wurde in einem grundgesetzlichen Aufruf zu Mitmenschlichkeit und Gemeinsinn vor allem die Gefahr eines freiheitsfeindlichen staatlichen Paternalismus entdeckt, der moralische Haltungen vorschreiben wolle, die er bei seinen Bürgerinnen und Bürgern doch allenfalls voraussetzen könne. Es soll dabei sogar von einem drohenden „Terror der Mitmenschlichkeit"[6] die Rede gewesen sein – eine Formel, die in ganz ähnlicher Weise auf die Folgen der bereits erwähnten Französischen Revolution Anwendung gefunden hat. Denn im nachrevolutionären Frankreich der 1790er Jahre war der Versuch gemacht worden, die fehlende Identifikation mit dem neuen, auf Freiheit und Gleichheit fußenden Gemeinwesen durch eine „zwangsweise verordnet[e]" Brüderlichkeit zu dekretieren: „Man habe sich zu duzen und bei gegebenen Anlässen zu umarmen", so Hermann Timm, „um die Herzlichkeit der Nationalbande zu stärken."[7] Entsprechende Anlässe wurden durch die Einführung von natio-

---

[6] PROBST, Da fehlt doch noch was, 8. Die Formulierung wird auf den damaligen CDU-Generalsekretär Peter Hintze zurückgeführt, der Konrad Elmer, wie dieser sich erinnert, einen „Terroristen der Mitmenschlichkeit" genannt hat.

[7] TIMM, HERMANN, Deutsche Revolutionsromantik. Brüderlichkeit, Gleichheit, Freiheit, in: Timm, Eitel (Hg.), Geist und Gesellschaft. Zur deutschen Rezeption der Französischen Revolution, München 1990, 13–22, hier 15.

nalen Erinnerungsfeiern der Revolution geschaffen, die „bis ins Einzelne durchgeplante Massenfeste" gewesen seien.[8]

Begegnen wir derartigen staatlichen Versuchen, auf die moralischen Haltungen der Bürgerinnen und Bürger per Dekret Einfluss nehmen zu wollen, auch zurecht mit Skepsis und Abscheu, machen sie doch auf ein Problem freiheitlich-demokratischer Ordnungen wie der unsrigen aufmerksam. Der Staat kann nicht oder kaum darüber verfügen, wie die Bürgerinnen und Bürger die ihnen eingeräumte Freiheit praktizieren. Ob sie sich dabei an Gemeinsinn und Mitmenschlichkeit orientieren oder egoistisch auf eigene Interessen zurückziehen, vermag staatlicherseits nicht kontrolliert zu werden, wenn nicht die eigenen Freiheitsgrundsätze in Frage gestellt werden sollen. Gleichwohl bedarf der freiheitlich-demokratische Rechtsstaat derartiger moralischer Einstellungen: Er bedarf einer grundsätzlichen Zustimmung zu seinen Prinzipien und Verfahrensweisen, zur gleichen Würde und Freiheit aller – und auch den unerzwingbaren Willen zum Engagement für das Ganze des Zusammenlebens.

Macht man sich diesen Umstand klar, so kann dem Vorschlag Konrad Elmers eine bemerkenswerte Pointe abgewonnen werden. Sie liegt indes auf anderer Ebene als die von ihm geforderte Verfassungsänderung. Interessant an Elmers Vorstoß ist vielmehr, dass er für dessen Begründung explizit auf den Schlachtruf der Französischen Revolution zurückgegriffen hat. So sollte der aus dem Osten beigebrachte Satz im Grundgesetz die Trias von Freiheit, Gleichheit und Brüderlichkeit endlich komplett machen und damit aus der am Anfang der 1990er Jahre gerade erst

---

[8] A.a.O., 16.

geschehenen revolutionären Überwindung der DDR-Diktatur gesamtdeutsche Konsequenzen ziehen.

Hinter der pathetisch anmutenden Solidaritätssemantik stand die Erfahrung einer Friedlichen Revolution, die einer freiheitlichen Ordnung auch im Osten Deutschlands den Weg geebnet hat – und die Hoffnung, dieser Ordnung das nötige Leben im Sinne einer sozialen oder „brüderlichen" Freiheitspraxis einhauchen zu können. Liegt nicht gerade darin ein wichtiger ostdeutscher Beitrag zum gemeinsamen Staat des Grundgesetzes, die im schnörkellosen Rechtstext beschriebene freiheitlich-demokratische Grundordnung als Zielpunkt einer gemeinschaftlich erlebten und errungenen Befreiung verstehen zu können? Sie nicht bloß als gleichsam blutleeren Verfassungspatriotismus abstrakt zu beschwören, sondern die finale Durchsetzung dieser Ordnung als eine gemeinschaftliche lebendige Erfahrung zu feiern?

Beim Blick auf die gegenwärtige Lage der politischen Kultur hierzulande und darüber hinaus kann leicht der Eindruck aufkommen, dass es mit dieser Hoffnung auf eine lebendige Demokratie nicht weit her ist. Autoritäre Systeme scheinen weltweit auf dem Vormarsch zu sein. Sie treffen auf offene Gesellschaften, die sich ihrer Sache auch nicht mehr so ganz sicher zu sein scheinen. Auch im sogenannten Westen läuft es politisch alles andere als rund. Die Rede von der Krise der Demokratie ist verbreitet und zeigt sich in einem abnehmenden Vertrauen in das politische System. Antidemokratische Positionen rücken in die Mitte der Gesellschaft vor und rechtspopulistische Parteien sind im Aufstieg. Ein besonders drastisches Bild bietet, wie häufig, der Blick auf die USA. Aber auch in europäischen Ländern hat rechtspopulistisches Denken und Handeln weit um sich gegriffen. Es gibt autokratisch agierende Regierungen. Und mancherorts sind rechtsradikale Parteien direkt an der Macht.

Könnte nicht, um die bereits gestellte Frage nochmals zu stellen, genau darin die ostdeutsche Zutat zur Kultur des Grundgesetzes liegen: in der Erfahrung eines gemeinsamen Freiheitsaufbruchs, der den erstrebenswerten Charakter einer demokratischen Ordnung ebenso sinnfällig werden lässt wie die Notwendigkeit eines je individuellen Engagements für deren Erhalt? Liegt vielleicht in der Erinnerung an die Ereignisse von 1989 der Schlüssel zu einer neuen Verlebendigung der Demokratie angesichts von Mutlosigkeit und Resignation?

Diese Fragen werden wir in den folgenden Ausführungen zu beantworten versuchen, wobei aus theologischer Perspektive gerade auch die mit ihnen verbundenen religiösen Dimensionen artikuliert werden sollen. Dafür wenden wir uns zunächst einigen Gedanken des Philosophen Immanuel Kant zu, der nicht nur ein wichtiger Vordenker der Rechtsstaatsidee ist, sondern auch deren Gründung in handlungsmotivierenden Geschichtsereignissen für unabdingbar hielt. Dann gehen wir auf die religiöse Dimension des darin sich abzeichnenden Umgangs mit Geschichte ein und führen diese am Beispiel von 1989 aus. Dies leitet zum letzten Punkt über, nämlich der im Titel erwähnten bürgerlichen Variante von Befreiungstheologie, die an 1989 einen exemplarischen Bezugspunkt hat.

2. Kants Geschichtszeichen als Ermutigung

Es sei die Hoffnung der Ostdeutschen gewesen, „dass mit dem westlichen Rechtsstaat auch Gerechtigkeit in die neuen Länder kommt", gab Bärbel Bohley kurz nach dem

Mauerfall zu Protokoll.⁹ Doch habe sich diese Hoffnung für viele leider nicht erfüllt. Das ernüchterte Wort der einstigen DDR-Oppositionellen trifft auch eine in unserer Gegenwart verbreitete Stimmungslage. Weit über ostdeutsche Gefilde hinaus scheint dem freiheitlich-demokratischen Rechtsstaat, wir sagten es bereits, die Anziehungskraft zunehmend verloren zu gehen. Mehr oder weniger nachvollziehbare Gefühle, ungerecht behandelt zu werden, nähren vielerorts die Zustimmung zu autoritären Alternativen, die einfache, aber zumeist illusorische, wenn nicht gar inhumane Problemlösungen versprechen. Wer angesichts solcher Regressionstendenzen, die in vielen Ländern der Welt zu erkennen sind, den Glauben an den Geist der liberalen Demokratie nicht fahren lassen will, braucht Perspektiven, die ihn zuversichtlich bleiben lassen.

Es mag tröstlich sein, dass eine derartige resignative Grundstimmung kein neues Phänomen darstellt. Immanuel Kant hat vielmehr schon im ausgehenden 18. Jahrhundert gegen die lähmende Macht der Resignation angeschrieben, die sich damals in zwei verschiedenen Varianten äußerte. Entweder ging man davon aus, dass alle Besserungen der gesellschaftlichen Zustände irgendwann durch neue Verschlechterungen wieder aufgefressen werden. Oder man malte gleich einen kontinuierlichen Niedergang an die Wand.

---

⁹ Die Äußerung ist einem Redebeitrag Bohleys auf der 1991 vom Bundesjustizministerium veranstalteten Konferenz „40 Jahre SED-Unrecht – eine Herausforderung für den Rechtsstaat" entnommen und ist zitiert nach: KOWALCZUK, ILKO-SASCHA, Die Übernahme. Wie Ostdeutschland Teil der Bundesrepublik wurde, München 2019, 163.

Kant war jedoch nicht bereit, sich mit einer solchen Sicht der Dinge abzufinden – macht sie doch letztlich unfähig, sich an der Gestaltung der Welt zu beteiligen. Denn es wird sich wohl niemand für ein als gut befundenes Anliegen engagieren, wenn er oder sie von vornherein davon ausgeht, alles Engagement führe letztlich ohnehin zu nichts. Wenn man aber Menschen zum Gebrauch ihrer Freiheit ermutigen möchte, wie kann eine solche Ermutigung aussehen?

In seiner 1789 verfassten Schrift *Der Streit der Fakultäten* geht Kant davon aus, dass die Erwartung der Zukunft mit Erfahrungen der Vergangenheit korrespondiert. Anders gesagt: Wenn sich gesellschaftspolitische Fortschritte in der Vergangenheit auf plausible Weise zeigen lassen, dann können solche Fortschritte auch für die Zukunft erwartet werden. „Es muß", so insistiert er damals emphatisch, „irgend eine Erfahrung im Menschengeschlechte vorkommen", die uns anzeige, dass wir trotz aller Rückschläge grundsätzlich im „Fortrücken desselben zum Besseren" begriffen seien.[10]

Kant hält nun danach Ausschau, ob nicht ein Ereignis aus seiner eigenen Vergangenheit für eine solche optimistische Sichtweise herhalten kann. Und es fällt ihm nicht schwer eines zu finden: die Französische Revolution. In ihr habe sich eine emanzipatorische Transformation ergeben, in Folge derer ein überkommenes Gesellschaftssystem überwunden wurde. Eine durch Adelsprivilegien ausgestattete Führungselite wurde sozusagen durch das Modell bürgerlicher Repräsentation ersetzt. Man könnte

---

[10] KANT, IMMANUEL, Der Streit der Fakultäten, in: Ders., Werke, Bd. XI, hg. v. Wilhelm Weischedel, Frankfurt a. M. 1968, 261–393, hier 356 (AA 07, 84).

auch sagen, das Volk hat ein Empowerment vollzogen. Das kann doch, so Kant, als ein echter Fortschritt in der Freiheitsgeschichte der Menschheit angesehen werden! Er spricht von einem unvergesslichen „Geschichtszeichen", das den Völkern immer wieder „in Erinnerung gebracht und zu Wiederholung neuer Versuche dieser Art erweckt werden" könne.[11] Kant versteht dies als hoffnungsstiftenden Hinweis auf die Verbesserungsfähigkeit der Verhältnisse durch menschliches Handeln.

Nun mag man vielleicht einwenden, dass die Französische Revolution schon bald in Terror umgeschlagen ist. Und nicht wenig später ist die Republik durch einen selbst ernannten Kaiser beendet worden. Solche Einwände bestreitet auch Kant keineswegs. Er ist sich der krummen Wege der Geschichte wohl bewusst, macht aber ein bestimmtes Phänomen aus, das ihn auch hier zuversichtlich bleiben lässt. Und das ist die immense Begeisterungswelle, die die Französische Revolution auch in anderen europäischen Ländern hervorgerufen hat. Er denkt dabei zunächst vor allem an sein eigenes Land, also Preußen. Auch hier hatte die Französische Revolution begeisterte Zustimmungsbekundungen in der Öffentlichkeit gefunden. Und das war keineswegs selbstverständlich. Denn zu jener Zeit herrschte ein rigides Zensurwesen. Sich unter diesen Umständen öffentlich für eine Revolution zu begeistern, war nicht ohne Risiko. Genau hierauf richtet Kant seine Aufmerksamkeit. Dass dies trotzdem geschah, dass also jener Enthusiasmus sich auch öffentlich artikulierte, erachtet er als Beglaubigung des ethisch-moralischen Wertes des revolutionären Befreiungsaufbruchs. Er interpretiert die Begeisterungswellen mithin als Ausdruck

---

[11] A.a.O., 357 (AA 07, 88).

einer moralischen Anlage im Menschen, die sich daran zeigt, dass Menschen sich für das Freiheitsstreben eines anderen Volkes begeistern und dies öffentlich artikulieren, obwohl sie sich damit selbst äußeren Gefahren aussetzen. Insbesondere diese öffentliche Begeisterung bezeichnet Kant als „Geschichtszeichen". Und dieses Geschichtszeichen verliert seine Bedeutung auch dann nicht, wenn die äußeren Verhältnisse zunächst einmal in eine andere Richtung zu weisen scheinen – wie es in der unmittelbaren Folge der französischen Revolution ja der Fall gewesen ist. On the long run, so Kant, deute jenes Geschichtszeichen aber auf einen Fortschritt im Bewusstsein der Freiheit hin. Und hieran kann sich jede und jeder aufbauen, wenn die eigene Gegenwart scheinbar nur Anhaltspunkte für Resignation zu bieten scheint.

Bergen diese Überlegungen aber auch Konsequenzen für unsere Gegenwart, und wenn ja, welche?

3. Das Geschichtszeichen der Friedlichen Revolution

Der bekannte Philosoph und langjährige Leiter des Instituts für Sozialforschung in Frankfurt, Axel Honneth, hat erst vor kurzem an die Bedeutung von Kants Hermeneutik des Geschichtszeichens erinnert, und er hat sie zur Stärkung politischer Hoffnung in hoffnungslosen Zeiten empfohlen. Dabei nimmt er Impulse auf, die sich bereits bei Kant finden, akzentuiert diese aber nochmals auf besondere Weise. Ihm zufolge besagt Kants Theorie des Geschichtszeichens, „daß in unseren eigenen Zeithorizont fallende Ereignisse dann Energien zur tatkräftigen Fortsetzung des einmal begonnenen Fortschrittsprozesses freizusetzen vermögen, wenn sie als im moralischen Interesse aller, auch der unbeteiligten Zuschauer dargestellt werden können".[12]

Honneth löst den Begriff des Geschichtszeichens dann vom historischen Kontext der Französischen Revolution ab, um aktuellere Begebenheiten einzubeziehen. Er denkt hier vor allem an „die Erstreitung sozialstaatlicher Maßnahmen durch die Arbeiterbewegung, die Erkämpfung des Wahlrechts für Frauen durch die feministische Bewegung, die Aneignung von Gleichheitsrechten durch die schwarze Bürgerbewegung, die Eroberung von Freiheitrechten für sexuelle Minderheiten".[13] Die Erinnerung an diese emanzipatorischen Transformationen sind es dann, die unsere Zuversicht für unsere Gestaltungskraft in der Zukunft wecken können. Denn „[e]s ist", schreibt Honneth, „das kaum zu erschütternde Vertrauen darauf, daß etwas moralisch Richtiges stattgefunden hat, als der Sozialstaat eingerichtet, das Frauenwahlrecht etabliert, den amerikanischen Schwarzen die Rechtsgleichheit zuerkannt und den sexuellen Minderheiten das Freiheitsrecht eingeräumt wurde, welches uns heute die Zuversicht geben kann, auf einem gesellschaftlichen Sockel von bereits errungenen Fortschritten zu leben, die es fortzusetzen gilt".[14] Aller Rückschläge zum Trotz soll man aus derartigen Wendepunkten der jüngeren Geschichte die nötige Motivationskraft zu schöpfen in der Lage sein, um in ihrem Geiste weitermachen zu können. Honneth plädiert deshalb dafür, solche geschichtsträchtigen Ereignisse

---

[12] HONNETH, AXEL, Hoffnung in hoffnungslosen Zeiten, in: Ders., Die Idee des Sozialismus. Versuch einer Aktualisierung, Berlin 2017, 181–196, hier 191.
[13] Ebd.
[14] A.a.O., 191 f.

„symbolisch in der Weise darzustellen, daß sie uns wie Gedächtnismale die allseits begrüßten, kaum mehr rückgängig zu machenden Errungenschaften"[15] der Vergangenheit klar und deutlich vor Augen führen.

Eingedenk der jüngeren Geschichte Deutschlands und Europas fällt auf, dass jenes herausragende Ereignis, um das sich dieser Band dreht, bei Honneth allerdings nicht vorkommt: der epochale Umbruch, für den sich Begriffe wie Friedliche oder Samtene Revolution eingebürgert haben. Das ist überraschend. Denn diese Revolution erfüllt geradezu idealtypisch die Bedingungen eines Geschichtszeichens im Sinne Kants: ein Wandel mit weltpolitischer Bedeutung, im Zuge dessen totalitäre Herrschaftsstrukturen überwunden und die Möglichkeiten zu freieren Gesellschaften geschaffen wurden.

Darüber hinaus hat das erfolgreiche Streben der Menschen nach einem Leben in Freiheit und Selbstbestimmung schon damals ansteckend auf andere gewirkt, wie etwa die länderübergreifende Strahlkraft der polnischen und tschechoslowakischen Oppositionsbewegungen deutlich macht. Diese vergangenen Ereignisse, die sich symbolisch im Fall der Berliner Mauer verdichteten, begeisterten Menschen weit über die Grenzen Europas hinaus und tun dies bis heute. Gerade angesichts der gegenwärtigen neoimperialen Bestrebungen Russlands in der Ukraine und der damit verbundenen realen Gefahr einer Rückkehr des Kalten Krieges, ist die Erinnerung an die Freiheitsgeschichte von 1989 heute vielleicht wichtiger als landläufig gedacht.

Dabei gehört zu der errungenen Freiheit auch die kritische Auseinandersetzung darüber, was es mit dieser Frei-

---

[15] A.a.O., 196.

heit eigentlich auf sich hatte, hat und haben soll. Mitunter prallen hier Welten aufeinander. Die einen sind dankbar für das Ende des Totalitarismus. Andere wie der bereits erwähnte Dirk Oschmann, beklagen biographische Brüche von Ostdeutschen und fehlende soziale Anerkennung durch Westdeutsche. Manche wünschen sich sogar in die alten Zeiten zurück. Andere wiederum rücken die gegenwärtigen Gesellschaftszustände fast bis zur Identifikation an diejenigen vor 1989 heran und meinen, die eigentliche Wende stehe immer noch aus. So unhaltbar letztgenannte Einschätzung ist, so wenig wird man alle Unrechtsbekundungen als undankbare Jammerei abtun können. Gleichwohl bleibt festzuhalten, dass auch die Kritikerinnen und Kritiker noch von jener errungenen Freiheit leben, ohne die sie sich an jener Auseinandersetzung gar nicht beteiligen könnten. Damit bestätigen sie stillschweigend die liberalen Grundprinzipien, denen der Staat des Grundgesetzes allgemeine Geltung verleiht und die unter totalitären Bedingungen außer Kraft gesetzt wären. So wird selbst die andauernde Debatte über die Legitimität der Friedlichen Revolution und insbesondere ihrer gesellschaftlichen Folgen zum Ausdruck eines Fortschritts in Sachen Freiheit. Es sind solche scheinbar hinter dem Rücken der Akteure sich durchsetzenden Entwicklungen, an denen eine theologische Deutung von Geschichte anknüpfen kann, wie sie nun am Beispiel der Friedlichen Revolution in Angriff genommen werden soll.

4. Die religiöse Tiefendimension des Geschichtsverstehens

Wer von einer theologischen Geschichtsdeutung redet, setzt sich schnell dem Vorwurf aus, „Gott in der Geschichte" aufspüren zu wollen.[16] Nach der Aufklärung, die den Menschen ein für alle Mal als geschichtemachendes Subjekt entdeckt hat, verbietet sich selbstredend jedweder Versuch der direkten Identifikation eines göttlichen Akteurs hinter den realen Begebenheiten. Auf indirektem Wege, also vermittelt über den menschlichen Umgang mit historischen Ereignissen lassen sich aber durchaus Momente am gegenwärtigen Geschichtsverstehen entdecken, in denen es sich zum Religiösen öffnet. Dass dies gerade auch anhand des eben gegebenen Beispiels der Friedlichen Revolution gezeigt werden kann, soll nun deutlich werden. Dabei werden zum Teil durchaus unterschiedliche Aspekte benannt, mit denen sich eine Vertiefung jenes ethischen Geschichtsverstehens ins Religiöse hinein verbinden kann. Es sind vor allem drei Gesichtspunkte, die hier zu bedenken sind.

Erstens: Für die ganz überwiegende Mehrheit der Menschen vollzog sich das, was da vor fünfunddreißig Jahren geschah, völlig unerwartet. Trotz allen Wissens um die maroden Zustände des Gesamtsystems wurde jener rasante Umbruch als etwas hochgradig Kontingentes erfahren. Hierin zeigt sich ein Sinnüberschuss des Geschehens, der sich bei aller Kenntnis um die globalen und struktu-

---

[16] Eine solch unmittelbar-direkte Identifikation göttlichen Eingreifens in die Geschichte findet sich bei SEIDEL, THOMAS A./ SCHACHT, ULRICH (Hg.), …wenn Gott Geschichte macht! 1989 contra 1789. Leipzig 2015.

rellen Bedingtheiten nicht völlig wegrationalisieren lässt. So findet sich auch bis in die öffentliche Diskussion hinein religiöse Semantik, weil jener Erfahrung anders kaum zum Ausdruck verholfen werden kann. Beispielhaft dafür ist die nicht selten geübte Rede vom „Wunder des Mauerfalls".

Der zweite Aspekt, an dem sich das Geschichtsverstehen ins Religiöse hinein öffnen kann, ergibt sich aus einer eigenartigen Verschachtelung zweier gegensätzlicher Beobachterperspektiven auf die damaligen Vorgänge. So streiten Historiker und Soziologen seit den frühen 1990er Jahren über eine angemessene Beschreibung dessen, was damals geschah. Während auf der einen Seite die Bedeutung der oppositionellen Akteure und Gruppen betont wird, werden auf der anderen Seite systemisch bedingte äußere Umstände aufgerufen. Für die Betonung der Akteursperspektive seien beispielhaft Rainer Eckert oder Ilko-Sascha Kowalczuk genannt;[17] für die auf überindividuelle Prozesse fokussierende Sicht lässt sich auf Detlef Pollack oder in gewissem Sinne auch Martin Sabrow verweisen.[18] Es kann allerdings gefragt werden, ob jener Ge-

---

[17] Vgl. exemplarisch, ECKERT, RAINER, Montagsdemonstrationen. Vom Protest zur Friedlichen Revolution, Weimar 2023; DALOS, GYÖRGY/KOWALCZUK, ILKO-SASCHA/POTEL, JEAN-YVES, Der lange Weg zur Demokratie. Von Berlin über Budapest nach Prag und Danzig, Bonn 2023.
[18] Vgl. exemplarisch, POLLACK, DETLEF, Der Umbruch in der DDR – Eine protestantische Revolution? Der Beitrag der evangelischen Kirchen und der politischen alternativen Gruppen, in: Trutz Rentdorff (Hg.), Protestantische Revolution? Kirche und Theologie in der DDR, ekklesiologische Voraussetzungen, politische Kontexte. Vorträge und Diskussionen eines Kolloquiums in München, Göttingen 1993, 41–72; SABROW, MARTIN, „1989" als Erzählung, in: APuZ 69 (2019) 35–37, 25–33.

gensatz eigentlich sinnvoll ist, zumindest, wenn er als ein Gegensatz begriffen wird, dessen Pole sich wechselseitig ausschließen.[19] Denn der systemtheoretische Standpunkt hat ja durchaus recht mit seinem Hinweis, dass es ohne strukturelle Entwicklungen und Verschiebungen im politisch-ökonomischen Gesamtsystem nicht zu jener Friedlichen Revolution gekommen wäre. Umgekehrt hat aber auch die Perspektive ihre Berechtigung, die das Handeln der individuellen Akteure hervorhebt. Denn jener historische Vorgang kann ja nicht ohne die Subjekte beschrieben werden, die an ihm beteiligt waren. Etwas zugespitzt formuliert: Auch wenn z. B. die Öffnung der Grenze gewissermaßen von außen bewirkt gewesen sein mag, die Menschen mussten letztere ja dennoch selbst überschreiten. Zudem wäre zu fragen, ob sie überhaupt nur von außen bewirkt war oder ob hier der öffentliche Protest auf der Straße nicht ein wesentlicher Faktor gewesen ist.

Wie dem auch sei, anstatt die systemtheoretische und die akteurstheoretische Seite gegeneinander auszuspielen, sollten beide besser als Pole eines komplexen, in seinen letzten Tiefen unentwirrbaren Beziehungsgeflechts verstanden werden. Und genau damit hängt dann auch der zweite Aspekt zusammen, an dem sich das Geschichtsverstehen ins Religiöse hinein öffnet. Einerseits kann das, was damals passierte, nicht unmittelbar aus den Intentionen der Menschen abgeleitet werden; andererseits korrespondierte der realgeschichtliche Verlauf aber mit dem menschlichen Streben nach Freiheit. Aus einer überempirischen Perspektive drängt sich hier der Gedanke einer

---

[19] Vgl. ECKERT, RAINER, Umkämpfte Vergangenheit. Die SED-Diktatur in der aktuellen Geschichtspolitik der Bundesrepublik Deutschland, persönliche Einblicke, Leipzig 2023, 250–265.

„List der Vernunft" auf – oder, im religiösen Idiom formuliert, die Vorstellung göttlicher Vorsehung.

Mit wissenschaftlichen Mitteln kann eine solche Sinndeutung freilich nicht gewonnen werden. Der empirischen Geschichtswissenschaft ist es methodisch unmöglich, auf dieser Ebene etwas zu sagen. In theologischer Perspektive ist aber geltend zu machen, dass eine solche religiöse Deutung zwar nicht logisch erzwungen werden kann, dass sie gleichwohl alles andere als unvernünftig ist. Es hängt dann letztlich vom Sinndeutungsbedürfnis der Menschen ab, ob sie sich für religiöse Verstehensfragen offen zeigen oder nicht.

Und noch ein dritter Aspekt, mit dem sich religiöse Dimensionen verbinden können, ist zu bedenken. Er hängt mit dem Freiheitsthema selbst zusammen, um das es ja die ganze Zeit schon geht. Menschliche Freiheit ist unabhängig von ihren konkreten Realisierungskontexten durch eine Paradoxie ausgezeichnet. Diese Paradoxie besteht darin, dass Menschen sich in der Regel als freie Wesen verstehen, dass sie aber auch ein Bewusstsein davon haben können, dass ihre Freiheit nicht wiederum das Resultat ihres eigenen Freiheitshandelns ist. Dazu gehört auch der Umstand, dass alle Ausübung von Freiheit von Umständen abhängig ist, die man selbst niemals restlos in der Hand hat. So gesehen schwingt immer schon Religion mit, wenn Menschen von ihrer Freiheit Gebrauch machen. Das eröffnet Möglichkeiten einer religiösen Artikulation der Freiheitserfahrung, sowohl was ihre allgemeine Strukturverfasstheit als auch was ihre konkreten Erfahrungskontexte anbelangt.

Der Alttestamentler Frank Crüsemann hat einmal gesagt: „Wo es um Freiheit geht, da geht es um die Sache

Gottes".[20] Dies hat er im Zusammenhang eines Aufsatzes zur Geschichte des Exodus-Motivs festgehalten. Und unseres Erachtens drängt sich, aller exegetischen Vorbehalte zum Trotz, das biblische Exodus-Motiv für die religiöse Artikulation der Freiheitserfahrung von 1989 als narratives Symbol geradezu auf. Denn so wie die Israeliten in, mit und aus Gott das Joch der Knechtschaft abwarfen und in die Freiheit aufbrachen, so taten es doch auch die Menschen östlich des Eisernen Vorhangs. Und ähnlich wie sich die Israeliten schon bald darüber beschwerten, wie steinig der Weg der Freiheit sein kann, kamen auch nach '89 bald schon Rufe auf, früher sei alles besser gewesen. Freiheit ist offensichtlich immer schon anstrengend, kritikbedürftig und auch konfliktbeladen gewesen.

5. Bürgerliche Befreiungstheologie

So viel zu den religiösen Dimensionen einer Betrachtung der Friedlichen Revolution. Treten wir an dieser Stelle einen Schritt zurück und ziehen ein kurzes Zwischenfazit in methodischer Hinsicht. Den Gegenstand der bisherigen Überlegungen bildeten gesellschaftlich-politische Verhältnisse der jüngsten Vergangenheit und Gegenwart. Die Betrachtung dieser Verhältnisse erfolgte nicht sogleich in theologischer Perspektive, sondern zunächst unter Zuhilfenahme historischer und gesellschaftswissenschaftlicher Bezugnahmen. Es blieb aber nicht bei einer bloßen Beschreibung, vielmehr wurde eine normative Be-

---

[20] CRÜSEMANN, FRANK, Freiheit durch Erzählen von Freiheit. Zur Geschichte des Exodus-Motivs, in: EvTh 61 (2001) 2, 102–118, hier 117.

urteilung vorgenommen, deren entscheidender Maßstab in der Idee menschlicher Freiheit und ihren Realisierungen bestand. Auf dieser Basis kam eine religiös-theologische Deutungsebene ins Spiel, die sich auf die empirischen und strukturellen Kontingenzen von Freiheit richtete und die mittels biblischer Symbole besondere Artikulation fand. Dies bedeutet nichts Anderes als die theologische Anerkennung und Würdigung menschlicher Freiheit, mit der man in Distanz tritt zu Verständnissen von Gott als einer „Alles bestimmenden Wirklichkeit", die für die freie Lebensgestaltung des Menschen keinen Raum lässt.

Hält man sich diese Reihe von Punkten vor Augen, so zeigt sich eine markante Nähe des hier vertretenen Projekts zu einer modernen theologischen Bewegung, die in wesentlichen Hinsichten durch ganz ähnlich gelagerte Motive gekennzeichnet ist: die sogenannte Theologie der Befreiung. Dieser Zusammenhang soll abschließend etwas näher beleuchtet werden. Vorausgreifend sei bereits darauf hingewiesen, dass hier gleichwohl keine unmittelbare Identifikation vorgenommen werden kann, da zwischen einer Hermeneutik des Geschichtszeichens und befreiungstheologischen Konzepten durchaus auch Differenzen bestehen. Und wir sind uns bewusst, dass diese so groß sind, dass mit der Zusammenstellung der unterschiedlichen Begriffe des ‚Bürgerlichen' und der ‚Befreiungstheologie' eine immense Spannung aufgebaut wird. Wir nehmen sie bewusst in Kauf, im Versuch, daraus produktive Funken zu schlagen. Dazu nun abschließend einige Überlegungen.

Der Ursprungsort dessen, was man Befreiungstheologie nennt, liegt in unterschiedlichen theologischen Bewegungen des lateinamerikanischen Raums der 1960er und

70er Jahre.[21] Sowohl in protestantischen als auch katholischen Kontexten entstanden, hatten sie ihren konkreten Anlass in der Wahrnehmung von Elend, Armut und Unterdrückung, die mit der Achtung vor menschlicher Würde als unvereinbar erfahren wurden. Daraus ergab sich ein starker Fokus auf gesellschaftliche Praxis auch für die theologische Reflexion, ja mehr noch: der Fokus auf die Praxis wurde der theologischen Reflexion geradezu programmatisch voraus- und zugrunde gelegt. Um letztere gehaltvoll auf die gesellschaftlichen Verhältnisse beziehen zu können, wurde der konstitutive Einbezug außertheologischer Disziplinen eingefordert, insbesondere der Sozial-, Politik- und Wirtschaftswissenschaften. Eine herausragende Rolle nahm dabei die marxistische Theoriebildung ein, weil sie besonders geeignet schien, die problematischen Gesellschaftszustände kritisch zu analysieren und an einem umfassenden Gestaltungsziel normativ auszurichten. In diesen Bahnen entwickelte sich die Befreiungstheologie dann weiter und fand bald schon Verbreitung über den südamerikanischen Raum hinaus und konnte sich gerade in US-amerikanischen und europäischen Kontexten mit weiteren emanzipatorischen Formationen wie der Bürgerrechtsbewegung oder der Frauenemanzipation verbinden.[22]

---

[21] Vgl. SMITH, CHRISTIAN, The Emergence of Liberation Theology, Cambridge 1992.

[22] Als wirkungsgeschichtlich bedeutende Vertreterin US-amerikanischer Befreiungstheologie kann exemplarisch auf das Werk Beverly Harrisons Bezug genommen werden, vgl. HARRISON, BEVERLY, Justice in the Making. Feminist Social Ethics, ed. by Elisabeth M. Bounds et al, Louisville/London 2004. Im deutschsprachigen Kontext wäre unter anderem an Dorothee Sölle und Jürgen Moltmann zu erinnern, vgl. SÖLLE, DOROTHEE, Gesammelte Werke Bd. 1. Sprache der Freiheit. hg. v. Ursula Baltz-Otta/Fulbert Stef-

Inwiefern kann die Hermeneutik des Geschichtszeichens nun mit der Befreiungstheologie in Verbindung gebracht werden? Die entscheidenden Punkte sind im Zwischenfazit schon genannt worden: Der Fokus auf konkrete gesellschaftlich-politische Verhältnisse der Gegenwart, der interdisziplinäre Einbezug gesellschafts- und politikwissenschaftlicher Perspektiven, die normative Ausrichtung an Freiheit und Befreiung sowie deren theologische Anerkennung und Würdigung. Man könnte noch weitere Berührungspunkte nennen. Neben einer ökumenischen Ausrichtung und einer, aufklärerischem Denken durchaus nahestehenden Wertschätzung von Praxis, ist zudem das hermeneutische Anliegen zu zählen, Theologie nicht ausschließlich als Geschäft abstrakter Reflexion zu betreiben, sondern sie in Bezug auf die konkreten Erfahrungswirklichkeiten von Menschen zu entwickeln. Denn es hat ja etwas Eigenartiges, dass heutige (akademische) Theologie kein Problem damit hat, die biblischen Narrative als Ausdruck der Geschichte Gottes mit den Menschen zu behandeln, sich aber überaus schwertut, wenn es darum geht, einem höheren Sinn in der jüngeren Geschichte oder Gegenwart nachzuspüren.

Die Wahrnehmung solcher Nähen zum befreiungstheologischen Paradigma war der Grund dafür, es auch im Titel dieses Aufsatzes zu verwenden.[23] Wie bereits angedeutet, wäre unser Unternehmen hingegen falsch verstan-

---

fensky, München 2023; MOLTMANN, JÜRGEN (Hg), Friedenstheologie Befreiungstheologie, München 1988.

[23] Eine Bestätigung unserer Intuition kann in Überlegungen Falk Wagners erblickt werden, der schon vor Jahren eine gewisse Hochnäsigkeit akademischer Theologie gegenüber dem befreiungstheologischen Anliegen kritisierte und letzteres auf einer tieferen Ebene dem zunächst ganz anders gelagerten Theorieprogramm des Kul-

den, würde man es unmittelbar mit ihm identifizieren. Denn unbeschadet der eben hervorgehobenen Berührungspunkte gibt es auch bedeutende Differenzen. Insbesondere zwei Aspekte sind hier hervorzuheben. Zum einen weisen befreiungstheologische Ansätze vielfach einen Geist perennierender Kritik auf, der über ein rein negatives Verhältnis zur gesellschaftlichen Wirklichkeit kaum hinauskommt. Es ist freilich unbestreitbar, dass unter den endlichen Bedingungen der Wirklichkeit eine abschließende Realisierung von Freiheit niemals erreicht werden kann. Fortwährende Kritik ist daher in der Tat notwendig. Deshalb hatte ja auch die kritische Betrachtung der teils problematischen Folgen von 1989 in unserer Vorlesungsreihe einen nicht geringen Raum eingenommen. Deren Wahrnehmung und Anerkennung hindert aber nicht daran, die Etablierung einer grundrechtlich garantierten Freiheitsordnung prinzipiell zu würdigen und sie als einen echten Fortschritt einzustufen. Eine solche affirmative Einstellung zur gesellschaftlichen Wirklichkeit, die sich gerade auch für institutionelle Belange sensibel erweist, geht dem befreiungstheologischen Furor der Kritik vielfach ab, indem man sich fast schon zwanghaft in Widerspruch zu allen etablierten Ordnungen begibt.

Der andere Abgrenzungspunkt hängt mit der starken Rezeption marxistischer Theoriebildung durch befreiungstheologische Denkerinnen und Denker zusammen. Sie hat die gesamte Bewegung in einen unnötig harten Gegensatz zu liberalen Gesellschaftsordnungen geführt, zu denen auch Freiheit im marktwirtschaftlichen Sinne gehört. Dass ein libertärer Raubtierkapitalismus vonseiten

---

turprotestantismus als verwandt behauptete, vgl. WAGNER, FALK, Zur Revolutionierung des Gottesgedankens, Tübingen 2014.

christlicher Theologie und Kirchen problematisiert werden kann und muss, sei unbestritten. Eine pauschale Kritik an Marktwirtschaft und Kapitalismus erweist sich indes als undifferenziert.[24] Denn sie kann nicht nur keine Antwort darauf geben, dass alle Versuche sozialistischer Gesellschaftsgestaltungen sich bisher als vollkommen ungeeignet erweisen haben, den komplexen Abstimmungsprozessen des wirtschaftlichen Lebens in modernen Gesellschaften gerecht zu werden. Jene Kritik übersieht zudem die ordnungspolitischen Rahmungsmöglichkeiten marktwirtschaftlicher Prozesse, wie sie beispielsweise im Konzept der sozialen Marktwirtschaft entwickelt worden sind. Obwohl in den Bahnen kapitalistischer Wirtschaft sich bewegend, ist sie weit davon entfernt, massenhaftes Elend zu produzieren. Umgekehrt ermöglicht sie das Ausleben von Freiheit in wirtschaftlicher Hinsicht.

Hierin sind markante Grenzen des befreiungstheologischen Paradigmas gesetzt, die Modifikation desselben erforderlich machen, wenn man die angestrebten – und partiell eben auch realisierten – Freiheitsgewinne nicht verspielen will. Um dies auf konzeptioneller Ebene zum Ausdruck zu bringen, sprechen wir daher nicht einfach ungebrochen von Befreiungstheologie, sondern von ‚bürgerlicher' Befreiungstheologie – wie gesagt, wohlwissend, dass damit eine überaus spannungsvolle Begriffsrelation gesetzt ist. Wichtig ist dabei zu betonen, dass der Begriff des Bürgerlichen ausdrücklich nicht für ein bestimmtes parteipolitisches Lager steht. Vielmehr ist er an der Verwendungsweise orientiert, die sich in Kants praktisch-phi-

---

[24] Vgl. dazu die wirtschaftsethischen Arbeiten Traugott Jähnichens, zuletzt JÄHNICHEN, TRAUGOTT/WIEMEYER, JOACHIM, Wirtschaftsethik 4.0. Der digitale Wandel als wirtschaftsethische Herausforderung, Stuttgart 2020, 21–56, bes. 43f.

losophischen und geschichtsphilosophischen Schriften findet, etwa so wie er in *Zum ewigen Frieden* von „bürgerliche[r] Gesellschaft" spricht[25] und im *Streit der Fakultäten* fordert, dass ein Volk nicht gehindert werden dürfe, „sich eine bürgerliche Verfassung zu geben, wie sie ihm selbst gut zu sein dünkt".[26]

6. Schluss

Mit der zuletzt zitierten Wendung schließt sich der Kreis zum Anfang unserer Ausführungen, wo auf die jüngst wieder aufgeflammte deutsch-deutsche Verfassungsdiskussion verwiesen wurde. Demnach sehen es manche im Osten Deutschlands gegenwärtig immer noch so, dass sie daran *gehindert* wurden, sich *selbst* eine Verfassung zu geben – sei es, weil sie damals eigentlich eine reformierte DDR wollten, sei es, weil sie sich ein neugeschaffenes gesamtdeutsches Verfassungscorpus oder wenigstens ein paar Modifikationen im Text des Grundgesetzes gewünscht hätten. Nichts davon ist Realität geworden. Bisweilen wird der Beitritt der DDR zur Bundesrepublik Deutschland deshalb auch nicht als eine Geschichte der Befreiung, sondern als eine Geschichte der Unterwerfung erzählt, in der die emanzipatorischen Ideale der Friedlichen Revolution einer Anpassung ans westliche Modell zum Opfer gefallen seien. Doch diese Verfallserzählung drängt sich in unseren Augen keineswegs auf, so nachvoll-

---

[25] KANT, IMMANUEL, Zum ewigen Frieden. Ein philosophischer Entwurf, in: Ders., Kants Werke, Akademie Textausgabe, Bd. VIII, Abhandlungen nach 1781, Berlin/New York 1968 [1912/23], 341–386, hier 352.

[26] KANT, Streit, 358 (AA 07, 85).

ziehbar die ihnen zugrundeliegenden Enttäuschungserfahrungen zum Teil auch sein mögen. Ganz im Gegenteil kann viel von dem, was am Ende der 1980er Jahre in der DDR-Bevölkerung immer lautstärker eingefordert worden ist – freie Wahlen, Meinungs-, Versammlungs-, Reise-, Konsumfreiheit u.v.a.m. –, im Staat der Bundesrepublik als verwirklicht gelten.

Eingangs haben wir aber auch auf die Spannung zwischen abstrakten Freiheitsrechten und ihrer lebenspraktischen Umsetzung hingewiesen. Schon Kant, so wurde deutlich, wusste, dass es der Idee moralischer Autonomie ohne Verankerung in konkreten Freiheits*erfahrungen* an nötiger emotionaler Antriebs- und Motivationskraft fehlt. Bei ihm lässt sich auch schon der Hinweis entdecken, dass solche Erfahrungen über ihren zeithistorischen Kontext hinauswirken können, indem sie erinnernd angeeignet werden. Genau darin liegt aus unserer Sicht das unausgeschöpfte Potenzial der vielfältigen kollektiven Freiheitserfahrung von 1989/90. Ihre erinnernde Aneignung vermag gelingendenfalls den fortschrittlichen Charakter unserer freiheitlichen Ordnung zu Bewusstsein bringen und zum Einsatz für sie motivieren. Zugleich führt sie die notwendige, in der unbedingten Freiheit der einzelnen selbst gründende Veränderungs- bzw. Entwicklungsfähigkeit einer jeden Freiheitsordnung vor Augen, die zur Despotie entartet, wenn sie sich selbst absolut setzt. Eine bürgerliche Befreiungstheologie, wie sie uns vorschwebt, wird eben auch dies hervorheben: Nicht die äußeren politischen Umstände *machen* erst die Menschen frei. Sie sind vielmehr davon abhängig, was die Menschen mit und aus ihrer Freiheit machen.

Teil 3:

Ausblicke

Die ‚kleine Arbeit' der Freiheit

Philosophische, urbanistische, innenarchitektonische und psychologische Erfahrungen aus zwei Jahrzehnten in Osteuropa

Stephan Wackwitz

1. Der novellistische Denkstil

Václav Havels Essay *Die Macht der Machtlosen* aus dem Jahr 1977 ist einer der folgenreichsten Texte des letzten Jahrhunderts. Er wurde zu einem Manifest der Charta 77, die der Anfang vom Ende des totalitären Systems in Osteuropa geworden ist. In seinem Zentrum steht ein konkreter Gegenstand: eines der Agitprop-Plakate, wie sie vor 1989 das Bild osteuropäischer Städte und auch der DDR geprägt haben. „Ein Leiter eines Gemüseladens", schreibt Havel, „plazierte im Schaufenster zwischen Zwiebeln und Möhren das Spruchband ‚Proletarier aller Länder, vereinigt Euch!'"[1]

Dieses absurde, verlogene und unfreiwillig komische Ensemble wird in seinem Text zum Ausgangspunkt – und zum Bild des Zusammenhangs – einer moralisch-politischen Reflexion, die in alle Richtungen konzentrisch um ihn kreist und immer wieder auf ihn zurückkommt. Ver-

---

[1] HAVEL, VÁCLAV, Versuch, in der Wahrheit zu leben, Reinbek b.H. 1990, 14.

blüffend zwanglos führt in Havels Essay die genaue Betrachtung einer Einzelheit – jenes *nature morte* aus Möhren, Zwiebeln und Propagandaplakat – auf das Ganze der Gesellschaft: auf Macht, Ideologie, Demokratie, Freiheit, Entfremdung, auf die „Seinsordnung",[2] auf „die tiefe Krise der menschlichen Identität",[3] und schließlich erscheint in Havels Text der vielfältig stichwortgebende Begriff „Leben in Wahrheit",[4] der von Andrej Sacharow stammt und auf den alles ankommt.

Havels Arrangement „Propagandaplakat an Gemüse" ist, poetologisch gesprochen, ein Dingsymbol. Man könnte sagen, dass sein Text um dieses herum gebaut ist wie eine klassische Novelle. In deren Zentrum steht, traditioneller Poetik zufolge, eine zufällige Einzelheit, in der ein größerer – auf poetische Weise unabsehbarer – Zusammenhang Evidenz gewinnt. Das Dingsymbol ist im Zusammenhang eines literarischen Texts dasjenige Motiv, das so vielfältig mit den übrigen Handlungselementen interagiert, dass es als Bild von deren poetischer Einheit Evidenz gewinnt.

In Havels literarischer Verfahrensweise zeigt sich ein spezifischer „Denkstil", wie der Bakteriologe und Wissenschaftstheoretiker Ludwig Fleck intellektuelle Verfahrensweisen bezeichnet, die in bestimmten Gruppen als selbstverständlich und natürlich empfunden werden – in „Denkkollektiven" wie er solche Gruppen nennt.[5] Ich möchte diesen Denkstil novellistisch nennen, denn er geht

---

[2] A.a.O., 33.

[3] Ebd.

[4] A.a.O., 27, 28, 29 u.ö.

[5] FLECK, LUDWIG, Entstehung und Entwicklung einer wissenschaftlichen Tatsache. Einführung in die Lehre vom Denkstil und Denkkollektiv, Frankfurt a.M. 1980, 136.

erstens vom Detail aus, gewinnt zweitens aus diesem Detail die Evidenz eines großen Zusammenhangs und die in jenem Detail erscheinende Evidenz zielt drittens auf die konkrete Erfahrung eines lesenden, erfahrenden und denkenden Individuums – denn alle Leserinnen und Leser von Havels Essay sahen 1977 diese absurden Agitpropmaterialien jedesmal, wenn sie ihre Wohnung verließen, um einen Liter Milch oder eine Packung Zigaretten zu kaufen.

Also: sprechendes, weil ‚welthaltiges‘ Detail, Zusammenhangsevidenz und individuelle Erfahrung – mit diesen Elementen oder Stationen lässt sich der Gang des novellistischen Denkstils beschreiben. Und wenn man die denkgeschichtliche Kamera ein bisschen zurückfährt, entdeckt man ein geographisches Verbreitungsgebiet dieses Denkstils. Es liegt in einem Dreieck, dessen Eckpunkte die Städte Lemberg/Lviv, Wien und Prag bilden.

Für diese geographisch-philosophische Konvergenz möchte ich einige Beispiele anführen. Erstens: In dieser Weltgegend und ihrem intellektuellen Milieu entwickelte sich die Übung phänomenologischer Philosophen wie Husserl oder Heidegger, durch geduldige Betrachtung und Ausdeutung einer sinnlichen Wahrnehmung deren Voraussetzungen im Ganzen einer Bewusstseinsformation zu enträtseln. Nicht zufällig ist Havels Text dem Phänomenologen Jan Patočka gewidmet, dem Sprecher der Charta 77, der an den Folgen eines Geheimdienstverhörs starb. Er hatte bei Edmund Husserl und Martin Heidegger studiert und die phänomenologische Methode in die tschechische Philosophie eingeführt. Auch die phänomenologische Übungsdisziplin folgt den bei Havel zu beobachtenden novellistischen Stationen oder Stufen: dem Detail, der Zusammenhangsevidenz und der individuellen Erfahrung. Aus Vorlesungen in Wien und Prag entwickelte Edmund Husserl 1935 und 1936 seine Schrift *Die Krisis der europäischen Wissenschaften und die transzendentale Phänomenologie*. Sie stellte der Galilei'schen Naturwissenschaft die Aufgabe, in phänomenologischer Methodik und in der Verfahrensweise des novellistischen Denkstils zu den „Sachen selbst" zurückzukehren,[6] die sich erstens als Einzelheit zeigen, zweitens evident sind und drittens im Bewusstsein eines Individuums auftreten, denn evident zeigen sich Dinge nur einem individuellen Bewusstsein.

Zweitens: 1929 stellte der Mathematiker Ernst Hahn auf einer Konferenz in Prag die Intentionen des Vereins Ernst Mach der wissenschaftlichen Öffentlichkeit vor, des ersten Wiener Kreises. Dieser Zusammenschluss evidenzorientierter Wissenschaftler hat einen erheblichen Einfluss auf die Philosophiegeschichte des 20. Jahrhunderts ausgeübt. Hahn bekannte sich in seinem Vortrag zu „geduldiger Beobachtung möglichst isolierter Vorgänge, mögen sie an sich noch so geringfügig und bedeutungslos erscheinen (im Gegensatz zu dichterisch-fantastischem Erfassenwollen möglichst bedeutungsvoller, möglichst weltumspannender Ganzheiten und Komplexe)".[7] Auch hier kann man es studieren: novellistisches Ausgehen von einer Einzelheit, vom Erlebnis der Evidenz und von der Analyse eines einzelnen Bewusstseins.

---

[6] HUSSERL, EDMUND, Die Krisis der europäischen Wissenschaften und die transzendentale Phänomenologie. Eine Einleitung in die phänomenologische Philosophie, in: Husserliana, Edmund Husserl Gesammelte Werke, Bd. VI, hg. v. H. L. van Breda, Haag 1954, 195.

[7] zit. n. SIGMUND, KARL, Der Wiener Kreis – Die mathematische Hälfte, in: Ulrich Arnswald/Friedrich Stadler/Peter Weibel (Hg.), Der Wiener Kreis – Aktualität in Wissenschaft, Literatur, Architektur und Kunst, Wien 2019, 131–156, hier 134.

Drittens: Die „Realisten" an der Prager tschechischen Universität, ein Kreis von Philosophen und nationaldemokratisch gesinnten politischen Publizisten um den phänomenologischen Philosophieprofessor und späteren Staatspräsidenten Tomáš Garrigue Masaryk und die Zeitschrift Čas, stellten, so der Politologe Dirk Mathias Dalberg, ihren Zeitgenossen als philosophisch-politische Aufgabe: „Der Mensch müsse sich mit dem Konkreten beschäftigen, d. h. mit dem, was aus seiner Erfahrung hervorgeht und für die Erkenntnis aller zugänglich ist; was also nicht nur Spekulation […] ist."[8] Diese Maxime prägte erst Masaryks Philosophie und später seine Politik.

Echos des novellenhaften Denkstils finden sich in den geduldigen Ausdeutungen elementarer Bewusstseinsvorgänge und Aussagen im Spätwerk Ludwig Wittgensteins, etwa in den labyrinthischen Reflexionen in *The Blue Book* (1933/34 [1958]) und *The Brown Book* (1934/35 [1958]). Und mit einer Wendung des novellistischen Denkstils ins Feld der Gesellschaftsanalyse und Politik plädiert noch 1945 das Werk eines nach Neuseeland und Großbritannien exilierten Wieners, nämlich Karl Poppers bis heute einflussreiches Buch *The Open Society and its Enemies* für das „piecemeal social engineering"[9] – er meint geduldige, evidenzbasierte Reform einzelner Missstände – im Gegensatz zum „utopian social engineering"[10] – der revolutionären Umgestaltung des Gesellschaftsganzen nach den Maßgaben einer großen Idee.

---

[8] DALBERG, DIRK MATHIAS, Die nichtpolitische Politik. Eine tschechische Strategie und Politikvorstellung (1890–1940), Stuttgart 2013, 49.

[9] POPPER, KARL, The Open Society and its Enemies, Princeton 2002, 21.

[10] Ebd.

Der Urvater des novellenhaften Denkstils im östlichen Mitteleuropa aber ist der Physiker, Philosoph und Wissenschaftstheoretiker Ernst Mach gewesen, der von 1838 bis 1916 gelebt und die Wissenschaften seiner Zeit geprägt hat wie kein anderer. Der grundlegende Denkimpuls Machs besteht in einer Auflösung des traditionellen Weltbilds, nämlich in der Infragestellung einer festen Korrespondenzverbindung zwischen Innenwelt und Außenwelt.

Mach führte seinen Zeitgenossen vor Augen, dass die Welt uns nicht als solche und als Ganze zugänglich ist, sondern nur in der Form vereinzelter und subjektiver Eindrücke und Evidenzen. Subjekt und Objekt lösen sich auf in einen Strom von Impressionen: bedeutsamer Einzelheiten, die einem Individuum evident werden. Aber sogar das erkennende, Evidenzen erlebende Ich ist, wie der Wiener Modernist Hermann Bahr über sein „Mach-Erlebnis" schrieb, „unrettbar".

„An einem heiteren Sommertage im Freien", schreibt Mach über einen Moment in seiner Kindheit, „erschien mir einmal die Welt samt meinem Ich als eine zusammenhängende Masse von Empfindungen, nur im Ich stärker zusammenhängend. Obgleich die eigentliche Reflexion sich erst später hinzugesellte, so ist doch dieser Moment für meine ganze Anschauung bestimmend geworden."[11] Man sieht den Maitag in der für seine Schönheit oft bewunderten mährischen Geburtslandschaft des Philosophen beim Lesen unwillkürlich vor sich, wenn man auch nur einmal im Frühsommer durch diese unvergessliche Gegend, ihre Hügel, Barockstädte und Wiesen hindurchgefahren ist.

---

[11] MACH, ERNST, Beiträge zur Analyse der Empfindung, Jena 1886, 21.

Machs Forschungen und Reflexionen resultierten in einem erkenntnistheoretischen und ontologischen Impressionismus, der Kultur, Politik, Denkstil und Wissenschaft des Habsburgerreichs revolutionierte und eine bis heute spezifische Ausprägung der Moderne hervorbrachte. Der britisch-amerikanische Ontologe Barry Smith schreibt, „daß es innerhalb des Habsburger-Reiches keinen einzigen Philosophen gab, der den deutschen Zeitgenossen an Größe ebenbürtig gewesen wäre: Da war kein Kant, kein Fichte und kein Hegel [...]. Im Gegenteil: Von Bolzano bis Wittgenstein waren die wichtigsten und charakteristischsten österreichischen Denker nicht Verfechter einer großen, systematisierenden ‚Philosophie von oben' Fichtescher oder Hegelscher Prägung, sondern einer empirischen, konkreten und system-feindlichen ‚Philosophie von unten', einer Philosophie, die in Beispielen und in der mühevollen Beschreibung und Analyse von einzelnen Fällen wurzelte."[12]

Vermutlich ist die Verbreitung dieses Denkstils und auch der durch ihn geprägten politischen Grundstimmung im östlichen Mitteleuropa zu erklären aus der relativ liberalen föderativen Reichsstruktur Österreich-Ungarns, mit der alle Philosophen und demokratischen Politiker in Ostmitteleuropa seit dem 19. Jahrhundert zu tun hatten. Im Habsburgerreich behielten die Reichselemente (Galizien, Ungarn, Böhmen etc.) ihre kulturelle Eigenheit weitgehend und eroberten sich früh auch überraschend viele politische Freiräume. Bismarcks zentralistische Reichseinigungspolitik dagegen – aus der ja eben-

---

[12] SMITH, BARRY, Von T. G. Masaryk bis Jan Patočka: Eine philosophische Skizze, in: Josef Zumr/Thomas Binder (Hg.): T. G. Masaryk und die Brentano-Schule. Beiträge zum gleichnamigen Symposium vom 15.–17. Oktober 1991, Praha 1992, 94–110, hier 94f.

falls eine föderative staatliche Struktur hervorging – setzte die Idee und die politischen Verhältnisse Preußens als den zentralen Punkt, an dem sich die übrigen föderativen Elemente (Bayern, Württemberg, Sachsen etc.) mehr oder weniger widerwillig orientieren mussten – auf dieselbe Weise, wie die Weltdetails in Fichtes und Hegels Philosophie aus der Setzung eines Ichs hervorgehen oder aus der Reflexion des objektiven Geistes. Das russische Zarenreich wiederum, die dritte Besatzungsmacht Ostmitteleuropas, hat eine ganz und gar zentralistische Gestalt gehabt. Weswegen der russische Denkstil, schon lange bevor Lenin Hegel gelesen hatte, immer eine Affinität zur deutschen Systemphilosophie unterhielt.

Man könnte die Verfahrensweise des novellistischen Denkstils als die der ‚kleinen Arbeit' bezeichnen. Der Begriff stammt ursprünglich von dem tschechischen Dichter und Journalisten Karel Havlíček Borovský, aber Tomáš Garrigue Masaryk hat sich auf ihn berufen, ihn als Politikum prominent gemacht und seine Spuren sind in mittelosteuropäischen Diskursen überall gegenwärtig bis heute. ‚Kleine Arbeit' ist die Übertragung des phänomenologisch-novellistischen Denkstils in Reformpolitik. In diesem Bereich hat er im Habsburger Imperium unabsehbare Wirkungen entfaltet. Im Königreich Böhmen konstituierte sich um Masaryk und die Tschechische Volkspartei seit etwa 1890 eine Reformbewegung, die Bildungs- und Kulturpolitik, Infrastrukturreformen und Wirtschaftsförderung auf ihre Fahnen geschrieben hatte. Dies waren all diejenigen Politikfelder, die vorerst voranzubringen möglich war, ohne jene eine Forderung aufzustellen, die 1918 den Reichsverband „wie eine Geschosskugel" (Dan Diner) durchschlagen würde: die Forderung nach einem eigenen Nationalstaat. Und in allen Reichsteilen bildeten sich vergleichbare nationale Reformbewegungen. Sie oblagen unterhalb jener revolutionären Schwellenforderung der ‚kleinen Arbeit' oder einer ‚nichtpolitischen Politik'. Aber auch im Zentrum des Imperiums wurde der novellistische Denkstil einflussreich. Kurz nach der Wende zum 20. Jahrhundert machten sich in der Sozialdemokratie des Habsburgerreichs philosophische und politische Tendenzen bemerkbar, die auf den später so genannten Austromarxismus vorauswiesen. Diese Tendenzen bestanden einerseits in Anregungen der impressionistischen Erkenntnistheorie Ernst Machs. Man wandte sich ab von der im Marxismus bis dahin vorherrschenden Korrespondenztheorie, wie sie in Friedrich Engels' *Anti-Dühring* formuliert ist. Andererseits aber neigte der Marxismus in der Doppelmonarchie zu stärkerer Betonung des gesellschaftspolitischen Reformismus im Gegensatz zu der Marxismusvariante, die Lenin 1902 in *Was tun?* – seiner Polemik gegen den Österreicher Karl Kautsky – in der internationalen Arbeiterbewegung zu kanonisieren versucht hatte.

2. Der romanhafte Denkstil

Lenins Buch *Materialismus und Empiriokritizismus* attackierte Ernst Machs Philosophie 1908 dann in explizit politischer Absicht. Er spürte instinktiv und erstaunlich früh, dass die novellistische Betonung der Evidenz, der individuellen Erfahrung, der Subjektivität und der geduldigen Ausdeutung des Einzelphänomens die ganzheitlich-revolutionäre Denkweise unterminierte, die aus der idealistischen Philosophie Hegels in die Anschauungen der Arbeiterbewegung eingegangen war. Er machte gegen die novellistischen und reformistischen Tendenzen ‚kleiner Arbeit' im Habsburgerreich die „große, systematisierende ‚Philosophie von oben' Fichtescher oder Hegelscher Prägung" stark, von der Barry Smith schreibt,[13] sozusagen den Denkroman, der das Ganze der Welt aus der Perspektive der Vögel und Götter darstellt, statt wie die Novelle an einer Einzelheit zu hängen.

Hegel hatte in seinem Hauptwerk, der *Phänomenologie des Geistes* (1807), das Ganze und die Wahrheit als den titanischen Helden eines Bildungsromans beschrieben, der am Ende einer langen Selbst- und Weltbegegnung sich selbst findet. Das Resultat dieses Geistlebensromans ist dann das System, wo alles Einzelne seinen Platz hat. Die Einzelheit, das Zentrum der Denknovelle, hat für Hegel ebenso wenig wie für Marx und Lenin einen Sinn außerhalb des Systems. Deshalb hat aber, wenn man den romanhaften Denkstil ins Politische moduliert, auch eine politische Reform als einzelne keinen Sinn und keinen Wert, wenn sie nicht im Zusammenhang mit einer Revolution der gesamten Weltgeschichte steht. Lenin wollte das ‚ganz Andere', radikal, global und für immer. Der novellistische Reformismus, den er bei seinen Wiener Genossen am Werk sah, erschien ihm als Irrweg und Aufweichung, ebenso wie der Einfluss der Mach'schen Auflösung des Korrespondenzbegriffs von Wahrheit. Lenin betonte in seiner philosophischen Polemik gegen den Empirokritizismus Machs, dass „das gesellschaftliche Sein unabhängig ist von dem gesellschaftlichen Bewußtsein der Menschen".[14]

---

[13] A.a.O., 95.
[14] A.a.O., 95.

Mit anderen Worten und abermals politisch gewendet: Die Arbeiter, die in den Genuss von Reformen gekommen waren, mochten sich ihres Lebens subjektiv erfreuen. Sie waren Lenins Ansicht zufolge aber trotzdem – angeblich objektiv – unglücklich, entgegen aller Evidenz. Ohne dass sie es wussten. Ein seltsamer Vorgang. Unter der Hand hatten die politisch-philosophischen Positionen die Plätze getauscht: Die reformistischen Evidenzphilosophen hatten den Materialismus auf ihrer Seite, nämlich die fühlbare Verbesserung der Lage der arbeitenden Klasse durch Reform einzelner Missstände, während der Vertreter des angeblich objektiven, materialistischen, sogar ‚wissenschaftlichen' Sozialismus die Gesetze der Geschichte als Ganzes in sozusagen idealistischer Manier gegen die ‚kleine Arbeit' ins Feld führte. Nämlich gegen die Erfolge der österreichischen Sozialdemokraten, die Wien wenig später zwischen den Weltkriegen regieren würden und die tatsächlich durch die Empiriokritizisten Mach und Avenarius philosophisch beeinflusst waren. Der Marxismus wandelte sich damit, noch ehe er irgendwo gesiegt hatte, schon in jene ideologische Phantasmagorie von Objektivität, gegen die Václav Havel und Jan Patočka 1977, in der Dämmerung des durch Lenin geschaffenen Weltreichs das „Leben in Wahrheit" mobilisieren würden,[15] die ‚kleine Arbeit' der Evidenz und der Authentizität. Havels Stillleben aus Propagandaplakat, Möhren und Zwiebeln war schon lang vor der Oktoberrevolution und der Entstehung des sogenannten sozialistischen Weltsystems als Skizze angelegt.

---

[15] LENIN, WLADIMIR ILJITSCH, Materialismus und Empiriokritizismus, in: Ders., Werke Bd. 14, hg. v. Institut für Marxismus-Leninismus beim ZK der KPdSU, Berlin 1975, 7–366, hier 328.

3. Beispiele ‚kleiner Arbeit' zwischen Prag, Wien und Krakau

Während meiner Jahre in Polen, der Slowakei und Georgien sind mir einige Beispiele und Resultate der ‚kleinen Arbeit' evident geworden, die ich im Folgenden beschreiben möchte. Es wird sich um subjektive Evidenzen handeln, um sinnliche Eindrücke gelebten Lebens, die sich erst langsam mit den grundsätzlichen Überlegungen verbunden haben, die den ersten Teil des Aufsatzes bildeten.

Ich möchte als erstes auf die konkrete Gestalt einer Stadt eingehen, nämlich der Stadt Krakau, die sich, wie mir bewusst wurde, während ich sieben Jahre dort lebte und arbeitete, den Bemühungen einer ‚kleinen Arbeit' verdankt. ‚Kleine Arbeit' hieß in den polnischen Teilungsgebieten mit ihren Hauptstädten Lemberg, Posen und Warschau übrigens „organische Arbeit"[16] oder „Arbeit an den Grundlagen",[17] Begriffe, die im Umkreis der sogenannten Warschauer Positivisten entstanden sind. Aber sie meinen, soweit ich sehen kann, dasselbe wie der Begriff Havlíčeks und Masaryks.

Wie viel in Krakau im Kleinen gearbeitet worden ist, wird deutlich, wenn man Fotografien der berühmten Tuchhallen vor und nach der Renovierung und Wiederherstellung dieses zentral auf dem Marktplatz gelegenen Gebäudes im späteren 19. Jahrhundert betrachtet. Aus einem vernachlässigten, von provisorisch-budenartigen Anbauten fast überwucherten mittelalterlichen Schuppen wurde ein prächtiges Neorenaissancegebäude, eigentlich

---

[16] Havel, Versuch, 27, 28, 29 u.ö.
[17] Krampitz, Gustav-Adolf, Das Bild des Deutschen in den Werken von Bolesław Prus, Wiesbaden 2004, 5.

Die ‚kleine Arbeit' der Freiheit

ein Neubau, angefüllt mit einer Bildersammlung, auf deren Leinwänden die führenden polnischen Künstler der Zeit den Traum von einer künftigen polnischen Nation ausgemalt haben. Und das mitten im habsburgischen Teilungsgebiet einer besetzten und gedemütigten Nation. Die Renovation der Tuchhallen begann in dieser Zeit in den umgebenden Stadtraum auszustrahlen. Der nämlich gestaltete sich in jenen Jahrzehnten, unter der Ägide und Anleitung des national gesinnten Arztes und Bürgermeisters Józef Dietl, zu einem Modell des freien Polen um. Auf dem modellhaften Re-Launch dieser alten Stadt im Geist einer Restauration vergangener Größe beruht ihre nationale Bedeutung bis heute. Die für diese Reform erforderliche stadtplanerische Gesinnung scheinen die Krakauer Stadtväter damals übrigens von dem französischen Architekten Eugène Viollet-Le-Duc übernommen zu haben, der zu derselben Zeit Carcassonne, Avignon und Notre-Dame de Paris restaurierte, oder vielmehr neu baute.

Es war ‚kleine' oder reformerische Arbeit an den Grundlagen gewesen, was Józef Dietl und seine Stadtväter, beraten von den führenden polnischen Künstlern und Intellektuellen der Zeit, in der zweiten Hälfte des 19. Jahrhunderts sich hier vorgenommen hatten. In den zurückliegenden Jahrzehnten war die revolutionär-demokratische polnische Nationalbewegung in ihren Bemühungen, die durch verschiedene Teilungen zerrissenen Landesteile in einer demokratischen Republik zu vereinigen, durchaus noch konform gegangen mit dem ‚großen' oder romanhaften Denkstil der französischen Revolutionäre und der deutschen idealistischen Philosophen. Die revolutionären Führer Kościuszko, Mierosławski und Majewski hatten keine Zeit gehabt für die ‚kleine Arbeit' an Architektur und Städtebau. Ihnen war es um das große Ganze gegangen und um das ganz Andere. Der umfassende demokratische Aufstand sollte es werden. Und diese Revolution der nationalen Totalität war bereits dreimal versucht worden: 1794 mit einer von Krakau ausgehenden und von Tadeusz Kościuszko geführten Volkserhebung, 1830–1831 im sogenannten Novemberaufstand und zuletzt mit dem Januaraufstand von 1861. Leider jedoch dreimal vergeblich. Und besonders die letzte Erhebung löste noch nie gesehene Repressionsmaßnahmen des Zaren aus: Massaker, Deportationen, Enteignungen, Vertreibungen, Rücknahme aller zuvor schon erkämpften Autonomiedekrete und Reformen. Der Befreiungs*roman*, die ‚große Arbeit' der nationalen Revolution musste in den sechziger Jahren des 19. Jahrhunderts als endgültig gescheitert gelten.

In dieser Situation rief der Krakauer Bürgermeister Józef Dietl seinen Zeitgenossen in der habsburgischen Teilungszone, dem Königreich Galizien und Lodomerien zu: „Unsere illustre Vergangenheit ist vorbei, unsere Gegenwart ist deprimierend; aber uns gehört die Zukunft, wenn wir sie nutzen, wenn wir eisern dafür arbeiten, mit Verstand und Ausdauer."[18] Die Bildungsreformen, die Wirtschaftsreformen, der Ausbau von Architektur und Infrastruktur und nicht zuletzt die im Rahmen des Habsburgerreichs erlangte Autonomie Galiziens und Lodomeriens wurden stilbildend bis ins 20. Jahrhundert hinein und sind heute noch der Grund für die Schönheit Krakaus und die Faszinationskraft dieser Stadt. ‚Kleine', organische Arbeit an den Grundlagen der Freiheit sind in Krakau noch heute eine in jedem architektonischen und städ-

---

[18] Art. Joseph Dietl, Wikipedia, https://de.wikipedia.org/wiki/Joseph_Dietl#cite_ref-TZ06_1-4 (19.8.2024).

tebaulichen Detail nachvollziehbare psychogeographische Evidenz. Der revolutionäre Denkroman war von Krakau ausgehend nicht erfolgreich geworden. Dafür aber wurde die Stadt zum Dingsymbol einer novellistischen ‚kleinen Arbeit', die in der nun folgenden polnischen Nationalgeschichte gleich zweimal erfolgreich gewesen ist: 1918 und 1989.

Das zweite Beispiel ‚kleiner Arbeit' führt vom Außen- in den Innenraum, von der Stadt ins Interieur. Wer in Prag, Bratislava und Brno in private Innenräume kommt oder in Krakau in einem der berühmten Cafés sitzt, der erlebt eine eklektizistische Wohnlichkeit, die den stilistisch viel einheitlicheren Interieurs im Westen oft abgeht: eine zum Stilprinzip erhobene Idiosynkrasie und sogar Unordnung, ein Ausgehen vom Einzelstück, in dem sich individuelle Erinnerungen verkörpern – während westliche Interieurs viel öfter von einer stilistischen Gesamtgeste ausgehen, von einem in jedem Detail durchgehaltenen übergeordneten Stilprinzip. Dieser West-Ost-Gegensatz des innenarchitektonischen Stils ist das ferne Echo einer Diskussion, die zwischen den Weltkriegen in jenem kulturellen Raum zwischen Wien, Prag und Warschau ausgetragen wurde, im geistigen Biotop der ‚kleinen Arbeit'. Gegen den historisch-eklektischen Ringstraßenstil, der in Wien, Prag und Lemberg im späteren 19. Jahrhundert dominierte, regten sich an der Wende zum 20. Jahrhundert verschiedene ästhetische Reformbewegungen. So zunächst die Wiener Secession als regionale Version dessen, was in Berlin Jugendstil und in Paris Art déco oder Art nouveau hieß, dann die Wiener Werkstätte, eine Schwestervereinigung des Deutschen Werkbunds. Stilistische Vereinfachung und Vereinheitlichung, ästhetische Zeitgenossenschaft, Unterordnung des Details unter eine einheitliche stilistische Gesamtkonzeption waren ihre entscheidenden und damals revolutionären Neuerungen, die durch das Werk des Architekten und Polemikers Adolf Loos an das wenig später in Weimar gegründete Bauhaus und an den Internationalen Stil weitervermittelt wurden. Der hat im frühen 20. Jahrhundert Chicago und New York in ästhetische Musterstädte verwandelt und prägt seither die ganze Welt.

Das vereinheitlichende und hierarchisierende Formprinzip, das von den Anti-Ringstraßenstil-Revolutionären propagiert wurde und wird, – jener Vorrang der großen Geste guter Form von Secession bis Bauhaus – hat Ähnlichkeit mit der „großen, systematisierenden ‚Philosophie von oben' Fichtescher oder Hegelscher Prägung",[19] von der Barry Smith schreibt und deren Subversion durch Empiriokritizismus, Phänomenologie und ‚kleine Arbeit' im ersten Teil des Aufsatzes beobachtet wurde. Die ornamentale und/oder idiosynkratische Einzelheit mag nicht *per se* Verbrechen sein, aber das Detail ist für diese Ästhetiken jedenfalls immer schon nachgeordnet. Meistens eigentlich störend: in diese konsequenten, reinen und oft strengen Interieurs passt sozusagen kein Löffel, kein Hocker und kein Nachttopf wirklich hinein, wenn er nicht mit den zugrundeliegenden Stilprinzipien übereinstimmt. Berühmt sind die Vorschriften, die Frank Lloyd Wright seinen Bauherren betreffs der Anschaffung von Vasen und sonstigen Dekogegenständen auch lang nach Fertigstellung seiner Häuser zu machen pflegte. Jene durchgestylten Zimmer zwangen ihre Bewohner sozusagen, durchgehend Haltung anzunehmen. Und wie alle Revolutionäre

---

[19] SMITH, Masaryk, 95.

verknüpften die modernistischen Designer ihre Zentralvorschriften mit Moral, einer bis heute noch spürbaren „Überzeugung, dass zwischen dem gestalterisch Wertvollen und dem menschlich Beispielhaften prästabilierte Harmonie bestehe", wie der Kunsthistoriker Christian Demand geschrieben hat.[20]

Gegen diese anstrengenden Konzepte und Bauten entstand nach dem Abebben der ersten Kunstrevolutionsbegeisterung zwischen Wien, Pressburg, Brünn, Prag und Krakau eine von ‚kleiner Arbeit' inspirierte Theorie, die man als Phänomenologie des Eigenheimbaus bezeichnen könnte. Der Wiener Architekt Joseph Frank konzipierte eine Moderne, die es wagte, die Konsistenz- und Konsequenzanforderungen von Sezession, Bauhaus, Loos und Wittgenstein zu ignorieren, ohne in die konventionelle Formenwelt zurückzukehren, die die Häuser ihrer Eltern und Großeltern so kleinteilig, überladen und düster gemacht hatte. Stattdessen baute er ‚offene Räume'. Er entwarf eine ‚Moderne der Unordnung':[21] ästhetisch und funktional nicht genau festgelegte Raumfolgen, wo die Schauplätze des konkreten Lebens, den isolierten Eindrücken des Empiriokritizismus vergleichbar, fließend ineinander übergingen. „Das moderne Wohnhaus entstammt dem Bohèmeatelier im Mansardendach", schrieb Frank. „Dieses von Behörden und modernen Architekten als unbewohnbar und unhygienisch verpönte Dachgeschoss [...], das aus Zufällen aufgebaut ist, enthält das, was wir in

---

[20] DEMAND, CHRISTIAN, Designkolumne. Moralische Anstalten, in: Merkur. Deutsche Zeitschrift für europäisches Denken 70 (2016) 802, 41–48.
[21] Vgl. MEDER, IRIS (Hg.), Josef Frank 1885–1967. Eine Moderne der Unordnung, Salzburg/Wien/München 2008.

den darunterliegenden, planvoll und rationell eingerichteten Wohnungen vergeblich suchen: Leben."[22] Nicht der große, von philosophischen Ideen ausgehende Entwurf, der revolutionär auf das Leben der Gesellschaft zielt, ist Prinzip dieser Architektur, sondern ‚kleine' Entwurfsarbeit im Interesse des Lebens, wie es sich wirklich vorfindet und seine Interessen selber ausspricht.

„Nach Innen geht der geheimnisvolle Weg"[23] heißt es bei Novalis und das dritte Beispiel für das Fortwirken evidenzbasierter ‚kleiner Arbeit' am bedeutungsvollen Detail in der Geistesgeschichte des Raums zwischen Prag, Wien und Krakau geht auf diesem geheimnisvollen Weg noch einen Schritt weiter. Nach Städtebau und der Innenarchitektur wird das Gebiet der Psychologie betreten. Die Psychoanalyse, das weiß man, ist im sehr spezifischen intellektuellen Milieu der Wiener Jahrhundertwende entstanden. Weitgehend vergessen worden ist aufgrund verschiedener historischer Umstände, dass Sigmund Freuds Wissenschaft eine Art Schwesterwissenschaft zur Seite gestanden hat, die aus derselben Konstellation hervorging, die Gestaltpsychologie. Ihr früher Protagonist Christian von Ehrenfels, den Freud gekannt, teils geschätzt und mehrmals zitiert hat, studierte bei Wilhelm Wundt in Leipzig, dem Begründer der experimentellen Psychologie in Europa (die ein amerikanisches Gegenstück bei William James hat). Gestaltpsychologen wie Eh-

---

[22] Zit. n. CAVALLAR, CLAUDIA, Haus-Übungen, https://faq-magazine.com/haus-uebungen/ (15.11.2024). Vgl. WACKWITZ, STEPHAN, Geheimnis der Rückkehr. Sieben Weltreisen, Frankfurt a.M. 2024, 203–232.
[23] NOVALIS, Blüthenstaub, in: Athenaeum. Eine Zeitschrift von August Wilhelm Schlegel und Friedrich Schlegel Bd. 1/1 (1798), 70–106, hier 74.

renfels, wie der in Prag geborene Max Wertheimer, der aus Kattowitz gebürtige Kurt Goldstein und der aus dem polnischen Mogilno stammende Kurt Lewin untersuchten in verschiedener Weise, von Ernst Machs *Beiträge zur Analyse der Empfindungen* (1886) ausgehend, eine besondere Form des Empfindungs- und Evidenzerlebnisses. Sie fragten sich, wie „wir Raumgestalten und selbst ‚Tongestalten' oder Melodien unmittelbar zu empfinden vermögen" (so Christian von Ehrenfels in seinem grundlegenden Aufsatz *Über Gestaltqualitäten* von 1890).[24] Gestalt ist eine evidente Empfindung, die den spezifischen Zusammenhang einer Reihe von Tönen oder Gegenständen unmittelbar erlebbar macht, und zwar unabhängig davon, in welchem Material sie sich räumlich oder in welcher Tonart oder Lautstärke sie sich zeitlich ausgeprägt haben. Anders gesagt: das Erleben von Gestaltqualitäten ist eine Form der ästhetischen Evidenz. Und man muss die Forschungen der Gestaltpsychologen nur ins Gebiet literaturwissenschaftlicher Überlegungen hinübermodulieren, um das Dingsymbol der klassischen Novellentheorie als denjenigen Gegenstand in einer Reihe von Handlungselementen zu erkennen, in der die Gestalt der sie miteinander verknüpfenden Handlung unmittelbar anschaulich wird. Freud hat sich von der Unmittelbarkeit und Evidenz der gestaltpsychologischen Experimente und Forschungen in seinen eigentlichen Werken fortbewegt und eine eher romanhafte Theorie entwickelt, in der Ich, Es und Über-Ich als handelnde Figuren auftreten und in der es nicht um die unmittelbare Empfindung geht, sondern um das Aufde-

---

[24] EHRENFELS, CHRISTIAN VON, Über Gestaltqualitäten, in: ders., Philosophische Schriften, hrsg. v. Reinhard Fabian, Bd. 3, München/Wien 1988, 128.

cken und Verstehen eines gerade nicht evident zugänglichen, nämlich verdrängten Traumas. Der Patient der Psychoanalyse gleicht dem Romanschriftsteller. In dem weckt, wie Freud in seinem Aufsatz *Der Dichter und das Phantasieren* von 1908 schreibt, ein „starkes aktuelles Ereignis [...] die Erinnerung an ein früheres, meist der Kindheit angehörendes Erlebnis auf, von welchem nun der Wunsch ausgeht, der sich in der Dichtung die Erfüllung schafft".[25] Im Patienten der Psychoanalyse allerdings, so könnte man Freuds Gedankengang weiterführen, ist die Erfüllung nicht der Roman. Sondern sein Wunsch, das neurotische Symptom loszuwerden, führt durch „Erinnern, Wiederholen und Durcharbeiten"[26] zur Erkenntnis der Vergangenheit und zur Gesundung. Die Gestaltpsychologen und später die von Fritz Perls begründete Gestalttherapie blieben stattdessen im Hier und Jetzt, bei der unmittelbaren Empfindung, beim Gefühl, bei der Evidenz, beim Detail, beim Experiment. „Der Patient wird dabei", wie es in einer aktuellen Darstellung der Gestalttherapieprinzipien auf der Webseite „NetDoktor" heißt, „nicht als Opfer seiner Vergangenheit gesehen, und es wird nicht versucht, vergangene Erlebnisse zu deuten. Stattdessen geht es in der Gestalttherapie für den Patien-

---

[25] FREUD, SIGMUND, Der Dichter und das Phantasieren (1908 [1907]), in: Ders., Studienausgabe Band X, Bildende Kunst und Literatur, hg. v. Alexander Mitscherlich/Angela Richards/James Strachey, Frankfurt a. M. 1982, 169–179, hier 177.

[26] FREUD, SIGMUND, Erinnern, Wiederholen und Durcharbeiten (Weitere Ratschläge zur Technik der Psychoanalyse II) (1914), in: Ders., Studienausgabe Ergänzungsband, Schriften zur Behandlungstechnik, hg. v. Alexander Mitscherlich/Angela Richards/James Strachey, Frankfurt a. M. 1982, 205–216.

ten darum, ein Bewusstsein für die momentane Situation zu bekommen."[27]

1905 wurde in der georgischen Stadt Kutaissi ein junger Mann namens Dimitri Uznadze wegen seiner Beteiligung an der Februarrevolution der Schule verwiesen. Er ging nach Deutschland, studierte in Leipzig bei Wilhelm Wundt und promovierte in Halle auf Deutsch über den russischen Philosophen Solowjow. Zurückgekehrt, gründete er in seiner Heimatstadt eine reformpädagogisch-experimentelle Mädchenschule. In wissenschaftlichen Aufsätzen, unter anderem über die von Leibnitz gegen Locke philosophisch in Stellung gebrachten „kleinen Perzeptionen",[28] führte er die phänomenologisch und experimentell orientierten intellektuellen Impulse, die er im deutschen und österreichischen Entstehungsmilieu der wissenschaftlichen Psychologie studiert hatte, in die Diskussion im fernen Georgien ein. Nach der Oktoberrevolution hatte sich in der Hauptstadt Tbilissi eine fruchtbare kulturelle Situation ergeben: aus Europa zurückgekehrte Wissenschaftler, aus den revolutionären Wirren Moskaus hierher geflüchtete russische Konstruktivisten, symbolistische Kunst und Literatur. Uznadze wurde in dieser kulturellen Beschleunigungsmélange zum Gründer der ersten georgischen Universität und entwickelte in experimentellen Versuchsreihen die sogenannte Einstellungspsychologie, eine originelle und folgenreiche Version psychologischer Phänomenologie, mit der er nachwies, dass die subjektive Er-

---

[27] DOBMEIER, JULIA: Gestalttherapie, 18.8.2021, https://www.netdoktor.de/therapien/psychotherapie/gestalttherapie/ (21.6.2024).
[28] LEIBNITZ, GOTTFRIED WILHELM, Neue Abhandlungen über den menschlichen Verstand I. Philosophische Schriften Bd. 3.1, hg. v. Wolf von Engelhardt und Hans Heinz Holz, Frankfurt a. M. 1996, 155.

wartung die Evidenzerfahrung und das Weltbild von Individuen kategorial bestimmen, aber auch verzerren können: der „Uznadze-Effekt", wie der französische Individualpsychologe Jean Piaget dieses Phänomen getauft hat.[29]

Das Erstaunlichste an Werk und Wirkung Uznadzes besteht nun aber darin, dass er und sein Institut nicht nur die Herrschaft Lawrenti Berias in Georgien, sondern auch die Säuberungen des Hochstalinismus und die geistige Ödnis des marxistischen Wissenschaftsbetriebs einigermaßen unbeschadet überstand. Nach dem Zusammenbruch der Sowjetunion wurde im demokratischen Georgien die Einstellungspsychologie Uznadzes zum Ansatzpunkt einer einflussreichen gestalttherapeutischen Schule um das nach ihm benannte Institut. Sie widmet sich ‚kleiner Arbeit' im Geiste Wertheimers, Goldsteins, der Perls' – und letzten Endes Ernst Machs – am Rand Europas und unter dem Schatten der aktuellen russischen Bedrohung. Das georgische Institut für Gestalttherapie wirkt nicht nur mit seiner ausgedehnten therapeutischen Praxis in die vielfältig traumatisierte georgische Gesellschaft hinein, sondern auch durch Zeitschriftenaufsätze, wissenschaftliche Kongresse, gesundheitspolitische Politikberatung und viel gesehene TV-Auftritte zu häuslicher Gewalt, Kinderpsychologie und anderen Problemen seelischer Gesundheit, zuletzt vor allem im Zusammenhang mit der Covid-Pandemie. Eine reale Fernwirkung verbindet den novellistischen Denkstil der Wiener Philosophen und Reformpolitiker des frühen 20. Jahrhunderts mit the-

---

[29] PIAGET, JEAN/LAMBERCIER, MARC, Essai sur un effet d´»einstellung» survenant au cours de perceptions visuelles (Efet Usnadse), Archives de psychologie 30 (1944) 118, Geneva 1944, 139–196.

rapeutischen und gesundheitsreformerischen Konzepten und Politiken des 21. Jahrhunderts in einem kleinen, fernen und armen, aber reformfreudigen Land zwischen den autoritären und aggressiven Großmächten Russland und Iran – vielleicht gibt es kein besseres Beispiel dafür, was Europa als geistiger und politischer Raum gewesen ist und künftig sein könnte. Europa wird im Osten als ein Kontinent der ‚kleinen Arbeit' erfahrbar und der Westen – das wäre meine These – könnte Dümmeres tun, als diese Denkstil-Version unserer gemeinsamen Freiheit anzuerkennen und zu studieren.

Die Revolution der Würde

Der Maidan und seine Folgen[*]

Marina Weisband

Bevor ich auf die Revolution der Würde (Euromaidan, 2013/2014) und deren Bedeutung eingehe, möchte ich schildern, wie die Menschen in der Ukraine der postsowjetischen Zeit sozialisiert wurden. Hierzu bringe ich auch meine subjektiven Erfahrungen ein. Meine Mutter sagte einmal: „Ich habe fünf Jahre gebraucht, um nach unserem Umzug nach Deutschland zu lernen, was Selbstwirksamkeit ist." Warum war das so? Es lag daran, dass in der Sowjetunion, wie schon zuvor im zaristischen russischen Reich, Selbstwert nicht wirklich etwas war, das man vermittelt bekam. Menschen galten als Staub. Das war etwas, das einem schon in die Wiege gelegt wurde: Die Kinder kamen im Geburtshaus zur Welt, wo die Frauen in einem 20-Betten-Zimmer lagen. Fünf Mal am Tag wurden ihre Neugeborenen in einem Wägelchen reingerollt, um gestillt zu werden. Es war völlig normal, dass es dem Individuum schlecht ging und man den Wert im Leben bei etwas Größerem suchte. Das konnte Gott sein oder der Zar oder der Kommunismus und dann wiederum der Zar, aber es

---

[*] Bei diesem Text handelt es sich um den ursprünglich mündlichen, nicht schriftlich ausformulierten Vortrag, den Marina Weisband im Rahmen der Ringvorlesung gehalten hat. Er wurde nachträglich von den Herausgebern transkribiert und überarbeitet.

war immer so, dass das Höhere nicht beim Individuum war. In der Ukraine wurden die Menschen während der sowjetischen Besatzung zwar auf diese Art sozialisiert, aber nicht davor, und ich glaube, hier liegt der wesentliche Grund, weshalb sie von Russland wieder abweichen konnte. Charakteristisch für die Mentalität der Jahre, in denen ich aufgewachsen bin, sind Aussagen wie: „Wenn bei uns im Hinterhof die Mülltonne kaputt geht, rufen wir den Präsidenten an." Nimmt man diese Haltung ein, gehört unsere Außenwelt oder der öffentliche Raum nicht uns, sondern liegt in der Verantwortung des ‚Onkels' und wir haben damit nichts zu tun. Aber dann folgte zuerst die Orangene Revolution 2004. Sie war eigentlich eine Revolution wie viele Revolutionen, die es in der Ukraine schon immer gab. Der Hetman gefällt uns nicht, deshalb gehen wir auf die Straße, verjagen ihn und suchen uns einen anderen Hetman aus. Man hatte einen Präsidenten, der durch Korruption an die Macht gekommen war, gestürzt, zugunsten von jemandem, der versprach, die Korruption zu bekämpfen – und dieser betrieb im Amt wieder selbst Korruption. Jedes andere Volk wäre davon vielleicht entmutigt worden, die Ukrainer nicht.

Als am 21. November 2013 die ukrainische Regierung unter Wiktor Janukowytsch die Unterzeichnung des Assoziierungsabkommens mit der EU verweigerte, demonstrierten junge Leute wutentbrannt auf der Straße und wurden deswegen von der Polizei verprügelt. Daraufhin demonstrierten ihre Eltern, damit der Polizeipräsident zurücktritt. Dann eskalierte der Konflikt. Der Frust, die ganze Zeit Revolution gegen den einen Politiker für einen anderen gemacht zu haben, kam hoch und formte sich zu dem Bewusstsein: „Wir wollen keine Revolution mehr für einen neuen korrupten Politiker. Wir wollen eine Revolu-

Die Revolution der Würde

tion für uns!" – das war der Euromaidan. Ich war selbst auf den Barrikaden, auch am Abend bevor die Situation eskalierte und die Berkut-Spezialeinheit aufmarschierte. Ich stand mit einem Pflasterstein neben einem weinenden 19-jährigen Mädchen. Als ich sie fragte, "Warum weinst du?", sagte sie: „Ich habe Angst". „Okay, wenn du Angst hast, warum gehst du dann nicht nach Hause?" Ihre Antwort war: „Wenn ich jetzt nach Hause gehe, dann habe ich morgen kein Zuhause mehr". Das war das Gefühl der Leute während der Revolution, als 30.000 Menschen den gesamten Winter über auf dem Maidan gewohnt haben, dabei nicht zur Arbeit gegangen sind, gefroren und sich gegenseitig ernährt haben. Irgendwann kam der Punkt, an dem sie wussten: Ab jetzt gibt es kein Zurück, wir werden in einem neuen Land aufwachen oder gar nicht mehr. Die Menschen, die auf diesem Platz zusammenkamen, bildeten den Durschnitt der Bevölkerung ab. Es waren Rentnerinnen und Rentner, Schülerinnen und Schüler, dort waren die jüdischen und die muslimischen Gemeinden und das politische Spektrum rechts bis links. Auch aus der ganzen Ukraine reisten Leute an, zu dieser Zeit gab es in Kiew das Sprichwort: „Wer nach verbrannten Autoreifen riecht, ist ein guter Mensch."

Das Besondere an dieser Revolution, das mein gesamtes Arbeiten bis heute beeinflusst, ist die Selbstorganisation von Menschen, die mit der Mentalität aufgewachsen sind, den Präsidenten anzurufen, wenn bei ihnen im Hinterhof die Mülltonne kaputt geht. Es gab eine sogenannte Küchenhundertschaft – Hundertschaft hier bezogen auf das Kosakentum –, die dafür gesorgt hat, dass es rund um die Uhr auf diesem Platz warmes Essen für alle gab. Für die kostenlose ärztliche Versorgung gab es eine medizinische Hundertschaft, die unter anderem in einer besetzten Kirche vier vollfunktionsfähige Operationssäle errichtet hat. Im besetzten Haus der Ukraine wurde eine offene Universität eingerichtet. Man übernahm Verantwortung für sich und andere und das war etwas, das in Sowjetzeiten absolut unerhört gewesen wäre. Die Pflastersteine, mit denen wir uns zwischendurch bewaffnet hatten, wurden nach der Revolution wieder fein säuberlich in den Bodenbelag eingesetzt. Der Platz wurde, während er besetzt war, zwei Mal in der Woche gefegt. Warum gingen die Leute so sorgfältig damit um? Weil das ihr Platz war. Sie hatten *Ownership*. Der Geist, der auf diesem Platz lebte, war: „Das ist jetzt unser Land. Wir ergreifen Ownership und organisieren uns selbst, ohne auf einen ‚Onkel' zu warten, der mit starker autoritärer Hand kommt und uns organisiert." Damals wurde eine umfassende Solidarität geboren, die uns jetzt, während des Kriegs am Überleben hält. Es ist dieses gegenseitige Helfen, dieses gegenseitige sich einen Alltag bauen, egal ob man auf einem öffentlichen Platz wohnt oder, wie jetzt, in einem Bunker. Diese Revolution hat unweigerlich zum Krieg geführt, weil sie gezeigt hat, dass ganz normale Menschen sich von einem autoritären Denken lösen und zu einer Selbstwirksamkeit kommen können, die das Schöne am demokratischen Modell eben ist: Der Einzelne ist etwas wert und kann etwas bewegen.

Putin konnte das nicht zulassen. Der Krieg gegen die Ukraine begann 2014 – und zwar nicht anlässlich des Vorgehens der NATO oder einer Osterweiterung, nicht als Drohungen ausgesprochen wurden oder als Janukowytsch geflohen ist. Der Krieg begann, als in den Sozialen Medien, in Vkontakte und auf Facebook Russen in St. Petersburg und Moskau plötzlich schrieben: „Hey kuckt mal, was die Ukrainer da machen. Können wir das nicht

Die Revolution der Würde

auch?" Deshalb braucht Putin den Krieg. Der Krieg in der Ukraine ist massiv auch ein Krieg um die Menschlichkeit. Sein Ziel ist ja nicht ein Gewinn an Territorium, davon hat Putin genug. Er muss vielmehr demonstrieren, dass ein demokratischer Staat nicht lebensfähig ist, dass er fällt und dass genau diese Würde, die da erkämpft worden ist, keinen Bestand hat. Die Ukraine kämpft für das Gegenteil. Wir müssen verzweifelt versuchen, in diesem Krieg unsere Menschlichkeit, unseren Humor und unsere Empathie zu bewahren, weil auf diesen Werten eine lebendige demokratische Gesellschaft beruht. Das ist ein Kampf, der an vielen Fronten gefochten wird, unter anderem mit Kultur und Kunst, mit Solidarität und gegenseitiger Unterstützung. So ist die Wyschywanka als Nationaltracht ein Symbol der Unabhängigkeit und der Freiheit. Diese Stickmuster, in denen eine reiche Kultur und Geschichte steckt, beinhalten ein subversives politisches Element – allein der Umstand, dass man 300.000 mal auf etwas einstich, kann zum Ausdruck eigener Aggressionen verhelfen.

Worin liegt nun die Relevanz dieses Kampfes für andere demokratische Gesellschaften? Der Krieg in der Ukraine ist auch ein Krieg des Autoritarismus gegen die Demokratie und er findet bei weitem nicht nur auf dem Territorium der Ukraine statt. Er fand statt am 6. Januar 2021 in Washington, er findet statt wo immer faschistische Bewegungen aufblühen, ihn führen alle rechtsradikalen Parteien, die von Russland finanziert werden, wir erleben ihn in allen antidemokratischen Desinformationskampagnen. Aktuell haben wir es mit sehr gut vernetzten antidemokratischen und faschistischen Kräften zu tun, die sich international koordinieren, um Demokratien zu stürzen. Ein Beispiel habe ich direkt vom Maidan, denn während der Proteste habe ich täglich mindestens fünf Mord- und

Vergewaltigungsdrohungen bekommen. Ich habe dann angefangen, den Accounts zu folgen, von denen die Drohungen abgesendet wurden, und entdeckte, dass das meistens Bots waren. In der Botfabrik in St. Petersburg sitzt also Vassili vor 50 Smartphones, die auf verschiedenen Twitteraccounts eingeloggt sind, und kann einen veritablen Shitstorm vom Zaun brechen, indem sich die Bots gegenseitig retweeten. Als ich diesen Bots gefolgt bin, habe ich nicht nur gemerkt, dass sie sich eine IP-Adresse teilen, also von einer Internetverbindung aus kommen, sondern auch, dass sie 2015 vermeintlich Ukrainische Staatsbürger waren, die gerne zu Russland gehören wollten. Später in diesem Jahr waren sie Deutsche, die Angst vor syrischen Flüchtlingen hatten und die über die Flüchtlingswelle twitterten. 2016 waren es Briten, die für den Brexit waren, 2017 Trump-Wähler, dann waren sie alle Corona-Leugner und inzwischen sind sie wieder Ukrainer.

Die Strategie, die diese Bots fahren, ist absolut fantastisch, weil sie sich gegenseitig liken und retweeten, bis sie durch den Algorithmus trending werden. Sie werden gepusht, werden mehr Leuten angezeigt und natürlich interagieren dann auch mehr Accounts mit ihnen. Journalisten, die auf Twitter sind, finden, dass dort etwas Relevantes passiert und eine wichtige Diskussion stattfindet, also schreiben sie Artikel darüber. Anschließend bemerken noch mehr Leute diese Diskussion und beteiligen sich, bis eine Talkshowredaktion beschließt, zu diesem wichtigen Thema eine Sendung zu machen. In dieser Sendung werden zwei Positionen besetzt; neben einer Vertreterin oder einem Vertreter der ‚normalen' bzw. ‚vernünftigen' Position, muss auch die Gegenposition angeboten werden. Auf diese Weise bekommt jemand, der so eine Botmeinung vertritt, eine gewaltige Öffentlichkeit, denn eine Talk-

Die Revolution der Würde

show wird als gesetzter nationaler Diskurs anerkannt. All dies erreicht man mit 100 Bots, die von zwei Leuten gesteuert werden: Vassili und Anton, die zusammen den gesamten deutschen medialen Diskurs prägen können. Und das passiert immer und immer wieder. Es verwundert nicht, dass zu Covid, zu Russland, zu allen möglichen Themen Leute in Talkshows eingeladen werden, die offensichtlich keine Ahnung haben, wovon sie sprechen, die aber eine Meinung vertreten, die vermeintlich von ganz vielen Leuten geteilt wird. Damit beeinflusst man Wählergruppen und schließlich eine Europawahl.

Wir müssen uns mit einer ganzen Reihe aktueller Bedrohungen der Demokratie auseinandersetzen, wie Desinformationen durch internationale autoritäre Bewegungen, aber auch mit unserer eigenen Abhängigkeit von unendlichem Wachstum in einer endlichen Welt. Wir sind mit einer Klimakatastrophe konfrontiert, die zu Massenmigration und zu Ressourcenkriegen führen wird, die in naher Zukunft Lieferketten einbrechen lässt, wodurch unser Wohlstand abnehmen und soziale Unruhen wachsen werden. Wir erleben nicht zuletzt eine große Desillusionierung von der Demokratie selbst – auch deshalb ist das, was in der Ukraine passiert ist, so essentiell wichtig, denn die Ukraine hat das Gegenteil erfahren. Sie ist nicht von den demokratischen Prozessen desillusioniert, sondern empfindet im Gegenteil eine brennende Begeisterung für die Demokratie und davon müssen wir uns anstecken lassen. Ich arbeite viel an Schulen, um die Schülerbeteiligung zu fördern. Ein Satz, den ich häufig höre, wenn ich Schülerinnen und Schülern sage: „Beteiligt euch doch mal", ist: „Warum soll ich mich denn beteiligen, die Lehrer machen doch eh was sie wollen." Dieser Satz kommt mir bekannt vor, es ist nämlich jene erlernte Hilflosigkeit, die in der Ukraine auch während der Sowjetzeit herrschte: „Die da oben machen doch eh was sie wollen." Erlernte Hilflosigkeit ist im Prinzip ein Frustschutzmechanismus. Wenn wir lange Zeit auf unsere Umwelt keinen Einfluss nehmen konnten, fehlt uns oft sogar dann die Motivation und Lust uns zu beteiligen, wenn wir plötzlich die Möglichkeit zur Partizipation erhalten. Es war für mich sehr schwer den Leuten zu vermitteln, dass sie am Münsteraner Bürgerhaushalt teilnehmen sollen. Ihnen fehlte das Interesse daran sich einzubringen, weil ihre Erfahrung war, dass es doch eh nichts bringe; die da oben machten doch sowieso, was sie wollen. Dieses Denkmuster finden wir sehr oft in autoritär sozialisierten Ländern, aber auch die Bevölkerung, die heute in einer Demokratie lebt, ist nicht frei davon – sie hat trotzdem das Gefühl, keinen Einfluss nehmen zu können. Ein Grund dafür ist, dass wir mehr registrierte Lobbyisten im Bundestag haben als Bundestagsabgeordnete. Das Gefühl, gegen die Interessen beispielsweise der Autolobby nichts ausrichten zu können, wird aber von populistischen Gruppierungen und Parteien aufgegriffen und instrumentalisiert. Ihre Akteure propagieren: „Die da oben machen, was sie wollen, aber ich, der große starke Onkel, werde es denen mal so richtig zeigen und ich werde in deinem Interesse handeln." Das verfängt und ist präzise das, worauf Putin, Trump uns sonstige Despoten ihre Macht bauen.

Erlernter Hilflosigkeit muss mit dem Ziel der Selbstwirksamkeit begegnet werden, den Menschen muss das Gefühl gegeben werden, dass sich etwas in ihrer Umgebung verändert, wenn sie etwas tun. Dann verändert sich das Selbstbild: Wir sind nicht die Besucher unserer Gesellschaft, wir sind nicht arme Opfer oder die ungehörten kleinen Leute und wir sind auch nicht die Konsumenten, zu denen wir heute oft erzogen werden, sondern Gestalter unserer Gesellschaft. Das war das Besondere am Maidan. Zumindest die Menschen, die physisch dort waren, haben diesen Wandel im Selbstbild erfahren und geben nun ihn an ihre Kinder, an ihre Bekannten und über ihre sozialen Kontakte weiter, denn es war für sie eine unglaubliche Erfahrung, hingegangen zu sein und in einer Kirche einen Operationssaal eingerichtet zu haben. Es bedeutet nämlich, dass ich die Welt verändern und für meine Nächsten besser machen kann. Das ist das Grundprinzip von Demokratie. Wenn wir darüber reden, wie wir diese Erfahrung sowohl in der Ukraine als auch in Deutschland weiter eindringen lassen können, dann beziehen wir uns immer auf kleine, lokal begrenzte Räume: auf die Kita, die Schule, die Kommune, den Verein oder den Arbeitsplatz. Es sind Orte, an denen Menschen zusammenkommen und etwas verändern können, wo sie gemeinsam Regeln aufstellen können und müssen. Beispielsweise haben die Schülerinnen und Schüler an heutigen Schulen die Rolle von Besuchenden. Sie sind dort, um Erwartungen zu erfüllen, haben aber keinerlei Einfluss auf die Hausordnung, darauf, wie und wo sie lernen, wie ihre Regeln sind, ihr Miteinander und ihre Klassenkonstellation aussieht. All dies ist von oben vorgegeben und in ihrer Wahrnehmung machen die Lehrkräfte ja eh was sie wollen. Hier ist es unser aller Aufgabe genau solche Beteiligungs- und Selbstwirksamkeitsanlässe zu schaffen.

Ich mache das jetzt zum Beispiel seit zehn Jahren mit dem Projekt *aula*, mit dem ich Schülerinnen und Schülern ermögliche, zum Beispiel ihre Hausordnung oder andere Angelegenheiten ihrer Schule verbindlich durch demokratische Diskussionen, Abwägen von Bedürfnissen und Abstimmungen zu verändern. Zu diesem Projekt hat mich der Maidan inspiriert, die Revolution, die in der Ukraine stattfand, und die gerade bedroht ist, komplett vernichtet zu werden, weil der Westen sich nie das Ziel gesetzt hat, dem was dort entstanden ist, zum Sieg zu verhelfen. Zwar möchte man irgendwie verhindern, dass die Ukraine überrannt wird, aber die entschiedene Unterstützung fehlt. Wir stehen in einem Kampf des Autoritarismus gegen die Demokratie und ich habe das Gefühl, dass die demokratische Seite das noch nicht verstanden hat. Noch ein paar Jahre werden wir in der komfortablen Lage sein, diesen Kampf zu führen, ohne unser Blut zu vergießen. Das macht grade die Ukraine für uns. Aber wir müssen diesen Kampf dann auch aufnehmen.

Autorinnen und Autoren

Dr. Ruth Conrad ist Professorin für Praktische Theologie an der Humboldt-Universität zu Berlin.

Dr. Jörg Dierken ist Em. Professor für Systematische Theologie mit Schwerpunkt Ethik an der Martin-Luther-Universität Halle.

Dr. Rainer Eckert ist Politikwissenschaftler und außerplanmäßiger Professor für politische Wissenschaften an der Universität Leipzig.

Dr. h.c. mult. Joachim Gauck ist Theologe und Bundespräsident a.D. in Berlin.

Dr. Friedhelm Hartenstein ist Professor für Altes Testament an der Ludwig-Maximilians-Universität München.

Dr. Jan Kostka ist Historiker und Wissenschaftlicher Mitarbeiter der Stiftung LEUCOREA in Wittenberg.

Dr. Anna Lux ist Historikerin und Wissenschaftliche Mitarbeiterin an der Universität Freiburg.

Clemens Meyer ist Schriftsteller in Leipzig.

Dr. Constantin Plaul ist Professor für Systematische Theologie und theologische Gegenwartsfragen an der Universität Regensburg.

Dr. Birgit Recki ist Professorin für Philosophie an der Universität Hamburg.

Dr. Martin Sabrow ist Em. Professor für Neueste Geschichte und Zeitgeschichte an der Humboldt-Universität zu Berlin und Senior Fellow am Leibniz-Zentrum für Zeithistorische Forschung Potsdam.

Dr. Karl Tetzlaff ist Theologe und Geschäftsführer der Stiftung LEUCOREA in Wittenberg.

Dr. Stephan Wackwitz ist Schriftsteller und Publizist in Berlin.

Marina Weisband ist Diplompsychologin und Expertin für digitale Partizipation und Bildung in Münster.